Nachhaltige Entwicklung im Energiesektor?

Band 3: Helmuth-M. Groscurth
Rationelle Energieverwendung durch Wärmerückgewinnung
1991. ISBN 3-7908-0552-1

Band 7: Maria J. Welfens
Umweltprobleme und Umweltpolitik in Mittel- und Osteuropa
1993. ISBN 3-7908-0654-4

Band 8: Hans-Dietrich Haasis
Planung und Steuerung emissionsarm zu betreibender industrieller Produktionssysteme
1994. ISBN 3-7908-0768-0

Band 10: Maria J. Welfens/
Nadja Schiemann (Hrsg.)
Umweltökonomie und zukunftsfähige Wirtschaft
1994. ISBN 3-7908-0788-5

Band 11: Rolf Jacobs
Organisation des Umweltschutzes in Industriebetrieben
1994. ISBN 3-7908-0797-4

Band 12: Frank Jöst
Klimaänderungen, Rohstoffknappheit und wirtschaftliche Entwicklung
1994. ISBN 3-7908-0809-1

Band 13: Georg Müller-Fürstenberger
Kuppelproduktion
1995. ISBN 3-7908-0883-0

Band 14: Andreas Pfnür
Informationsinstrumente und -systeme im betrieblichen Umweltschutz
1996. ISBN 3-7908-0894-6

Band 15: Christian Kölle
Ökonomische Analyse internationaler Umweltkooperationen
1996. ISBN 3-7908-0901-2

Band 16: Rainer Souren
Theorie betrieblicher Reduktion
1996. ISBN 3-7908-0933-0

Band 17: Fritz Söllner
Thermodynamik und Umweltökonomie
1996. ISBN 3-7908-0940-3

Band 18: Thomas Nestler
Umweltschutzinvestitionen im Verarbeitenden Gewerbe
1997. ISBN 3-7908-0962-4

Band 19: Anja Oenning
Theorie betrieblicher Kuppelproduktion
1997. ISBN 3-7908-1012-6

Band 20: Graciela Wiegand
Die Schadstoffkontrolle von Lebensmitteln aus ökonomischer Sicht
1997. ISBN 3-7908-1024-X

Band 21: Karin Holm-Müller
Ökonomische Anreize in der deutschen Abfallwirtschaftspolitik
1997. ISBN 3-7908-1028-2

Band 22: Ronald Wendner
CO_2-Reduktionspolitik und Pensionssicherung
1997. ISBN 3-7908-1032-0

Band 23: Jochen Cantner
Die Kostenrechnung als Instrument der staatlichen Preisregulierung in der Abfallwirtschaft
1997. ISBN 3-7908-1033-9

Band 24: Gerd R. Nicodemus
Reale Optionswerte in der Umweltökonomie
1998. ISBN 3-7908-1089-4

Band 25: Bernd Klauer
Nachhaltigkeit und Naturbewertung
1998. ISBN 3-7908-1114-9

Band 26: Bernd Meyer et al.
Modellierung der Nachhaltigkeitslücke
1998. ISBN 3-7908-1122-X

Prognos AG (Hrsg.)

Nachhaltige Entwicklung im Energiesektor?

Erste deutsche Branchenanalyse zum Leitbild von Rio

Autoren:
Peter Hofer, Janina Scheelhaase,
Heimfrid Wolff

Mit 28 Abbildungen
und 10 Tabellen

Physica-Verlag

Ein Unternehmen
des Springer-Verlags

Reihenherausgeber
Werner A. Müller
Martina Bihn

Herausgeber
Prognos AG
Europäisches Zentrum für Wirtschaftsforschung und
Strategieberatung
Missionsstr. 62
CH-4012 Basel, Schweiz

Autoren
Peter Hofer
Dr. Janina Scheelhaase
Dr. Heimfrid Wolff
Europäisches Zentrum für Wirtschaftsforschung und
Strategieberatung
Missionsstr. 62
CH-4012 Basel, Schweiz

Dieser Veröffentlichung liegt eine Untersuchung der Prognos AG im Auftrag des Bundesministeriums für Wirtschaft, Bonn, zugrunde.

ISBN 978-3-7908-1138-4 ISBN 978-3-642-52447-9 (eBook)
DOI 10.1007/978-3-642-52447-9

Die Deutsche Bibliothek – CIP-Einheitsaufnahme
Hofer, Peter: Nachhaltige Entwicklung im Energiesektor?: erste deutsche Branchenanalyse zum Leitbild von Rio / Peter Hofer; Janina Scheelhaase; Heimfrid Wolff. Hrsg.: Prognos AG. – Heidelberg: Physica-Verl., 1998
(Umwelt und Ökonomie; Bd. 27)

Umschlaggestaltung: Erich Kirchner, Heidelberg

SPIN 10687820 88/2202-5 4 3 2 1 0 – Gedruckt auf säurefreiem Papier

Inhaltsverzeichnis

Abbildungs-, Tabellen- und Übersichtenverzeichnis

Seite

Abbildungen

Seite

Tabellen

Übersichten

Seite

1. Thema und Ablauf der Untersuchung

Hintergrund

(1) Auf der UN-Konferenz für Umwelt und Entwicklung unterzeichneten in Rio de Janeiro 159 Staaten die Klimakonvention und legten fest, die Treibhauskonzentrationen in der Atmosphäre auf einem Niveau zu stabilisieren, das eine anthropogene Störung des Klimasystems begrenzt und den Ökosystemen Zeit für eine natürliche Anpassung an Klimaveränderungen läßt. Auf derselben Konferenz wurde die Konvention für biologische Vielfalt, die Walderklärung und vor allem die Agenda 21 beschlossen, die sich als ein umfassendes dynamisches Aktionsprogramm versteht und detaillierte umwelt- und entwicklungspolitische Handlungsanweisungen enthält.

Im Juli 1997 trat in New York die Sondergeneralversammlung der Vereinigten Nationen über Umwelt und Entwicklung zusammen, um eine erste Bilanz zu ziehen.

(2) In der Öffentlichkeit wurde die Sondergeneralversammlung skeptisch, oft sogar negativ kommentiert. Die heutige Situation erscheint ihr, gemessen an den weltweiten CO_2-Emissionen ebenso wie an der Artenvielfalt und dem Zustand der Waldgebiete, desolater als noch vor fünf Jahren.

Die in der Agenda 21 festgelegten Maßnahmen und Vorschläge sind bisher in den Unterzeichnerstaaten allenfalls ansatzweise zur Grundlage des politischen Handelns geworden. Nur in einigen westlichen Industrieländern (z.B. Niederlande oder Dänemark) haben sie etwas stärkeren Einfluß auf die politische Meinungsbildung gewonnen. Die politische Zurückhaltung wird häufig als Unfähigkeit und Unwilligkeit der Politiker und der Wirtschaft gewertet, sich den weltweiten Herausforderungen der Umwelt zu stellen.

(3) In der öffentlichen Diskussion dominieren immer wieder die Umweltaspekte. Die unübersehbar gewordene Zahl von Untersuchungen, die sich vor allem auf die ökologischen Folgen und Zusammenhänge konzentrieren, belegt dies. Gelegentlich werden die wirtschaftlichen, sozialen und politischen Ursachen beklagt. Wirtschaftliche, soziale und politische Gesetzmäßigkeiten werden dagegen kaum einbezogen.

Auf dieser unvollständigen Basis werden dann vielfach Forderungen und Nachhaltigkeitsindikatoren abgeleitet, ohne deren wirtschaftliche und politische Realisierungsmöglichkeiten und Auswirkungen einzubeziehen.

(4) Die Defizite eines Analyseansatzes, bei dem primär Umweltgesichtspunkte im Vordergrund stehen, kennzeichnen auch oft die Diskussionen über die Entwicklung des Energiesektors. Unbestreitbar hängen viele der Umweltbelastungen und Umweltveränderungen direkt oder indirekt mit dem Einsatz von Energie zusammen. So ist bereits die Förderung und der Transport der Primärenergieträger wie Kohle, Öl oder Gas mit erheblichen Eingriffen in die Natur verbunden. Gleichzeitig führt die Energienutzung zu Emissionen (z.B. SO_2, CO_2 oder anderen Gasen), die ihrerseits die Umwelt belasten. Weiter müssen noch viele schwer faßbare indirekte Zusammenhänge zwischen Energienutzung, wirtschaftlicher Entwicklung und Umweltveränderungen beachtet werden, wie sie in allen Industrie- und Entwicklungsländern auftreten. Sie schlagen sich in wachsenden Verstädterungstendenzen, Abfallmengen, Verkehrsströmen und sozialen Konflikten und nieder.

Energieeinsatz und Energieversorgung sind so vielfältig eingebettet in die gesamtwirtschaftliche, soziale und politische Ordnung, daß jede Forderung nach Veränderungen im Energiesektor schnell auch Forderungen nach wirtschaftlichen und sozialen Veränderungen impliziert. Derartige Veränderungen aber sind oft unerwünscht.

Fragestellung

(5) Für die Energiepolitik eines hochentwickelten Industrielandes wie Deutschland ist es vor diesem Hintergrund unverzichtbar, die energiepolitischen und energiewirtschaftlichen Konsequenzen der Forderungen nach einer ökologisch ausgeglicheneren und damit dauerhaft durchhaltbaren Entwicklung in Deutschland in allen ihren - zum Teil noch neuen und unerkannten - ökonomischen, ökologischen und sozialen Dimensionen zu analysieren. Dies ist Anlaß und Ziel der vorliegenden Untersuchung. Sie soll die „Grenzen und Chancen einer dauerhaft durchhaltbaren Entwicklung im Energiesektor Deutschlands"angesichts der globalen Herausforderungen und ihrer Rückwirkungen auf die künftige wirtschaftliche und soziale Entwicklung des Landes wissenschaftlich untersuchen.

(6) Bei dieser Untersuchung handelt es sich um eine **Grundsatzstudie**. In ihr sollen die umfassenden, vielschichtigen und kontroversen Aspekte des Themas im Hinblick auf den potentiellen Anpassungsbedarf von Energiepolitik und -wirtschaft herausgearbeitet werden. Die Probleme einer solchen Themenstellung liegen auf der Hand:

1. Die Entwicklung des Energiesektors hängt nicht primär von umweltpolitischen Normen und technischen Möglichkeiten sondern vor allem von den wirtschaftlichen und sozialen Bedingungen in Deutschland ab. Welche Weichenstellungen könnten in dem marktwirtschaftlichen Ordnungssystem gestellt werden und wie könnte sich der deutsche Energiesektor entwickeln?

2. Die Ableitung von umwelt- und entwicklungspolitischen Normen fällt bereits schwer. Inwieweit lassen sich Fragen nach technischen Möglichkeiten und politisch sinnvollen Initiativen beantworten, wenn die Ziele selbst widersprüchlich sind?

3. Die Ursachen für die Veränderungen in der Umwelt reichen nach allen bisherigen Erkenntnissen bis in die Zeit der frühen Industrialisierung zurück. Welchen Einfluß haben vor diesem Zeithorizont die heutigen Aktivitäten im Energiesektor angesichts der dort geltenden Entscheidungs- und Planungsanforderungen?

4. Die beobachteten oder befürchteten Umweltveränderungen sind ein weltweites Phänomen, dessen Lösung auch nur weltweit möglich erscheint. Welchen Beitrag kann unter diesen Bedingungen der deutsche Energiesektor leisten?

Energiesektor

(7) Angesichts der beschriebenen Spannungsbreite der Themenstellung stellt sich zunächst die Frage nach der **Definition des Energiesektors**. Sie ist weiter zu fassen, als es dem traditionellen Verständnis des Wirtschaftszweigs Energiewirtschaft entspricht. In der Statistik werden hierzu lediglich die Sektoren oder Unternehmen gezählt, die sich schwerpunktmäßig mit der Erzeugung und Verteilung von Primärenergie und Endenergie befassen. Entsprechend gehören zu ihm die Unternehmen der Kraftwerkswirtschaft, der Fernwärmeanbieter und der Verteilung von Strom, Öl und Gas. Daneben lassen sich auch die (Bergbau-)Unternehmen hinzurechnen, die selber Primärenergie fördern, auch wenn sie statistisch separat als Bergbau erfaßt sind.

(8) Die traditionelle Begrenzung des Energiesektors auf die Unternehmen der Energiewirtschaft wäre für die Problemstellung des Forschungsvorhabens zu eng. Hierfür sind nicht nur die Energieerzeuger, sondern auch die Energieverbraucher in ihren wechselseitigen ökonomischen und ökologischen Beziehungen konstitutiv: die Energieerzeuger verlören ohne die Energieverbraucher ihren Markt.

Die Bedeutung dieser Nachfrageabhängigkeit zeigt sich beispielsweise, wenn man die CO_2-Emissionen der Energiewirtschaft auf die "Nutzungsbereiche" umlegt:

- Weit über 40 % der gesamten CO_2-Emissionen des Jahres 1992 hängen dann in Deutschland mit der Energienutzung der privaten Haushalte und Kleinverbraucher zusammen,
- etwa gut ein Drittel wird durch die Industrie selbst veranlaßt,
- etwa 20 % resultieren aus dem Verkehr.

Diese grobe Umverteilung berücksichtigt nicht, daß auch die Energiewirtschaft selbst im Rahmen ihres Eigenbedarfs an Energie und bei der Auswahl der eingesetzten Primärenergieträger erhebliche Möglichkeiten hat, die CO_2-Emissionen in Deutschland zu reduzieren, ohne daß dies den eigentlichen Nutzer von Energie tangiert und er dafür deshalb verantwortlich zu machen wäre.

(9) Der für die Untersuchung relevante Energiesektor muß vor diesem Hintergrund daher viel weiter gefaßt werden. Er bezieht alle Akteure der deutschen Volkswirtschaft ein, die in den Prozeß der Energiegewinnung, Energiewandlung und Energienutzung in der einen oder anderen Art eingebunden sind. Dazu gehören im wesentlichen fünf Gruppen (vgl. Abb. 1-1).

Abbildung 1-1: Energiesektoren

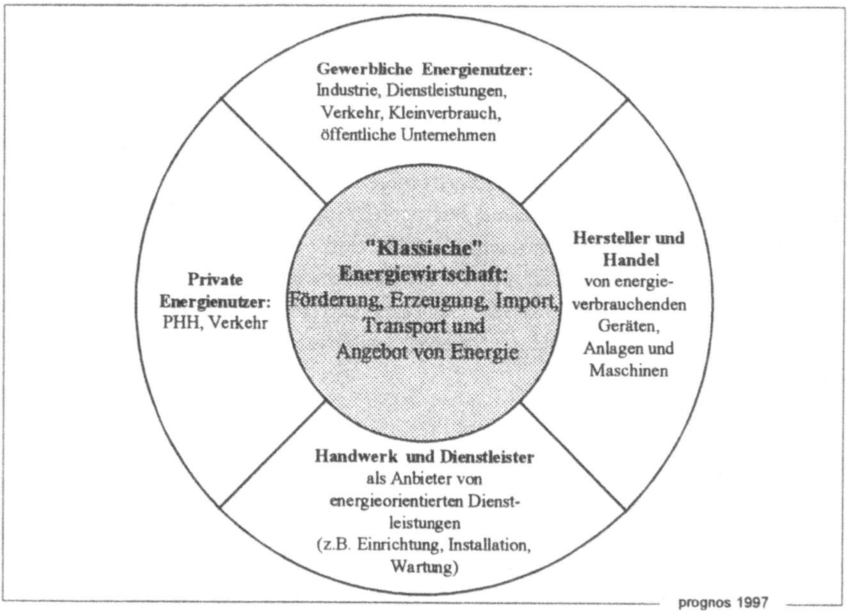

1. Die „klassische Energiewirtschaft", die sich mit der Gewinnung, Förderung, Erzeugung, Umwandlung sowie dem Transport und Angebot von Energieträgern befaßt.

2. Die gewerblichen Energienutzer, d.h. alle Industrie- und Gewerbebetriebe, für die Energie ebenso ein Produktionsfaktor ist wie Arbeit und Kapital.

3. Die privaten Energienutzer, d.h. die privaten und öffentlichen Haushalte die Energie nachfragen, um sie als Licht, Wärme, Kraft oder Mobilität zu nutzen.

4. Die Industrieunternehmen und sonstigen Betriebe, die von der Produktion und dem Verkauf von Produkten leben, deren Nutzung Energie benötigt (Maschinen, Anlagen, Geräte, Autos) oder mit deren Hilfe die Energieeffizienz (Wirkungsgrad der eingesetzten Energie) gesteigert oder Primärenergieträger substituiert werden können.

5. Handwerks- und Dienstleistungsunternehmen, die durch Beratung, Wartung, Installation u.ä. zur Optimierung des Energieeinsatzes beitragen.

(10) Die **Finanzdienstleistungen** werden in diesem Zusammenhang nur als Nutzer berücksichtigt. Bei einer gesamtwirtschaftlichen Betrachtungsweise gehören sie aber eigentlich darüberhinaus auch zu den wichtigen Akteuren im Umfeld der Energiewirtschaft. Ihre Dienstleistungen stehen allerdings nur in einem indirekten Bezug zu den oben genannten Bereichen: Die Zusammenhänge zwischen Finanzdienstleistungen, Investitionsaktivitäten in Wirtschaft und Wohnungsbau, energiebedingten Umweltbelastungen und dem Bedarf bzw. Einsatz von Energie sind entsprechend vielschichtig.

Eine Einbeziehung dieser Aktivitäten in die Abgrenzung des Energiesektors hätte eine zusätzliche Berücksichtigung der mittelbaren Finanzierungsaspekte notwendig gemacht und damit den Rahmen dieser Untersuchung gesprengt. Sie muß daher anderen Vorhaben vorbehalten bleiben. Dennoch wird an unterschiedlichen Stellen auf ihre funktionale Bedeutung für den Erfolg jeder Nachhaltigkeitsstrategie hingewiesen.

Vorgehen

(11) Die Behandlung und Verknüpfung der genannten Fragen machte die Entwicklung eines interdisziplinären Ansatzes und die Hinzuziehung zusätzlicher Experten aus verschiedenen Disziplinen, aus der Energiewirtschaft, der Versicherungswirtschaft und den verschiedenen anderen Energiesektoren notwendig. Insoweit ist die Untersuchung das **Ergebnis eines umfangreichen Diskurses**.

Dieser Diskurs wurde unter anderem im Rahmen von zwei Workshops geführt:

– Der erste Workshop zum Thema „Sustainability - eine Illusion?" fand im September 1996 unter Leitung von Herrn Dr. Heik Afheldt, Herausgeberrat des Handelsblattes, statt. Er führte zahlreiche Wissenschaftler aus den unterschiedlichen Disziplinen zusammen. Die Ergebnisse dieses Workshops sind eigenständig veröffentlicht.[1)]

---

1) Vgl. Prognos AG (Hrsg.) (1997).

– Der zweite Workshop im Februar 1997 führte im wesentlichen Vertreter des Energiesektors zu der Frage „Sustainability - Schicksal der Energiewirtschaft?" zusammen. Er wurde von Prof. Dr. Heinrich von Lersner, früherer Präsident des Umweltbundesamtes, moderiert. Die Ergebnisse dieses Workshops sind unmittelbar in den Endbericht eingegangen.

(12) Im Rahmen der Untersuchung wurden drei **Unteraufträge** zu den folgenden Themen vergeben, deren Ergebnisse direkt eingeflossen sind:

1. Technische und verhaltensbezogene Chancen und Grenzen einer dauerhaften und durchhaltbaren Entwicklung im Energiesektor; Prof. Dr. C.-J. Winter, Universität Stuttgart.
2. Das Verhalten des Menschen in bezug auf die Umwelt sowie durch den Energiesektor hervorgerufene krisenhafte Entwicklungen in der Geschichte; Dr. G. Zirnstein, Universität Leipzig.
3. Wirkungen der in der Literatur vorgeschlagenen Instrumente, die dazu beitragen sollen, um zu einer dauerhaften und durchhaltbaren Entwicklung zu gelangen und aus ihrer Einführung möglicherweise resultierender ordnungspolitischer und institutioneller Anpassungsbedarf; Prof. Dr. H. Majer, Universität Stuttgart.

(13) In den Unteraufträgen und in dem Diskurs mit den Experten aus Wissenschaft und Wirtschaft bestätigte sich immer wieder die auch in der öffentlichen Diskussion zu machende Beobachtung, daß der Wunsch nach einem "sustainable development", auf den sich die Signatarstaaten in Rio de Janeiro und bei Annahme der Präambel zu den WTO-Verträgen in Genf geeinigt hatten, einerseits Wunschvorstellungen für eine künftige Entwicklung beschreibt, diese andererseits aber nicht konkret definiert. Die Gründe dafür hängen eng mit den bereits oben skizzierten Problemen zusammen.

Alle Ansätze, die sich mit Fragen der Umweltverträglichkeit und den Möglichkeiten einer künftigen wirtschaftlichen Entwicklung auseinandersetzen wollen, stehen vor **drei Grundproblemen**:

– Die Menschheit wird in der Umwelt heute mit Entwicklungen (Folgen) konfrontiert, die ihre Ursachen in den wirtschaftlichen und politischen Entscheidungen vergangener Jahrzehnte und Jahrhunderte haben; entsprechend sind heutige Handlungsspielräume vorgeprägt und eingeengt.
– Die Entwicklungen lassen sich immer weniger auf einzelne Räume begrenzen, für die es vielleicht noch eindeutige politische Verantwortlichkeiten gibt; entsprechend ist die Frage zu beantworten, wann und wie die nur begrenzt verantwortlichen Akteure handeln sollten.

- Jede wirtschaftliche Entwicklung in der Vergangenheit basiert mehr oder minder stark auf der Nutzung und teilweise auch Ausbeutung natürlicher Ressourcen, entsprechend stellt sich die Frage, ob Wohlstands- und Wirtschaftswachstum bei knapper werdenden Ressourcen nicht zwangsläufig an Grenzen stoßen und zu Schrumpfungsprozessen führen.

(14) Diese Fragen sind bereits im Begriff des **"sustainable development"** enthalten. Die englische Ausdrucksweise umfaßt zwei Elemente, die sich bisher allerdings nur schwer im politischen Alltag miteinander verbinden lassen:

- den **Langzeitgedanken**: es geht nicht um den Ausgleich kurzfristiger Ungleichgewichte oder Fehlentwicklungen, sondern um die Beherrschung von langfristigen Trends;
- die **Notwendigkeit des aktiven Handelns**: es geht nicht um die Beschreibung naturgesetzlicher Entwicklungen (in diesem Sinne ist unser Planet spätestens mit Erlöschen der Sonne "not sustainable"), sondern um die Suche nach realistischen Weichenstellungen im Hier und Jetzt, die eben diese Beherrschung von langfristigen Trends möglich machen.

Beide Elemente stehen schon aus sich heraus in einem natürlichen Spannungsverhältnis zu „Eigeninteresse" und „Kurzfristigkeit".

(15) Der doppelte Wortsinn des englischen Begriffs "sustainable development" erschwert es, eine angemessene deutsche Übersetzung zu finden. Der im Deutschen vielfach benutzte Begriff der Nachhaltigkeit ist unvollständig. Er betont nur den Langzeitgedanken. Eine endgültige und globale Zerstörung der Umwelt ist gewiß sehr „nachhaltig", obwohl gerade dieses Ergebnis mit Sicherheit nicht gemeint ist.

Auch die von anderen Autoren verwandten Übersetzungen wie „zukunftsfähig" (Wuppertal Institut) oder „dauerhaft umweltgerecht" (Sachverständigenrat für Umweltfragen) sprechen vor allem den Langzeitgedanken und die ökologischen Begrenzungen an.

(16) Die vorliegende Untersuchung versucht, das semantische Dilemma durch die Kombination von zwei Worten „dauerhaft" und „durchhaltbar" zu lösen. Für das englische „sustainable development" werden wir entsprechend die deutsche Übersetzung **„dauerhaft durchhaltbare Entwicklung"** benutzen. Dies soll bereits in der Wortwahl die beiden wichtigsten Grundgedanken im Verhältnis zwischen der menschlichen Gesellschaft und ihrer Umwelt deutlich zu machen: Eine positive Entwicklung ist für die menschliche Gesellschaft insgesamt, für ihre verschiedenen Gruppen, Regionen und Nationen, nur vorstellbar, wenn sie sich auf Dauer

bewährt (Langzeitgedanken) und zu jedem Zeitpunkt politisch, wirtschaftlich und ökologisch durchgehalten werden kann (Gedanken des aktiven Handelns).

Dabei sind wir uns durchaus des doppelten Verständnisses für das Wort "Durchhalten" im Sinne von "etwas aushalten und durchstehen" oder "etwas beibehalten und aufrechterhalten" bewußt. Im Vordergrund steht aus Sicht unserer Analyse eindeutig eher die zweite Bedeutung, also der Wunsch, eine lebenswerte menschliche Gesellschaft wo immer möglich aufrechtzuerhalten. Doch dies könnte in vielen Fällen bereits dem anderen Wortsinn des Durchstehens entsprechen, wenn man an die vielen Menschen denkt, deren Existenz bereits heute durch Umweltveränderungen unmittelbar bedroht ist.[2)]

(17) Die Erweiterung des Begriffs ist kein Selbstzweck. Sie macht bereits wichtige **Leitgedanken der vorliegenden Untersuchung** deutlich. In ihr geht es nicht darum, Szenarien für einen wünschbaren, finalen Zustand der Welt am Ende des 21. Jahrhunderts zu beschreiben. Gesucht wird sehr viel konkreter nach einem Weg, der es dem Energiesektor in Deutschland erlauben könnte, sich auf die veränderten Anforderungen einer dauerhaften Durchhaltbarkeit einzustellen.

Der Energiesektor ist dabei eingebettet in die gesamtwirtschaftliche und politische Entwicklung des Landes, zu dem er gehört, und in die Entwicklung der Weltwirtschaft, mit der der deutsche Energiesektor aufgrund seiner Abhängigkeiten vom Import an Primärenergieträgern zusätzlich verbunden ist. An dieser grundsätzlichen Problematik ändert sich auch dadurch nicht viel, daß mit zunehmender Integration sich die Verantwortung für die Entwicklung der Energiesektoren von der nationalen deutschen Ebene auf die überregionale europäische hin verlagert. Auch Europa bleibt ähnlich eingebunden und abhängig von den Welthandels- wie Weltenergiemärkten, wie dies für Deutschland gilt.

(18) Mit der Untersuchung wurde Anfang des Jahres 1996 begonnen. Sie wurde im Herbst 1997 abgeschlossen. Der Verlauf der Untersuchung einschließlich der dazugehörenden Workshops und Unteraufträge erwies sich als eine **Gratwanderung**

- zwischen der Suche nach dem Verständnis der Probleme und Entwicklungsmöglichkeiten im Gesamtsystem der ökologischen und wirtschaftlichen Entwicklung, in das Deutschland und der deutsche Energiesektor eingebettet ist, sowie

---

2) Ähnliche Überlegungen finden sich bei Schäfer (1993) S. 137, der darauf hinweist, daß auch das englische Wort „sustain" die Bedeutung von „bewahren" mit deutlich physiologischem Bezug zur Nahrung, etwa in dem Sinne des „auf Dauer erhalten" hat.

- dem Bemühen, daraus nicht nur die Grenzen, sondern auch die Reaktionsmöglichkeiten und Chancen für den deutschen Energiesektor herauszuarbeiten, wohl wissend, daß der deutschen Energiewirtschaft und -politik keineswegs allein die Verantwortung für eine dauerhaft durchhaltbare Entwicklung in Deutschland, geschweige denn in der Welt insgesamt zufällt.

(19) Die Gratwanderung spiegelt sich in allen Teilen des Untersuchungsberichtes. Zwangsläufig bleiben viele Fragen offen. So lassen sich vielfach nur Abhängigkeiten und Handlungsnotwendigkeiten beschreiben. Alle Aussagen über die zeitlichen und räumlichen Entwicklungsprozesse stoßen dagegen schnell an die Grenzen der Prognostizierbarkeit.

Die Analyse beschränkt sich demgemäß vorrangig auf qualitative Beschreibungen zu den Entwicklungsmöglichkeiten der einzelnen Energiebereiche in Deutschland. Der Versuch zu weitergehend quantitativen Aussagen scheitert an dem Theorie- und Datenmangel zur Analyse und Prognose derart komplexer Zusammenhänge. Andererseits wollten wir bewußt nicht ein Szenario entwerfen, dessen Realitätsbezug nur gering sein kann.

(20) Der **Ablauf der Untersuchung** ist in der Abbildung 1-2 schematisch dargestellt:

- Ausgangspunkt der Arbeiten war eine Analyse der Abhängigkeiten zwischen Energienutzung und Vorstellungen eines "sustainable development" in der Literatur.
- Vor diesem Hintergrund erfolgte die theoretische Analyse und aus ihr die Ableitung der Bedingungen für eine dauerhaft durchhaltbare Entwicklung in Deutschland.
- Diese Bedingungen waren der Maßstab für die Einschätzung des möglichen Rahmens (der Grenzen), dem sich der Energiesektor langfristig in Deutschland gegenübersehen könnte.
- Entwicklungsgrenzen zwingen zur Reaktion und bieten oft auch Chancen, die es anschließend zu analysieren galt.
- Die Nutzung von Reaktionsmöglichkeiten und Chancen hängt jedoch entscheidend von den sich bietenden technischen Möglichkeiten und den Zeiträumen ab, in denen sich die Anpassung vollziehen kann.
- Erst vor diesem Hintergrund konnten schließlich mögliche Entwicklungswege für die verschiedenen Bereiche des Energiesektors abgeleitet werden.

Die Struktur des Untersuchungsberichtes folgt im wesentlichen diesem Untersuchungsablauf.

Abbildung 1-2: Ablauf der Untersuchung

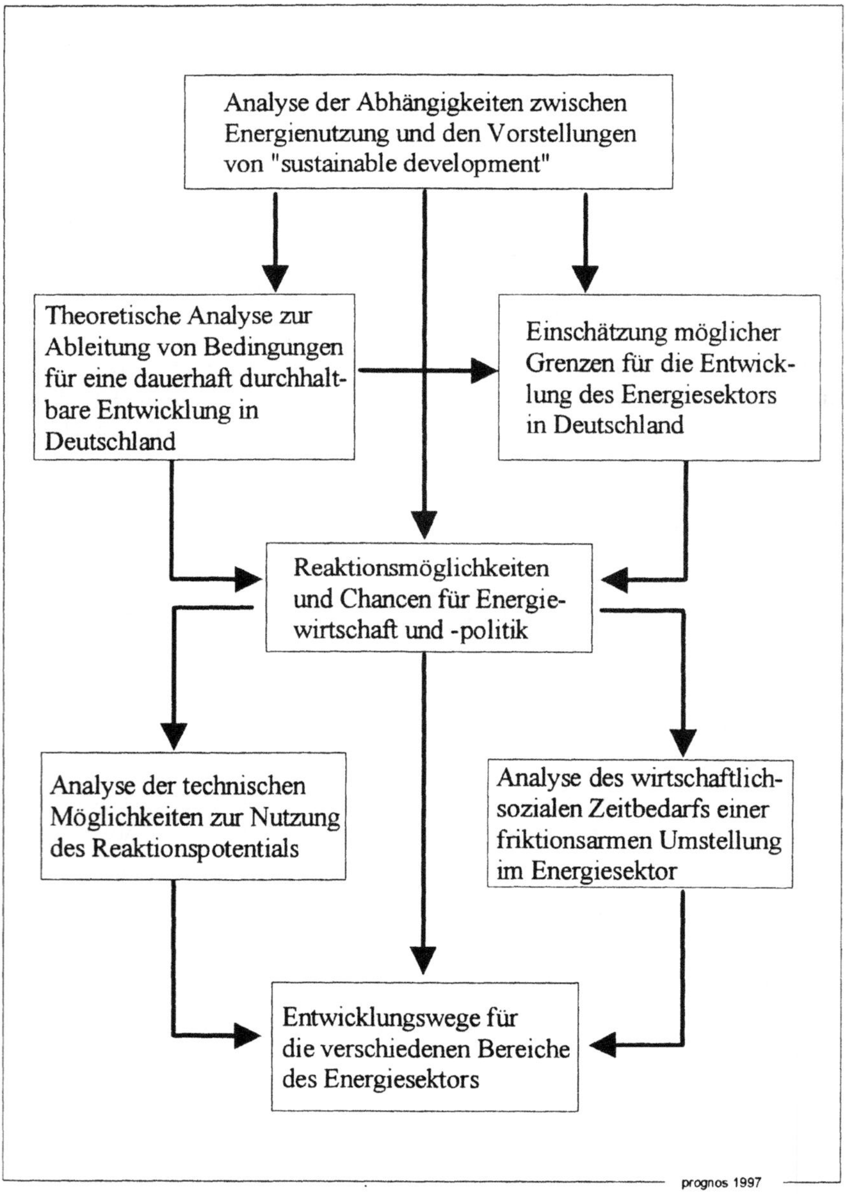

prognos 1997

Untersuchungsbericht

(21) Das zweite Kapitel der Untersuchung stellt das Verhältnis zwischen Energienutzung, Wirtschaftswachstum und beobachteten Umweltproblemen in den Vordergrund. In drei Fallbeispielen werden die unterschiedlichen regionalen, globalen und Risikoaspekte beleuchtet. Die wechselseitige Abhängigkeit hat seit Beginn der 70er Jahre weltweit zu einer umfassenden politischen und wissenschaftlichen Diskussion über die Grenzen des Wachstums geführt. Die daraus abgeleiteten überwiegend umweltpolitischen Forderungen nach "sustainable development" vermochten aber noch nicht die Kriterien zu liefern, die der weiteren Untersuchung hätten zugrundegelegt werden können.

(22) Das dritte Kapitel versucht in einem theoretischen Ansatz, die Bedingungen für eine dauerhaft durchhaltbare Entwicklung in Deutschland abzuleiten. Basis ist eine Analyse des Wechselspiels zwischen ökonomischem Verhalten und ökologischen Entwicklungen sowie die Frage, ob es in der menschlichen Gesellschaft überhaupt Formen einer dauerhaft durchhaltbaren Entwicklung gegeben hat und unter welchen Bedingungen sie zu beobachten waren. Dabei lassen sich zeitlich und regional begrenzt Nachhaltigkeitsphasen beobachten, die sich aber in einem Wettbewerb der Ordnungen bewähren müssen. Um die hierfür geltenden Bedingungen geht es.

(23) Das vierte Kapitel greift die abgeleiteten Bedingungen für eine dauerhaft durchhaltbare Entwicklung in Deutschland auf und fragt vor diesem Hintergrund nach den Grenzen, die sich daraus für die künftige Entwicklung des Energiesektors in Deutschland ergeben könnten.

Die Antwort scheint auf den ersten Blick einfach: die absehbare Verfügbarkeit von Primärenergieträgern weltweit kann ebenso wie die Auswirkungen eines weiter extensiven Energieeinsatzes zu Entwicklungsproblemen in Deutschland führen. Die größten Risiken für eine dauerhaft durchhaltbare Entwicklung in Deutschland gehen dabei mittelfristig noch nicht von Verknappungen auf den Energiemärkten oder von Engpässen in Deutschland aus. Sehr viel risikoreicher sind die schwer absehbaren Auswirkungen eines weiterhin extensiven Energieeinsatzes in den bevölkerungsreichen Entwicklungsländern sowie die damit zusammenhängenden politischen Risiken.

(24) Vor diesem Hintergrund wird im fünften Kapitel versucht, die Reaktionsmöglichkeiten und Chancen für den Energiesektor in Deutschland zu analysieren. Dabei gilt es zu berücksichtigen, daß Deutschland in die weltweiten Entwicklungen eingebunden ist und daß Energiewirtschaft und -politik oft lange Fristen benötigen, um gewachsene Strukturen an veränderte Bedingungen anzupassen. Gerade

dadurch geraten Energiewirtschaft und -politik leicht in die typische Situation des Gefangenendilemmas, indem sie sich durch kurzfristige Optimierung die Möglichkeiten zu Weichenstellungen für langfristig aussichtsreichere Entwicklungen verbauen.

(25) Alle solche Bemühungen können und dürfen nicht jenseits des technisch Machbaren geplant und eingeleitet werden. Dementsprechend wird im sechsten Kapitel analysiert, welche technischen Optionen bereits heute genutzt und in absehbarer Zukunft einsetzbar sind, um den Weg von Energienutzung und -versorgung in die Zukunft ebnen zu helfen. Dabei zeigt sich, daß die technischen Potentiale, die bereits heute erschlossen werden könnten, recht groß sind.

(26) Sehr viel kritischer sind die Fragen der zeitlichen Umsetzung, mit denen sich das siebente Kapitel befaßt. Hier gilt es, die ordnungspolitischen und wirtschaftlichen Rahmenbedingungen der Umstellung in Deutschland zu berücksichtigen. Gerade die 70er Jahre haben bewiesen, daß sich im Energiebereich die Wirtschaftlichkeit oft schneller als die technischen und organisatorischen Rahmenbedingungen zu verändern vermögen. Was kurzfristig zu wirtschaftlichen Einbrüchen und sozialen Ungerechtigkeiten führen kann, läßt sich über längere Fristen durchaus friktionsarm realisieren.

(27) Im achten und letzten Kapitel wird schließlich versucht, szenarienartig die Konsequenzen und Entwicklungsmöglichkeiten für die unterschiedlichen Energiesektoren in Deutschland zusammenzufassen. Im Vordergrund steht dabei der Anpassungsbedarf in den wichtigsten Bereichen, d.h. der eigentlichen Energiewirtschaft, den Energieverbrauchern, den Industrieunternehmen als Anbieter von Geräten und Anlagen oder den Handwerks- und Dienstleistungsunternehmen. Dabei zeigt sich, daß mit deutlichen Strukturveränderungen zu rechnen ist. In 30 Jahren wird der Energiesektor ein anderes Gesicht haben als heute. Ob dies aber gesamtwirtschaftlich zu Gewinnen oder Verlusten in der Beschäftigung führen wird, hängt von den entsprechenden Anpassungsleistungen des gesamten Energiesektors ab und läßt sich aufgrund der qualitativen Analysen nicht beantworten.

2. Energie und "Sustainable Development"

2.1 Die Dichotomie der Energienutzung

Produktionsfaktor Energie

(1) Energie ist ein wichtiger Produktionsfaktor und damit für jede wirtschaftliche Entwicklung notwendig, zugleich ist aber jede Umwandlung und jede Nutzung von Energie mit Rückwirkungen auf die Umwelt verbunden. Die Energienutzung hat insofern verschiedene und oft sogar gegenläufige Effekte. Ziel dieses Kapitels ist es, diese Dichotomie der Energienutzung deutlich zu machen, die Bedeutung des Energieeinsatzes für die wirtschaftliche Entwicklung ebenso aufzuzeigen wie deren ökologische langfristige Folgen.

(2) Noch bis kurz vor **Ende des 18. Jahrhunderts** hing die wirtschaftliche Entwicklung eines Landes ganz überwiegend von seiner Verfügbarkeit über natürliche Energiequellen, d.h. über Holz, Wind- oder Wasserkraft (z. B. in Mühlen), Torf, Sonnenenergie (z.B. für Trocknungsprozesse) und der Arbeitskraft von Mensch und Tier ab.

Erst der systematische Einsatz fossiler Energieträger, und damit einhergehend die Umwandlung von fossilen Energieträgern in mechanische Arbeit, erlaubte - neben anderen Faktoren - der Menschheit die Industrialisierung und die dadurch indirekt möglich gewordene rasante Vergrößerung der Weltbevölkerung seit Ende des 17. Jahrhunderts. Abbildung 2-1 zeigt die Geschichte der Energiewirtschaft nach Energieträgern.

(3) Die Nutzung der fossilen Energieträger Kohle, Öl und Erdgas wurde zu einem entscheidenden Produktionsfaktor und ist bis heute weltweit Träger der wirtschaftlichen Entwicklung. Besonders wichtig war von Beginn der Industrialisierung bis etwa Mitte des 20. Jahrhunderts der Einsatz der Kohle, deren regionale Verfügbarkeit als wichtigster fossiler Primärenergieträger die wirtschaftlichen Wachstumsmöglichkeiten determinierte und besonders die Länder begünstigte, die über eigene Lagerstätten verfügten

Im **Laufe des 20. Jahrhunderts** und ganz besonders nach dem zweiten Weltkrieg nahm die Bedeutung der regionalen Verfügbarkeiten deutlich ab. Die internationalen Transportmöglichkeiten, die zunehmenden Tendenzen zur Welthandelsliberalisierung und die Erschließung zusätzlicher Lagerstätten weltweit, vor allem aber der zunehmende Einsatz der Primärenergieträger Öl, Erdgas und später der Kernbrennstoffe ließen die Verfügbarkeit von Energie immer mehr zu einer Frage der Beschaffungskosten, der Entwicklung einer leistungsfähigen Infrastruktur und Organisation zur Bereitstellung der jeweils benötigten Energiemengen werden.

Abbildung 2-1: Geschichte der Weltenergiewirtschaft

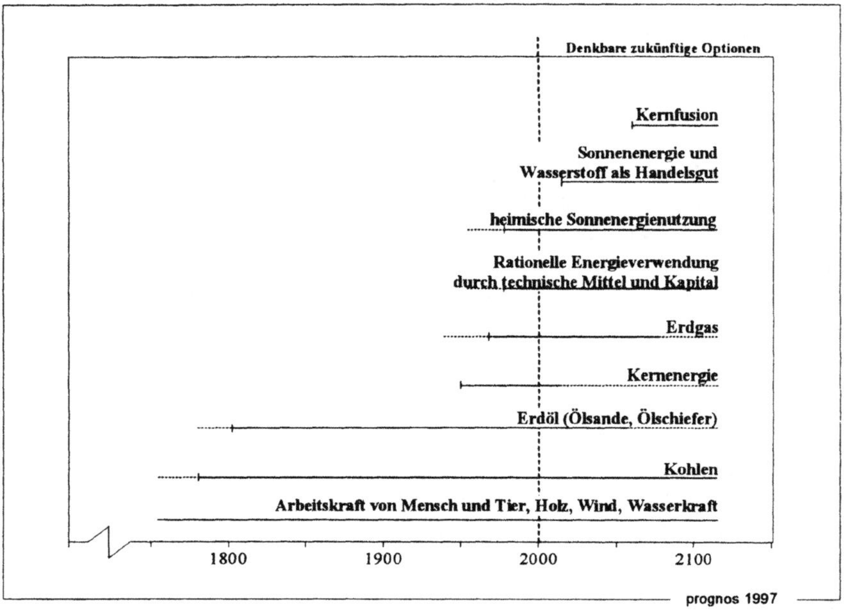

Quelle: Winter (1997)

Knappheit und Preise

(4) Mit dem durch Energieeinsatz möglich gewordenen Wachstum wächst zugleich der **Bedarf an zusätzlicher Energie**: Der internationale Handel und sein Beitrag zum Wirtschaftswachstum ist nur möglich durch Informations- und Transporttechnologien, die wiederum den Einsatz von Energie voraussetzen. Dies erlaubt die Zunahme der Bevölkerung und ihre Konzentration in urbanen Zentren mit entsprechend steigenden Anforderungen an die Nahrungsmittelversorgung. Die Land- und Forstwirtschaft - noch bis zum Beginn der Industrialisierung selbst Quelle für die Energieversorgung der Menschen (über Nahrungsmittel, Futter und Holz) - weist schon seit einiger Zeit eine negative Energiebilanz[1] auf: Immer mehr Energie ist notwendig, um die landwirtschaftlichen Nutzflächen zu bearbeiten und zu düngen, die Fruchtbarkeit zu erhalten, neue Nutzflächen zu erschließen und die Produkte kundengerecht zu vermarkten.

Die Steigerung des Wohlstands geht mit einer wachsenden Arbeitsteilung und Differenzierung der Produkte einher. Dies führt zu wachsenden Stoffströmen. Energie muß eingesetzt werden, um die dafür notwendigen Rohstoffe zu gewinnen, zu

1) Vgl. Gruhl (1975), S.73.

transportieren, zu Zwischenprodukten weiterzuverarbeiten, den spezifischen Bedürfnissen und Wünschen der verschiedenen Weiterverarbeiter oder Endverbraucher anzupassen und schließlich die Abfälle zu entsorgen.[2)]

(5) So stellt sich heute die Frage, ob die gegenwärtigen Energieerzeugungs- und -nutzungsstrukturen im Hinblick auf die Verfügbarkeit fossiler Energieträger und Uran auch zukünftig aufrechterhalten werden können.

Zwar ist die Versorgungslage auf den Weltenergiemärkten derzeit eher von einem Überangebot und nicht von Verknappungstendenzen gekennzeichnet. Doch könnte sich die Situation **etwa ab 2015/2020** ändern, wenn besonders beim Erdöl, zeitlich etwas später auch beim Erdgas, **Verknappungstendenzen** eintreten.[3)] Mit einer geringeren physische Verfügbarkeit aber steigen auch die Preise für diese Energieträger. Insofern könnte es bei Aufrechterhaltung der gegenwärtigen Energieerzeugungs- und -nutzungsstrukturen dazu kommen, daß Energie als Produktionsfaktor mittel- und langfristig wieder knapp wird und zugleich die Möglichkeiten eines weiteren wirtschaftlichen Wachstums begrenzt.

(6) Die gegenwärtigen Preise für Energie spiegeln nicht die möglichen zukünftigen Verknappungen wider. Sie (und ganz ähnlich diejenigen aller anderen natürlichen Rohstoffe) orientieren sich in ihrer Grundstruktur, am **traditionellen Umgang mit natürlichen Ressourcen** in der Landwirtschaft:[4)] Das „Landwirtschaftsparadigma" ist geprägt durch die menschheitsgeschichtliche Erfahrung: Solange die natürliche Fruchtbarkeit des Bodens durch eine entsprechende Düngung gesichert werden kann, bewirkt der natürliche Regenerationsprozeß, daß der Ertrag des Bodens der aufgewandten Arbeit und dem eingesetzten Kapital (für Fläche und eingesetzte Maschinen) sowie den Kosten für die benötigten Düngemittel voll zugerechnet werden kann. Auch hier gibt es Knappheitsrenten etwa für Böden unterschiedlicher Fruchtbarkeit.

Doch einen natürlichen Regenerationsprozeß gibt es für die fossilen Primärenergieträger Öl und Gas nicht. Sie werden in absehbarer Zukunft erschöpft sein und sind dann - einmal verbraucht - unwiederbringlich verloren. Die Knappheitsrenten und damit die Preise für Energie sollten entsprechend anderen Regeln (z.B. der Hotelling-Regel) folgen und sich nicht an der Preisbildung in der Landwirtschaft ausrichten.

---

2) Vgl. Enquete Kommission (1994).

3) Vgl. Prognos (1996). Ein ausführlicher Überblick über die mittel- und langfristige Verfügbarkeit von fossilen Primärenergieträgern und Uran findet sich im 4. Kapitel dieser Untersuchung.

4) Vgl. Binswanger (1997), S. 17.

(7) Erste Hinweise, daß die Preise für fossile Energieträger nicht die zukünftigen Verknappungen widerspiegeln und fossile Energieträger zukünftig knapp werden können, wurden im Jahr 1972 vom Club of Rome mit der Veröffentlichung des Berichts über die „Grenzen des Wachstums“[5] geäußert. Er wies darauf hin, daß angesichts der Entwicklung der Weltbevölkerung, der wachsenden Energie- und Rohstoffverbräuche und der dafür noch verfügbaren Ressourcen die **Grenzen des Wachstums in der Weltwirtschaft** innerhalb der nächsten ein bis zwei Generationen absehbar seien.

Abbildung 2-2: Entwicklung der realen Weltrohölpreise

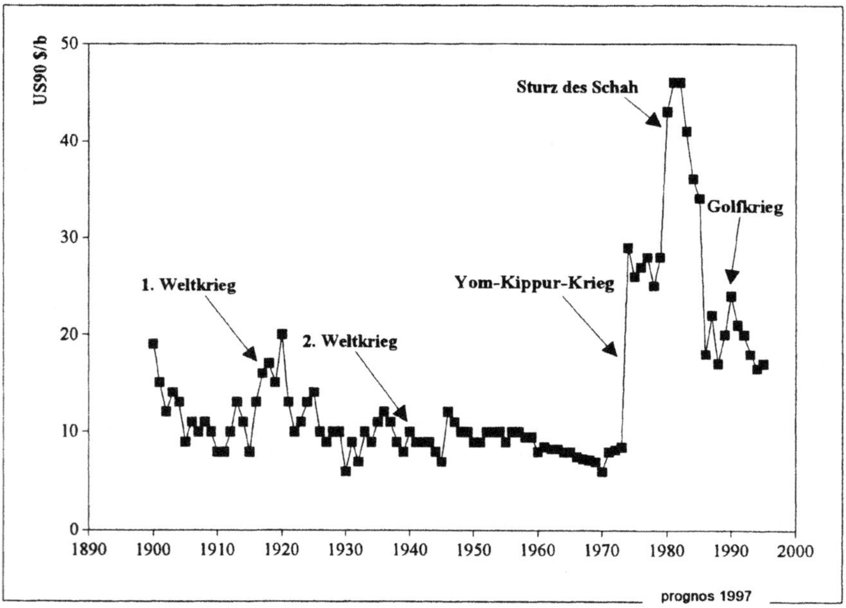

Quelle: BP, IEA, IMF

Diese Warnungen aus dem wissenschaftlichen Bereich, die zwar erhebliche, vor allem methodische Kritik hervorriefen, wurden in den frühen und späten 70er Jahren durch das Preisverhalten der OPEC-Länder indirekt bestätigt (vgl. Abb. 2-2): Der Rohölpreis stieg aufgrund der politischen Initiativen der OPEC, die dadurch hoffte, die erwartete Energieverknappung zu ihren Gunsten zu nutzen. Der Mineralöl- und Erdgaspreis folgte weitgehend der Entwicklung des Leitpreises Rohöl.

5) Vgl. Meadows (1972).

(8) Die **Reaktionen auf die Ölpreiserhöhungen** waren auf der Angebots- und Nachfrageseite unterschiedlich:

- Auf der **Angebotsseite** führten die Preissteigerungen zu lebhaften Explorations- und Erschließungsaktivitäten in den Nicht-OPEC-Ländern. Die Energiewirtschaft - oft unterstützt durch die Energiepolitik - unternahm massive Investitionen zur Steigerung der eigenen Förderung. In Westeuropa wurde innerhalb eines Jahrzehnts eine eigene Förderung von 4 Mio barrel/d aufgebaut. Ähnlich reagierten viele andere Nicht-OPEC-Länder, selbst die Staatshandelsländer engagierten sich vermehrt im Ölexport. Die Folgen für die OPEC waren dramatisch: Ihre Produktionsmengen sanken von 32 Mio barrel/d (48 % der Weltförderung) auf 17 Mio barrel/d (Mitte der 80er Jahre) (30 % der Weltförderung).
- Auf der **Nachfrageseite** lösten die Preiserhöhungen kurzfristig verhaltensbedingte, mittel- und längerfristig innovative und substitutive Energiesparmaßnahmen aus. Vor allem in den Industrieländern sank dadurch der Ölverbrauch von 41 Mio barrel/d auf 33 Mio barrel/d. In den Entwicklungs- und Staatshandelsländern stagnierte ab 1980 die Nachfrage. In der Konsequenz sank die Weltölnachfrage von 1979 bis 1985 um fast 10 %.

Durch die Preiserhöhungen der OPEC wurde so mit einer Verzögerung von einigen Jahren ein technisches Überangebot an Rohöl aufgebaut, das schon 1985 die aktuelle Nachfrage um mehr als 30 % überstieg. Der Preisverfall nach 1985 war eine zwangsläufige Folge.

(9) Die starken Preisbewegungen auf dem Rohölmarkt und ihm folgend auf den Märkten für Mineralöl und Erdgas führten zwar in einigen Industrieländern wie z.B. Deutschland zu einer gewissen **Abkopplung des Energieverbrauchs vom Wirtschaftswachstum**, lösten aber keineswegs das Problem, auf das der Club of Rome 1972 hingewiesen hatte. Entsprechend wächst besonders in den Entwicklungs- und Schwellenländern mit ihrem Bevölkerungswachstum und ihrem hohen industriellen Nachholbedarf der Bedarf an Primärenergieträgern weiter an (vgl. Abb. 2-3).

Auch in Zukunft ist mit einem weiteren Anstieg des Primärenergieverbrauchs zu rechnen, ohne daß die gegenwärtigen Energiepreise bereits die künftig absehbaren Knappheiten entsprechend der Hotelling-Regel wiedergeben würden.[6)]

---

6) Der World Energy Council geht in seinen Prognosen vom Dezember 1995 von einem zukünftigen jährlichen Anstieg von durchschnittlich zwischen 0,8 % und 1,8 % (weltweit) bis 2020 aus. Vgl. Nakicenovic, Jefferson (1995), S. A4.

Abbildung 2-3: Absoluter Zuwachs des weltweiten Primärenergieverbrauchs 1980 - 1990, in Mio t OE

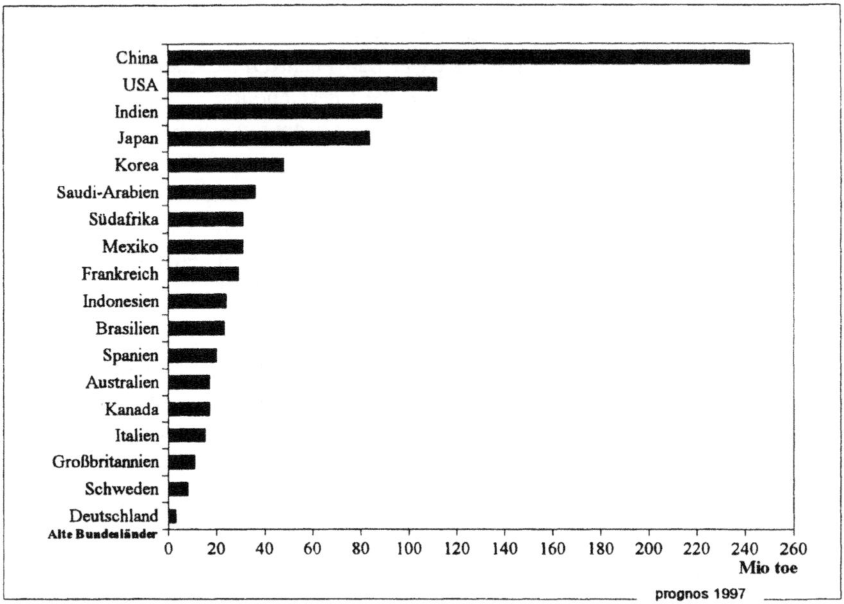

Quelle: BMWi

Wachstumsgrenzen durch externe Effekte

(10) Doch die langfristige Erschöpfung der fossilen Primärenergieträger war nicht der einzige Grund für die Warnung vor den "Grenzen des Wachstums". Bereits in der Vergangenheit hatten sich in den Industriestaaten negative Begleiterscheinungen des steigenden Wachstums und Energieeinsatzes in der Folge steigender Bevölkerungszahlen und steigender Umweltbelastungen gezeigt. Auch auf diese Risiken hatte der Club of Rome 1972 hingewiesen.

(11) In den 1992 erneut vorgelegten Berechnungen zu den "neuen Grenzen des Wachstums" rücken Meadows et al. sogar diese Aspekte noch stärker in den Vordergrund. Sie sehen in ihren Schlußfolgerungen die Weltwirtschaft auf dem **Weg in eine existenzielle Krise**:[7)]

- „Das exponentielle Wachstum der Bevölkerung und des Kapitals, des Ressourcenabbaus und der Umweltverschmutzung hält noch ständig an. Als

7) Meadows, Randers (1992), S. 228 f.

Triebkräfte wirken die Bemühungen, menschliche Probleme zu lösen, von der Arbeitslosigkeit und Armut bis hin zu dem gewichtigen Drang nach Status, Macht und Selbstbestätigung."

- „Durch die Wirkung von Rückkopplungen mit Verzögerungen tendiert das globale Wirtschaftssystem ... zur Erodierung der langfristigen Existenzgrundlagen. Einige der für die Weltwirtschaft wichtigen Quellen und Senken sind bereits überlastet."
- „Die Technologie und der Markt reagieren entsprechend dem Wertsystem in der Gesellschaft ....Wenn das vorherrschende Ziel Wachstum ist, wird, solange wie möglich, das Wachstum gefördert."
- „Wenn die Bevölkerung und die Wirtschaft die materiellen Grenzen der Umwelt überzogen haben, gibt es nur noch zwei Möglichkeiten: entweder der Zusammenbruch infolge nicht mehr beherrschbarer Mangellagen und Krisen oder bewußte, freiwillige Reduzierung der Durchsatzmengen als soziale Gemeinschaftsaufgabe."

Das Wachstum von Wirtschaft und Bevölkerung selbst sowie deren Nebenwirkungen führen zu sogenannten externen Kosten, die ihrerseits das weitere Wachstum zu begrenzen vermögen. Vor diesem Hintergrund ist es notwendig, sich im folgenden kurz mit dem Problem der externen Kosten auseinanderzusetzen.

(12) Allgemein manifestieren sich **externe Kosten** darin, daß ein Verursacher von Kosten diese nicht in seine (private) Kostenrechnung einbezieht, sie aber dennoch bei Dritten anfallen und von ihnen getragen werden müssen.

Angewandt auf die Energienutzung treten entsprechend immer dann externe Kosten auf, wenn mit der energetischen und nichtenergetischen Nutzung von Energie Kosten entstehen, die sich weder bei Energieversorgern noch -nutzern als eindeutig ausweisbare Beträge in den Kostenrechnungen niederschlagen. Sie sind entsprechend nicht in den Marktpreisen für Energie enthalten und lassen sich auch den spezifischen Energienutzungsformen finanziell nur dann zuordnen, wenn der Anbieter der Energie bzw. der Energienutzer direkt für Folgeschäden bei Beschaffung Umwandlung und Nutzung von Energie verantwortlich gemacht werden kann. Typische Beispiele hierfür sind etwa die Kosten für eine Wiederaufforstung von Bergbaugebieten, die Reduktion von Emissionen oder der Ausgleich für Schäden, die einzelnen Verursachern rechtlich angelastet und für die sie haftpflichtig gemacht werden können.

(13) Durch den oben geschilderten Zusammenhang zwischen zunehmender Energienutzung, wirtschaftlicher Entwicklung und Wohlstandswachstum steigen zwangsläufig auch deren externe Kosten. Die Entwicklung der Bevölkerung wird

dabei ebenfalls zum Einflußfaktor für den Energieverbrauch, wie der Wohlstand pro Kopf, die vorherrschenden Produktionsverfahren und die damit verbundenen Emissionen (vgl. Abb. 2-4):

Abbildung 2-4: Bestimmungsfaktoren der energiebedingten Umweltbelastungen[8)]

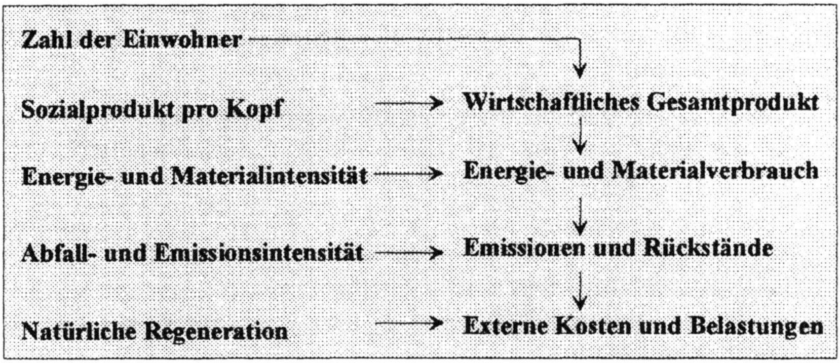

Mit wachsender Bevölkerungszahl, steigendem Wohlstand, steigendem Energie- und Materialverbrauch je produzierte Einheit (Energieintensität), steigenden Emissionen, Rückständen und Abfällen aus Energieumwandlung, Produktion und Konsum steigen auch die externen Kosten der Energie- und Materialnutzung.

(14) Der „Preis" dafür sind **wachsende Umweltbelastungen** und **Wohlstandsverluste**, also sogenannte „externe Kosten", die sich aber oft nur schwer identifizieren, bewerten und den Verursachern zurechnen lassen.[9)] Dies gilt bereits bei den direkten Emissionen, die mit jedem Einsatz fossiler Primärenergieträger zwangsläufig verbunden sind:

- Die Schäden vieler dieser Emissionen treten nicht dort auf, wo sie entstehen, da Wind- und Wasserströmungen für eine schwer vorhersehbare Verbreitung der Emissionen sorgen und die dann regional, überregional oder global ganz unterschiedlich kumulieren (z.B. bei sauren Niederschlägen).
- Viele Emissionen führen erst zu Schäden, wenn die Konzentration der Immissionen oder ihre Verbindung mit anderen (oft sogar ungefährlichen) Stoffen die Regenerationskraft der Natur übersteigt und dadurch schädlich wird (z.B. bei der Entstehung von bodennahem Ozon).

8) nach Fischer, vgl. Loske (1996), S. 61.
9) Vgl. Masuhr, Wolff, Keppler (1992), S. 9 ff.

– Beide genannten Aspekte zusammen bewirken, daß schon die Identifizierung, erst recht aber die Quantifizierung und Umrechnung derartiger Schäden in wirtschaftlich kalkulierbare Größen schnell an enge Grenzen stößt.

Tabelle 2-1 gibt einen groben Überblick über die Dimensionen des Problems und die bis heute identifizierten externen Kosten der Energieversorgung.

Tabelle 2-1: Identifizierbarkeit externer Kosten des Energieverbrauchs

Technisch/physikalische Primärwirkung	**Identifizierte externe Kosten**	**Identifizierungs-grad (• • • = hoch)**
Flächenverbrauch	• Störung des Landschaftsbildes • Gefährdung der Artenvielfalt • Grundwassergefährdung (der Flächenverbrauch selbst ist meist internalisiert)	• • • • •
Emission von Schadstoffen	• Materialschäden • Gesundheitsschäden • Psychische Beeinträchtigung • Schäden an Nutztieren u. -pflanzen • Gefährdung der Artenvielfalt • Boden- und Grundwassergefährdung • (Klimaveränderung) • Folgen der Klimaveränderung	• • • • • • • • • • • • • • • (• • •) •
Radioaktive Strahlung • Normalbetrieb • Kernschmelzunfall und großflächige Verseuchung	 • Gesundheitsschäden • Todesfälle • Schädigung von Flora und Fauna • Materialschäden • Evakuierungskosten	 • • • • • • • • • • • • • • •
Lärm	• Gesundheitsschäden • Psychische Beeinträchtigung	• • • • •
Ressourcenerschöpfung	• Verletzung der intertemporalen Verteilungsgerechtigkeit	• • •

Quelle: Masuhr, Wolff, Keppler (1992), S. 158.

(15) Obwohl die externen Kosten nicht verursachergerecht erfasst und in den Preisen weitergegeben werden, schlagen sie sich dennoch in **erhöhten volkswirtschaftlichen Kosten** nieder. Beispiele dafür sind etwa erhöhte Reparaturaufwendungen (z.B. an Gebäuden) oder Entsorgungskosten, steigende Ausgaben im Gesundheitswesen oder Aufwendungen für die Erhaltung der innen- und außenpolitischen Sicherheit (z.B. bei innenpolitischen Konflikten um den Kernenergieeinsatz oder die Erschließung neuer Braunkohlefördergebiete). Hinzu kommen die

immateriellen Schäden, wie etwa Verluste an Lebensqualität, Biodiversität und Wohlbefinden, die materiell selbst dann nicht ausgeglichen werden könnten, wenn sie feststellbar wären.[10)]

In gewisser Analogie zu den Hauptsätzen der Thermodynamik lassen sich daher auch für externe Kosten zwei **Hauptsätze der energie- wie gesamtwirtschaftlichen Kostenrechnung** formulieren:[11)]

1. In einem abgeschlossenen System, wie es die Weltwirtschaft ist, verschwinden keine Kosten.
2. In einem abgeschlossenen System gelangen einmal externalisierte Kosten niemals ohne äußere Einwirkung zum Verursacher zurück, sondern lagern sich an anderen Kostenfaktoren an.

(16) Die Folge derartiger externer Kosten des Energieverbrauchs ist, daß die tatsächlich gezahlten **Energiepreise nicht die „richtigen" Signale auf den Märkten** geben. Es resultieren preisliche und mengenmäßige Verzerrungen und diese begünstigen eine systematische Fehlallokation von Ressourcen.

- In Mißachtung der tatsächlichen Auswirkungen des Energieeinsatzes werden Transport- und Dienstleistungen angeboten und nachgefragt, Produkte entwickelt, produziert und genutzt, die sich bei einer Anlastung der externen Kosten möglicherweise als unwirtschaftlich erwiesen hätten.
- Es treten unerwünschte Auswirkungen durch energiebedingte Umweltbelastungen aller Art auf, die den bisher erreichten Wohlstand schmälern.
- Schließlich müssen private oder öffentliche Mittel aufgebracht und Ressourcen eingesetzt werden, um die unerwünschten Folgen in Grenzen zu halten oder wieder zu beseitigen.

Im Ergebnis kann die fehlgeleitete zusätzliche Produktion mit weit höheren Wohlstandseinbußen verbunden sein, als es der Verzicht auf die zusätzliche Produktion gewesen wäre.

(17) Das Problem der externen Kosten ist im Zusammenhang mit der Energienutzung deswegen so wichtig, da jede Aktivität im Bereich der Energieerzeugung, Energiebereitstellung und Energienutzung aus physikalischen Gründen mit externen Effekten verbunden ist: Da Energie nicht verbraucht, sondern lediglich umgewandelt und entwertet werden kann, treten mit jedem Einsatz oder jeder Nutzung von nicht erneuerbaren Primärenergieträgern, seien dies nun Kohle, Öl, Gas,

10) Vgl. Masuhr, Wolff, Keppler (1992), S. 169 ff.
11) Vgl. Kübler (1995), S. 491 ff.

Umweltbeeinträchtigungen auf. Neben der Abwärme handelt es sich dabei vor allem

- um Emissionen von Kohlenmonoxid (CO), Schwefeldioxid (SO_2), Stickoxide (NO_x), flüchtigen organischen Verbindungen (NMVOC oder VOC) und Staub- oder Rußpartikeln, die bereit direkt und im regionalen Umfeld zu gesundheitlichen Belastungen, zu Veränderungen in Wasser und Boden oder zu Schädigungen bei Fauna und Flora führen,
- um die Freisetzung von Methan (CH_4) und Kohlendioxid (CO_2) als einem notwendigen Äquivalent der Verbrennung aller fossilen Energieträger, die im Verdacht stehen, durch ihre Konzentration in der Atmosphäre zu einer globalen Erwärmung der Lufthülle der Erde und zu entsprechenden Klimaveränderungen beizutragen sowie
- um die spezifischen Unsicherheiten, wie sie sich aus den über Jahrhunderte gefährlich strahlenden Rückständen der Kernenergienutzung ergeben, für deren Endlagerung bisher in keinem Land eine technisch und politisch tragfähige Lösung gefunden werden konnte.

Die politische Diskussion um diese drei Aspekte der Energienutzung hat bereits in der Vergangenheit großen Einfluß auf die Entwicklung der Energiesektoren in Deutschland gehabt und sie bestimmen sie auch nach wie vor. Daher wird im folgenden auf diese drei Bereiche im Sinne einer Fallstudie etwas differenzierter einzugehen sein.

2.2 Fallbeispiele zu Energiewirtschaft und Umwelt

2.2.1 Konsequenzen regionaler Belastungen

(1) Die Feststellung energiebedingter externer Kosten gelingt am leichtesten dann, wenn sie **lokal oder regional erkennbar** sind. Dies gilt besonders für Emissionen von Kohlenmonoxid (CO), Schwefeldioxid (SO_2) Stickoxiden (NO_x), flüchtigen organischen Verbindungen (NMVOC oder VOC) und Staub- oder Rußpartikeln.

Diese Schadstoffe sind relativ leicht mit den menschlichen Sinnen wahrnehmbar oder führen zu regional kumulierenden Luftbelastungen, die die Lebensbedingungen für die Bevölkerung in den betroffenen Räumen (z.B. durch Gesundheitsschäden) unmittelbar verschlechtern. Die Konsequenzen sind - zumindest in den meisten westlichen Industriestaaten - Forderungen der betroffenen Bevölkerungskreise zur Verringerung der Belastungen und zur Einleitung von Gegenmaßnahmen an die Politik, die in der Regel entsprechende politische Handlungen nach sich ziehen. Gleichzeitig lassen sich die Verursacher oder Emittenten leichter feststellen und entsprechende Regelungen finden, um die bereits entstandenen oder erkennbar drohenden Schäden z.B. durch Produktions- bzw. Emissionsauflagen zu verringern oder zu begrenzen.

(2) Exemplarisch für solche Maßnahmen seien etwa die Vorschriften erwähnt, mit denen in London bereits 1952 - d.h. vor jeder generellen Diskussion über umweltbelastende Emissionen - die Benutzung offener Feuerstellen zur Vermeidung des berüchtigten Wintersmogs verboten wurde. Mit massiven Auflagen für die Zulassung von Kraftfahrzeugen versuchte auch Los Angeles bereits in den frühen 70er Jahren gegen die wachsenden Probleme des Sommersmogs zu kämpfen.

Ähnlich waren die Reaktionen, als Erkenntnisse über die Zusammenhänge zwischen energiebedingten Emissionen und Waldschäden, beschleunigten Korrosionsprozessen oder gesundheitlichen Beeinträchtigungen in Deutschland bekannt wurden. Sie führten in den 70er und 80er Jahren zu weitgehenden Emissionsregelungen etwa im Zusammenhang mit den unterschiedlichsten Formen der Energieumwandlung (in Deutschland z.B. TA Luft, Einführung des Katalysators, Verabschiedung des BImschG). Auch von der Industrie wurden sie zunehmend als Teil von Marketingstrategien und Innovationsüberlegungen aufgegriffen.

(3) Diese Maßnahmen waren in Deutschland keineswegs wirkungslos. Allerdings läßt die Entwicklung bei den einzelnen Emissionen recht gut erkennen, auf welche Stoffe und Emittenten sich die **politische Aufmerksamkeit** in den verschiedenen Zeitabschnitten jeweils primär konzentrierte (vgl. Abb. 2-5):

Abbildung 2-5: Energiebedingte Emissionen in Deutschland

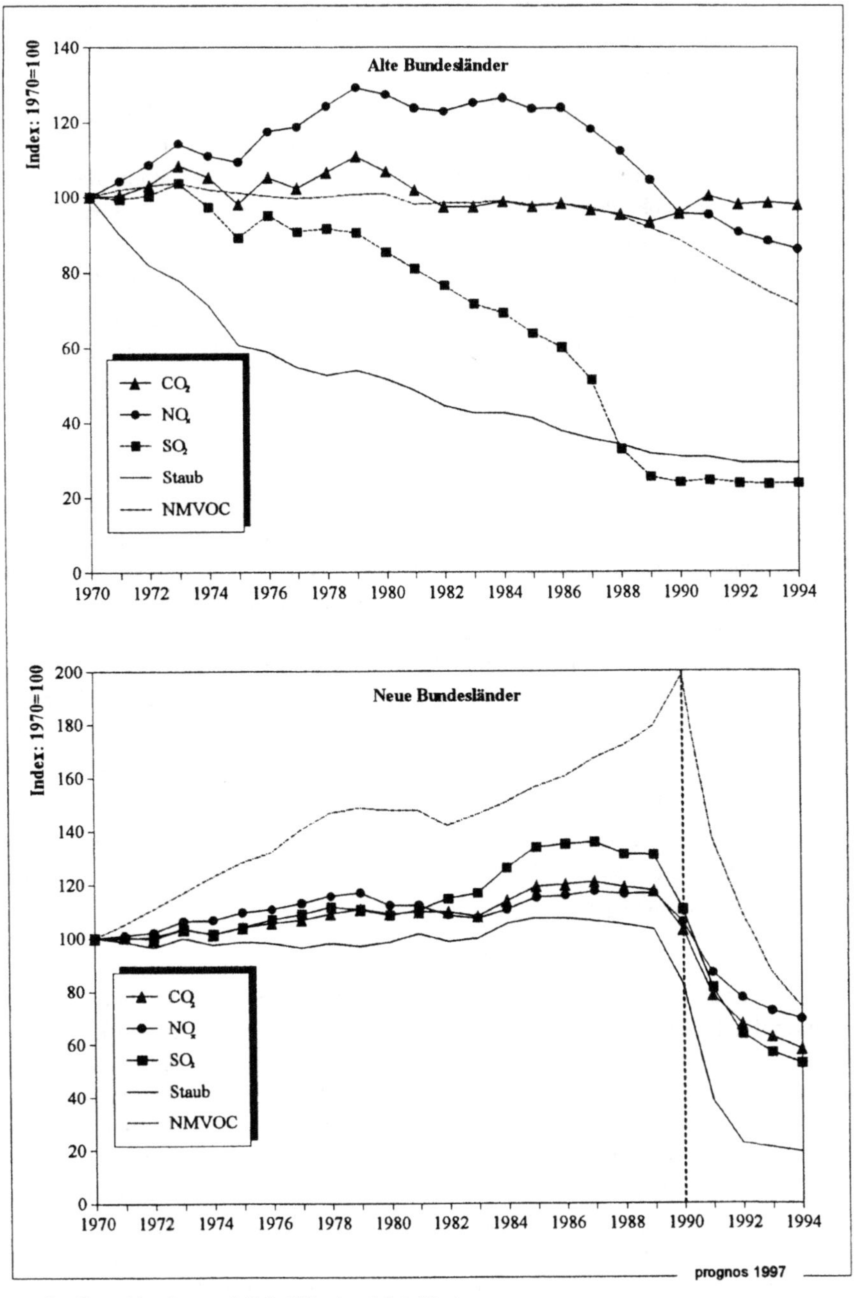

Quelle: Umweltbundesamt (1996). Klimabereinigte Werte.

- Deutlich rückläufig waren trotz des in den 70er Jahren noch stark wachsenden Primärenergieverbrauchs die Staubemissionen in den alten Bundesländern: Der Wunsch nach „dem blauen Himmel über der Ruhr" wurde Anlaß zur Reinigung der Abgase.
- Bei den anderen Schadstoffen wie Kohlenmonoxid (CO), Schwefeldioxid (SO_2), Stickoxiden (NO_x) oder den flüchtigen organischen Verbindungen (NMVOC oder VOC) führten erst die steigenden Belastungen und die wachsende Sensibilität der Bevölkerung gegenüber der Umwelt zu Gegenmaßnahmen, die seit Anfang der 80er Jahre die Emissionen in den alten Bundesländern bei zugleich stagnierendem Primärenergieverbrauch sinken ließen.
- In den neuen Bundesländern setzte bei den Emissionen die Trendwende erst mit der politischen Wende ein. Dabei wirkten sich (am stärksten) die Stillegung der besonders emissionsintensiven Braunkohlekraftwerke und der Niedergang der ostdeutschen Industrie aus.

(4) Insgesamt wurde die Reduktion bei Emissionen oft am leichtesten in den Bereichen erreicht, die aufgrund ihrer **organisatorischen Struktur** auch am leichtesten politisch ansprechbar und von der Bevölkerung bzw. der Öffentlichkeit kontrollierbar waren, nämlich in der Energieversorgungswirtschaft und in Großunternehmen der Industrie. Sehr viel schwerer war es dagegen, neue Technologien, Nutzungs- und Verhaltensformen dort durchzusetzen, wo die Zahl der Beteiligten sehr groß und amorph ist, wie dies beim Kleinverbrauch und den Privaten Haushalten der Fall ist. Dies zeigt sich besonders bei der Entwicklung der Stickstoffemissionen (vgl. Abb. 2-6): Während die Emissionen der Kraftwerkswirtschaft schon rückläufig waren, stiegen diejenigen des Verkehrs noch kaum behindert weiter an.

Dennoch gehört Deutschland mit dieser Entwicklung zu den wenigen Industrieländern, in denen die energiebedingten Emissionen dieser Kategorie in den letzten Jahren relativ rückläufig waren.

(5) Besonders kritisch ist und wird die Situation dagegen in den Ländern, deren wirtschaftliche Entwicklung und Energieversorgung in wachsenden Maße auf der Nutzung von Kohle aufbaut und in denen aufgrund des bisherigen Entwicklungsniveaus noch mit einer starken Expansion der Verkehrsleistungen zu rechnen ist. Dies gilt nahezu für alle stark wachsenden Anschlußländer etwa in Mittel- und Osteuropa und in besonders starkem Maße für China, Indonesien oder Malaysia. Ohne den zügigen Ausbau von End-of-Pipe-Technologien und/oder einer Umstellung von Energienutzung und -versorgung in Strom- und Wärmeerzeugung, Industrie, Haushalten und Verkehr auf den Stand der Technik droht in diesen Ländern ein erheblicher Anstieg der Schadstoffemissionen, besonders der SO_2 und NO_x-Emissionen. Deren Ausmaß „leicht das Doppelte dessen erreichen könnte, was bisher

jemals in den am stärksten belasteten Regionen Zentral- und Osteuropas beobachtet worden war".[12]

Abbildung 2-6: Beiträge des Verkehrs und der Kraftwerke (inkl. Fernheizwerke) in % der Stickstoffemissionen in Deutschland (alte Bundesländer) 1970 - 1994

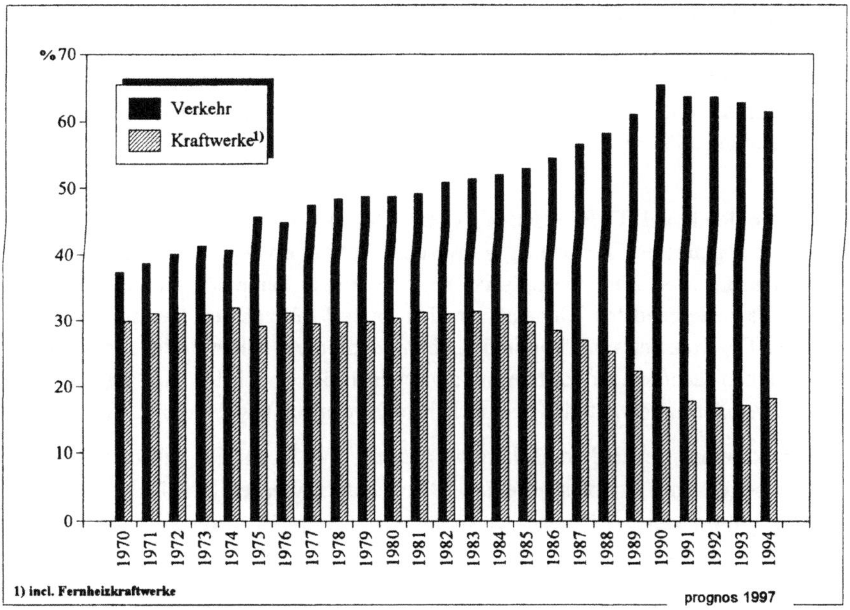

Quelle: Umweltbundesamt (1996).

12) Vgl. Nakicenovic, Jefferson (1995), S. 13; vgl. auch Czakainski (1995), S. 691.

2.2.2 Risiken der globalen Klimaveränderung

Der befürchtete Treibhauseffekt

(1) Wenig Anstöße für direkte Gegenmaßnahmen gibt es bei den energiebedingten Emissionen, deren negative Auswirkungen sich regional kaum feststellen lassen, weil sie ohne jeden unmittelbaren negativen Einfluß auf die nähere oder weitere Umgebung oder gar ein natürlicher Bestandteil der Luft sind. Dies gilt vor allem für die energiebedingten Emissionen von Kohlendioxid (CO_2), das bei der Verbrennung aller fossilen Primärenergieträger zwangsläufig entsteht.

(2) Kohlendioxid (CO_2), Methan (CH_4), Distickstoffoxid (N_2O) und eine Reihe weiterer sogenannter Treibhausgase werden heute überwiegend für die anhaltende **Erwärmung der Erdatmosphäre** verantwortlich gemacht. Kohlendioxid gilt dabei als bedeutendstes Klimagas. In den letzten Jahrzehnten hat die atmosphärische CO_2-Konzentration kontinuierlich zugenommen. Allein in der für Klimaveränderungen recht kurzen Zeitspanne zwischen 1958 und 1990 stieg sie insgesamt um 12 % oder um etwa 0,4 % im jährlichen Durchschnitt (vgl. Abb. 2-7).

Die Erwärmung der Erdatmosphäre wird zu rund 40 % auf CO_2 zurückgeführt.[13] Dieser sogenannte Treibhauseffekt wird folgendermaßen erklärt: Die zunehmende Konzentration von Treibhausgasen in der Erdatmosphäre verhindert, daß die von der Sonne ausgehende Wärmestrahlung von der Erdoberfläche im selben Maße abgestrahlt wird, wie es bei einer geringeren Konzentration von Treibhausgasen der Fall wäre. Entsprechend bleibt die Wärme in der Erdatmosphäre und die Lufthülle der Erde wird zunehmend erwärmt.

(3) Nun hat es in der Erdgeschichte immer wieder zum Teil erhebliche **Schwankungen in der CO_2-Konzentration der Erdatmosphäre** gegeben: Seit dem Ende der Kreidezeit vor etwa 64 Mio Jahren sank die CO_2-Konzentration - je nach geologischer Schätzung - von 900 bis 4000 ppm auf 200 ppm während der Hochglazialphasen ab. Seit der letzten Eiszeit aber nimmt die CO_2-Konzentration stetig zu und steigt seit Beginn der Industrialisierung sogar exponentiell an (vgl. Abb. 2-8).

Nimmt die CO_2-Konzentration mit derselben Geschwindigkeit weiter zu wie in den letzten 100 Jahren, dann könnte sie innerhalb von wenigen 100 Jahren auf Werte ansteigen, wie sie vor etwa 100 Mio Jahren in der Kreidezeit herrschten, als die bodennahe Atmosphäre gut 10 Grad wärmer war als heute: „Die vom Menschen verursachte Änderung der CO_2-Konzentration verliefe somit fast 1 Mio mal

---

13) Vgl. Bundesregierung (1997), S. 39.

Abbildung 2-7: Konzentration von Kohlendioxid in der Atmosphäre

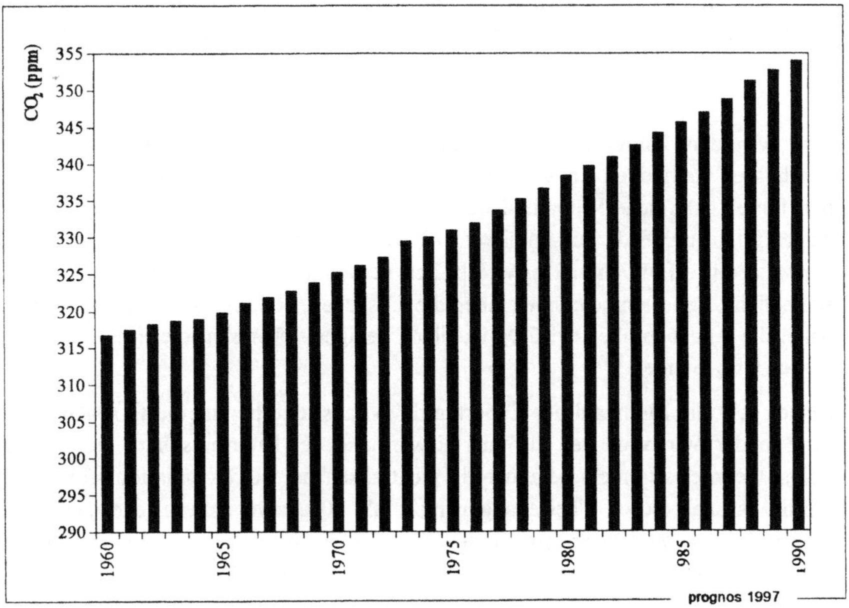

Quelle: Umweltbundesamt (1996).

Abbildung 2-8: Atmosphärische CO_2-Konzentration in Vergangenheit und Zukunft

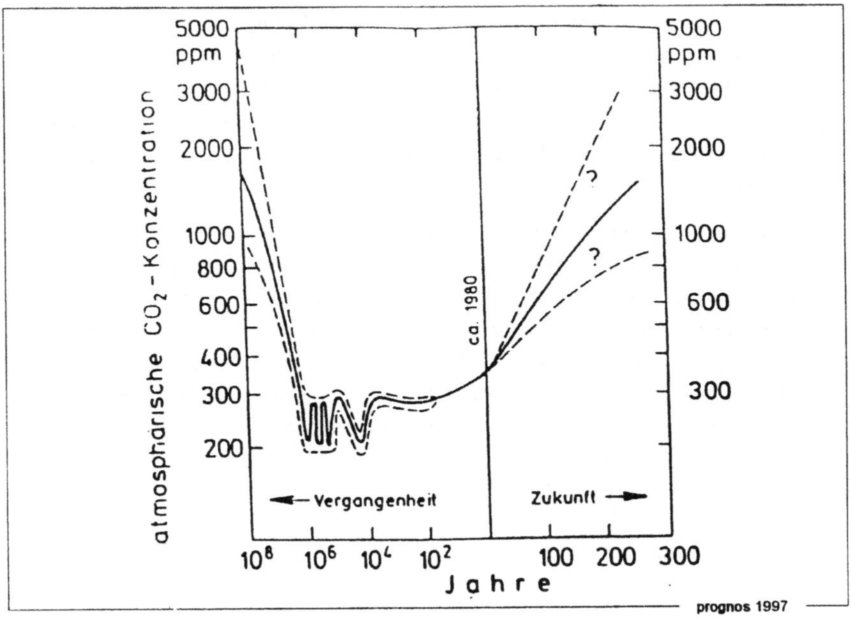

Quelle: Claußen (1997), S. 77.

schneller als die natürliche ... Die Geschwindigkeit einer solchen Änderung und nicht so sehr ihre Größenordnung, die in der Klimageschichte der Erde nicht ungewöhnlich ist, könnte eine ernsthafte Bedrohung für das Ökosystem der Erde darstellen".[14)]

(4) Vor dem Hintergrund des Temperaturanstiegs in der Atmosphäre und der absehbaren weltweiten Emissionen klimarelevanter Gase wurden in den vergangenen Jahren zahlreiche Klimamodelle mit dem Ziel entwickelt, zukünftige Umweltzustände auf der Erde zu simulieren. Alle Rechnungen dieser Art sind notwendigerweise mit **erheblichen Unsicherheiten** verbunden. Entsprechend gibt es unterschiedliche Expertenmeinungen über die Ursachen. Relativ verläßlich erscheinen dabei die Angaben über die CO_2-Quellen, weniger sicher sind die Einschätzungen zu den CO_2-Senken.[15)]

Bisher geht die Mehrzahl der Experten davon aus, daß bereits die CO_2-Anreicherung in der Vergangenheit zu einer Erwärmung der Erdatmosphäre geführt hat. Selbst wenn es zu einem gegenwärtig nicht absehbaren CO_2-Emissionsstop käme, würde es nach diesen Überlegungen mehr als 100 Jahre dauern, ehe das in der Atmosphäre zusätzlich angereicherte CO_2 wieder abgebaut, von Pflanzen aufgenommen werden könnte oder in der Tiefsee verschwände.[16)]

(5) Schwierig zu beantworten ist auch die Frage nach dem **Ausmaß der Konzentration** von Treibhausgasen in der Atmosphäre und der Erwärmung der Erdatmosphäre. Das IPCC (Intergovernmental Panel on Climate Change) geht in seinen Berechnungen von einer Erwärmung bis zum Ende des nächsten Jahrhunderts in einer Größenordnung von 1 Grad bis 3,5 Grad Celsius aus, wobei bereits die Wirkung der aus Schwefeldioxid gebildeten Sulfatschwebeteilchen berücksichtigt ist, die über die Rückstreuung des Sonnenlichtes zu einer Abkühlung der Atmosphäre beitragen (vgl. Abb. 2-9).

Die prognostizierten Temperaturentwicklungen beziehen sich auf **weltweite Durchschnittswerte**. Für die Folgen der Klimaveränderung viel entscheidender sind jedoch die regionalen Differenzierungen. Gerade sie lassen sich aber wegen des stochastischen Charakters der Klimaentwicklungen noch schwieriger berechnen. Allerdings stimmten die in den Klimamodellen berechneten räumlichen Muster zur Erwärmung bzw. Abkühlung der bodennahen Atmosphäre in den bisherigen Beobachtungszeiträumen im Großen und Ganzen recht genau mit den tatsächlich beobachteten Mustern überein.[17)]

---

14) Claußen (1997), S. 77.
15) Vgl. Loske (1996).
16) Vgl. Winter (1997), S. 15.
17) Vgl. Claußen (1997), S. 78.

Abbildung 2-9: Änderung der bodennahen Temperatur im globalen Mittel seit 1860

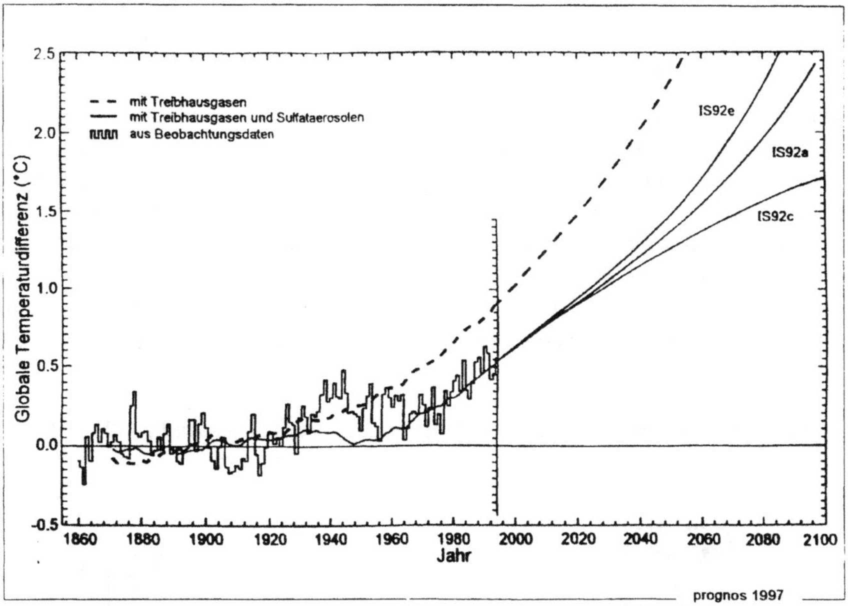

Quelle: IPCC (1996). Die Kurvenparameter IS92e, a und c beziehen sich auf verschiedene vom IPCC projizierten Szenarien des wirtschaftlichen Wachstums und damit verbundener Emissionen von Treibhausgasen und Aerosolen.[18)]

(6) Gegenwärtig gehen die meisten Klimaforscher davon aus, daß die beobachteten Klimaveränderungen auf **menschliche Aktivitäten** zurückzuführen sind und unmittelbar mit den wachsenden CO_2-Emissionen infolge des Verbrauchs fossiler Primärenergieträger zusammenhängen. Viele Wissenschaftler sehen sogar in der Zunahme der anthropogenen Treibhausgase in der Erdatmosphäre und der sich aus ihr ergebenden Erwärmung die größten Risiken und Umweltschäden im Zusammenhang mit dem wachsenden Verbrauch an Primärenergieträgern.

Diese Erwartungen und Einschätzungen waren der Anlaß für die Politik, sich gemäß dem **Vorsichtsprinzip** beginnend mit dem Umweltgipfel in Rio de Janeiro in internationalen Klimakonferenzen um einen Weg zur weltweiten Begrenzung der Klimagasemissionen zu bemühen.[19)]

---

18) Vgl. Claußen (1997), S. 78.

19) Vgl. Bundesregierung (1997), S. 19.

(7) CO_2 wird weltweit, in besonderem Maße aber **von den Industrieländern emittiert**. Allein in Deutschland entfielen zwischen 1970 und 1994 zwischen 96 und 98 % aller energiebedingten Treibhausgasemissionen auf Kohlendioxid, insgesamt wurden im Durchschnitt der letzten fünf Jahre jährlich über 900 Millionen t Kohlendioxid in Deutschland emittiert.

Dabei hat sich die Menge an CO_2-Emissionen in Deutschland trotz aller Energieeinsparungsbemühungen in den alten Bundesländern kaum verändert. In den neuen Bundesländern ging sie im Zuge der umfangreichen Stillegungen veralteter Kraftwerke und Produktionsstätten zwischen 1990 und 1994 stark zurück (vgl. Abb. 2-10). Diese rückläufige Entwicklung der CO_2-Emissionen wird sich jedoch, wenn die Umstrukturierung und Angleichung der Wirtschaftsstruktur in den neuen Bundesländern abgeschlossen ist, kaum fortsetzen: 1996 lagen die CO_2-Emissionen in Deutschland - allerdings überwiegend temperaturbedingt - um 2 % über den Emissionen von 1995.[20)]

Abbildung 2-10: Energiebedingte CO_2-Emissionen in Deutschland 1970 bis 1994

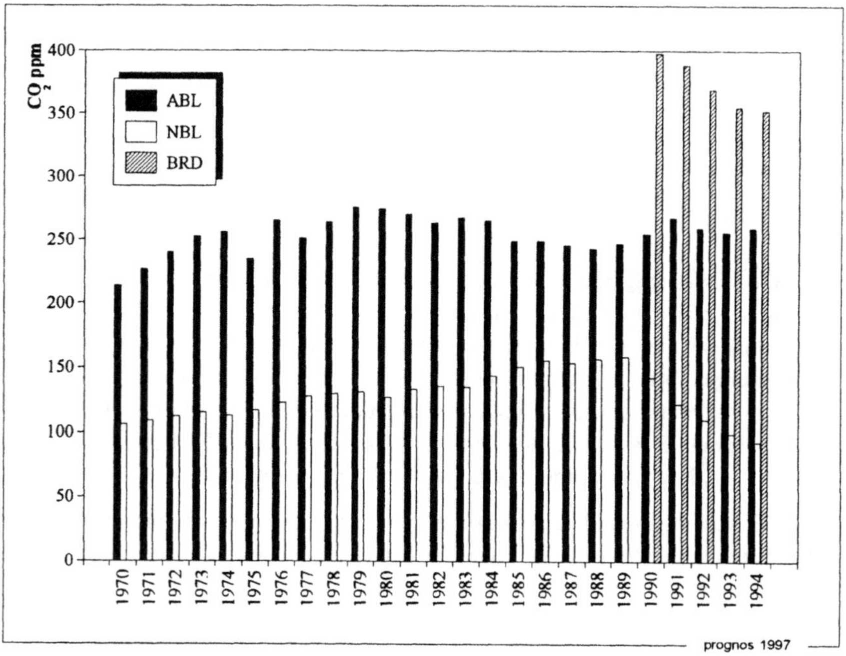

Quelle: Umweltbundesamt (1996).

20) Insgesamt stiegen die CO_2-Emissionen von 1995 885 Mio. t bundesweit auf 904 Mio. t im Jahr 1996. Vgl. Handelsblatt v. 25.2.1997.

(8) Die Stabilisierung der energiebedingten CO_2-Emissionen, wie sie in manchen Industrieländern inzwischen zu beobachten ist,[21] kann als ein erster Erfolg dieser Bemühungen zur Verminderung des Anstiegs der CO_2-Konzentration in der Atmosphäre angesehen werden.

Bestätigen sich aber die vermuteten Zusammenhänge, so sind die **weltweiten Emissionen** für eine nachhaltige Klimaveränderung sehr viel entscheidender. Hier kann gegenwärtig und für die absehbare Zukunft jedoch noch nicht mit einer Stabilisierung gerechnet werden (vgl. Abb. 2-11). Auch der World Energy Council geht in seinen Szenarien von einem weiteren Anstieg der jährlichen CO_2-Emissionen weltweit aus, wenn sich die Entwicklung nicht in Richtung eines ökologisch orientierten Wachstums verlagert.[22]

Abbildung 2-11: Primärenergieverbrauch, energiebedingte Kohlenstoff-Emissionen und Bevölkerung weltweit

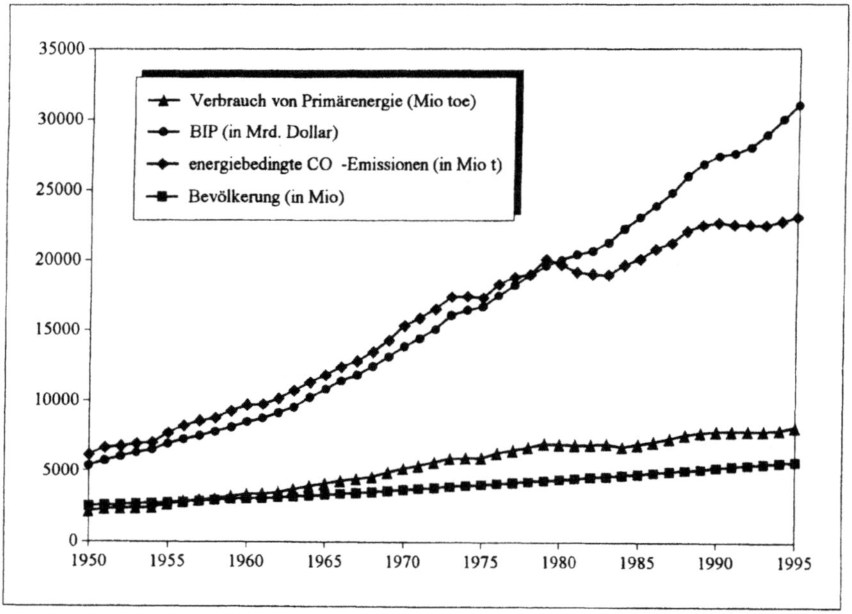

Quelle: Eigene Berechnungen.

(9) Wenn bereits die Abschätzung der anthropogenen Klimaerwärmung angesichts der Komplexität im Klimageschehen unsicher ist, so fragt sich, ob Wirtschaft und Politik sich mit dieser Frage überhaupt befassen sollen. die Antwort hängt ent-

21) Vgl. Afheldt (1997), S. 10.
22) Vgl. World Energy Council (1995), S. 42.

scheidend von dem Ausmaß und dem politisch-wirtschaftlichen Gewicht der potentiellen Folgen ab.

Sind die Folgen von existenzieller Bedeutung, so gilt für die Politik hier **das Prinzip der Vorsicht**: Wenn mit Rückwirkungen etwa durch den Anstieg des Meeresspiegels oder durch Veränderungen im Wettergeschehen gerechnet werden muß, so kann dies bereits Einfluß auf das wirtschaftliche und politische Verhalten haben, selbst wenn die wissenschaftlichen Zusammenhänge noch ungeklärt sind. Die schon heute beobachtbaren Folgen von Klimaveränderungen - welcher Ursache auch immer - nähren weltweit wachsende Befürchtungen für die Ernährungssituation, die Gesundheit der Bevölkerung und nicht zuletzt die künftigen wirtschaftlichen und politischen Beziehungen zwischen den Völkern und Nationen der Erde.

Mögliche Konsequenzen

(10) **Klimaentwicklung** und **Wettergeschehen** sind sehr eng mit der Temperaturentwicklung verknüpft:

- Bei steigender Wassertemperatur dehnen sich die Wassermassen aus, es verändert sich die Eisbildung an den großen Eisdecken der Erde und es ist mit einem Abschmelzen von Berggletschern und kleineren Eisbedeckungen zu rechnen. Das IPCC schätzt unter Berücksichtigung der Neueisbildung infolge höherer Niederschläge in Form von Schnee den Anstieg der Meeresspiegel auf zwischen 20 und 90 cm innerhalb der nächsten 100 Jahre.
- Die Energie, der es zur Entstehung tropischer Wirbelstürme bedarf, entstammt der Wärme der Ozeane. Dabei scheint es einen Grenztemperaturwert von etwa + 27° C zu geben, ab dem es vermehrt zu Wirbelsturmbildungen kommt.[23)] Außerdem legen Beobachtungen positiver Korrelationen zwischen der Wasseroberflächentemperatur und der Häufigkeit tropischer Stürme eine direkte Abhängigkeit zwischen beiden Ereignissen nahe.[24)]

(11) Ein **Anstieg des durchschnittlichen Meeresspiegels** in diesem Ausmaß klingt zunächst harmlos. Er bedeutet aber, daß auch Sturmfluten deutlich höher als bisher auflaufen, und er betrifft vor allem jene Länder, in denen ein großer Teil des besiedelten und agrarisch genutzten Landes küstennah liegt. Dabei werden die meisten Industrienationen vermutlich wenig Schwierigkeiten haben, ihre potentiell betroffenen Küstengebiete technisch zu schützen. Sehr viel gefährdeter sind die nur wenig über dem Meeresspiegel liegenden Regionen, wie z.B. Inselgruppen im indi-

23) Vgl. Warrick (1993), S. 12ff.
24) Vgl. Raper (1993).

schen Ozean und der Karibik, aber auch Länder wie Ägypten, Bangladesch, China und Indien. Welche Wirkungen dabei auftreten zeigen einige Untersuchungen:

- Eine Untersuchung für die Städte Shanghai, Tianjin, Hongkong und Alexandria sieht alleine in diesen vier Städten fast 18 Mio Einwohner unmittelbar gefährdet, wenn der Meeresspiegel sich um etwa 1 Meter erhöht, und schätzt die notwendigen Aufwendungen für Schutzmaßnahmen und die Erneuerung der Infrastrukturen allein für diese vier Städte auf mehr als 500 Mrd Dollar.[25)]
- Gefährdet sind besonders die bisher für landwirtschaftliche Zwecke trockengelegten Feuchtgebiete etwa in Argentinien, Bangladesch, Malaysia, Nigeria, Senegal, Uruguay und Venezuela oder in den USA.
- Auch muß mit Veränderungen in den Flußläufen durch stärkere oder häufigere Überflutungen, die Versalzung von Mündungsbereichen oder die Beeinträchtigung der Trinkwasserversorgung gerechnet werden, während gleichzeitig in anderen Gegenden der Wasserbedarf zur Bewässerung der verstärkt in die landwirtschaftliche Produktion einzubeziehenden Böden steigt.

Dabei kann besonders die **Kombination der verschiedenen Folgen** zu letztendlich kaum lösbaren Problemen in einzelnen Volkswirtschaften führen. Dies ist der Fall, wenn - wie z.B. in Ägypten - der Wasserbedarf für die angebauten Getreidesorten durch höhere Außentemperaturen steigt, das Wasserangebot im Nil zurückgeht, die Erhaltung der bisherigen Agrarflächen und Infrastruktur Investitionsmittel bindet, die dann für effizientere Bewässerungsverfahren und die Ernährung der Bevölkerung nicht mehr zur Verfügung stehen.

(12) Unsicher ist auch der Zusammenhang zwischen der Klimaerwärmung und dem Rückgang der Niederschlagsmengen bzw. der **Ausdehnung von Wüstengebieten** einschließlich ihrer Folgen für die bisher dort lebende Bevölkerung. Doch diese Entwicklungen selbst sind nicht nur in Afrika und hier besonders in der Sahelzone seit langem bekannt. Die Berechnungen deuten darauf hin, daß die tropischen Breiten sich bei einer generellen Klimaerwärmung stärker erwärmen als die Regionen in den höheren Breitengraden.[26)] Entsprechend werden die äquatornäheren Regionen tendenziell stärker unter steigenden Temperaturen zu leiden haben.

(13) Veränderungen im **weltweiten Wettergeschehen** sind heute auch ein wichtiges **Thema für die Versicherungswirtschaft**, und hier vor allem für die großen Rückversicherungsgesellschaften (vgl. Tab. 2-2): „Führende Rückversicherer wie

---

25) Vgl. Nichols et al. (1995), S. 107.
26) Vgl. Burdik (1994), S. 218.

die Münchner Rückversicherungsgesellschaft und die Schweizerische Rückversicherungsgesellschaft nehmen den Gedanken einer globalen Erwärmung viel ernster als andere Wirtschaftsvertreter und suchen nach Wegen, ihre aus unvorhersehbaren Witterungsbedingungen erwachsenen Risiken zu reduzieren".[27] Die Folge kann etwa in der Verweigerung von Hausversicherungen in bestimmten Regionen (z.B. Florida) oder die drastische Erhöhung der zu zahlenden Prämien sein.

Vor diesem Hintergrund fanden bereits mehrere Gespräche führender Bank- und Versicherungsunternehmen statt, die in dem Vorbereitungstreffen zur internationalen Klimakonferenz 1995 in Berlin ihren Höhepunkt fand.[28] An diesem Treffen nahmen erstmals Vertreter von international engagierten Versicherungen, Banken und Pensionsfonds teil, um ihre bisherigen Erfahrungen zur Schadensentwicklung und Kredit- bzw. Anlagesicherung im Zusammenhang mit witterungsbedingten Schäden auszutauschen.

Tabelle 2-2: Anzahl und Schadenssumme großer Sturmschäden weltweit[29]

	60er Jahre	**70er Jahre**	**80er Jahre**	**90er Jahre**
Anzahl	0,8	1,3	2,9	5,0
Gesamtschäden in Mrd $	2,0	2,9	3,4	20,2
Versicherungskosten in Mrd $	0,5	0,8	1,7	11,3

Quelle: Münchner und Schweizer Rückversicherung.
In 90er Preisen; die 90er Jahre umfassen nur die drei Jahre 1990, 1991 und 1992 und damit nur ein Drittel der vergleichbaren Zeitspanne.

Risiken für Ernährung und Gesundheit

(14) Alle bisher diskutierten Folgen von Klimaveränderungen tangieren Umfang und Art der landwirtschaftlich nutzbaren Flächen auf der Erde und damit die **Nahrungsmittelproduktion** weltweit. Bereits heute ist in weiten Teilen der Welt, vor allem in Afrika und in Teilen Asiens der Hunger ein akutes wirtschaftliches und politisches Problem, dessen Lösung unter den herrschenden bevölkerungspolitischen und gesellschaftlichen Bedingungen in diesen Ländern und mit den bisher

---

27) Schmidheiny et al. (1996), S. 181.

28) Vgl. Legget (1996). Legget erwähnt in seiner Einführung zur Veröffentlichung der Beiträge zum Berliner Vorbereitungstreffen besonders die folgenden Seminare: Mai 1993 in London organisiert durch Lloyd's of London, September 1993 in New York organisiert durch US College of Insurance and Insurance Consultancy sowie November 1994 in London organisiert durch British Bankers Association.

29) Vgl. Dlugolecki (1996), S. 69. Die Entwicklung der Schadenssummen hängt dabei nur z.T. mit der Zunahme der Wirbelstürme selbst zusammen. Sie erklärt sich zu erheblichem Maße auch aus sozioökonomischen Entwicklungen wie dem wachsenden Wohlstand, dem Trend zur Verstädterung, dem besonderen Wachstum küstennaher Städte, der Bereitschaft zur Inanspruchnahme von Schadensersatzleistungen oder der Vernachlässigung von Maßnahmen des Katastrophenschutzes im Vertrauen auf Versicherungsleistungen.

bestehenden Strukturen in der weltweiten Arbeits- und Wohlstandsverteilung schwerfällt.

Die einschlägigen Untersuchungen im Rahmen der UNO und ihrer verschiedenen Organisationen sprechen sogar für noch weiter wachsende Divergenzen. Vor allem muß für die Zukunft davon ausgegangen werden, daß die Weltbevölkerung weltweit und insbesondere in den noch nicht hochindustrialisierten Regionen weiter ansteigt und bis Mitte des 21. Jahrhunderts die Grenze von 10 Mrd übersteigt. Entsprechend steigt der Nahrungsmittelbedarf.

(15) Zwar hängt die Ernährungslage regional und weltweit nicht nur von den klimatischen Bedingungen und der Entwicklung der Weltbevölkerung ab. Schwer übersehbar sind insbesondere die Möglichkeiten verbesserter Anbauverfahren, neuer Fruchtträger, aber auch zusätzlicher Schäden infolge der bisherigen Bewirtschaftungsformen. Auch bleibt offen, in welchem Ausmaß eine höhere CO_2-Konzentration das pflanzliche Wachstum positiv beeinflussen und wie sich Klimaveränderungen auf die Wasserversorgung besonders in regenarmen Regionen auswirken.

Dennoch weisen alle bisher vorliegenden Berechnungen auf ein weiteres **Auseinanderdriften zwischen den entwickelten und den unterentwickelten Ländern** hin. Vor allem die Länder Afrikas, Zentral- und Südamerikas müssen mit einer sinkenden Getreideproduktion rechnen, während sie in den bereits heute schon gut versorgten Industrieländern der nördlichen Halbkugel sogar noch ansteigen könnte.[30)] Dies müßte die bestehenden Wohlstandsdifferenzen mit all ihren schon bisher kaum lösbaren Problemen auf den Weltagrarmärkten weiter verschärfen.

(16) Durch Klimaveränderungen besonders gefährdet sind schließlich die **Wälder** der Erde. Dies liegt nicht zuletzt daran, daß sich die für die Klimaentwicklung und die Speicherung von CO_2 wichtigen großen und geschlossenen Waldgebiete allein ihrer Ausdehnung wegen kaum durch menschliche Maßnahmen schützen lassen. Theoretisch könnten sie sogar von einer Erhöhung des CO_2-Anteils und einer durchschnittlichen Erwärmung profitieren, wenn die Zeiträume für eine evolutorische Anpassung der gewachsenen biologischen Strukturen ausreichen würden.[31)]

Angesichts der zu erwartenden Geschwindigkeit dieser Veränderungen werden jedoch „viele Baumarten ... einer raschen Klimaänderung nicht davonlaufen können“[32)]. So liegt die gesamte Anpassungslast bei den oftmals sehr empfindlichen, über Jahrmillionen gewachsenen Biosystemen. Entsprechend muß mit einem Verlust der borealen Wälder in einer ähnlichen Größenordnung wie bei den tropischen

30) Vgl. Smith et al. (1995) und Rosenzweig et al. (1995).
31) Vgl. Claußen (1997), S. 78.
32) Claußen (1997), S. 78.

Regenwäldern gerechnet werden. Selbst wenn man den potentiellen Verlust an regenerierbaren Ressourcen und Artenvielfalt aus anthropozentrischer Sicht vernachlässigt, gingen damit wichtige CO_2-Speicher verloren mit der Folge einer zusätzlichen Verschärfung der befürchteten Klimaveränderung.

(17) Besonders unsicher sind die Konsequenzen von Klimaveränderungen auf die **menschliche Gesundheit**. Auch hier sind erhebliche Rückwirkungen keineswegs auszuschließen (vgl. Tabelle 2-3). In diesem Gebiet scheitern genauere Prognosen bislang an der unvorstellbaren Vielfalt der evolutorischen Möglichkeiten, die der Entstehung und Ausbreitung von Krankheitserregern zugrunde liegen.

Einen Eindruck von der Relevanz derartiger Prozesse kann daher nur die rückwärtsgewandte Beobachtung geben:[33)]

- Im Zuge der Mongoleneinfälle im 14. Jahrhundert begann sich die Pest im gesamten eurasischen Steppengebiet auszubreiten. 1331 „überfiel" sie China und führte zu einer Halbierung der Bevölkerung (von 123 Mio um 1200 auf 63 Mio um 1370). 1346 erreichte sie Europa und reduzierte die Bevölkerung allein in der ersten Welle (bis 1350) um ein Drittel.
- Die von den Spaniern nach Südamerika eingeschleppten Krankheiten reduzierten die dort ansässige indianische Bevölkerung. Nach Schätzungen lebten in der mexikanischen Zivilisation vor der Invasion etwa 25 - 30 Mio Einwohner, ca. 100 Jahre später betrug sie lediglich noch 1,6 Mio.
- Mit den Sklaventransporten wurden Malaria und Gelbfieber in alle Regionen übertragen, in denen die sie übertragende Stechmückenart bei einer Mindesttemperatur von 22,2° C zu überleben vermochte. Da die Afrikaner auf diese Infektion besser eingestellt waren, konnten sie besser überleben; auf den meisten Karibikinseln nahm dagegen die weiße Bevölkerung absolut ab.

Vor dem Hintergrund derartiger Veränderungen werden die **Befürchtungen** verständlich, mit denen auch heute Berichte über die Ausbreitung tropischer Krankheiten weltweit aufgenommen werden. Demgegenüber haben Meldungen über eine steigende Zahl von Todesfällen aufgrund von Hitzestreß-Symptomen wohl eher marginale Bedeutung, wenn sie auch in den letzten Jahrzehnten in chinesischen und US-amerikanischen Städten vermehrt beobachtet wurden.[34)]

---

33) Vgl. Schöpf (1992).
34) Vgl. Kalkstein und Tann (1995), S. 130ff.

Tabelle 2-3: Gesundheitsrelevante Folgen der Klimaveränderung

Art der Veränderung		Gesundheitliche Folgen
Auftreten extremer Temperaturunterschiede	⇒	Veränderte Häufigkeit wärme- oder kältebedingter Erkrankungen und Todesfälle
Häufigkeit, Art und/oder Intensität extremer Witterungsverhältnisse	⇒	Todesfälle, Verletzungen, psychische Störungen; Schädigung des öffentlichen Gesundheitswesens
Verbreitung und Aktivität von Vektoren und infektiösen Parasiten	⇒	Veränderungen in der geographischen Verbreitung und Häufigkeit von Vektoren übertragener Krankheiten
Veränderung des lokalen ökologischen Umfelds von Krankheitserregern in Wasser und Lebensmitteln	⇒	Veränderte Häufigkeit von Durchfallerkrankungen und Infektionskrankheiten
Veränderung der Nahrungsmittelproduktivität (insbesondere bei Getreide) aufgrund von Klimaveränderungen, Witterungsverhältnissen, Wasserqualität und -quantität, in der Folge auftretende Schädlinge und Erkrankungen	⇒	Unterernährung und Hunger, in der Folge Wachstums- und Entwicklungsstörungen bei Kindern
Ansteigen des Meeresspiegels, dadurch bedingt Bevölkerungsverlagerung und Schädigung der Infrastruktur	⇒	Zunehmendes Risiko von Infektionskrankheiten, psychische Störungen
Intensität und biologische Auswirkungen der Luftverschmutzung, u.a. durch Pollen und Pilze	⇒	Asthmatische und allergische Erkrankungen, sonstige akute und chronische Atemwegserkrankungen und Todesfälle
Soziale, wirtschaftliche und demographische Verschiebungen aufgrund von Auswirkungen auf Wirtschaft, Infrastruktur und Versorgung	⇒	Weitreichende Auswirkungen auf das öffentliche Gesundheitswesen durch psychische Erkrankungen, Ernährungsschäden, Infektionskrankheiten, kriegerische Unruhen

Quelle: Zwick (1997), S. 33.

2.2.3 Unsicherheiten bei Nutzung der Kernenergie

(1) Die friedliche Nutzung der Kernenergie zur Elektrizitätsproduktion erschien als ideale Lösung aller langfristigen Energieversorgungsprobleme, als sich zu Beginn der 70er Jahre im Zuge der ersten Ölkrise erste Engpässe abzeichneten. Die Kernenergie **versprach neue Ressourcen** für den ansteigenden Elektrizitätsbedarf, war eine Energiequelle ohne unmittelbare Emissionsbelastungen durch Ruß, SO_2, NO_x, etc. und machte darüber hinaus die Industrieländer unabhängig von dem Einsatz fossiler Primärenergieträger und ihrer Lieferländer, ja sie verhalf ihnen sogar zu einem technisch bedingten Vorteil in den sich abzeichnenden Konflikten um die künftige Energieversorgung. Später, als die klimaschädigende Wirkung von CO_2-Emissionen erkennbar wurde, sah man in der Nutzung der Kernenergie auch eine Lösung für die absehbaren Klimaprobleme.

Entsprechend investierten alle Industriestaaten in den 70er und 80er Jahren in z.T. erheblichem Ausmaß in die Entwicklung und den Bau von Kernkraftwerken. So deckt derzeit die zivile Nutzung der Kernspaltung ca. 7 % des Weltprimärenergiebedarfs, wobei einzelne Länder und hier insbesondere Frankreich ihren Elektrizitätsbedarf überwiegend mit Hilfe der Kernenergie decken und sogar noch über erhebliche Reservekapazitäten verfügen[35)] (vgl. Abb. 2-12).

(2) Inzwischen hat sich die Einschätzung der zivilen Nutzung der Kernenergie deutlich gewandelt. Insbesondere die Kernschmelzunfälle in den Vereinigten Staaten (Three Miles Island, 1979), die Katastrophe von Tschernobyl im Jahre 1986 und die in der Folgezeit immer wieder aufgetretenen Schwachstellen in einzelnen Kernreaktoren haben in der politischen Öffentlichkeit zu einer **wachsenden Sensibilität** und in Fachkreisen zu einer vorsichtigeren Einschätzung im Hinblick auf einen weiteren Ausbau zur Nutzung dieses Energieträgers geführt.

Außerdem entsprechen die ursprünglichen Rentabilitätsberechnungen nicht immer den Erfahrungen. Teilweise konnten sie wegen der zusätzlich angefallenen Aufwendungen zur Sicherung der Kraftwerke wie der Brennstoffkreisläufe, teilweise aber auch deswegen nicht realisiert werden, weil die erwarteten hohen Zuwachsraten in der Nachfrage nach Elektrizität ausblieben. Dies führte im Vergleich zu anderen Kraftwerken zu außerordentlich hohen Investitions- und Kapitalkosten (spezifische Investitionskosten von 5000 DM/MW gegenüber 1000 -1300 DM/MW bei GuD-Kraftwerken), die einen wirtschaftlichen Betrieb im wesentlichen auf die Grundlast beschränkt.

---

35) Vgl. die Einschätzung der französischen Absatz- und Exportmöglichkeiten sowie den Kapazitätsbedarf der EdF, Handelsblatt v. 16.1.1997.

Teilweise erwies sich so die zunächst politisch erzwungene Verzögerung des Baus neuer Kernkraftwerke im nachhinein sogar als wirtschaftlich sinnvoll.

(3) Unabhängig von der wirtschaftlichen Betrachtung bestehen die Unsicherheiten der Kernenergienutzung vor allem im Hinblick auf die Einschätzung der **Strahlenrisiken** sowie die Dosis-Wirkungsbeziehungen im Zusammenhang mit Krebserkrankungen, genetischen Schäden und landwirtschaftlichen Produktionsausfällen einschließlich aller Spätfolgen. Unter Beachtung der Schwierigkeiten einer exakten Identifizierung und Quantifizierung aller potentiellen Schäden kommen Schätzungen über die faßbaren Folgekosten eines Kernschmelzunfalls in Deutschland zu Größenordnungen, die nicht nur den Wert des gegenwärtigen Bruttosozialproduktes in Deutschland von knapp 3,7 Billionen DM (Stand Mitte 1997) deutlich übersteigen[36)], sondern auch weit über den Rahmen des von Versicherungsgesellschaften kalkulier- und versicherbaren Risikos hinausgehen.

Abbildung 2-12: Anteil der Kernenergie an der Stromerzeugung ausgewählter Industrienationen (1995), in %

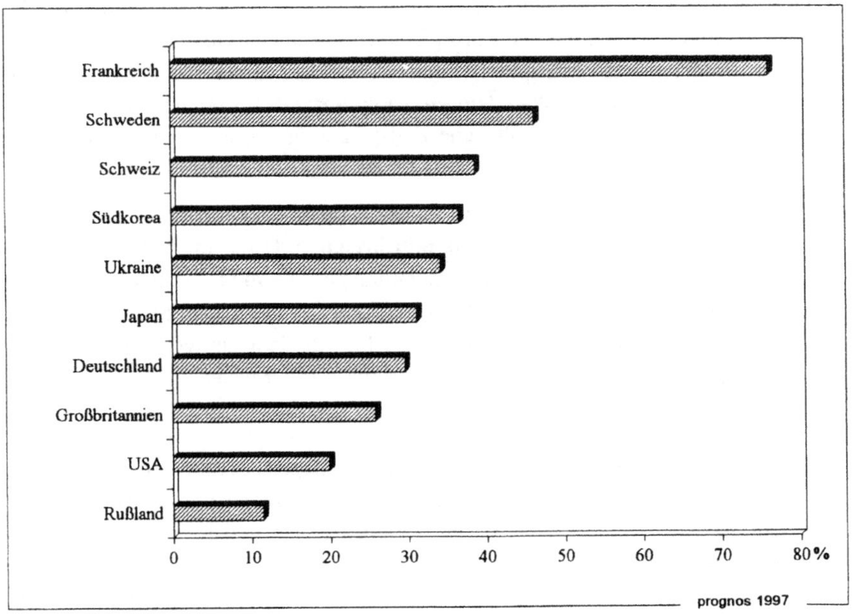

Quelle: BMWi, Energie Daten (1996).

36) Vgl. Masuhr et al. (1992), S. 117ff.

(4) Hinzu kommen die **Fragen der sicheren Endlagerung** der Reststoffe. Weltweit ist bis heute der letztendliche Verbleib abgebrannter Brennelemente und radioaktiver Spaltprodukte nicht operationell gelöst. Die einzelnen Industriestaaten verfolgen z.T. unterschiedliche Zwischenlagerungs-, Wiederaufbereitungs- und Endlagerungskonzepte. Selbst die Möglichkeit des internationalen Handels mit abgebrannten Brennelementen und radioaktiven Abfällen wird diskutiert, da die Kosten der Endlagerung weitgehend unabhängig von den anfallenden Mengen sind und insbesondere kleinere Länder (wie z.B. die Niederlande) kaum über geeignete geologische Formationen für eine entsprechende Endlagerung verfügen.

Die wärmeerzeugenden Abfälle machen zwar nur etwa 5 % der gesamten radioaktiven Abfälle aus, konzentrieren auf sich aber 99 % der Radioaktivität. Entsprechend hoch sind die quantitativen und qualitativen Anforderungen an die Endlagerung. Um welche Größenordnungen es dabei in Deutschland geht, zeigt Tabelle 2-4.

(5) Besonders kritisch ist in diesem Zusammenhang der Umgang mit den wärmeentwickelnden, hochradioaktiven Abfällen und insbesondere dem Plutonium PU 239, von dem es bis heute bereits 1100 Tonnen aus abgebrannten Brennelementen und abgewrackten Kernsprengköpfen gibt. Dies hängt einmal mit der für menschliche Dimensionen unvorstellbar **langen Halbwertzeit** zusammen, die bei Plutonium PU 239 24'000 Jahre zählt, eine Zeitspanne also, die ihrer Größenordnung nach der Anwesenheit des neuzeitlichen Menschen auf der Erde entspricht.[37)]

Zum anderen lassen sich diese Reststoffe bei entsprechendem Know-how und politischem Willen verhältnismäßig **leicht militärisch nutzbar** machen. Vor diesem Hintergrund ist trotz aller politischen Bemühungen die militärische nicht von der zivilen Nutzung der Kernenergie zu trennen. Immer wieder haben Staaten, die noch nicht über die Atombombe verfügen, versucht, auf dem Umweg über die zivile Nutzung den Eintritt in den Kreis der Atommächte zu erreichen.

(6) Die Brisanz dieses Problems wurde augenfällig, als Anfang der 90er Jahre **waffenfähiges Plutonium** nach Deutschland **geschmuggelt** wurde, ein Vorgang, den man angesichts der internationalen Vereinbarungen und Kontrollen bisher für unmöglich gehalten hatte. Fast zur selben Zeit weigerten sich Pakistan und Indien, den internationalen Atomteststopvertrag zu unterzeichnen aus Furcht, sich damit einer neuen Form von Imperialismus durch die gut ausgerüsteten Atomstaaten auszusetzen. Nicht zuletzt aus diesem Grunde verzichtete die US-Regierung bereits 1976 auf die in Europa angestrebte Wiederaufbereitung abgebrannter Brennelemente, denn die Gewinnung militärisch nutzbaren Plutoniums ist aus direkt endge-

37) Vgl. Winter (1997), S. 14.

lagerten abgebrannten Brennelementen technisch sehr viel schwieriger als die Abzweigung separierten Plutoniums bei deren Wiederaufbereitung.[38)]

Tabelle 2-4: Aufkommen radioaktiver Abfälle in Deutschland bei Festhalten an der Wiederaufbereitung

Gruppe	**1992 (Stand 31.12.1992)** Radioaktive Abfälle mit vernachlässigbarer Wärmeentwicklung (m^3)	**1992 (Stand 31.12.1992)** Wärmeentwickelnde radioaktive Abfälle (m^3)	**Prognose 2010** Radioaktive Abfälle mit vernachlässigbarer Wärmeentwicklung (m^3)	**Prognose 2010** Wärmeentwickelnde radioaktive Abfälle (m^3)
Wiederaufbereitung	10 494	386	102 584	4 935
Kernkraftwerke	48 949	9	50 171	
Landessammelstellen	2 227	22	4 982	
Forschungseinrichtungen	24 104	181	55 564	265
Stillegung und Abbau	–	–	49 970	
Sons. Ablieferungspflicht.	92	–	270	
Kerntechnische Industrie	2 539	14	8 692	700
Summe	58 405	612	272 233	5 900

Quelle: Hensing (1994).

(7) Die Angaben zur Menge der dauerhaft zu lagernden radioaktiven Abfälle (vgl. Tabelle 2-4) machen zugleich ein anderes Problem deutlich, das in der öffentlichen Diskussion zum Umgang mit der Kernenergie bisher kaum aufgegriffen wurde, nämlich die Höhe der auf Dauer anfallenden **Kosten einer Endlagerung**. Für die Übernahme dieser Kosten hat die Energiewirtschaft schon bisher Rückstellungen in Höhe von insgesamt etwa 60 Mrd DM gebildet, die über die Strompreise von den Stromkunden getragen wurden.[39)] Zusätzlich muß die öffentliche Hand auch zukünftig noch erhebliche Beträge in die Sanierung und Sicherung von Lagerstätten und Altanlagen in den neuen Bundesländern (z.B. in Wismuth und in Greifswald) investieren.

Die Kosten der Endlagerung könnten weiter ansteigen, wenn die bisher vorgesehenen Lagerstätten (insbesondere im Schacht Konrad bei Salzgitter-Bleckenstedt und in Gorleben) nicht in dem erhofften Maße genutzt oder um zusätzliche Endlager ergänzt werden müssen. Angesichts der Zeiträume, für die eine auch vor kriminel-

38) Vgl. Hensing (1994), S. 224. Daß die geografisch-geologischen Bedingungen in den USA und die eindeutigen Kostenvorteile diese Entscheidung wesentlich erleichterten, sei hier nur am Rande erwähnt.

39) Vgl. Handelsblatt v. 25./26.4.1997.

len Zugriffen sichere Endlagerung gewährleistet bleiben muß, werden derartige Kosten auch dann noch anfallen, wenn die Energiewirtschaft auf die Gewinnung von Strom aus Atomkraft verzichten sollte.

(8) Die Unsicherheiten der Kernenergienutzung haben daher nicht nur technische und wirtschaftliche, sondern vor allem auch **politische Dimensionen**, die weit in die Zukunft hineinreichen: Die Schäden eines Kernschmelzunfalls, einer unzureichenden Endlagerung oder gar eines Mißbrauchs von Rückständen sind in ihren Auswirkungen entsprechend nur schwer zu beschreiben und stützen sich überwiegend auf Expertenaussagen, Szenarien und Befürchtungen, die allerdings in den bisher schon beobachtbaren Spätfolgen von Strahlenschäden oft eine traurige, wenn auch nur punktuelle Bestätigung gefunden haben.

Die Bewertung dieser Risiken wird damit zwangsläufig zu einem politischen Problem. Die Ermittlung spezifischer Eintrittswahrscheinlichkeiten kann hierbei nur begrenzt helfen. Sie ist für Fragen der existenziellen Bedrohung schon wissenschaftlich wenig aussagefähig, angesichts des großen Ausmaßes potentieller Schäden. In politischen Auseinandersetzungen bekommen Fragen der existenziellen Bedrohungen ein so hohes Eigengewicht, daß sie sogar die Stabilität der Gesellschaftsordnung und die Akzeptanz der politischen Führung beeinträchtigen kann.

2.3 Die Forderung nach „Sustainable Development"

2.3.1 Zweifel am industriellen Wachstum

Frühe internationale Diskussion

(1) Die mit dem Energieeinsatz und der Energieversorgung verbundenen tatsächlichen oder befürchteten Probleme wirken sich zwar unmittelbar auf alle Energiesektoren aus, lassen sich ihnen allerdings keineswegs alleine zurechnen. Sie sind vielmehr eng verknüpft mit allen **Fragen des wirtschaftlichen und industriellen Wachstums**. Vor diesem Hintergrund begann bereits in den 70er Jahren eine umfangreiche Diskussion um die Folgen des Wachstums. Immer stärker wuchsen dabei die Zweifel, ob das Bruttosozialprodukt als das Maß der für den Markt produzierten und über ihn gehandelten Leistungen auf Dauer als Indikator für die Wohlstandsmessung einer Gesellschaft geeignet ist. Diese internationale Diskussion wirkte wieder ihrerseits zurück auf die Rahmenbedingungen für die Entwicklung der Energiesektoren. Daher ist es nötig, hierauf im folgenden einzugehen.

(2) Die zahlreichen Versuche zur Entwicklung eines umfassenderen **Wohlstandsindikators**, in den wirtschaftliche, soziale und ökologische Gesichtspunkte einfließen, sind bis heute nicht abgeschlossen. Sie stoßen bei der Ableitung aussagefähiger Einzelindikatoren zur Sozial- und Umweltentwicklung an erhebliche methodische Schwierigkeiten, noch mehr bei deren Verknüpfung mit den bisherigen Systemen der volkswirtschaftlichen Gesamtrechnung.[40)] Andererseits deuten erste Schätzungen darauf hin, daß lediglich in den ersten Jahren der Industrialisierung noch eine parallele Entwicklung zwischen Wohlstand und Wirtschaftswachstum gegolten hat, während z.B. für die USA bereits seit Mitte der 70er Jahre trotz anhaltenden Wachstums des Bruttosozialprodukts mit einer absoluten Verringerung des Wohlstands gerechnet wird.[41)]

(3) Die Diskussionen zur Wachstumsproblematik gingen bereits Ende der 60er Jahre weit über den Rahmen der wissenschaftlichen Auseinandersetzung hinaus. Sie fanden ihren stärksten öffentlichen Ausdruck vielleicht 1968 in der Gründung des Club of Rome, einem informellen Zusammenschluß von Wirtschaftsführern, Politikern und Wissenschaftlern aus über 30 Ländern um den italienischen Industriellen A. Peccei, und in der Veröffentlichung der Studie **„Die Grenzen des Wachstums"** von D. L. Meadows und seinen Mitautoren vom Massachusetts

---

40) Wie schwierig eine Bilanzierung dieser Effekte ist, zeigen die Bemühungen des Statistischen Bundesamtes zur Erstellung einer umweltökonomischen Gesamtrechnung seit Ende der 80er Jahre. Vgl. Radermacher, Stahmer (1994) und (1995).

41) Vgl. von Weizsäcker, Lovins et al. (1996), S. 302ff.

Institute of Technology[42] im Jahre 1972. In diesem Jahr wurde das „United Nations Environmental Programme (UNEP)“ gegründet und die erste Umweltkonferenz der Vereinten Nationen über „Human Environment“ in Stockholm veranstaltet.

(4) Auf diesen Diskussionen basieren die Überlegungen zu einer **neuen Entwicklungsstrategie** bei den Vertretern des sog. Ecodevelopment-Konzeptes, die nach alternativen Entwicklungspfaden für die Regionen der Dritten Welt suchten. Sie setzten sich kritisch mit den außenhandelsorientierten Entwicklungsstrategien der Industrieländer auseinander, die diesen zwar die wachsende Nutzung der natürlichen Ressourcen ermöglicht hätte, zugleich aber zur Ursache einer Unterentwicklung in der Dritten Welt geworden sei.

Noch einen Schritt weiter ging die „Erklärung von Cocoyok“, die als Ergebnis eines 1974 von UNEP und UNCTAD gemeinsam in Cocoyok, Mexiko veranstalteten Symposiums über ‘Rohstoffnutzung, Umweltschutz und Entwicklung’ veröffentlicht wurde, und der 1975 erschienene Dag-Hammarskjöld-Bericht, in dem die Ergebnisse der internationalen Diskussion zum Ausdruck kamen:

- Die Bevölkerungsexplosion hängt in vielen Entwicklungsländern sehr eng mit der Armut in diesen Ländern zusammen.
- Die Umweltzerstörung in den Entwicklungsländern ist eine unmittelbare Folge von Armut und Bevölkerungsexplosion.
- Die Industrieländer leisten sich einen „Überkonsum“, d.h. einen Lebensstil, der für diese Armut und die damit verbundene Umweltzerstörung ursächlich ist.

(5) Dabei sieht der Dag-Hammarskjöld-Bericht einen direkten Zusammenhang zwischen den politischen Machtstrukturen in den Entwicklungsländern, dem Verhalten der internationalen Konzerne und den dort auftretenden ökologischen Problemen. Viele Umweltzerstörungen würden „von außen“ in die Länder hineingetragen oder hingen eng mit der Flächennutzung durch die inländischen Großgrundbesitzer, d.h. mit den **Eigentumsbedingungen und politischen Strukturen** vor Ort zusammen. Die Ansprüche und Interessen beider Gruppen führten zu einer Ungleichverteilung fruchtbaren Bodens, die immer mehr Bauern zur Bebauung von Randzonen zwingt, die Abholzung der Wälder begünstigt und zugleich Bodenerosion und -auslaugung fördert. Eine Überwindung dieser Probleme erscheine ohne umfangreiche Veränderungen im politischen, wirtschaftlichen und sozialen Rahmen und insbesondere in der Regelung der Eigentumsstrukturen kaum vorstellbar.[43]

---

42) Vgl. Meadows et al. (1972).
43) Vgl. Harborth (1991), S.27ff.

Die Vorstellung von „Sustainable Development“

(6) Die Diskussion um neue Entwicklungsstrategien mündet Anfang der 80er Jahre in die Forderung nach **Sustainable Development**. Der Begriff selbst findet in einem Bericht mehrerer internationaler Umweltorganisationen 1980 allgemeinen Eingang in die umweltpolitische Diskussion.[44] Dort wird er folgendermaßen definiert:

> „Development is defined here as: the modification of the biosphere and the application of human, financial, living and non-living resources to satisfy human needs and improve the quality of human life. For development to be sustainable it must take account of social and ecological factors, as well as economic ones; of the living and non-living resource base; and of the long term as well as the short term advantages and disadvantages of alternative actions.“[45]

Dieser Definition folgt auch die 1983 von den Vereinten Nationen eingerichtete „World Commission on Environment and Development“, nach ihrer Vorsitzenden auch **Brundtland-Kommission** genannt. Sie setzte sich aus bekannten Politikern, Wissenschaftlern, Diplomaten und Juristen aller Erdteile zusammen und legte im Frühjahr 1987 ihren Bericht „Our Common Future“[46] vor, der einstimmig verabschiedet worden war. Die Einstimmigkeit führte allerdings wegen der Heterogenität der Mitglieder und ihrer unterschiedlichen politischen, religiösen und kulturellen Interessen zu Kompromissen. So blieben die Lösungsvorschläge oft vage und ließen viele Interpretationen zu.

(7) Der Brundtland-Bericht analysiert zunächst die Umwelt- und Entwicklungsprobleme generell, setzt sich dann mit spezifischen Fragen (z.B. Bevölkerungsentwicklung, Ressourcen, Welternährung, Artenvielfalt, Energieangebot, Industrie und Siedlungsökologie) auseinander und formuliert auf dieser Basis das Konzept des „Sustainable Development“.

Dabei läßt sich die Kommission von **zwei zentralen Gedanken** leiten:

- einer langfristigen Erhaltung der Lebensfähigkeit des Planeten Erde und
- der Möglichkeit eines aktiven menschlichen Handelns, der die bisherigen (negativen) Entwicklungen nicht als quasi naturgegeben in Kauf nimmt, sondern als Aufforderung zum Entwurf von Handlungsoptionen durch den Menschen versteht.

---

44) IUCN, UNEP, WWF (1980).
45) Zitiert nach Hirsch (1995), S. 304.
46) World Commission (1987).

(8) Zur Realisierung dieser Ziele fordert die Brundtland-Kommission, Wirtschaft und Gesellschaft im Laufe der künftigen Entwicklung so zu transformieren, daß die Bedürfnisse sowohl der gegenwärtigen als auch der zukünftigen Generationen erfüllt werden können. Dies setzt voraus, daß den gegenwärtig Ärmsten dieser Welt die **Chance zur Befriedigung ihrer Grundbedürfnisse** nach Nahrung, Kleidung, Wohnen und Arbeiten sowie nach einer Steigerung ihres Lebensstandard gegeben wird, ohne die begrenzte Fähigkeit des Ökosystems zur Befriedigung gegenwärtiger und zukünftiger Bedürfnisse zu vernachlässigen.

Da Armut ein Verhalten nach sich zieht, das nicht sustainable ist (z.B. wenn armutsbedingt tropische Regenwälder abgeholzt oder schlechte Böden bebaut werden, die dann erodieren), kommt es entscheidend auf ein starkes Wachstum der Wirtschaft in den Entwicklungsländern an, um die dortige Armut zu mildern. Dies wiederum ist nur möglich, wenn die Nachfrage nach ihren Gütern durch steigende Exporte in die Industrieländer wächst. Damit sind die Wachstumsmöglichkeiten der Entwicklungsländer vom Wachstum der Industrieländer abhängig, da in diesem Fall mit einer steigenden Nachfrage nach Exporten der Entwicklungsländer zu rechnen ist.

Wirtschaftswachstum findet für die Brundtland-Kommission seine Rechtfertigung in der **Umverteilung von Einkommenszuwächsen** der Industrieländer und der reichen Schichten der Entwicklungsländer. Es steht dann im Einklang mit dem Ziel eines Sustainable Development, wenn es den „allgemeinen Prinzipien der Sustainability und der Forderung, andere nicht auszubeuten, nicht widerspricht"[47].

(9) Die im Bericht der Brundtland-Kommission entwickelten Lösungsvorschläge stießen bereits kurz nach seinem Erscheinen vor allem unter zwei Gesichtspunkten auf **Widerspruch**:

- Bezweifelt wurde die **Verträglichkeit eines weltweiten Wirtschaftswachstums** in Industrie- und Entwicklungsländern mit den Anforderungen an einen schonenderen Umgang mit den natürlichen Lebensgrundlagen. Solange sich die Entwicklung in den Entwicklungsländern nach dem Muster der Industrieländer vollzieht, muß der Ressourcenverbrauch selbst dann weiter steigen, wenn es den Industrieländer tatsächlich gelingen sollte, ihr Wachstum durch Steigerung der Umwelteffizienz von einem zusätzlichen Ressourcenverbrauch unabhängig zu machen.[48]
- Weiter entzündete sich die Kritik an der Vorstellung einer **Kopplung** des Wirtschaftswachstums der Entwicklungsländer an **steigende Exporte** in die Industrieländer. Diese Vorstellung entsprach zwar den bisher vorherrschen-

47) World Commission, S.43.
48) Vgl. Nutzinger, Radke (1995), S.36f.

den Argumenten internationaler Organisationen (z.B. der Weltbank), ließ sich aber in entsprechenden empirischen Untersuchungen nicht belegen. Teilweise konnte sogar der Entwicklungserfolg etwa in Brasilien und Indien zwischen 1965 und 1985 eher auf das hohe Gewicht der endogenen Wachstumskräfte zurückgeführt werden.[49)]

Internationale Vereinbarungen

(10) Unabhängig von dieser Kritik löste der Bericht der Brundlandt-Kommission **eine breite politische Diskussion** aus, in der zahlreiche - z.T. sehr theoretische - Vorschläge zur Konkretisierung des Konzeptes eines Sustainable Development und zur Ableitung von Nachhaltigkeitsindikatoren vorgelegt wurden. Besonders wichtig war in diesem Zusammenhang die Studie „Sustainable Netherlands - Aktionsplan für eine nachhaltige Entwicklung der Niederlande", die die niederländische Umweltorganisation Milieudefensie 1992 als Aktionsplan für die Entwicklung einer nachhaltigen niederländischen Wirtschaft und als Anregung für die Diskussionen auf der Umweltkonferenz in Rio formulierte.[50)]

(11) Ausgangspunkt des niederländischen Aktionsplans ist das von Hans Opschoor entwickelte[51)] **Konzept des Umweltraums**, auf dessen Nutzung grundsätzlich jeder Erdbewohner das gleiche Recht besitzt.

Sustainable Development wird hier definiert als ein Leben innerhalb des begrenzten Raums, den die Erde den Menschen und anderen Lebewesen zur Nutzung gibt, des Umweltraums. Dieser Umweltraum ergibt sich aus der Menge an Energie, Rohstoffen, Wasser, landwirtschaftlichen Flächen usw., die von der Menschheit dauerhaft genutzt werden kann, ohne dabei die Grundlagen zukünftigen Lebens zu zerstören.

Daraus ergeben sich für jedes Land entsprechende Anpassungsnotwendigkeiten gemäß der eigenen Bevölkerungszahl etwa für die Bereiche Energie, Wasser, nichterneuerbare Ressourcen sowie Land- und Forstwirtschaft, die im einzelnen detailliert untersucht werden. Insbesondere wird beschrieben, wie das Leben in den Niederlanden aussehen könnte und müßte, wenn die niederländische Bevölkerung die Restriktionen im Hinblick auf Ressourcenverbrauch und Schadstoffeintrag in die Natur einzuhalten versucht und mit welchen technischen und organisatorischen Maßnahmen ein solches Ziel ggf. erreicht werden könnte. Entsprechend finden sich hier auch z.T. sehr konkrete Vorstellungen über die notwendigen Veränderungen im Energiesektor der Niederlande.

---

49) Vgl. Harborth (1991), S.64.
50) Institut für sozialökologische Forschung (Hrsg.) (1992).
51) Vgl. Opschoor (1992).

(12) Der stärkste politische Anstoß ging schließlich von der **Konferenz der Vereinten Nationen über Umwelt und Entwicklung (UNCED)** im Juni 1992 in Rio de Janeiro selbst aus. Hier trafen sich nicht nur über hundert Staats- und Regierungschefs zur Verabschiedung der Klimakonvention und der Artenschutzkonvention sowie der Walderklärung, der Rio-Deklaration und der Agenda 21. Rio de Janeiro wurde auch zu einem weltweiten Treffpunkt für über 30'000 Menschen, die an den über hundert Veranstaltungen des Global Forum der Nicht-Regierungs-Organisationen teilnahmen und damit allein durch ihre Zahl, ihre Herkunft und ihr Engagement nicht nur die weltweite Relevanz der Thematik deutlich machten, sondern auch direkt und indirekt die Politiker unter Rechtfertigungs- oder Erfolgszwang setzten, selbst wenn bereits damals die Energiewirtschaft auf die Probleme und Konsequenzen einer Realisierung derartiger Forderungen hinwies.

(13) Insbesondere die **Agenda 21** nimmt in ihrem Kapitel 2 (Internationale Zusammenarbeit zur Beschleunigung nachhaltiger Entwicklung in Entwicklungsländern sowie damit verbundene nationale Politik) und Kapitel 3 (Armutsbekämpfung) wesentliche Grundüberlegungen des Berichts der Brundlandt-Kommission wieder auf:[52)]

- „Durch Vermeidung sowie Abbau von Protektionismus (soll) der Welthandel liberalisiert und dadurch zum Nutzen aller Länder, insbesondere der Entwicklungsländer, ausgebaut werden. ... Speziell im Rohstoffbereich ist eine größere Funktionsfähigkeit der Märkte anzustreben" (S. 18). „Die Industrieländer müssen vor allem durch stabilitätsorientierte Wachstumspolitik zu stabilen und vorhersehbaren internationalen wirtschaftlichen Rahmenbedingungen beitragen" (S. 19).
- „Der Kampf gegen die Armut liegt in der gemeinsamen Verantwortung aller Länder." Doch „zur Verringerung der Armut gibt es keine allgemein gültige Lösung. Vielmehr müssen länderspezifische, integrierte Programme der Armutsbekämpfung erarbeitet und günstige internationale Rahmenbedingungen geschaffen werden" (S. 19).

(14) Die **Klimakonvention** legt ihrerseits die Grundlage für eine internationale Zusammenarbeit zur Verhinderung schädlicher Klimaveränderungen. Hierfür sollen die Treibhausgasemissionen auf einem Niveau stabilisiert werden, das eine weitergehende anthropogene Störung der Erdatmosphäre verhindert. Zu diesem Zweck haben sich die Industrieländer in einem ersten Schritt verpflichtet, ihre Emissionen von CO_2 und anderen Treibhausgasen auf das Niveau von 1990 zurückzuführen sowie zusätzliche Finanzmittel zur Verfügung zu stellen, um auch den Entwick-

52) Vgl. Bundesumweltministerium (1992) S. 18ff.

lungsländern die Durchführung der Konvention zu ermöglichen. Insbesondere die Bundesregierung hat sich bei diesem Anlaß verpflichtet, die CO_2-Emissionen bis zum Jahre 2005 um 25 % gegenüber dem Stand von 1990 zu reduzieren.

(15) Den ersten Schritten sollten mit entsprechenden Protokollen weitere folgen. Doch die **Erarbeitung der Protokolle** zur Begrenzung der CO_2-Emissionen und zur Erhöhung von Speichern und Senken **fällt schwer**: Dies zeigte sich bei den Verhandlungen 1995 in Berlin; es charakterisiert auch die Gespräche zur Vorbereitung der internationalen Konferenz Ende 1997 in Kyoto. So ist eine erfolgversprechende Annäherung der unterschiedlichen Standpunkte bisher kaum erkennbar. Nicht zuletzt wegen der potentiellen Folgen für die nationalen Energiesektoren laufen die Konfliktlinien nicht nur zwischen Entwicklungs- und Industrieländern. Ebenso schwierige Fragen stellen sich auch innerhalb dieser Ländergruppen (z.B. zum Grundkonzept, zu den Maßstäben etc.).

(16) Der Begriff des „Sustainable Development“ fand aufgrund eines erheblichen Engagements der zahlreichen Nicht-Regierungs-Organisationen auch Eingang in die **Präambel des GATT-Abkommens der Uruguay-Runde** zur Entwicklung des internationalen Welthandels und zur Gründung der Welthandelsorganisation (WTO) in Genf. Sie hält ausdrücklich fest, daß die Wirtschafts- und Handelsbeziehungen der Mitgliedsstaaten unter besonderer Berücksichtigung einer „nachhaltigen Entwicklung“ und des „Schutzes und der Erhaltung der Umwelt“ weiterentwickelt werden sollten.[53)]

Allerdings bleiben die einzelnen vertraglichen Regelungen in der 1994 verabschiedeten Fassung auf den traditionellen Außenhandel beschränkt und nehmen insbesondere keinen Bezug auf andere, bereits bestehende internationale Vereinbarungen im Umweltschutz wie etwa die Konvention zum Schutz der Ozonschicht von 1985 oder die Vereinbarungen von Rio. Immerhin finden sich in einigen Zusatzabkommen Hinweise auf die spezielle Bedeutung nationaler Umweltschutzmaßnahmen, so etwa in den Abkommen über technische Handelshemmnisse, über Subventionen, über sanitäre und phytosanitäre Maßnahmen. Insgesamt aber bleibt die Verknüpfung der internationalen Handels- und Umweltpolitik bisher lediglich eine generelle Verpflichtung der Vertragsstaaten, bis in weiteren Protokollen spezifische Regelungen gefunden sind.[54)]

---

53) Vgl. WTO (1994).
54) Vgl. Ziegler (1994).

2.3.2 Die theoretische Diskussion

(1) Die vielfältige politische Diskussion in den siebziger Jahren regte die Bemühungen zur Ableitung von Kriterien für ein „sustainable development" an. Um das Verständnis der ökonomischen Dimension dieses Begriffs herum bildete sich mit der sogenannten **ökologischen Ökonomie** (ecological economics) ein neues Teilgebiet in den Wirtschaftswissenschaften, in dem zahlreiche Theorieansätze entwickelt wurden. Bei allen Differenzen im einzelnen ist diesen Ansätzen die Betonung ökologischer Grenzen, die Interdependenz zwischen ökologischen und ökonomischen Systemen sowie eine gewisse Abgrenzung zu den theoretischen Vorstellungen der neoklassischen Ökonomie gemeinsam.[55)]

In diesem Zusammenhang sind drei Denkrichtungen von besonderem Gewicht:

1. die ethisch normativen Überlegungen der Gerechtigkeit,
2. die Ableitung ökologischer Ziele und
3. der Versuch einer Verbindung ökologischer, wirtschaftlicher und sozialer Zielvorstellungen („Drei-Säulen-Modell").

Der ethische Ansatz

(2) In der ethisch normativen Diskussion wird die Nutzung der Natur als ein Problem der intertemporalen Gerechtigkeit aufgefaßt. Dabei wird häufig auf die **Theorie der Gerechtigkeit von Rawls** zurückgegriffen.[56)] Für die Ableitung dieser Theorie greift Rawls auf ein Gedankenexperiment zurück, indem in einem hypothetischen Urzustand alle zusammen oder nacheinander lebenden Menschen auf der Erde gemeinsam darüber entscheiden müssen, wie sie sich am besten verhalten sollten. Ihnen ist nicht bekannt, zu welcher Zeit und in welcher Region der Welt sie einmal leben werden. Auch verhalten sie sich risikoavers und orientieren sich angesichts der Unsicherheit über ihr künftiges Schicksal stets an dem Nutzen des am schlechtesten gestellten Menschen (der sie ja selbst einmal sein könnten).

(3) Unter dieser Annahme leitet Rawls zwei Prinzipien ab, die allen Beteiligten als Voraussetzung für ein gerechtes Zusammenleben sinnvoll erscheinen:

1. Das **Freiheitsprinzip**, nach dem jeder Mensch das gleiche Recht auf ein Maximum an persönlicher Freiheit hat, solange dadurch nicht die Freiheit anderer eingeschränkt wird;

55) Vgl. Soete (1995), S. 2.
56) Vgl. Vornholz (1995), S. 89.

2. das **Differenzprinzip**, nach dem soziale und wirtschaftliche Ungerechtigkeiten solange gerechtfertigt erscheinen, als sie für alle Mitglieder der Gesellschaft, also auch für die am wenigsten Begünstigten, noch einen Vorteil erwarten lassen.

(4) Wendet man diese Prinzipien auf die Probleme der intra- und intergenerativen Verteilungsgerechtigkeit im Umgang mit der Natur an, so kommt man zu folgenden Schlußfolgerungen:

- Im Hinblick auf die intragenerative Verteilungsgerechtigkeit folgt aus beiden Prinzipien die **Gewährung von Menschenwürde** und die **Sicherung des Existenzminimums** in allen Ländern der Erde.
- Im Hinblick auf die intergenerative Verteilungsgerechtigkeit folgt aus den Prinzipien, daß jede Generation Entscheidungen vermeiden muß, die mit Nachteilen für spätere Generationen verbunden sind. Jede Generation sollte daher ihre Nutzung der Natur so gestalten, daß sie **die natürlichen Lebensgrundlagen in einem vergleichbaren Zustand** an die spätere Generation **weitergeben** kann, wie sie sie selbst empfangen hat. Dies schließt Ungleichheiten nach dem Differenzprinzip nicht aus, schränkt sie aber ein.

(5) In den ethisch normativen Überlegungen auf der Basis der Theorie der Gerechtigkeit von Rawls sind die von anderen Fachrichtungen entwickelten Vorstellungen zur Konstanz des natürlichen Kapitalstocks bereits enthalten, ohne daß dafür auf ökonomische Überlegungen zurückgegriffen werden muß. Gleichzeitig werden gewisse Ungleichheiten und individuelle Abweichungen zugelassen, soweit dies die Nutzung des natürlichen Kapitalbestandes durch unterschiedliche Bevölkerungsgruppen in der gegenwärtigen und zukünftigen Welt betrifft. Schließlich reicht allein die Anwendung der anthropozentrisch formulierten Prinzipien aus, um die Erhaltung der natürlichen Umwelt zu fordern; ein Rückgriff auf eigenständige Rechte und Werte der Natur, wie sie in der öffentlichen Diskussion oft gefordert werden, ist nicht erforderlich.

Ansatz der ökologischen Tragfähigkeit

(6) Unabhängig von den ethischen Überlegungen auf der Basis der Gerechtigkeitstheorie von Rawls wurde schon in der Wachstumsdebatte Anfang der siebziger Jahre dem **Begriff des Wachstums**, wie er bisher im Vordergrund der Diskussion gestanden hatte, der **Begriff der Entwicklung** gegenübergestellt:

- Als **Wachstum** galt dabei die mengenmäßige Zunahme von Gütern und Dienstleistungen, deren Produktion Materie und Energie aus der natürlichen Umwelt entnimmt, umwandelt und sie letztendlich als Abfall und Emission, d.h. für den Menschen nicht mehr weiter nutzbar, an das Ökosystem zurückgibt.

- Demgegenüber wird mit dem Begriff **Entwicklung** eher eine qualitative Veränderung bezeichnet, die sich auf eine Vielzahl wünschenswerter und positiver Ziele in der Gesellschaft beziehen kann, und im Einzelfall der konkreten Definition durch Politik, Wissenschaft und Gesellschaft überlassen bleiben muß.[57)]

(7) Eine solche Entwicklung kann nur dann als sustainable bezeichnet werden, wenn sie ihrerseits nicht die natürliche Lebensgrundlage des Menschen gefährdet. Ehe daher über Fragen der gerechten Verteilung oder die Ressourcenallokation im Marktprozeß geredet werden kann, muß das Ausmaß der überhaupt vorstellbaren wirtschaftlichen Tätigkeit an die **ökologische Tragfähigkeit der Natur** angepaßt werden.[58)]

Aus diesen von der Natur gesetzten Grenzen ergibt sich die Forderung nach der Erhaltung eines **konstanten natürlichen Kapitalstocks**, der die Gesamtheit der vorhandenen Umweltressourcen umfaßt. Dazu gehören nicht nur die Bestände der nicht-erneuerbaren Ressourcen, sondern auch die Vielzahl der pflanzlichen und tierischen Arten, die Bodenqualität oder die Fähigkeit des globalen Ökosystems, den natürlichen Kreislauf aufrecht zu erhalten und z.B. anthropogene Emissionen und Abfälle einschließlich CO_2 wieder im Ökosystem zu absorbieren.[59)]

(8) In dieser Diskussion **setzt das ökologische System den Rahmen** für die ökonomische Entwicklung im Sinne einer unverzichtbaren Nebenbedingung. Maßgeblich für jede auf Dauer angelegte wirtschaftliche und gesellschaftliche Entwicklung ist die in Abbildung 2-13 wiedergegebene Kreislaufwirtschaft (in Anlehnung an die Darstellung von Pearce/Turner),[60)] in der das Ziel ökonomischen Handelns, nämlich der Nutzen für die Bevölkerung, stets die Funktionsfähigkeit des ökologischen Systems voraussetzt, auf dessen Ressourcen jede Produktion aufbaut. Der Bestand an nichterneuerbaren Ressourcen nimmt dabei grundsätzlich ab, während der Bestand an erneuerbaren Ressourcen konstant bleiben oder sogar zunehmen kann, wenn der Ressourcenabbau kleiner ist, als es der natürlichen Regeneration der Natur entspricht.

---

57) Vgl. Daly (1987) S. 323.
58) Vgl. Daly (1992) S. 185ff.
59) Vgl. Pearce et al. (1990), S. 1.
60) Vgl. Pearce, Turner (1990), S. 40.

Abbildung 2-13: Modell der Kreislaufwirtschaft

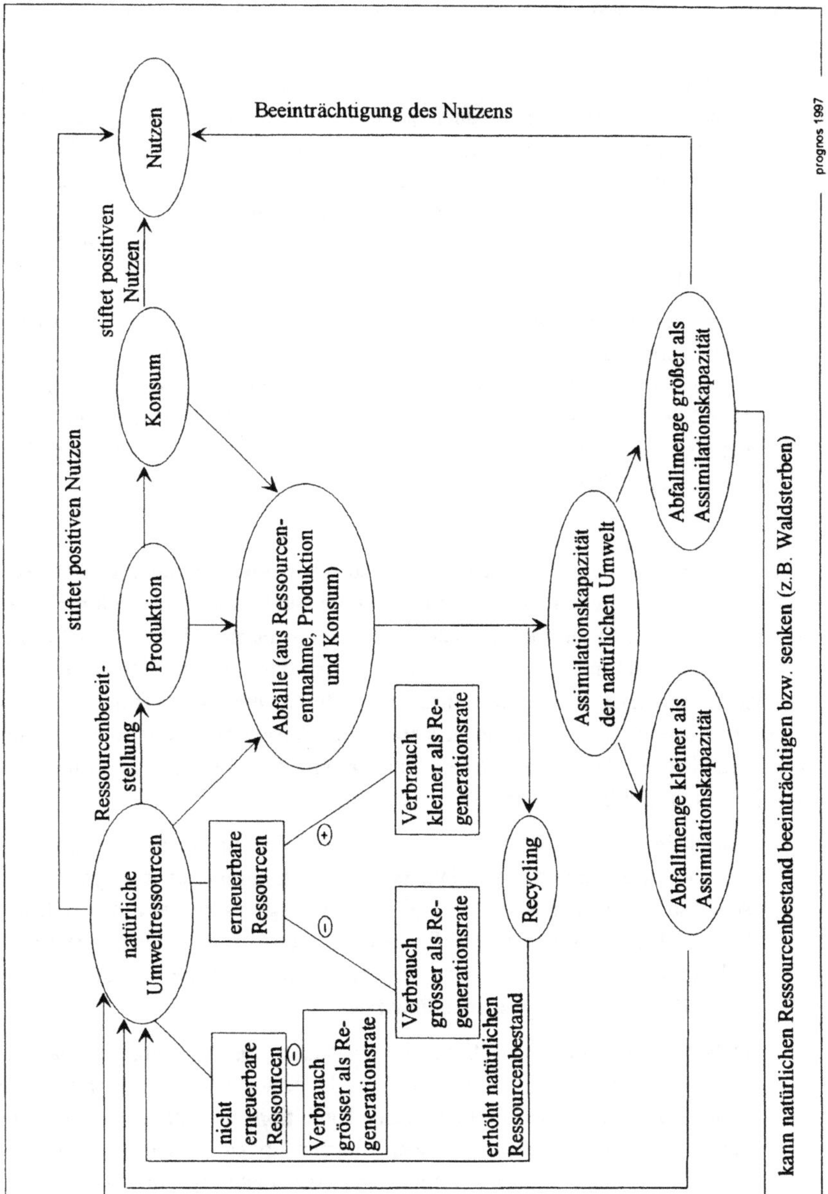

Quelle: Eigene Darstellung auf der Basis von Pearce, Turner (1990) S. 40

(9) Für den ökologischen Rahmen gelten die **physikalischen Rahmenbedingungen** der Thermodynamik, die entsprechend auch das ökonomische Geschehen wesentlich beeinflussen:

- Nach dem ersten Hauptsatz der Thermodynamik ist die Menge der entnommenen Ressourcen letztendlich gleich der Menge der abgegebenen Reststoffe. Spätere Generationen müssen mit dem auskommen, was die jeweils Lebenden zurücklassen, das **Raumschiff Erde** muß mit den wie auch immer transformierten Ressourcenbeständen auskommen, die es vor dem Start „an Bord" genommen hat, zuzüglich der weiterhin von außen zufließenden Sonnenenergie.
- Nach dem zweiten Hauptsatz der Thermodynamik nimmt die Verwertbarkeit von Energie und Material kontinuierlich ab, ein irreversibler Prozeß, in dem Energie und Rohstoffe mit jeder Nutzung an **Nutzungswert verlieren**, bis sie schließlich so schwach konzentriert oder mit anderen Materialien so stark vermischt sind, daß sie für eine weitere menschliche Nutzung nicht mehr zur Verfügung stehen.

(10) Die Überlegungen zur Kreislaufwirtschaft werden in dem **theoretischen Ansatz des industriellen Metabolismus** noch einen Schritt weitergeführt.[61] Dieser Ansatz lehnt sich an die Vorstellung der biochemischen Stoffwechselprozesse in biologischen Organismen an, die dort dem Auf- und Umbau oder der Erhaltung der Körpersubstanz sowie der Aufrechterhaltung der Körperfunktionen aller Lebewesen dienen. Entsprechend beschreibt der Ansatz des industriellen Metabolismus den Prozeß der physikalischen Transformation von Rohstoffen, Energie und Arbeit in Endprodukte und Abfälle.

- Entscheidend für die Stabilität der industriellen Stoffkreisläufe ist danach - ähnlich wie in den biologischen Systemen - die Frage, ob die Systeme offen sind und in welchem Maße ein ggf. auch nur begrenztes Recycling stattfindet. Denn solange der industrielle Prozeß offen ist, steigt die Entropie und das industrielle System ist für seine Stabilität ständig auf die Zuführung zusätzlicher Ressourcen von außen angewiesen.
- Dabei ist eine begrenzte Offenheit des industriellen Systems durchaus vorstellbar. Auch biologische Systeme sind keineswegs immer geschlossen und damit stabil. Doch hat die biologische Evolution stets auf derartige Instabilitäten reagiert und offene Kreisläufe immer soweit zu schließen vermocht, daß der ständige Zufluß der Sonnenenergie ausreicht, um das System zu stabilisieren (vgl. den Wasserkreislauf).

---

61) Vgl. Ayres, Simonis (Hrsg.) (1994).

(11) Folgt man diesen Ansätzen, dann ist eine industrielle Wirtschaft nur dann als sustainable zu bezeichnen, wenn sie durch ein **nahezu vollständiges Recycling** gekennzeichnet ist: Unter diesen Bedingungen bleibt der natürliche Kapitalstock stabil, wobei die vorhandenen Umweltressourcenbestände mit Hilfe des ständigen Zuflusses von Sonnenenergie aufrechterhalten werden können (strong sustainability). Gleichzeitig läßt sich die Einhaltung dieser Regel an der Höhe des Outputs je Einheit Input an Material und nicht erneuerbarer Energie, d.h. der Material- und Energieproduktivität ihrer Produktion, näherungsweise feststellen.

(12) Die strenge Formulierung von sustainability sieht keine Möglichkeit vor, die Verringerung des natürlichen Kapitalstocks durch zusätzliches, **von Menschen produzierbares Sach- und Humankapital** (z.B. Maschinen, Infrastruktur, Wissen, Fertigkeiten), auszugleichen. Soweit dies gilt, könnte auch ein Zustand als sustainable angesehen werden, in dem potentielle Verluste am natürlichen Kapitalstock durch eine entsprechende humane Kapitalbildung vollständig ersetzt werden, die Leistungsfähigkeit des natürlichen Kapitalstocks also trotz seines Verbrauchs erhalten werden kann (sogenannte weak sustainability).

Inwieweit ein Austausch zwischen natürlichem und künstlichem Kapitalstock möglich ist, bleibt offen. Am ehesten ist er vorstellbar durch die **Gewinnung neuer Erkenntnisse** über die Ursache-Wirkungszusammenhänge in den natürlichen Systemen mit dem Ziel, die Materialproduktivität zu steigern und so mit einem entsprechend kleineren natürlichen Kapitalstock bei gleichem Output auszukommen. Dennoch bleiben auch dann absolute Grenzen, denn ein vollständiger Verbrauch des Bestandes an nichtregenerierbaren Ressourcen führt dazu, daß 'künstliches' Kapital nicht mehr geschaffen werden kann. Auch läßt sich die Multifunktionalität der ökologischen Systeme in der Regel nicht durch menschengemachtes Kapital sicherstellen.[62)]

(13) Die Notwendigkeit des Erhalts eines natürlichen Kapitalstocks führt unmittelbar zu konkreten Anforderungen an die Art des Umgangs mit den vorhandenen Ressourcen, zu den sogenannten **Nutzungs- oder Managementregeln**:[63)]

1. Der Bestand an erneuerbaren Ressourcen läßt sich nur dann halten, wenn die Nutzung dieser Ressourcen auf ihre natürliche Regenerationsfähigkeit begrenzt wird.
2. Nichterneuerbare Ressourcen dürfen nur noch bis zu dem Ausmaß abgebaut werden, bis zu dem ein gleichwertiger Ersatz durch erneuerbare Ressourcen

62) Vgl. Vornholz (1995), S. 110.
63) Nutzinger und Radke haben diese 'Managementregeln' noch weiterentwickelt und insbesondere die 2. oben genannte Regel konkretisiert und differenziert. Vgl. Nutzinger, Radke, 1995 S. 248.

und eine höhere Produktivität der nichterneuerbaren Ressourcen geschafft werden kann oder ihr Austausch durch künstliches Kapital möglich ist.

3. Der Schadstoffausstoß einschließlich der nicht mehr nutzbaren Abfälle und Emissionen darf nicht größer sein als die Aufnahmefähigkeit der Umwelt zur Regeneration dieser Restprodukte.

4. Die zeitliche und räumliche Verteilung der menschlichen Eingriffe und Einträge in den Naturhaushalt muß mit den zeitlichen und räumlichen Reaktions- und Assimilationsmöglichkeiten der Natur in Einklang gebracht werden.

(14) Um die möglichst problemgerechte Definition dieser Managementregeln hat sich eine umfangreiche theoretische Diskussion überwiegend im ökonomischen Bereich entwickelt. In dieser Diskussion geht es vor allem um die möglichst genaue Beschreibung der letztendlich unverzichtbaren Bestandteile des natürlichen Kapitals, der kritischen Naturvermögensbestände. Besonders bemerkenswert ist dabei, daß zwar von einer generellen Substituierbarkeit des natürlichen Kapitals (im Sinne einer weak sustainability) kaum ausgegangen werden kann, es aber nicht auf die Gesamtheit des natürlichen Kapitalstocks für die Frage der Nachhaltigkeit im ökologischen Sinne ankommt. Denn „bei Erreichen bestimmter Niveaus *einzelner, klar spezifizierter* natürlicher Vermögensbestandteile ist der grundsätzliche Fortbestand der Substituierbarkeit anderer natürlicher Vermögenskomponenten“[64] keineswegs ausgeschlossen. Wege dazu sind etwa die Umstellung der Konsumformen, die Inanspruchnahme anderer, nicht begrenzter Teile des natürlichen Kapitals oder besondere Formen der Bildung von Humankapital.

Ansatz im Drei-Säulen-Modell

(15) Die Managementregeln zur Erhaltung des natürlichen Kapitals abstrahieren vollständig von den **ökonomischen und sozialen Bedingungen**, unter denen sich die Umsetzung dieser Managementregeln vollziehen könnte. Sie formulieren lediglich die Bedingungen, unter denen die natürlichen Lebensgrundlagen erhalten werden können. Da diese Bedingungen zugleich auch den Forderungen des ethisch-normativen Ansatzes nach der Verwirklichung einer intra- und intergenerativen Gerechtigkeit entgegen kommen, erschien die Formulierung eigenständiger ökonomischer und sozialer Zielvorstellungen für das Konzept eines sustainable developments zunächst verzichtbar.

---

64) Vgl. Radke (1997), S. 11, Hervorhebung im Original.

(16) Eine solche ausschließlich ökologische Betrachtungsweise kann jedoch kaum befriedigen, solange die wirtschaftlichen und sozialen Abhängigkeiten die individuellen und politischen Entscheidungen prägen. So sind es nicht zufällig gerade die wissenschaftlichen Beratungsgremien der Politik, die in ihren Analysen und Untersuchungen besonders stark auf die **wechselseitigen Beziehungen zwischen ökonomischen, sozialen und ökologischen Entwicklungen** aufmerksam machen: „Das Schicksal der Menschheit wird davon abhängen, ob es ihr gelingt, sich zu einer Entwicklungsstrategie durchzuringen, die der wechselseitigen Abhängigkeit dieser drei Entwicklungskomponenten, der ökonomischen, der sozialen und der ökologischen, gerecht wird."[65)]

Ähnlich fordert die Enquete-Kommission „Schutz des Menschen und der Umwelt" des Deutschen Bundestages in ihrem jüngsten Zwischenbericht von 1997: „Die langfristige Sicherung der natürlichen Lebensgrundlagen und die Verbesserung der ökonomischen und sozialen Lebensbedingungen bilden die drei Dimensionen, die das Leitbild einer nachhaltig zukunftsverträglichen Entwicklung zu vereinbaren sucht".[66)]

(17) Hintergrund der Überlegungen sind die **ökonomischen und sozialen Risiken**, die mit der konkreten Umsetzung eines ökologischen Kreislaufmodelles, d.h. mit der Durchsetzung der ökologisch abgeleiteten „Managementregeln" im nationalen oder regionalen Kontext verbunden sind. Probleme ergeben sich dabei unter folgenden Aspekten:

- Die Erfüllung der ökologischen Erfordernisse setzt Verhaltensänderungen in der Gesellschaft voraus, zu denen die Menschen aus heutiger Sicht noch nicht bereit zu sein scheinen.
- Ökonomisch erfordert eine ökologisch ausgerichtete Kreislaufwirtschaft eine Wirtschafts- und Kostenstruktur, die zwangsläufig mit Einschränkungen der internationalen Wettbewerbsfähigkeit für alle Unternehmen, auch die des Energiesektors verbunden wäre, solange sich nicht alle Konkurrenten weltweit daran ausrichten.
- Die notwendigen Eingriffe in die Wirtschaftsabläufe führen zu Ausweichreaktionen und stellen damit die Funktionsfähigkeit der bisherigen marktwirtschaftlichen Abläufe in Frage. In der Folge können Versorgungsengpässe, inflationäre Tendenzen und Arbeitslosigkeit verstärkt auftreten.

---

65) Sachverständigenrat für Umweltfragen (1994), S. 9.
66) Vgl. Enquete-Kommission (1997), S. 6.

Insgesamt steigt damit die Gefahr sozialer Krisen und gesellschaftlicher Verwerfungen, so daß im Ergebnis auch die Politik nicht mehr in der Lage ist, die Umsteuerung im Sinne eines sustainable developments weiter zu verfolgen.

(18) Angesichts dieser Risiken erscheint eine Politik, die sich alleine an den ökologisch definierten Managementregeln orientiert, kaum erfolgversprechend. Zwar ist aufgrund der ihnen zugrunde liegenden Erkenntnisse „die alte Entwicklungsmaxime, zunächst ökonomischen Wohlstand zu erreichen und die sozialen und ökologischen Folgekosten später zu reparieren,“[67] hinfällig geworden. Gleichwohl müssen die sozialen und ökonomischen Belange im neuen Denken mit den ökologischen Erfordernissen verknüpft und integriert werden.

Die Formulierung aussagefähiger Managementregeln zur Sicherung eines sozialen und ökonomischen sustainable development, die die aus dem ökologischen Ansatz her kommenden Regeln ergänzen oder ersetzen könnten, fällt dagegen schwer: „**Sozialverträglichkeit** kann nicht postuliert werden, sie muß wachsen und herausgebildet werden. In welchem Maße dies möglich sein wird, hängt ab von den Kommunikationsformen, von Umfang und Offenheit der Kommunikation sowie von dem vermittelten Problembewußtsein, mit dem die Leitbilder präsentiert werden“.[68]

(19) Ähnlich schwierig erweist sich auch die Formulierung operationaler Kriterien zur **Ökonomieverträglichkeit**. Auch hier stellt sich wie im sozialen Bereich die zentrale Frage nach den Bewertungsansätzen, auf die sich entsprechende „Managementregeln“ stützen könnten. Dies setzt entsprechende Veränderungen in der Nutzen- bzw. Konsumorientierung der Bevölkerung - ökonomisch formuliert: eine Veränderung der Präferenzordnung - voraus.

So basieren im ökonomischen Bereich die meisten Überlegungen auf der neoklassischen Sichtweise und fordern relativ allgemein, daß der Nutzen des Umweltschutzes höher sein solle als die mit der Umstellung verbundenen Kosten. Dabei sind sich die meisten Autoren der begrenzten Praktikabilität dieses Ansatzes durchaus bewußt, nicht nur weil die Monetarisierung und Berechenbarkeit des Kosten-Nutzen-Vergleichs an enge Grenzen stößt[69] und Fragen der Instrumentierung oder der adäquaten Diskontrate[70] offen bleiben, sondern weil sich auch Kosten-

---

67) Vgl. BUND und Misereor (1996), S. 24.
68) Vgl. Enquete-Kommission, (1994), S. 62, Hervorhebung nicht im Original.
69) Vgl. Zentrum für Europäische Wirtschaftsforschung (1995), S. 33.
70) Vgl. Enquete-Kommission (1994), S. 515.

Nutzen-Analysen der herkömmlichen Art nur wenig zur Bewertung von großen Systemwechseln und Weichenstellungen eignen.[71)]

(20) Besonders stößt der ökonomische Optimierungsansatz dort an Grenzen, wo Entscheidungen zum Umgang mit langfristig kumulierenden Umweltbelastungen und mit großen Unsicherheiten im Hinblick auf die möglichen Wirkungen zu fällen sind, wie z.B. im Fall der befürchteten klimatischen Veränderungen durch die Zunahme der CO_2-Konzentration in der Atmosphäre.

Einen relativ konkreten Vorschlag macht in diesem Zusammenhang der Wissenschaftliche Beirat der Bundesregierung Globale Umweltveränderung 1995 für die Reduktion der CO_2-Emissionen. Dabei stellt er auf die **Kosten des unterlassenen Klimaschutzes** ab und untersucht in einem Szenario, welche Klimaänderungen für Mensch und Natur noch tolerierbar und welche Reduktionsziele erforderlich sind, wenn unzumutbare Kosten sowohl zur Anpassung an Klimaänderungen als auch zur Reparatur von Klimafolgeschäden vermieden werden sollen. Als Zumutbarkeitsgrenze für diese Kosten nimmt der Wissenschaftliche Beirat ein globales Mittel von 5 % des jährlichen Bruttosozialprodukts an und kommt zu dem Ergebnis, daß eine weltweit jährliche CO_2-Reduktion von knapp 1 % über einen Zeitraum von 150 Jahren als eine sowohl ökologisch wie ökonomisch günstige Alternative gegenüber der Fortsetzung des gegenwärtigen Trends anzusehen sei.[72)]

(21) Einen anderen Weg geht das Wuppertal-Institut in seiner Studie „Zukunftsfähiges Deutschland".[73)] Ausgangspunkt seiner Überlegungen ist die bereits in der Untersuchung „Sustainable Netherlands" zugrunde gelegte Vorstellung eines begrenzten „Umweltraums", für dessen Nutzung **zwei Werturteile** zugrunde gelegt werden:

- Künftige Generationen sollen die gleichen Chancen zur eigenständigen Lebensgestaltung haben wie die lebenden Generationen.
- Jeder Mensch soll das gleiche Recht haben, globale Ressourcen in Anspruch zu nehmen, solange die Natur dadurch nicht übernutzt wird.

Ausgehend von diesen Wertsetzungen lassen sich wieder Umweltindikatoren und quantitative Ziele für ein zukunftsfähiges Deutschland entwickeln.

Die soziale und ökonomische Dimension des Problems versuchen die Autoren anschließend durch die Entwicklung von Leitbildern für eine zukunftsfähige ausgewogene gesellschaftliche Entwicklung aufzufangen. Auf diesem Weg wollen sie

---

71) Vgl. Enquete-Kommission (1994), S. 516.
72) Vgl. Wissenschaftlicher Beirat (1996), S. 111ff.
73) Vgl. BUND und Misereor (1996).

verhindern, daß die einseitige Konzentration der Diskussionen auf Umweltindikatoren den Blick dafür verschleiert, daß es sich bei der Problematik des sustainable development nur auf den ersten Blick um eine ökologische Krise, eigentlich aber um ein Entwicklungsproblem der Gesellschaft handelt. Aus diesen Leitbildern wieder folgen Vorschläge, etwa zur Vergütung von Strom aus erneuerbaren Energien, zur Ernährung oder zu neuen Wohnformen, deren Entwicklung und Realisierung die Basis für soziale Innovationen bieten und eine Veränderung der Produktions- und Lebensstile möglich machen sollen.

(22) Auch der **Sachverständigenrat für Umweltfragen** versucht in seinen Gutachten 1994 und 1996, die Verbindung zwischen den ökologischen, ökonomischen und sozialen Elementen im Sinne einer dauerhaft umweltgerechten Entwicklung zu berücksichtigen:

> „Dauerhafte Entwicklung schließt sonach eine umweltgerechte, an der Tragekapazität der ökologischen Systeme ausgerichtete Koordination der ökonomischen Prozesse ebenso ein, wie entsprechende soziale Ausgleichsprozesse zwischen den in ihrer Leistungskraft immer weiter divergierenden Volkswirtschaften."[74)]

Damit versteht er die ökologische Krise in erster Linie als ein bisher noch ungelöstes „Vernetzungsproblem zwischen den ökologischen Entwicklungen einerseits und den ökonomischen Anreizen andererseits". Um dieses Vernetzungsproblem zu lösen und die ökonomischen, ökologischen und sozialen Prozesse zu einer dauerhaft umweltgerechten Entwicklung zu verbinden, bedarf es der **Retinität** (Gesamtvernetzung) als einem normativen Verhaltensprinzip der Umweltethik. Aus ihr definieren sich die verbleibenden Handlungs- und Gestaltungsmöglichkeiten des Menschen, die es zu erkennen und auszufüllen gilt.[75)]

(23) Eine wichtige Voraussetzung für die Entwicklung einer solchen Grundeinstellung ist für den Sachverständigenrat für Umweltfragen die Konkretisierung von überwiegend ökologisch definierten Indikatoren, mit deren Hilfe das Leitbild einer dauerhaft umweltgerechten Entwicklung hinsichtlich seiner Ziele konkretisiert und hinsichtlich des Erfolgs der Politik eingeschätzt werden kann. Zu diesem Zweck entwickelt der Sachverständigenrat für Umweltfragen ein **Umweltindikatorensystem**, das auf den Bewertungskonzepten kritischer Konzentrationen, kritischer Eintragsraten und kritischer struktureller Veränderungen beruht.

Schließlich schlägt er den Einsatz zahlreicher Instrumente vor, die insbesondere in dem Umweltgutachten 1996 ein breites Spektrum von Umweltpolitikbereichen

---

74) Sachverständigenrat für Umweltfragen (1994) S. 9.
75) Vgl. Sachverständigenrat für Umweltfragen (1994) S. 12.

abdecken. Dabei ist das generelle Leitbild in der Fülle der Details und Einzelmaßnahmen oft nur noch schwer zu verfolgen. Zeitweilig entsteht auch der Eindruck, als handele es sich bei der Realisierung des Leitbildes lediglich um ein technisch instrumentelles Problem und nicht zugleich auch um eine sehr viel umfangreichere gesellschaftspolitische Herausforderung.

2.3.3 Das bisherige Ergebnis

(1) Versucht man eine Art **Zwischenfazit des Erkenntnisstandes** zu ziehen, so fällt dies schwer. Der Grund dafür liegt an der Vieldimensionalität, die die Diskussion um die Notwendigkeit und Möglichkeit eines sustainable development in der Zwischenzeit erreicht hat. Abbildung 2-14 gibt dafür in Anlehnung an eine ähnliche Darstellung bei Vornholz (1995) die vier wichtigsten Dimensionen wieder, die in der Diskussion auftreten: Sustainable development ist danach die Beschreibung einer Entwicklung, die im Spannungsfeld zwischen den Notwendigkeiten zur Erhaltung der natürlichen Lebensgrundlagen und den Wünschen der Menschen nach wirtschaftlicher Entwicklung, sozialer Gerechtigkeit und einer Zukunftssicherung der Menschheit angesiedelt ist.

Abbildung 2-14: Dimensionen des Sustainable Development

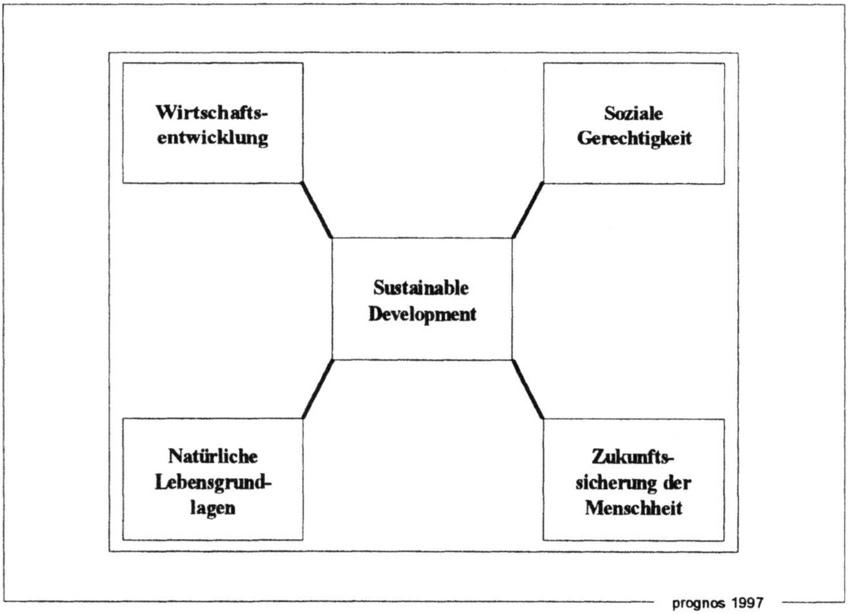

(2) Die weitere Konkretisierung bleibt jedoch unklar. Denn je nachdem, welcher Aspekt den verschiedenen Autoren, Gremien oder Beiräten besonders wichtig erscheint, **dominieren ganz unterschiedliche Vorstellungen** dessen, was sie unter „sustainable development" verstehen: „Während Wirtschaftswachstum aus ökologischer Perspektive kritisch gesehen wird, herrscht gleichzeitig wie selbstverständlich die zumeist implizite Annahme vor, daß Entwicklung ein positiver Vorgang ist, mit dem wünschenswerte Veränderungen verbunden sind. Es existiert aber gleichzeitig keine Übereinstimmung über die speziellen Aspekte, die für eine

derartige Entwicklung kennzeichnend sind. Was eine dauerhafte Entwicklung ausmacht, ist also davon abhängig, wie und von wem die gesellschaftlichen Ziele definiert sind."[76)]

Entsprechend breit ist das **Spannungsfeld der unterschiedlichen Zielvorstellungen**, wie die Übersicht 2-1 erkennen läßt. Sie enthält eine Zusammenstellung typischer Definitionen von unterschiedlichen Autoren(-gruppen). Dabei geht es weniger um Vollständigkeit als um die Darstellung des Spektrums im Verständnis von „sustainable development". Nicht selten klingen die Definitionen sogar widersprüchlich, wenn auf der einen Seite das wirtschaftliche Wachstum als Lösungsweg gesehen, gleichzeitig aber von einer Reduktion der dafür einzusetzenden natürlichen Ressourcen gesprochen wird.

(3) Vor diesem Hintergrund ist es nicht überraschend, wenn der Begriff 'sustainability' und 'sustainable development' in der öffentlichen Diskussion und bei Fachleuten gleichermaßen **wachsende Popularität** gewonnen und **wachsende Skepsis** hervorgerufen hat:[77)]

- Denn einerseits stoßen seit der Vermutung wachsender Umweltbedrohungen alle Vorschläge und Prinzipien zum Umgang mit bzw. zur Begrenzung von absehbaren Gefahren auf eine große öffentliche Aufmerksamkeit, weil dies die Menschen insbesondere in den Industrienationen emotional betrifft.
- Andererseits aber eignen sich emotional besetzte Schlagwörter nur wenig, um darauf weitergehende wissenschaftliche Analysen und realisierbare Vorschläge für den konkreten Entscheidungsprozeß aufzubauen.

(4) Dennoch ist die Bewertung des Begriffs 'sustainability' und 'sustainable development' als ein **politisches Schlagwort** mit begrenzter sachlich-konkreter Aussagekraft **keineswegs nur negativ** zu sehen. Jede Neuorientierung einer Gesellschaft, die sich starken Veränderungen aufgrund der Begrenzung der natürlichen Ressourcen gegenübersieht, setzt neue Wertentscheidungen und Bewußtseinsentwicklungen bei den betroffenen Menschen voraus, für die Schlagworte gerade in einer demokratischen Gesellschaft als „Reflektionskatalysatoren"[78)] unverzichtbar geworden sind.

---

76) Vgl. Vornholz (1995) S. 84.

77) Vgl. Haber (1994).

78) Diesen Begriff verwandte Prof. Guggenberger in der Diskussion auf dem ersten Workshop im Rahmen dieses Projektes. Vgl. Prognos AG (Hrsg.) (1997).

Übersicht 2-1: Unterschiedliche Vorstellungen von Sustainable Development

Schwerpunkt	**Typische Definition**	**Wichtige Vertre**
Erhaltung des natürlichen Kapitalstocks	Sustainable Development beschreibt eine gesellschaftliche Entwicklung unter der Bedingung nicht negativer Veränderungen des natürlichen Kapitalstocks wie Boden und Bodenqualität, Wasser und Wasserqualität, Land- und Wasserbiomasse sowie der Fähigkeit zur Regeneration und Assimilation von Abfällen in der jeweiligen Umwelt.	Pearce, et al. 198 Stephan, 1990 Ayres, 1994
Erhaltung des Umweltraums	Ein Leben innerhalb des Umweltraums, d.h. der Menge an Energie, Rohstoffen, Wasser, landwirtschaftlichen Flächen usw., die von der Menschheit dauerhaft genutzt werden kann, ohne dabei die Grundlagen zukünftigen Lebens zu zerstören.	Sustainable Netherlands 1992 Wuppertal Institu 1996
Erhaltung des nutzbaren Kapitalstocks	Eine Entwicklung, die eine Beibehaltung oder Verbesserung des künftigen Lebensstandards sicherstellt, also nur von den Dividenden des genutzten Kapitalstocks lebt, dessen natürliche und künstliche Zusammensetzung sich jedoch ändern kann.	Repetto, 1986 Turner 1988
Intergenerative Gerechtigkeit	Eine Entwicklung, die die Bedürfnisse der Gegenwart einlöst, ohne die Fähigkeit der künftigen Generationen, ihre Bedürfnisse zu erfüllen, zu beeinträchtigen.	Pearce, 1987 Enquete-Kommission 1994; Brundtland-Beric 1987
Intragenerative Gerechtigkeit	Ein Leitbild, das den durch die bisherige Wirtschafts- und Lebensweise in den Industrieländern verursachten ökologischen Problemen und den Bedürfnissen in den Entwicklungsländern unter Berücksichtigung der Interessen künftiger Generationen gleichermaßen Rechnung trägt.	Enquete-Kommission 1994
Konstanter oder steigender Wohlstand	Ein optimales Ressourcen- und Umweltmanagement im Zeitablauf verlangt ein anhaltendes Wirtschaftswachstum unter der Bedingung, die Dienste und Qualität der natürlichen Ressourcen zu erhalten.	Brundtland-Beric 1987; Barbier, 1989 Internationale Ha delskammer 1991
Ökologisch-ökonomisch-soziale Vernetzung	Dauerhafte Entwicklung schließt ... eine umweltgerechte, an der Tragekapazität der ökologischen Systeme ausgerichtete Koordination der ökonomischen Prozesse ebenso ein, wie entsprechende soziale Ausgleichsprozesse zwischen den in ihrer Leistungskraft immer weiter divergierenden Volkswirtschaften.	SRU, 1994

Nur mit ihrer Hilfe ist es oft möglich, wichtige Themen auf die Agenda der politischen Diskussion zu bringen und auf ihr zu halten. Dies gilt selbst dann, wenn sie zunächst die dahinterstehende sachliche Problematik sogar verschleiern und im politischen oder wirtschaftlichen Tagesgeschäft manchmal Problemlösungen suggerieren, ohne daß hierfür schon konkrete Vorschläge mit Aussicht auf Erfolg vorgelegt oder gar realisiert werden können.[79)]

(5) Trotz der unterschiedlichen Akzentsetzung in der Diskussion zum sustainable development lassen sich für die künftige Entwicklung des Energiesektors in Deutschland folgende Feststellungen machen, die in der wissenschaftlichen und in der politischen Diskussion weitgehend unumstritten sind:

1. Ökologische Grenzen des Wachstums werden heute grundsätzlich nicht mehr in Zweifel gezogen.
2. Prinzipiell wird auch politischer Handlungsbedarf akzeptiert. Offen bleibt nach wie vor die konkrete Umsetzung.
3. Die verstärkte Berücksichtigung ökologischer Grenzen beeinflußt die wirtschaftlichen und sozialen Entwicklungsmöglichkeiten.
4. Bisherige Lebens- und Organisationsformen von Wirtschaft und Gesellschaft geraten unter Veränderungsdruck.
5. Der Energiesektor und die für seine Entwicklung maßgebenden Rahmenbedingungen sind auf Dauer nicht mehr stabil.

(6) Für die Einschätzung der Grenzen und Chancen des Energiesektors in Deutschland geben die Diskussionen über „sustainable development“ und die auf ihnen basierenden Ableitungen von Nachhaltigkeitsindikatoren noch **zu wenig Anhaltspunkte**. Sie konzentrieren sich auf die gesamtwirtschaftliche Situation. Und auch hierbei erscheinen uns die folgenden Punkte besonders kritisch:

1. Die politische Diskussion konzentriert sich auf die **weltweiten Entwicklungsprobleme**. Sie ist von dem Versuch geprägt, einen Weg der wirtschaftlichen Entwicklung zu finden, der die Wohlstandsdifferenzen in der Welt ausgleicht, ohne daß es zu Wachstumseinbußen in den Industrieländern und zu weiteren Umweltbelastungen bzw. Ressourcenverknappungen kommt. Dabei bleiben die wirtschaftlichen und politischen Verantwortlichkeiten sowie die Folgen einer solchen Entwicklung meistens außer Acht.

---

79) ..."denn eben, wo Begriffe fehlen, da stellt ein Wort zur rechten Zeit sich ein. Mit Worten läßt sich trefflich streiten, mit Worten ein System bereiten, an Worte läßt sich trefflich glauben, von einem Wort läßt sich kein Jota rauben", Goethe, Faust I.

2. Die wissenschaftliche Ableitung von Nachhaltigkeitsindikatoren bezieht ihre Rechtfertigung aus **normativen Ansätzen** und konzentriert sich entsprechend auf die Bestimmung von ethischen bzw. normativen Verhaltensregeln. Die Frage nach der Relevanz solcher Regeln in einer pluralistischen Gesellschaft und unter marktwirtschaftlichen Bedingungen wird nicht gestellt.

3. Die Einbeziehung ökonomischer und sozialer Aspekte im Rahmen des „Drei-Säulen-Modells", wie es der Sachverständigenrat für Umweltfragen unter anderem vertritt, vermag diese Defizite noch nicht auszugleichen. Die **wirtschaftlichen und sozialen Aspekte** sind in diesen Ansätzen **nur begrenzt integriert** und wirken sich deshalb bei der Bestimmung der ökologischen Kriterien lediglich als hemmende Nebenbedingungen aus.

Demgegenüber zeigen die oben geschilderten Interdependenzen zwischen Wirtschafts- und Bevölkerungswachstum ebenso wie zwischen Energieeinsatz und Umweltentwicklung, daß jede einseitige ökologische, ökonomische oder normative Betrachtung unbefriedigend bleiben muß. Aus diesem Grund erscheint es notwendig, sich den angeschnittenen Fragen noch einmal grundsätzlicher und unter Berücksichtigung der spezifischen Verhaltensweisen zu stellen, um auf dieser Basis politisch aussagefähigere Anforderungen formulieren zu können.

3. Ableitung von Kriterien für eine dauerhaft durchhaltbare Entwicklung in Deutschland

3.1 Ökonomie und Ökologie - ein Optimierungsproblem

Ökologie - die Ökonomie der Natur

(1) Folgt man der politischen und wirtschaftlichen Diskussion um die Möglichkeiten eines „sustainable development", so scheint zwischen Wirtschaft und Ökologie ein kaum überbrückbares Spannungsverhältnis zu bestehen. Nimmt man dagegen die Begriffe **Ökologie und Ökonomie**, so weist diese Wortwahl kaum auf derartige Widersprüche hin: Beide gehen gleichermaßen auf das griechische Wort oikos zurück und befassen sich entsprechend mit dem **gleichen Gegenstand**, nämlich dem Haus, dem Haushalt oder der Hauswirtschaft.

- Dabei beschreibt die Ökologie das Wissen um den Haushalt und die hier herrschenden Gesetzmäßigkeiten,
- während die Ökonomie sich mehr mit der Organisation, den internen Abläufen und Regelungen der Hauswirtschaft befaßt.

Sobald sich Organisation, Abläufe und operative Entscheidungen in der Hauswirtschaft auf das Wissen um die gegenseitigen Abhängigkeiten und Interdependenzen stützt, sind Widersprüche zwischen Ökonomie und Ökologie nicht mehr zu erwarten. Auch das historische Konzept der nachhaltigen Forstwirtschaft kennt derartige Widersprüche nicht.

Das **Konzept der Nachhaltigkeit** wurde vor über 200 Jahren für die deutsche Forstwirtschaft entwickelt und charakterisiert ein rationales wirtschaftliches Verhalten gewissermaßen in der Art einer forstwirtschaftlichen Managementphilosophie. Die damals lebenden Menschen konnten ihren Holzbedarf nur kontinuierlich decken und die Waldbesitzer ihren Einnahmestrom nur dauerhaft sichern, wenn die Wälder durch die Bewirtschaftung auch dauerhaft erhalten blieben. In der Vergangenheit waren vor allem die Bauernwälder im Gemeinschaftseigentum aller Dorfbewohner immer wieder durch Übernutzung verloren gegangen. Gerade für sie aber lieferte der Wald oft gleichzeitig Viehfutter, Streu und Energie, ohne die das Überleben der Bevölkerung in Frage gestellt war.[1)]

(2) Für die sachlich enge Verbindung zwischen ökonomischen und ökologischen Prozessen sprechen auch die bisherigen Ergebnisse der internationalen Forschungsprogramme aus der Ökosystemforschung. Sie kommen zu dem Ergebnis, daß „Nachhaltigkeit ein Organisationsprinzip der Natur" sei, auf dem die **„Ökono-**

---

1) Vgl. Kurth (1994).

mie der Natur" beruhe: Ein natürliches Ökosystem kann als eine Art „Wirtschaftsbetrieb aufgefaßt werden, der die verfügbaren lebensnotwendigen Ressourcen nachhaltig, d.h. zugleich wirkungsvoll und sparsam verwenden muß, um längerfristig existieren zu können".[2)]

Alle Organismen benötigen zum Leben Nährstoffe und Energie als Input, nutzen sie zur eigenen Entwicklung und geben die nicht mehr benötigten Stoffe wieder als Output an das Ökosystem ab. Dabei richtet sich die Natur sehr wohl nach den jeweils regional und zeitlich unterschiedlich verfügbaren Ressourcen und setzt diese so ein, daß unter jeder der oft außerordentlich unterschiedlichen natürlichen Bedingungen in sich funktionsfähige und dauerhafte biologische Systeme entstehen.

(3) Auch in der Natur lassen sich **Anpassungsmechanismen** beobachten, die den Vergleich mit marktwirtschaftlichen Ausleseprozessen im Wettbewerb der Unternehmen nicht zu scheuen brauchen. Sie liegen

- in der Auswahl und Auslese der unter den spezifischen Bedingungen überlebensfähigen Organismen,
- in der evolutionären Anpassung bei natürlichen Organismen an die verfügbaren Ressourcen und deren qualitativer und quantitativer Veränderung über der Zeit sowie
- in gewissen Grenzen in der Veränderung der verfügbaren Ressourcen durch die Organismen selbst.

Das Ergebnis ist eine außerordentlich große Vielfalt des Lebendigen (Biodiversität), die sich über lange Zeiträume **evolutiv** entwickelt hat.

(4) Entscheidend ist für die „Ökonomie der Natur", daß die Existenz der verschiedenen Organismen und ihrer Lebensgemeinschaften zwar auf Dauer angelegt und regenerationsfähig ist, daß die Existenz einzelner aber bei grundlegenden Veränderungen des Umfelds keineswegs gewährleistet bleibt. Entsprechend haben sich im Laufe der Erdgeschichte immer wieder unterschiedliche **biologische Lebensgemeinschaften aufgelöst und neu gebildet**. Gleichzeitig sind spezifische Tier- und Pflanzenarten immer wieder, z.B. durch Naturkatastrophen, Veränderungen bei den verfügbaren Ressourcen oder durch Verschiebungen im Mikro- oder Makroklima aus dem Lebenskreislauf verschwunden oder haben sich unter neuen Lebensbedingungen ganz unterschiedlich weiterentwickelt. Typisches Kennzeichen für die „Ökonomie der Natur" ist es daher, „daß die einzelnen Stadien solcher natürlichen Entwicklungen instabil sind, d.h. sich nur für eine gewisse Zeit halten und dann dem nächsten Stadium weichen".[3)]

---

2) Haber (1994), S. 19.
3) Haber (1995), S. 20.

(5) Die heute **gängige Vorstellung von ökonomischem Handeln** ist allerdings weit entfernt von dieser Vorstellung einer „Ökonomie der Natur". Denn „Gegenstand der Wirtschaftswissenschaft ist jener Ausschnitt menschlichen Handelns, der in *Verfügungen über knappe Mittel zur Erfüllung menschlicher, aus Bedürfnissen und Wünschen resultierender Zwecke* besteht".[4)] Es geht um das menschliche Handeln, um die Verfügung über knappe Ressourcen sowie die Erfüllung menschlicher Wünsche.

(6) Stellt man dem **Selbstverständnis der Wirtschaftswissenschaft** das **Leitbild der Enquete-Kommission** „Vorsorge zum Schutz der Erdatmosphäre" von 1994 gegenüber, so sind die Unterschiede offensichtlich: „Das Leitbild einer nachhaltig zukunftsverträglichen Entwicklung zielt darauf ab, die Natur als Produktivkraft und Lebensgrundlage zu erhalten und ... verlangt nach längerfristiger Absicherung der ökonomischen und sozialen Entwicklungschancen"[5)] (vgl. Abb. 3-1):

Abbildung 3-1: Gegenüberstellung ökonomischer und ökologischer Grundideen

Ökonomisch		Ökologisch
Ausschnitt menschlichen Handelns	⟷	Produktivkraft der Natur
Verfügung über knappe Mittel	⟷	Erhaltung der Lebensgrundlagen
Erfüllung menschlicher Zwecke	⟷	längerfristige Absicherung der Entwicklungschancen

- Wo im wirtschaftlichen Denken das menschliche Handeln im Vordergrund steht, spricht das Leitbild von der Produktivkraft der Natur.
- Wo die Unternehmen meinen, über knappe Ressourcen verfügen zu können, fordert die Enquete-Kommission eine Erhaltung der Lebensgrundlage.
- Wo der Ökonom die Erfüllung menschlicher Wünsche und Bedürfnisse im Vordergrund sieht, fordert die Enquete-Kommission die längerfristige Absicherung der Entwicklungschancen.

In allen drei Feldern schließt die ökonomische Betrachtungsweise die Berücksichtigung ökologischer Bezüge keineswegs aus, verliert sie aber immer dort aus dem Auge, wo sie sich dem menschlichen Handeln entziehen, noch nicht zu ökonomisch handhabbaren Knappheiten führen oder die Erfüllung der ökonomisch erfaßbaren menschlichen Zwecke tangieren.

---

4) Schneider (1963), S. 1. Hervorhebung im Original.
5) Enquete-Kommission (1994), S. 30.

Dominanz der täglichen Entscheidungen

(7) Die unterschiedliche Akzentsetzung im ökonomischen und ökologischen Denken zeigt sich unmittelbar in der oben geschilderten Dichotomie der Energienutzung: die Energienachfrage nämlich richtet sich primär nach ökonomischen Überlegungen, in den ökologischen Folgen dagegen präsentiert das ökologische System dem Menschen die Rechnung für die bisher externalisierten Kosten. Dabei ist die ökonomische Sichtweise ist nicht die Folge eines verkürzten Weltbildes der Ökonomen. Sie entspricht vielmehr dem überwiegend zu beobachtenden **Verhalten der Menschen** bei ihren täglichen wirtschaftlich relevanten Entscheidungen. Auch der einzelne Mensch richtet sein tägliches Verhalten, sei es als Konsument, Mitarbeiter in einem Unternehmen oder Staatsbürger und Wähler, zunächst nach seinen unmittelbaren Aufgaben und Interessen. Die dabei bestehenden ökonomischen oder ökologischen Abhängigkeiten bleiben im Hintergrund.

(8) Die gesamtwirtschaftliche und ökologische Entwicklung wird dadurch zu dem Ergebnis eines fast **zufälligen Zusammenspiels von Handlungen** vieler Personen mit unterschiedlichen Handlungsmöglichkeiten, Vorstellungen und Interessen. Sie ergibt sich aus der Interaktion einer nahezu unendlichen Zahl von Tätigkeiten, deren Auswirkungen sich im Zeitablauf vielfältig überschneiden, ergänzen und in einer Art Interaktionspyramide mit drei Ebenen überlagern (vgl. Abb. 3-2):

- der Handlungsebene
- der Ergebnisebene
- der Vernetzungsebene.

(9) Die täglichen Entscheidungen der Akteure, seien sie nun die der Konsumenten, Arbeitnehmer, Unternehmer oder auch Mitarbeiter in staatlichen und sonstigen Verwaltungsstellen, fallen auf der untersten Ebene dieser Interaktionspyramide. Hier orientiert sich der einzelne an den konkreten Möglichkeiten, die seinen individuellen Handlungsrahmen bestimmen und über die er zu verfügen glaubt, sowie an den Zielen, denen er sich individuell, in seiner spezifischen Funktion oder aus seiner sozialen Rolle heraus verpflichtet fühlt.

Auch bei einer starken ideologischen Bindung steht dabei immer wieder die **Lösung der akuten persönlichen Probleme** im Rahmen der gegebenen Situation im Vordergrund der Entscheidungen.[6] Dies führt bereits im täglichen Verhalten zu Widersprüchen, die sich aus unterschiedlichen Zielvorstellungen und Funktionszusammenhängen ergeben. Typisch dafür ist etwa der preisbewußte Kauf von Importgütern am Vormittag und der Kampf zur Erhaltung der Arbeitsplätze am Nachmittag, die gleichzeitige Spendenbereitschaft für Hilfsbedürftige und deren

---

6) Vgl. dazu auch die psychologische Betrachtungsweise in: Siebenhüner (1996).

emotionelle Ablehnung bei einer persönlichen Begegnung oder die Fahrt mit einem Auto (evtl. sogar ohne Katalysator) zur Demonstration für den Abbau der Luftbelastung.

Abbildung 3-2: Interaktionspyramide

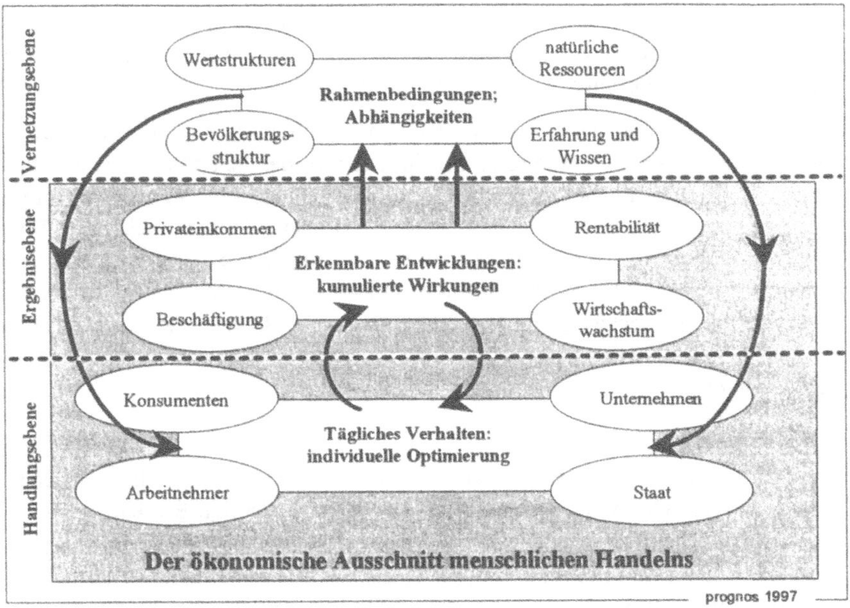

(10) Das Ergebnis der individuellen Verhaltensweisen und der persönliche Erfolg des eigenen Handelns hängt nun in aller Regel nicht von den Wünschen, Vorstellungen und Aktionen der handelnden Personen ab. Es wird letztendlich dadurch bestimmt, wie sich das individuelle Verhalten des Einzelnen mit demjenigen anderer Akteure auf derselben Ebene ergänzt, verknüpft, kumuliert oder möglicherweise auch blockiert bzw. ausgleicht.

Die dabei auftretenden Interaktionen und deren direkte Wirkungen sind für den Einzelnen innerhalb kleiner Gruppen etwa eines Haushalts oder kleiner Unternehmen noch unmittelbar zu beobachten. Je größer aber die Zahl der Personen wird und je eigenständiger sie zu handeln vermögen, umso mehr hängen **Wirkungen** und Erfolge des eigenen Handelns von **unbekannten** Reaktionen anderer ab und umso weniger lassen sie sich vorhersehen. Dies gilt bereits in größeren Unternehmen und Verwaltungseinheiten, läßt sich nicht einmal in totalitären Systemen verhindern und ist ein typisches Merkmal aller pluralistischen und marktwirtschaftlich organisierten Gesellschaften.

Wirkung von Informationsdefiziten

(11) Die Ergebnisse dieses vielfältigen Handlungsgeflechts werden bei größeren Gruppen erst auf der **überindividuellen Ergebnisebene** sichtbar. Sie schlagen sich etwa in naturwissenschaftlichen, wirtschaftlichen oder sozialen Entwicklungen nieder und werden meistens anhand von statistischen Größen zu Beobachtung und Bewertung des wirtschaftlichen Erfolg eines Unternehmens, zum Wirtschaftswachstum, zur Beschäftigung, zur Wohlstands- und Einkommensentwicklung oder zur Beobachtung einzelner Märkte erfaßt und ausgewertet.

Doch diese Meßziffern fallen keineswegs automatisch an, ihre Beschaffung erfordert vielmehr erhebliche Aufwendungen im Rahmen des betrieblichen wie volkswirtschaftlichen Rechnungswesens. So wird nicht nur die **Messung des Erfolges** aller bisherigen Aktivitäten, sondern auch die Kenntnis der tatsächlichen Wirkungsprozesse wieder abhängig von den Kosten und Interessen der eigentlichen Akteure: was nicht interessiert, wird nicht erhoben, was nicht erhoben wird, entzieht sich der Beobachtung und Bewertung, was nicht bekannt ist, kann nicht in den individuellen, unternehmerischen oder politischen Entscheidungen berücksichtigt werden.

(12) Das Informationsproblem über die Wirkungen des individuellen Handelns wird noch dadurch vergrößert, daß sich nur selten eindeutige Beziehungen zwischen individuellen Entscheidungen und bestimmten Ergebnissen herstellen lassen. Denn die Ergebnisse spiegeln immer das Verhalten Vieler (Aktivitäten und Reaktionen, passive Verweigerung, Kooperation oder aktiven Widerstand) wider.

Entsprechend hat jedes Ergebnis viele Ursachen und öffnet damit jedem Individuum, ob Konsument, Unternehmer oder Politiker, die Möglichkeit, seinen Beitrag zu einem vielleicht **unerwünschten Ergebnis zu verdrängen** oder die Schuld dafür bei den unerwünschten oder unerwarteten Reaktionen oder Initiativen der anderen zu suchen. So kann der einzelne Autofahrer mit gewissem Recht behaupten, daß sein Beitrag zur Luftverschmutzung und zum Ölverbrauch nur marginal sei.

Hinzu kommen die Probleme des **Timelags**, der Zeitverschiebung, die zwischen den Aktivitäten, den von ihnen ausgehenden Wirkungen und Reaktionen sowie der Erfassung und Interpretation der jeweiligen Meßziffern liegen. Sie addieren sich schon im betrieblichen Bereich schnell auf mehr als ein Jahr, führen bei überbetrieblichen Entwicklungen leicht zu Verwerfungen von 2 bis 4 Jahren und lassen vor allem tiefergehende Ursachenanalysen oft nur über lange Zeiträume hinweg zu.

(13) Die geringe und mit wachsender Komplexität eher abnehmende Aussagefähigkeit der Ergebnisgrößen hat eine wichtige Konsequenz für die täglichen Entscheidungen: alle Akteure orientieren sich in ihrem privaten, beruflichen oder poli-

tischen Verhalten zwangsläufig an **unvollständigen Informationen**. Sie entscheiden unter Unsicherheit und zwar sowohl im Hinblick auf ihre tatsächliche Ausgangssituation als auch im Hinblick auf die potentielle Wirkung ihres Verhaltens in der Zukunft.

An die Stelle verläßlicher Informationen treten persönliche Vorurteile und individuelle Erfahrungen. Sie bauen notwendigerweise auf Beobachtungen aus dem persönlichen Umfeld auf und berücksichtigen wissenschaftliche Erkenntnisse je nach Ausbildungsstand, Verfügbarkeit, individueller Einsicht und Offenheit in ganz unterschiedlichem Maße. Die öffentliche Diskussion um Energieeinsatz und deren Folgen zeigt alle Anzeichen dieser Situation.

(14) Gleichzeitig wird **die tatsächliche Entwicklung** zu einer **schwer kalkulierbaren** Überraschung für die eigentlich verantwortlichen Akteure. Weder Politiker noch Unternehmer können (vielleicht abgesehen von manchen Versuchen der statistischen Manipulation) die erwünschten Gewinn- oder Wachstumsraten direkt beeinflussen, wie dies in Planungsrechnungen oder innerbetrieblichen und politischen Diskussionen immer wieder gern suggeriert wird. Auch Unternehmer warten ebenso ungeduldig und nervös auf die Ergebnisse des Rechnungswesens wie Politiker auf die Daten über Wachstum und Beschäftigung. Denn an ihnen wird ihre Leistungsfähigkeit und ihr persönlicher Erfolg gemessen, auch wenn ihr Einfluß darauf kaum direkt nachweisbar ist.

Je unsicherer die tatsächliche Informationssituation ist und je mehr die Entwicklung einzelner Werte (z.B. Einkommen, Gewinn, Börsenkurs, Wachstum oder Arbeitslosenquote) zum Maßstab der Leistungsbewertung und des persönlichen Erfolges eines Menschen in der Gesellschaft wird, umso größer ist die Gefahr, daß sich das Verhalten **nur noch an diesen formalen Kriterien** ausrichtet. Der Zwang zum Ausweis von Bilanzgewinnen in der Geldwirtschaft gewinnt eine Eigendynamik, die sich über die realen ökonomischen Bezüge hinwegzusetzen droht.[7)]

(15) Andere langfristigere Entwicklungen oder Wertvorstellungen, wissenschaftliche Erkenntnisse, politische Zusammenhänge oder ökologische Abhängigkeiten geraten aus dem Blickfeld, verlieren an Gewicht oder gehen ein in schwer definierbare **Meinungen und Stimmungen** (dem sog. Konsum-, Investitions- oder Beschäftigungsklima), in denen sich Fakten und Vorurteile aus unterschiedlichsten Lebensbereichen zu einem unentwirrbaren Knäuel verbinden. Dieses Knäuel wird allerdings selbst wieder zum Datum, an dem sich der einzelne Akteur (Konsument, Politiker, Arbeitnehmer, Wähler) orientieren muß, um seine individuellen Handlungsspielräumen möglichst zu nutzen und seinen Erfolg zu sichern. Gerade die Energiewirtschaft hatte in den letzten Jahrzehnten oft mit solchen meist irrationalen

---

7) Vgl. Binswanger (1994), S. 82.

Entwicklungen in der öffentlichen Meinung zu kämpfen, die ihre Ursachen allerdings nicht zuletzt in eben diesen Entscheidungsstrukturen hatten.

Langfristige Abhängigkeiten

(16) Oberhalb der Ergebnisebene in Abb. 3-2 liegt die **Vernetzungsebene**. Zu diesem Bereich gehören die Rahmenbedingungen, die der einzelne Akteur aufgrund seiner bisherigen Erfahrungen als gegeben annimmt, weil er sie direkt nicht verändern kann und sich ihnen zumindest kurzfristig nur anzupassen vermag. In der ökonomischen Theorie werden solche Bedingungen üblicherweise aus der differenzierenden Betrachtung ausgeschlossen bzw. mithilfe von ceteris-paribus-Annahmen konstant gesetzt.

Auf der Vernetzungsebene vollziehen sich genau jene Veränderungen, die uns gegenwärtig zwingen, über die Durchhaltbarkeit unseres Wirtschafts- und Gesellschaftssystems sowie die künftigen Möglichkeiten der Energienutzung und -versorgung nachzudenken: die Entwicklung der Bevölkerungszahlen, der Verbrauch natürlicher Ressourcen, aber auch die Entwicklung der Wertstrukturen und des „Humankapitals", nämlich jenes über lange Zeiträume kumulierten Erfahrungswissens, zu dem nicht zuletzt auch die in der ökonomischen Theorie gewonnenen bzw. aufgearbeiteten Zusammenhänge und Verhaltensannahmen gehören.

(17) Aufgrund entsprechender Forschungen und langfristiger Beobachtungen zeigt sich, daß auch auf dieser Ebene **Abhängigkeiten** bestehen, die jedoch nur **über lange Zeiträume** hinweg mit wissenschaftlichen Methoden erkennbar und daher in der Regel nicht bewußt in die täglichen Entscheidungen einbezogen werden. Gleichwohl prägen sie das tatsächliche Verhalten. Sie sind die Referenzbasis nicht nur für die Bewertung der verfügbaren Informationen, sondern auch für die Erfahrungen und Vorurteile, die den täglichen Umgang der Menschen miteinander, ihr Verhältnis zur Umwelt oder ihr Verhalten gegenüber den vielfältigen Unsicherheiten des täglichen Lebens bestimmen. Sie erscheinen so selbstverständlich und unveränderbar, daß sie nicht nur schnell aus dem Blickfeld geraten (Keynes: „in the long run we are all dead"), sondern auch als unbeeinflußbar ertragen und im praktischen Leben nicht hinterfragt werden.

(18) Dies allerdings schließt Veränderungen nicht aus. Sie erfolgen kaum merkbar und über lange Zeiträume hinweg. Gewisse Anhaltspunkte liefern eventuell **marginale Gewichtsverlagerungen**, von denen das tägliche Leben noch kaum beeinflußt wird und die nicht selten im Konzert der täglichen Widersprüchlichkeiten und Interessenkonflikte untergehen.

Typisch für solche Veränderungen ist der Umgang der Gesellschaft mit langfristigen Verschiebungen in der Bevölkerungsstruktur, mit neuen religiösen oder politischen Wertvorstellungen, mit aktuellen Knappheitserscheinungen bei wichtigen Ressourcen (z.B. Wasser an wenigen Brunnen, Erosionsprozessen, Erschöpfung einzelner Lagerstätten) oder der schleichenden Erwärmung der Atmosphäre. Schon ihre Beobachtung ist schwierig und mit Fehlern behaftet, Prognosen sind unsicher und die Auswirkungen noch so gering, daß sie sich mit den gewohnten Verhaltensweisen auffangen oder erfolgreich verdrängen lassen. Hierzu gehört auch die Verdrängung der gefährlichen Kumulation von externen Effekten, auf die bereits im Zusammenhang mit dem steigenden Energieeinsatz hingewiesen wurde.

(19) Nimmt man das Bild des Oikos, des Hauses wieder auf, so vollzieht sich gewissermaßen das tägliche Leben der Menschen in den ersten beiden Stockwerken des Hauses. Und nur hierauf konzentriert sich die laufende Optimierung in der Ökonomie. Im Vordergrund steht die richtige Einrichtung, die Befriedigung des täglichen Bedarfs und die möglichst **optimale Nutzung des verfügbaren Raumes** einschließlich der gerade vorhandenen (Energie-)Ressourcen.

Der Dachstock und das Fundament dieses Hauses aber bleiben außer Acht. Zwar sind sie genauso entscheidend für den wirtschaftlichen Erfolg, tatsächlich sogar wichtiger für das langfristige Überleben. Solange sie aber als stabil und unveränderlich angesehen werden, sind sie nicht Gegenstand der täglichen Planungen und Entscheidungen der Akteure. Das **vereinfacht das tägliche Leben**, schafft aber zugleich auch Gewohnheiten und Strukturen, die sich auf Dauer nicht mehr durchhalten lassen, wenn die Dachkonstruktion nachgibt oder das Fundament zu bröckeln beginnt. Dann plötzlich werden sie als Grenzen der weiteren wirtschaftlichen Entwicklung wahrgenommen.

(20) Die im täglichen Leben empfundenen und beobachteten **Differenzen** zwischen ökonomischem Verhalten und ökologischer Entwicklung ist daher **nicht eigentlich sachlichen Ursprungs**. Sie erklären sich vielmehr

1. aus den **kurzen Zeithorizonten** des menschlichen Verhaltens - oft nur wenige Augenblicke oder Jahre - gegenüber den langfristigen Abhängigkeiten in der Umwelt, für die Jahrzehnte oder Jahrhunderte noch kurz sind,
2. aus **Wahrnehmungsbarrieren**, da der Mensch mit Hilfe seiner natürlichen Sinnesorgane langfristige Veränderungen nicht zu erfassen vermag.

Beide Probleme verstärken sich gegenseitig, je langsamer und langfristiger die Veränderungen in der gesellschaftlichen und natürlichen Umwelt erfolgen. Zeitliche und räumliche Distanzen verweisen die Beobachtung von schleichenden Veränderungen an Experten, deren Ergebnisse unsicher sind und allzu oft dem Erfahrungswissen widersprechen. Damit wird ihre Bewertung zu einem Glücksspiel mit unbekannten Regeln für die überwiegende Zahl der wirtschaftlichen und politischen Akteure.[8] Die oben dargestellte Diskussion um die Probleme einer potentiellen Klimaveränderung geht nicht zuletzt auf diese Problematik zurück.

Prägung durch gewachsene Strukturen

(21) Eine große Bedeutung haben unter diesen Bedingungen historisch gewachsene Wert- und Ordnungsstrukturen sowie die aus ihnen hervorgegangenen **Institutionen in Wirtschaft und Gesellschaft**. Sie sind gewissermaßen der aktuelle und organisatorisch geronnene Ausdruck historischer Erfahrungen und Verhaltensmustern, die sich über Generationen hinweg entwickelt und bewährt haben.

Auch diese Ordnungsstrukturen gehören zu den oben erwähnten Rahmenbedingungen, sie sind gewissermaßen die von den Menschen selbst errichteten Wände, um das Zusammenleben der Menschen in den bewohnten Ebenen des Haus möglich zu machen und ihre Interessenkonflikte zu regeln. Sie erhöhen die subjektive Sicherheit für das Individuum, weisen ihm seine Stellung und Funktion in der Gemeinschaft zu, bestimmen seine persönlichen Handlungsspielräume, schränken aber gleichzeitig seine Freiheitsspielräume ein.

Ohne derartige Ordnungsstrukturen, ohne die ihnen zugrunde liegenden Wertvorstellungen und ohne die in ihnen gewachsenen Institutionen wäre eine moderne pluralistische Gesellschaft nicht zu organisieren. Sie liefe Gefahr, sich im Widerspruch der unterschiedlichen individuellen Interessen zu blockieren, und müßte vor allem auf jede Form einer konstruktiven Arbeitsteilung verzichten. Gerade im Bereich der Energienutzung war die Entwicklung derartiger Strukturen oft erst die Voraussetzung des wirtschaftlichen Einsatzes.

(22) Die **Bindung an solche Wert- und Ordnungsmuster** ist so stark, daß sogar das Interesse der Menschen an innovativen Ideen nicht etwa darin besteht, daß diese Ideen an sich neu sind, sondern sehr viel eher darin, daß sie sich auf der Grundlage des bereits Bekannten und aus ihm heraus entwickeln: „Nur so können vorhandene Ressourcen mobilisiert werden, analogieerzeugte Entdeckungen und Übertragungen stattfinden und neue Territorien erschlossen werden".[9]

Am deutlichsten zeigt sich die Anknüpfung an das Vergangene und Erfahrene in der **Sprache**: Selbst dort, wo sich die wissenschaftlichen Ergebnisse unseren Vorstellungen und unserer Sprache entziehen, ist es notwendig, das Unvorstellbare vorstellbar zu machen, um es kommunizieren zu können. Langfristige Entwicklungen, Abhängigkeiten und Vernetzungen gewinnen erst Eingang in tägliche Entscheidungen und Verhaltensweisen über die in der Sprache gewonnenen Bilder und

8) Vgl. dazu Kruse-Graumann (1996), S. 125ff.
9) Posner-Landsch (1997), S. 41.

Vorstellungen aus der Vergangenheit. So assoziieren viele Menschen mit dem Begriff des „Restrisikos“ oft eher etwas, was man vernachlässigen kann wie etwa den zu vergessenden Restposten, als ein gegenwärtig unlösbar erscheinendes Problem, wie es bei der Entsorgung von Plutoniumresten der Fall ist.[10)]

(23) Andererseits schaffen Regelungen, Rechte und Ordnungsmuster auch **Machtstrukturen** und räumen verschiedenen Personen und Gruppen in einer Gesellschaft unterschiedliche Handlungsspielräume, Lebens- und Entwicklungsmöglichkeiten ein - ein latenter Quell für Interessenkonflikte und Neid. Dies wird zum Problem, wenn sich die Rahmenbedingungen verändern, wenn historisch bewährte Ordnungsstrukturen unfähig werden, die Weiterentwicklung der Gesellschaft zu gewährleisten, wenn Verteilungskonflikte und die Verteidigung erworbener Rechte und Ansprüche den gesellschaftlichen Konsens zerstören oder auch, wie bei der steigenden Energienutzung in der Vergangenheit, bisher unbekannte Knappheits- und Umweltprobleme auftreten.

Interessant ist unter diesen Gesichtspunkten auch heute noch die aus den 60er Jahren stammende Analyse über **„Aufstieg und Niedergang von Nationen“**. Olson suchte in dieser Untersuchung nach den Gründen für das unterschiedliche Wachstum in den verschiedener Industrieländern im Anschluß an den zweiten Weltkrieg; denn gerade die Verlierer Deutschland und Japan erlebten damals ein „Wirtschaftswunder“, das andere Staaten trotz z.T. höherer Hilfen aus dem Marshallplan nicht erreichen konnten.

(24) Die Erklärung für diese Phänomene fand Olson in der **Logik des kollektiven Handelns**:

- In Deutschland und Japan hatte der Weltkrieg und seine Folgen das traditionelle und institutionelle Gefüge der Gesellschaft so stark erschüttert, daß neue Wert- und Ordnungsstrukturen (z.B. in der Verfassung) sowie neue Institutionen (z.B. in der Finanz- und Wirtschaftspolitik) entstanden und damit Kräfte für den Wiederaufbau freisetzten.
- In anderen Ländern aber blieben viele Wertvorstellungen und historisch gewachsene Ordnungsstrukturen bestehen, die es den an Traditionen und Interessen gebundenen Verbänden, Parteien und Organisationen in Staat und Wirtschaft leicht machten, ihre bisherigen Rechte und Ansprüche zu verteidigen. Dies blockierte den institutionellen Neubeginn.[11)]

10) Posner-Landsch (1991), S. 114.
11) Olson (1968).

(25) Die heute so oft beklagten Widersprüche zwischen Ökonomie und Ökologie lassen bei genauerer Betrachtung ganz ähnliche institutionell erstarrte Gefüge mit den entsprechend dominierenden **Verteilungskonflikten** erkennen. Denn die Berücksichtigung ökologischer Belange stellt zwangsläufig die Ausübung erworbener Rechte und Ansprüche in Frage. Dies zeigt sich auf allen wirtschaftlichen und politischen Ebenen, etwa

- wenn Natur- oder Trinkwasserschutzgebiete ausgewiesen werden müssen oder Flächen für den Ausbau einer wenig geliebten Infrastruktur (z.B. Sonder- oder Atommülldeponie) gesucht werden,
- wenn Nutzungsrechte an nur begrenzt verfügbaren Ressourcen (nicht nur des Wassers oder Öls im Nahen Osten) neu verteilt werden müssen,
- wenn die Bevölkerung in Entwicklungsländern Lebens- und Überlebensrechte einklagt, während die Industrieländer das Wohlstandsniveau der eigenen Wähler zu verteidigen suchen,
- wenn Protokolle zur Reduktion von CO_2-Emissionen zu scheitern drohen, weil sich schon innerhalb der EU oder der Industrieländern kein gemeinsamer Standard finden läßt.[12)]

In allen diesen Fällen besteht oft sogar Einigkeit darüber, daß das ökologisch Notwendige auch ökonomisch sinnvoll und angesichts der drohenden Gefahren ein Handeln unaufschiebbar ist. Doch diese Einsicht erstickt schnell im anschließenden Verteilungskampf.

Schlußfolgerung

(26) Die **Ursachen** für die gegenwärtig oft empfundenen Grenzen für wirtschaftliches Handeln im Rahmen der ökologischen Notwendigkeiten sind **systemimmanent**. Sie liegen

1. in den **Wahrnehmungsbarrieren und Unsicherheiten**, die es allen Menschen schwer machen, kumulative Wirkungen aus dem täglichen Verhalten zu berücksichtigen;
2. in der **Dominanz der akut auftretenden Probleme gegenüber langfristig relevanten Problemen** im individuellen Verhalten;
3. in den **Verteilungskonflikten** zwischen Menschen und Menschengruppen, die mit jedem Verlust von Ressourcen, Rechten und/oder Ansprüchen verbunden sind.

---

12) Vgl. etwa die Kontroverse zwischen Deutschland und Frankreich über den Maßstab für den notwendigen Rückgang an CO_2-Emissionen in ihren Ländern (pro Einwohner oder insgesamt) sowie die Vorstellungen der USA zur Festlegung globaler Werte für CO_2-Emissionen. Vgl. dazu u.a. DIE ZEIT v. 20.12.1996, S. 26.

(27) Wendet man diese Ergebnisse auf die Frage nach den Bedingungen für eine dauerhaft durchhaltbare Entwicklung und ihre Konsequenzen für den deutschen Energiesektor an, so liegt eine eher **pessimistische Schlußfolgerung** nahe:

Wenn die Grenzen in der Natur des Menschen liegen und gesellschaftsimmanent sind, dann drohen alle theoretischen Bemühungen zu ihrer Überwindung zu scheitern. Die notwendige Ergänzung zwischen ökologischen, ökonomischen, sozialen und politischen Anpassungsmechanismen kann kaum gelingen und die Chancen für eine wirtschaftliche und soziale Entwicklung, die sich angesichts der erkennbar werdenden ökologischen Probleme auch auf Dauer durchhalten läßt, sind gering.

(28) Gegen eine solche pessimistische Einschätzung spricht lediglich die **„Ökonomie der Natur"**: Der Mensch und die menschliche Gesellschaft sind selbst Teile des Ökosystems Erde und daher in die natürlichen ökologischen Kreisläufe eingebunden. Gilt die „Ökonomie der Natur" auch für die Entwicklung der menschlichen Gesellschaft, so müßte es jenseits des aktuellen Verhaltens Abhängigkeiten und Regelmechanismen geben, die ihrerseits zu einer Veränderung der Rahmenbedingungen führen, von denen das tägliche Verhalten selbst geprägt ist. Die übergreifenden Veränderungen würden zur Voraussetzung, nun auch aus der menschlichen Gesellschaft auf Dauer angelegte, sich selbst regenerierende Lebensgemeinschaften entstehen zu lassen; eine Frage, mit der sich das folgende Kapitel befaßt.

3.2 Konsequenzen historischer Nachhaltigkeitsphasen

3.2.1 Kulturelle Anpassungsprozesse

Grundmodell

(1) Die „Ökonomie der Natur" ist im Unterschied zum ökonomischen Verhalten des Menschen ein Ergebnis der **evolutorischen Entwicklung** und bildet sich nur langfristig heraus. Dabei verändern sich Lebensformen und Lebensgemeinschaften fast unmerklich, passen sich ihren jeweils verfügbaren Ressourcen an, entwickeln sich neu oder gehen ggf. auch wieder unter. Individuelle Interessen und Initiativen verlieren an Gewicht.

Im Vordergrund stehen **ökologische Systemzusammenhänge**. Die in den Subsystemen potentiell auftretenden Widersprüchlichkeiten werden aufgefangen, ausgeglichen oder durch eine Anpassung der Individuen, der Art oder der Lebensgemeinschaft immer wieder eliminiert. Die „Ökonomie der Natur" folgt „dem Prinzip der Selbstorganisation des Lebens", ist also „self-sustainable" und damit auf Dauer durchhaltbar. „Allerdings werden dabei nicht selten ganze Gruppen von Organismen 'geopfert', verschwinden also aus dem betreffenden Gebiet oder sogar gänzlich."[13)]

(2) Wenn die Prinzipien der „Ökonomie der Natur" auch für den menschlichen Teil der Natur gelten, dann müßte es jenseits der oben diskutierten Analyse des ökonomischen Verhaltens **Anpassungsmechanismen** geben, aus der Hoffnung auf dauerhaft durchhaltbare Entwicklungsprozesse auch für die menschliche Gesellschaft geschöpft werden könnte. Diese Anpassungsmechanismen müßten über lange Fristen hinweg immer wieder zur Überwindung der jeweils kurzfristig entstehenden sozialen und wirtschaftlichen Spannungen zwischen täglichem Verhalten und ökologischen Möglichkeiten führen.

Dabei wäre in Analogie zu den Selbstorganisationsformen des Lebens nach 'Stellgrößen' zu suchen, über die vergleichbare Anpassungsprozesse in der menschlichen Gesellschaft angestoßen werden. Sie müßten ähnlich wie diejenigen in anderen natürlichen Ökosystemen zu einer wenigstens zeitweisen Stabilisierung der Gesellschaft führen, aber auch als Risiko die „Strafe der Evolution" enthalten, daß bei unzureichender Anpassung Menschengruppen aus ihren bisherigen Lebensbereichen verschwinden oder sich im schlimmsten Fall sogar die Menschheit selbst als nicht mehr überlebensfähig erweist.

---

13) Haber (1995), S. 20.

(3) Die angeschnittenen Fragen lassen sich unmittelbar kaum beantworten. Anhaltspunkte für mögliche Antworten vermag vielleicht eine **historische Betrachtungsweise** zu geben, die sich mit der Frage der gegenseitigen Abhängigkeit zwischen jeweils verfügbaren natürlichen Ressourcen und der Entwicklung der menschlichen Gesellschaft im Laufe der Geschichte befaßt.[14] Gilt nämlich die „Ökonomie der Natur" auch für menschliche Gesellschaften, dann ist zu erwarten,

- daß sich die Menschen immer wieder zeitweise und regional zu Lebensformen zusammengefunden haben, die eine gewisse zeitlich begrenzte Dauerhaftigkeit bewiesen,
- daß sich die Wert- und Ordnungsstrukturen nicht zufällig, sondern in Reaktion auf Veränderungen in der Verfügbarkeit über Ressourcen und Ernährungsmöglichkeiten gewandelt haben,
- daß es gelungen ist, die mit organisatorischen und institutionellen Reformen verbundenen Verteilungskonflikte jeweils so aufzufangen, daß die Existenz der menschlichen Gesellschaft dadurch nicht in Frage gestellt wird.

(4) Eine systematische Analyse geschichtlicher Entwicklungen unter diesen Gesichtspunkten ist ungewohnt. Meistens stehen die politischen, sozialen und wirtschaftlichen Interdependenzen im Vordergrund historischer Analysen. Dieses Defizit läßt sich auch nicht im Rahmen dieser Untersuchung ausgleichen, würde es doch ausreichend Stoff für mehrjährige historische Forschungsarbeiten liefern.

Um den Fragen dennoch wenigstens näherungsweise nachzugehen, hat die Prognos AG im Rahmen dieser Untersuchung einen **Unterauftrag** an Herrn Dr. Zirnstein von der Universität Leipzig zum Thema „Das Verhalten des Menschen in bezug auf die Umwelt sowie durch den Energiesektor hervorgerufene krisenhafte Entwicklungen in der Geschichte" vergeben. Die weiteren Überlegungen bauen auf diesem Unterauftrag und ergänzenden Veröffentlichungen auf, können aber äußerstenfalls den Anspruch erster plausibler wissenschaftlicher Hypothesen beanspruchen.

(5) Auf die Wechselbeziehungen zwischen ökologischen Entwicklungen und historischen Abläufen in der menschlichen Gesellschaft geht auch Haber im Rahmen des internationalen Forschungsprogramms „Mensch und Biosphäre" ein. In Analogie zur Natur, die „nicht nur reiche und arme", sondern auch „verarmende und bereicherte Ökosysteme" kennt, gibt es auch in der menschlichen Gesellschaft „von Natur aus arme und reiche kulturelle Systeme und auch eine entsprechende kulturelle Vielfalt".

---

14) Vgl. Zirnstein (1996) und Radkau (1996).

Dabei hat sich nach Ansicht von Haber der Mensch im Laufe der **kulturellen Entwicklung** immer stärker von den relativ langsamen Produktionsrhythmen der natürlichen Ökosysteme entfernt und versucht, anthropogene Ökosysteme an die Stelle der natürlichen zu setzen. Dies geschah im wesentlichen nach den Mechanismen, wie sie bereits oben beschrieben wurden. Denn „da Verfügbarkeit über Ressourcen zugleich Macht und Einfluß bedeuten, sind kulturelle Gruppen in der Regel bestrebt, sich ***mehr*** Ressourcen zu verschaffen als in ihrem angestammten Lebensraum vorhanden sind - vor allem wenn dieser von Natur aus ressourcen-***ärmer*** ist.“[15)]

(6) Die **kulturelle Revolution** der menschlichen Gesellschaft erfolgte nach Haber in drei Schritten:

1. Die „agrarische Revolution“, in der der Mensch zunehmend Pflanzen und Nutztierbestände entwickelte und sich damit ein leistungsfähigeres Ertragssystem schuf.
2. Die „urbane Revolution“ mit der Verstädterung eines wachsenden Anteils der Bevölkerung, in der der Mensch zunehmend von der alleinigen Subsistenzwirtschaft zu einer Tausch- und Marktwirtschaft wechselte und schließlich
3. die „industrielle Revolution“, in der der weltweite Warenaustausch und Handel einschließlich der Optimierung der Technik zum Kennzeichen der Entwicklung geworden ist.

Haber sieht in jeder dieser drei kulturellen Revolutionen eine zunehmende Abkehr der menschlichen Gesellschaft von den Grundprinzipien der ökologischen Nachhaltigkeit.

(7) Eine etwas andere und in weniger großen historischen Schritten angelegte Betrachtung der Entwicklung menschlicher Gesellschaften läßt dagegen einen vielleicht weniger pessimistischen Eindruck zum Verhältnis zwischen Mensch und Umwelt entstehen. In Übersicht 3-1 wurde versucht, das **historische Wechselspiel** zwischen ökologischen und gesellschaftlichen Veränderungen im Laufe der Geschichte stark vereinfacht tabellarisch nachzuzeichnen.

Bereits ein erster Überblick legt die Vermutung nahe, daß die menschliche Gesellschaft im Laufe ihrer Geschichte immer wieder

– mit deutlichen Begrenzungen der verfügbaren natürlichen Ressourcen konfrontiert worden ist,

---

15) Haber (1994), Hervorhebungen im Original.

- in zum Teil erheblichem Maße unter der Mißachtung der natürlichen Grenzen und insbesondere dem Verbrauch lebenswichtiger Ressourcen gelitten hat,
- gleichzeitig aber immer wieder Überlebensmöglichkeiten in dem veränderten Umfeld zu entwickeln vermochte
- und sogar Wege gefunden hat, um die bisherigen ökologischen Grenzen wenigstens zeitweise zu überwinden und entsprechend ihren Wohlstand bzw. die Besiedlung der Erde zu steigern.

Nur so läßt sich der gewaltige Anstieg der Zahl an Menschen bei unterschiedlichen Produktionsformen erklären, die sich im Laufe der Zeit von einem Quadratkilometers Boden zu ernähren vermochten (vgl. Tabelle 3-1). Im folgenden sei auf dieses potentielle Wechselspiel kurz eingegangen.

Übersicht 3-1: Gesellschaftliche Entwicklung und ökologische Grenzen

Zeit-spannen	**Ökologische Grenzen**	**Folgen**	**Reaktion und Bewältigung**	**Auswege und neue Lösungen**
Je nach Region seit Urzeit bis in das 20. Jhd.	Natürliche Regeneration von Pflanzen und Jagdtierbeständen im Lebensumfeld	hohe Sterblichkeit; weitgehend Verzicht auf Prestigekonsum; Nomadenleben (z.B. in weiten Teilen der Nordhalbkugel bis heute)	Naturreligionen; (meist nomadisierende) Stammesgesellschaften; Subsistenz- und begrenzte Vorratswirtschaft; Bevölkerungskontrolle durch Heiratsbeschränkungen, teils Kindstötung und Gerontozid; Abwanderung in andere Lebensräume	Aufnahme von Handel; Aufnahme von Ackerbau und Zuchttierhaltung; Bildung und Verteidigung seßhafter Gemeinschaften
Je nach Region seit Seßhaftigkeit bis in das 17. Jhd	Übernutzung von Böden und Wasserreserven durch Prestigekonsum und Bevölkerungszunahme, Rückgang landwirtschaftlicher Erträge und Holzvorräte in bisherigen Siedlungsgebieten	Regionale Ausbreitung von Hunger und Krankheiten; Anstieg stammesübergreifender Konflikte; Selbstzerstörung gewachsener Kulturen (z.B. Palästina um 2000 v. Chr.; Rom 600 n. Chr.; Osterinseln um 1000 n.Chr.)	Entwicklung bzw. Verbreitung neuer Glaubensrichtungen; Abwanderung ganzer Volksgruppen; kriegerische Erschließung neuer Lebensräume meist verbunden mit starker Reduktion der Bevölkerung; Flüchtlingsströme	Entstehung zentralistischer Glaubensstaaten; regional begrenzte arbeitsteilige Bewirtschaftung; Aufbau umfangreicher Militärpotentiale und Entwicklung von Expansionsstrategien; Aufbau regionaler Infrastrukturen und Regelsysteme bei wichtigen Ressourcen (Wasser, Land)
13.-17. Jhd	Verbrauch der regional verfüg- und beschaffbaren Nahrungsmittel und Energiequellen (vor allem Holz), klimabedingte Ernteausfälle bei hohem Prestigekonsum	Kontinentale Ausbreitung von Armut, Hunger und Krankheit (Pest u.a.); katastrophenbedingt periodisch starke Reduktion der Bevölkerung (in Europa: bis zu 60 %; Amerika: bis zu 90 %)	Auflösung der einheitlichen zentralen religiösen Bezüge; kriegerische interkontinentale Ausbreitung des Lebensraums (Mongolenstürme, Religionskriege, weltweite Missionierung)	Umbau der Staats- und Wirtschaftsordnung: Aufbau einer Forschungs- und Bildungskultur, Regelung der Verfügungsmacht über Ressourcen im Feudalsystem (Boden, Holz, Wasser); gezielte Waldpflege

Fortsetzung *Übersicht 3-1: Gesellschaftliche Entwicklung und ökologische Grenzen*

Zeit-spannen	**Ökologische Grenzen**	**Folgen**	**Reaktion und Bewältigung**	**Auswege und neue Lösungen**
Europa 18. Jhd	Versorgungsmängel bei regional verfüg- und beschaffbaren Energiequellen und Nahrungsmitteln durch wachsende Bevölkerungszahlen in urbanen Siedlungsformen	Wachsende gesellschaftliche Differenzierung; Ausbreitung von Armut und Hunger in unterprivilegierten Bevölkerungsschichten	Vordringen individualistisch liberalistischer Denkrichtungen; revolutionäre innerstaatliche Veränderungen; kriegerische Auseinandersetzungen zwischen Staaten; interkontinentale Auswanderungsströme und Sklavenhandel	kameralistische Bewirtschaftung: Überwindung feudalistischer Strukturen, Optimierung der Landwirtschaft, beginnende Industrialisierung; Ausdehnung der Einflußbereiche, Holzimporte, Erschließung neuer Ressourcen (Torf, Kohle)
Weltweit 19. und Anfang des 20. Jhd.	Regionale Erschöpfung von Böden durch Monokulturen und Bevölkerungswachstum; in Verdichtungsräumen Umweltbelastungen bei Luft und Wasser	Ausbreitung von Hunger und Krankheiten in städtischen Verdichtungsräumen der Industrieländer; soziale Konflikte; Entwicklung der Klassengesellschaft	Kolonialisierung weltweit; interkontinentale Auswanderungsströme; Bildung von Gewerkschaften; wachsende innenpolitische Auseinandersetzung en; Entwicklung sozialer Umverteilungsmodelle	Entwicklung expandierender Nationalstaaten; Einsatz von Dampfschiffen und -maschinen; Internationalisierung des Handels; Ressourcenimport; rechtliche Regelung von Wirtschaftsabläufen und Ressourcennutzung (Boden, Wasser, Energieversorgung)
Weltweit seit Mitte des 20. Jhd	Erkennbare Abnahme natürlicher Ressourcen bei stark expandierender Weltbevölkerung; regional und global kumulierende Umweltbelastungen; Klimaveränderungen	wachsende Verelendung breiter Schichten in bevölkerungsexpansiven, wirtschaftlich wenig entwickelten Ländern (insb. Asiens, Afrikas, Südamerikas)	Weltweite Übernahme westlicher Regierungs-, Industrialisierungs- und Umverteilungsmodelle, Zunahme weltweiter Flüchtlingsbewegungen, Wiederanstieg von Volks- und Stammeskonflikten	weltweiter Handel und Ressourcenprospektion; nationale Regeln zur Umweltnutzung; verstärkte internationale Kooperation (militärisch, im Handel, in der Entwicklungshilfe und Umweltnutzung); Bemühungen zur Senkung des Bevölkerungswachstums

Quelle: Prognos

Tabelle 3-1: Durchschnittliche Tragekapazität unter verschiedenen Produktionsbedingungen

Produktionsbedingungen	Tragekapazität pro Quadratkilometer (Menschen)
Jäger und Sammler	0,0007 bis 0,6
Hirtenvölker	0,9 - 1,6
Frühe Agrikultur (Shifting Agriculture)	2 - 100
Technisch verbesserte Agrikultur	8 - 120
Frühindustrialisierung	90 - 145
Moderne Industriegesellschaft	140 - 300
Postindustrielle Gesellschaft	?

Quelle: Renn, (1996), S. 86.

Ökologische Grenzen

(8) Eine zentrale Stellgröße für ökologische Grenzen in der Entwicklung der menschlichen Gesellschaft ist die **Zahl und regionale Verteilung der Bevölkerung**, d.h. das Ergebnis von überwiegend evolutorisch-biologischen Entwicklungen (vgl. Spalte 2 von Übersicht 3-1):

- In der Zeit um 8000 bis 6000 v.Chr. wurde die Bevölkerung auf etwa 5 bis 10 Millionen Einwohner geschätzt.
- In der Zeit nach Christi Geburt bis etwa 1650 nahm die Gesellschaft zwar insgesamt zu (für 1650 liegen die Schätzungen zwischen 470 und 545 Mio Einwohner), doch erreichte sie insgesamt nur eine außerordentlich niedrige Wachstumsrate, die Bevölkerung brauchte mehr als tausend Jahre, um sich zu verdoppeln. Gleichzeitig spricht viel dafür, daß sich auch in diesen Zeiträumen Phasen wachsender und stark schrumpfender Bevölkerung gegenseitig abwechselten;
- In der jüngeren Geschichte seit dem 18. Jahrhundert hat sich dagegen die Bevölkerung der Erde im Vergleich zu den sehr viel längeren Zeiträumen davor geradezu explosiv entwickelt, die Verdoppelungszeiträume schrumpften von 139 Jahren (1850) auf nur noch 35 Jahre (1970) und steigen erst jetzt wieder auf über 80 Jahre an. Mit der Geburt des 10-milliardsten Weltbürgers ist noch im Laufe der kommenden Generation zu rechnen;
- Langfristuntersuchungen verschiedener Institutionen kommen gegenwärtig zu dem Ergebnis, daß die Weltbevölkerung noch bis auf eine Zahl von 11,5 Milliarden Menschen (also etwa doppelt so viel wie heute) anwachsen

könnte, ehe sich eine gewisse Stagnation ergibt. Dabei werden die höchsten Wachstumsraten in Asien und Afrika erwartet.[16)]

(9) Im Laufe der Geschichte haben sich Umfang und Zusammensetzung der Ressourcen, die der menschlichen Nutzung zugänglich waren, ständig verändert und insbesondere seit dem 18. Jahrhundert stark erweitert. Dennoch führten Bevölkerungswachstum, die Art der Bewirtschaftung und die Art des Konsums, insbesondere auch des Prestigekonsums alle Gesellschaftsformen immer wieder an den **Rand ihrer ökologischen Grenzen**:

- Bei den nomadisierenden und in kleinen Stammesgesellschaften zusammenlebenden Menschen ergeben sich diese Grenzen überwiegend aus der natürlichen Regeneration von Pflanzen und Jagdtierbeständen im Lebensumfeld.
- Mit der intensiveren Bodennutzung und der Entwicklung städtischer Lebensformen in stark religiös geprägten Gemeinschaften steigt mit der Bevölkerungszahl auch der materielle Aufwand für den Bedarf an Kultgebäuden und -objekten und einer über den religiösen Bedarf hinausgehenden kultureller Selbstdarstellung. Dies läßt nicht nur den Bedarf an Anbauflächen und Nahrungsmitteln steigen, sondern überfordert zugleich die Wasser- und Holzreserven.
- Die regionale Ausdehnung der menschlichen Einzugsbereiche über weite Kontinente hinweg und entlang der Meere macht zusätzliche Räume nutzbar, erfordert aber auch die Aufstellung, Ausrüstung und Ernährung entsprechender Armeen, die für die Eroberungsfeldzüge mit Aussicht auf Erfolg eingesetzt werden können.
- Erst mit der Überwindung der Abhängigkeiten vom Holz in der Energieversorgung durch die Erschließung neuer Energiequellen gelingt im 18. Jahrhundert die explosive Ausdehnung von Bevölkerungszahlen und Bewirtschaftungsmöglichkeiten, deren ökologische Grenzen aber auch im 19. Jahrhundert immer wieder erkennbar werden.[17)]

Folgen für die Gesellschaft

(10) Auffällig ist, daß das Auftreten ökologischer Grenzen in der Geschichte in verschiedenen Zeiten und Regionen immer mit **einschneidenden Folgen für die Menschen** und ihre jeweiligen Lebensformen verbunden ist (vgl. Spalte 3 von Übersicht 3-1):

---

16) Vgl. u.a. Nakicenovic, Jefferson (1995), S. 15.
17) Vgl. Zirnstein (1997), S. 33.

- So stabilisieren sich die meist nomadisierenden Stammesgesellschaften überwiegend über eine **hohe Sterblichkeit**, weitgehenden Verzicht auf Prestigekonsum und die Akzeptanz eines oft relativ unsicheren Nomadenlebens.[18)]

- Mit wachsender Seßhaftigkeit steigt bei Mangelsituationen die Gefahr von Hungerkatastrophen und die Ausbreitung von Krankheiten. Die bereits dadurch sinkende Bevölkerungszahl wird durch stammesübergreifende Konflikte zusätzlich verringert. Dies führt zur **Zerstörung ganzer Hochkulturen**, die sich über lange Zeiträume hinweg entwickelt hatten (z.B. um 800 die Mayakultur in Mittelamerika).[19)]

- Insbesondere zwischen dem 13. und dem 17. Jahrhundert breiten sich durch kontinentweite Wanderungen und die Überquerung der Meere **Seuchen und Krankheiten** in allen dichter besiedelten Räumen der Welt aus, die etwa in Europa teilweise zu einer Reduktion der Bevölkerung um 60 % und mehr, in Amerika sogar ums bis zu 90 % der ehemals ansässigen Bevölkerung führt.[20)]

- Im 18. und 19. Jahrhundert geht die Erschließung neuer Ressourcen mit starken Differenzierungen in der Gesellschaft einher, die ihren Niederschlag in der Klassengesellschaft des 19. Jahrhunderts findet und die bis heute die **politischen Auseinandersetzungen** zwischen arm und reich in allen Industrieländern, besonders aber in den Anschlußländern, prägen.[21)]

Reaktion und Bewältigung

(11) Die Anpassung an die Erfahrung ökologischer Grenzen kennt über die Jahrtausende hinweg im wesentlichen **drei Ausdrucksformen** (vgl. Übersicht 3-1, Spalte 4):

- Die **Selbsteinschränkung der Menschen** und damit die bewußte demütige Hinnahme der entstandenen Notsituation, oft unterstützt und sozial aufgefangen durch religiöse Bewegungen, die die entstandene Situation als göttliche Prüfung und zu überwindendes Leid erklären.[22)]

- Die Entstehung von z.T. umfangreichen **Wanderungsströmen**, deren Entfernungen im Laufe der Zeit und mit der verfügbaren Technik immer größer werden und vom Aufbruch ganzer Volksstämme (z.B. in der europäischen Völkerwanderung oder im heutigen Afrika) über religiös motivierte Vertrei-

---

18) Vgl. Helbling (1997), S. 89.
19) Vgl. Zirnstein (1997), S. 9.
20) Vgl. dazu Schöpf (1992), S. 119, Zirnstein (1997), S. 15.
21) Vgl. Zirnstein (1997), S. 33.
22) Vgl. Radkau (1996).

bungen (z.B. die Ansiedlung der Hugenotten in Brandenburg) bis hin zum Sklavenhandel (z.B. nach Amerika) reichen.

– Schließlich der Versuch einer **direkten Bevölkerungskontrolle**, die über ethische und politische Begrenzungen der Heiratsmöglichkeiten (z.B. Bindung an die Hofstelle oder den Handwerksbetrieb), die Ächtung außerehelicher Schwangerschaften (oft religiös begründet) bis hin zu unterschiedlichen Formen von Kindstötung und Gerontozid bei einzelnen nomadisierenden Stammesgesellschaften reichen.[23)]

Alle diese Anpassungsformen scheinen eng verknüpft zu sein mit der Entwicklung neuer geistig kultureller Strömungen, die die Gültigkeit der bisherigen Gesellschaftsstrukturen in Frage stellen und den Aufbau neuer Ordnungsformen erlauben.

(12) Besonders bemerkenswert ist, daß es oft **äußerer Bedrohungen durch externe Mächte** bedurfte, ehe sich innerhalb gewachsener Kulturen überkommene Strukturen überwinden ließen.

Ein historisch besonderes interessantes Beispiel für solche Prozesse bilden die Mongolenstürme im 13. Jahrhundert. Ohne eine eigene kulturelle Basis bedrohen die Mongolen innerhalb weniger Jahrzehnte drei jeweils ganz unterschiedlich gewachsene Kultur- und Herrschaftsstrukturen in China (1234 Zerschlagung des Reichs der Chin), Europa (1241 Einfall in Polen und Ungarn, 1245 Herrschaft in Rußland) und Persien (1258 Ende des Abassiden Kalifats), wirken dort jeweils als machtpolitischer Katalysator zur Überwindung der internen Verteilungskonflikte und passen sich noch vor Ende des Jahrhunderts den jeweiligen kulturellen Traditionen an.[24)] Eine ähnliche „Katalysatorwirkung" in einem sehr viel engeren Rahmen mag Napoleon mit seinen Feldzügen nach der französischen Revolution auf Europa ausgeübt haben.

(13) Spezifisch artikuliert und Gegenstand direkter politischer Auseinandersetzungen werden die **Verteilungskonflikte** im 19. Jahrhundert. Bei stark anwachsender Bevölkerung wachsen die Wohlstands- und Machtdifferenzen und die Kluft zwischen wenigen immer reicher werdenden Personen in der Gesellschaft auf der einen Seite und der Verelendung breiterer Massen auf der anderen Seite. Hinzu kommen Ängste um künftige Ernährungskrisen.[25)]

---

23) Vgl. Helbling (1997), S. 89.

24) Vgl. Parker (Hrsg.) (1995), S. 159 ff.

25) Malthus veröffentlichte seinen berühmt gewordenen „Essay on the Principle of Population" zunächst anonym im Jahre 1798 und in den späteren Auflagen 1803 und 1806 unter seinem Namen. Vgl. Zirnstein (1996), S. 365.

Auch diese Konflikte münden in eine Bewegung mit stark geistig-kulturellen Elementen und normativen Entwicklungsvorstellungen und Ordnungsansprüchen in den Arbeiten von Karl Marx. Besonders seine Nachfolger und die sich auf ihn berufenden Machthaber versuchten lange Zeit sehr erfolgreich, mit der Vision einer kommunistischen Weltordnung über die aktuellen Versorgungsprobleme hinwegzutäuschen.

Auswege und neue Lösungen

(14) Die Entwicklung neuer geistig-kultureller Vorstellungen zur ideologischen Bewältigung ökologischer Engpässe und zur Überwindung verteilungspolitischer Konflikte geht einher mit der **Suche nach technischen und organisatorischen Lösungen** (vgl. Übersicht 3-1, Spalte 5). Auch dies läßt sich im Sinne einer evolutorischen Überwindung der entstandenen Konflikte zwischen verfügbaren Ressourcen und menschlichen Ansprüchen verstehen. Dabei scheinen vor allem drei Aspekte bedeutsam zu sein:

- Die **Entstehung neuer Machtstrukturen** wird im Laufe der Geschichte immer mehr zur Voraussetzung, um das Zusammenleben der Menschen zu organisieren, die Gesellschaft zu verteidigen und sie mit den notwendigen Ressourcen zu versorgen.
- Die **Entwicklung militärischer Potentiale,** zunächst zur Verteidigung der Siedlungen unverzichtbar, wird zum Instrument der Erschließung neuer Ressourcen und zur Erweiterung des Herrschaftsraums.
- Die Erweiterung der wirtschaftlichen und politischen Handlungsspielräume und die Entwicklung wettbewerbsorientierter Ordnungssysteme erhöht die **Effizienz der wirtschaftlichen Arbeitsteilung** und die Möglichkeiten zur Nutzung der menschlichen Kreativität.

(15) In diesem Prozeß bilden sich immer **stärkere Ordnungssysteme im Umgang mit natürlichen Ressourcen** heraus. Bereits antike Hochkulturen kannten die Bewirtschaftung von Wasser (z.B. in Mesopotamien, Ägypten, Indien oder China), Regelungen für die Abfallbeseitigung (etwa in Rom), oder Vorschriften zum Immissionsschutz im Rahmen des römischen Nachbarschaftsrechts.[26)]

Historisch scheint sogar die Entwicklung des rechtlichen Ordnungsrahmens in verschiedenen Gesellschaften oft eng verbunden gewesen zu sein mit der Regelung von Nutzungsrechten von Grund und Boden, von Wasser, aber auch von Bodenschätzen, Energievorräten oder Jagdrechten. Insoweit verdankt die Menschheit

---

26) Klöpfer (1995).

möglicherweise ihre ordnungspolitischen Erfahrungen den schon in der Vergangenheit immer wieder akut entstehenden Konflikten zwischen Ökonomie und Ökologie.

(16) Wie wichtig Existenz und Organisation eines stabilen rechtlichen Rahmens im Zusammenhang mit der gemeinschaftlichen Nutzung knapper Ressourcen ist, hat E. Ostrom anhand verschiedener historischer Beispiele untersucht, in denen sich **dauerhaft durchhaltbare Wirtschaftsformen** teilweise über Jahrhunderte hinweg entwickelt und erhalten haben. Aus ihren Untersuchungen leitet sie acht Erfolgsbedingungen ab:[27]

1. **Klar definierte Grenzen** sowohl für den Kreis der Personen, die als Nutznießer in Frage kommen, als auch für den regionalen Geltungsbereich der zu treffenden Vereinbarungen.
2. Eine möglichst offensichtliche **Kongruenz zwischen Nutzungsrechten**, spezifischen regionalen Bedingungen **und Verpflichtungen** zur Aufrechterhaltung der Ordnung.
3. **Verständliche Regelungen zur Entscheidungsbildung** und Anpassung der Regeln unter Beteiligung der überwiegenden Zahl der betroffenen Bevölkerung.
4. **Laufende Überwachung** zur Einhaltung der Nutzungsbedingungen durch Personen, die entweder den Nutzern gegenüber verantwortlich sind oder von diesen selbst gestellt werden.
5. **Abgestufte Sanktionen** für die Verletzung der Regeln, die von den Nutzern selbst oder von Personen in deren Auftrag ausgesprochen und durchgesetzt werden.
6. Die Entwicklung von **Konfliktlösungsformen**, die es den Nutzern bzw. den in ihren Namen Tätigen erlauben, auftretende Nutzungskonflikte möglichst orts- und zeitnah zu regeln.
7. Möglichst **geringe externe Eingriffe** in die Rechte der Nutzer zur Entwicklung ihrer eigenen Regelungen und Institutionen.
8. Bei größeren Systemen eine **Entwicklung von Holdingstrukturen**, in denen Nutzungs-, Leistungs-, Überwachungs- und Konfliktregelungsfunktionen durch dezentrale Niederlassungen geregelt werden können.

---

27) Ostrom (1990), S. 90.

Historische Anpassungsspirale

(17) Der kurze Ausflug in die geschichtliche Entwicklung menschlicher Gesellschaften und ihrer Anpassungsformen bei ökologischen Engpässen läßt vermuten, daß die Prinzipien der „Ökonomie der Natur" mindestens im Grundsatz auch für die menschliche Gesellschaft gültig sind. Ähnlich wie in anderen ökologischen Systemen, wie sie Haber charakterisiert (siehe Kapitel 3.1 (2)), scheint es **langfristig wirksame Anpassungsmechanismen** jenseits des täglichen Verhaltens zu geben, in denen evolutionsähnliche Prozesse immer wieder zu einer neuen Abstimmung zwischen den menschlichen Lebensformen und ihrem natürlichen Lebensrahmen führen. Dies vermag die Hoffnung auf die Existenz dauerhaft durchhaltbarer Entwicklungsprozesse zu stützen. Die zeitlichen Dimensionen dieser Anpassungsprozesse sind stark von der Lernfähigkeit und -bereitschaft in der Gesellschaft geprägt, die ihrerseits eng mit geistig-kulturellen Entwicklungsprozessen zusammenhängt. Hundert Jahre oder der Zeitraum von drei Generationen sind dafür noch kurze Zeiträume.

(18) Diese langfristigen Abstimmungsprozesse lassen sich in Form einer historischen **Anpassungsspirale** darstellen, in der sich vier Phasen gegenseitig überlagern und ablösen (vgl. Abb. 3-3):

1. **Phasen relativer Nachhaltigkeit**, in denen die Wirtschafts- und Sozialstrukturen nicht im Widerspruch zu den ökologischen Rahmenbedingungen stehen, so daß Lebensformen und Bevölkerungswachstum die Tragfähigkeit des Ökosystems nicht überfordern und Interessengegensätze aufgrund gemeinsamer Wertvorstellungen aufgefangen werden können. Kennzeichnend hierfür sich Wildbeutergesellschaften[28], die typischen Stromtalkulturen in Vorderasien und Nordafrika[29], aber auch andere begrenzte Zeitabschnitte und Regionen in allen Teilen der Welt bis in die Gegenwart hinein.

2. **Expansionsphasen**, in denen es der menschlichen Gesellschaft gelingt, mit Hilfe neuer Entdeckungen, neuer Techniken und neuer Ordnungsformen zusätzliche natürliche Ressourcen zu erschließen und ihren Lebensspielraum, ihren Wohlstand und ihre Bevölkerungszahl auszudehnen. Typisch für solche Phasen ist etwa die Entstehung der frühen Reiche in Persien, Indien und China zwischen 600 und 200 v. Chr.,[30] die Expansion des römischen Reichs und vor allem die industrielle Revolution seit Mitte des 18. Jahrhunderts.

---

28) Vgl. Helbling (1997), S. 89.

29) Vgl. Zirnstein (1996), S. 22.

30) Vgl. Parker (Hrsg.) (1995), S. 55 ff.

Abbildung 3-3: Anpassungsspirale zwischen ökologischen Grenzen und menschlichem Verhalten

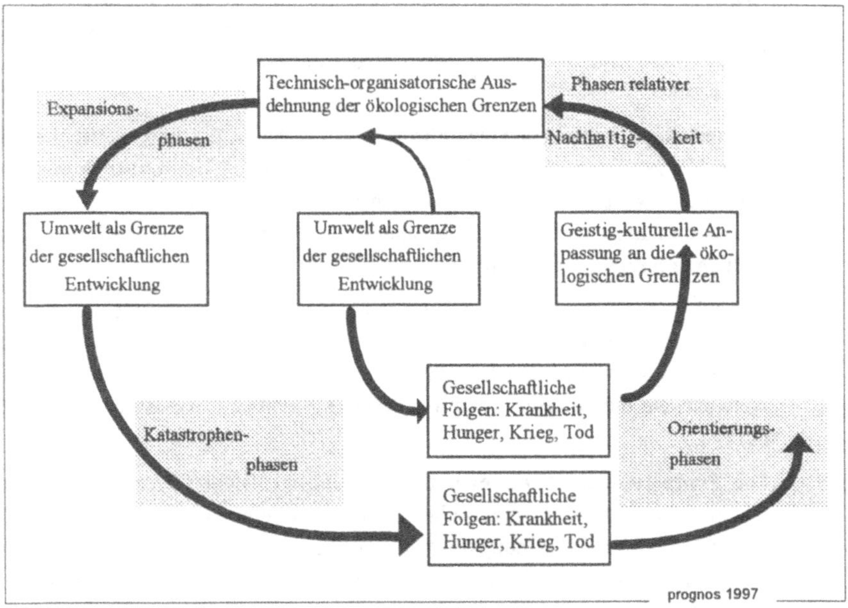

3. **Katastrophenphasen**, in denen die Verknappung der natürlichen Ressourcen zu wirtschaftlicher, sozialer und politischer Instabilität führt und die Bevölkerung unter Verelendung, Naturkatastrophen, Kriegsereignissen oder Krankheiten und Seuchen leidet. Dabei schrumpft die Bevölkerungszahl drastisch wie etwa beim Untergang alter Kulturen in Afrika oder Südamerika, im europäischen Mittelalter, im Zuge der Mongolenstürme oder im Zusammenhang mit den Weltkriegen des 20. Jahrhunderts.

4. **Orientierungsphasen**, in denen sich nach Phasen der Instabilität neue Wert- und Ordnungsstrukturen entwickeln und den Umgang der Menschen mit den natürlichen Ressourcen verändern. Dies sind Phasen einer geistig-kulturellen Neuorientierung und kreativen Öffnung entweder im Zuge der Entstehung neuer geistiger oder religiöser Strömungen (z.B. Zeiten der Aufklärung) oder durch Vernichtung erstarrter Lebens- und Kulturformen unter dem Druck anderer (noch) expansiver Gesellschaften (z.B. zu Zeiten der Kolonisation).

Die Länge dieser Anpassungs- und Reaktionsphasen schwankt, reicht jedoch in aller Regel weit über die normalen Entscheidungshorizonte menschlicher Planung hinaus. Mehrere Generationen und selbst Jahrhunderte mögen dabei zu einer einzigen Phase gehören. Auch ist die Abfolge der einzelnen Phasen sicher nicht immer eindeutig.

Chancen einer dauerhaft durchhaltbaren Entwicklung

(19) Bei der Analyse der historischen Interdependenz zwischen der Entwicklung der menschlichen Gesellschaft und ihrer ökologischen Grenzen im „Raumschiff Erde" bleiben viele Fragen offen. Dennoch legen die Beobachtungen drei Schlußfolgerungen nahe:

1. **Phasen einer begrenzten Nachhaltigkeit**, in denen die wirtschaftliche und soziale Entwicklung menschlicher Gesellschaften in Übereinstimmung mit den ökologischen Rahmenbedingungen steht, **sind möglich** und lassen sich historisch nachweisen - allerdings ähnlich wie in anderen Ökosystemen stets zeitlich und regional begrenzt.

2. Ähnlich wie in biologischen Strukturen gilt für menschliche Gesellschaften, „daß **die einzelnen Stadien** solcher natürlicher Entwicklungen **instabil** sind, d.h. sich nur für eine gewisse Zeit halten und dann dem nächsten Stadium weichen, bis das jeweilige, vorerst beständig bleibende Endstadium erreicht ist."[31]

3. Die **Prinzipien der Selbstorganisation**, die zu solchen Phasen begrenzter Nachhaltigkeit führen, wirken über die Entwicklung breit akzeptierter Wertvorstellungen und Ordnungsformen, in die die kurzfristig dominierenden wirtschaftlichen und politischen Reaktionen und Ziele wirksam eingebunden sind.

Vor diesem historischen Hintergrund gibt es durchaus Chancen für eine dauerhaft durchhaltbare Entwicklung der Gesellschaft, doch hängt ihre Realisierung von Wertorientierungen, Ordnungsformen und Institutionen ab, die zwar Basis und teilweise Ausfluß, nur begrenzt aber Gegenstand der täglichen wirtschaftlichen und politischen Entscheidungsfindung sind.

(20) Erweisen sich die überkommenen Wertvorstellungen und Ordnungsstrukturen angesichts der ökologischen Grenzen (oder im Widerstreit mit externen Mächten) als unadäquat und brüchig, so sind die Zeiten durch Interessenkonflikte und Verteilungskämpfe geprägt, wie dies auch für die gegenwärtigen Auseinandersetzungen im Verhältnis zwischen nationalen und internationalen wirtschaftlichen, sozialen und Umweltinteressen charakteristisch ist. Denn eine Gesellschaft hat bei potentiell wachsenden ökologischen Engpässen im Prinzip nur drei **Möglichkeiten der Reaktion**:

1. Sie kann versuchen, mit Hilfe **neuer technischer Verfahren** die entstehenden Engpässe zu erweitern, wie dies mit der Erschließung neuer Öl- und

---

31) Haber (1995), S. 20. Hervorhebung nicht in Original.

Erdgasvorkommen mit technischen Auflagen zur Verringerung von Emissionen oder einer Erhöhung der Energieeffizienz geschieht.

2. Sie kann von sich aus versuchen, ihr **Wirtschafts- und Sozialsystem den veränderten Rahmenbedingungen anzupassen**, sich z.B. bei der Inanspruchnahme von Ressourcen zu beschränken in der Hoffnung, daß dieser Lebensstil von anderen übernommen wird. Sie geht damit allerdings das Risiko ein, daß der eigene Verzicht die Begehrlichkeit der anderen vergrößert.

3. Sie kann schließlich versuchen, die Beibehaltung der eigenen Wertvorstellungen dadurch zu sichern, daß sie ihre eigene Ressourcenbasis z.B. durch **Einsatz von Machtmitteln** aller Art erweitert bzw. ökologische Belastungen von der eigenen Gesellschaft möglichst fernhält, also externalisiert.

(21) Der erste Weg setzt voraus, daß es ohne eine Veränderung der Denk- und Wertvorstellungen noch Möglichkeiten zur Überwindung der aufgetretenen Engpässe gibt. Der zweite Weg ist außerordentlich riskant, weil er von den Verhaltensweisen der anderen abhängig ist. Am bequemsten und politisch am leichtesten durchzusetzen erscheint oft der dritte Weg.

So zeigt die Forschung über die Ursachen **kriegerischer Auseinandersetzungen** deutlich, daß die Menschen wenigstens in der Vergangenheit sehr oft eben diesen dritten Weg zu gehen und ihre Gemeinschaftsformen dadurch zu bewahren versuchten, daß sie neue Territorien in Besitz nahmen und gegebenenfalls die dort ansässigen Gruppen und Kulturen verdrängten. Dies wurde nicht selten auch ideologisch damit begründet, daß das eigene Volk, seine Religion oder seine Wirtschafts- und Sozialstruktur derjenigen der anderen überlegen und schon deswegen ein Sieg zu erwarten sei. [32)]

---

32) Vgl. Ferguson (1984), S. 55.

3.2.2 Eignung normativer Nachhaltigkeitsindikatoren

Annahmen bei der Ableitung

(1) Das Spannungsverhältnis zwischen den heute dominierenden Wachstumsvorstellungen, die sich in Zeiten der Industrialisierung entwickelten, und den ökologischen Zwängen als Folge eben dieses Wohlstandsstrebens erklärt die **Schwierigkeiten bei der Definition von Kriterien** und Zielvorstellungen zur Realisierung eines „sustainable development", wie sie oben (Kap. 2.3.2) dargestellt wurden.

Wo immer diese Definitionen ansetzen und was immer sie in den Vordergrund ihrer Betrachtung stellen, die ökologische Tragfähigkeit des Raumschiffs Erde, die ökonomische Leistungsfähigkeit oder die Forderungen nach Sozialverträglichkeit und Gerechtigkeit, sie alle wirken vor dem Hintergrund der hier zu berücksichtigenden Interdependenzen und Verhaltensweisen zwar als wünschbar. Für ihre praktische und politische Relevanz fehlt aber bisher eine entsprechende breit akzeptierte Wertvorstellung: „Die Vorstellung liegt nahe, daß die technische Zivilisation, gesät im Zeitalter der Aufklärung, mit ihrer rapiden Entfaltung in ähnlicher Weise sich und damit auch ihre geistigen Grundlagen umgestalten und schließlich zu Bedingungen finden muß, die dieser artifiziellen Lebenssphäre Stabilität und Dauerhaftigkeit verleihen."[33)]

(2) Die grundsätzlichen Schwierigkeiten lassen sich auch durch eine **weitere Differenzierung und Spezifizierung von Nachhaltigkeitsregeln** für ein ökologisches Wirtschaften **nicht lösen**. Denn die für ihre Ableitung „getroffenen Festlegungen u.a. auf den intergenerativen Gerechtigkeitsaspekt, auf die Gerechtigkeitsdimension 'Nutzen' sowie auf die egalitäre Verteilungsregel nach Rawls beinhalten fraglos ein erhebliches Maß an Willkür und sind daher angreifbar."[34)]

Dies wird besonders deutlich dann, wenn es um die Gewichtung der unterschiedlichen Ziele für die politische Entscheidungsfindung geht. Sie muß in aller Regel innerhalb eines bestehenden Wirtschafts- und Sozialsystems erfolgen und ist im Unterschied zu der theoretischen Diskussion keineswegs frei, entsprechend normative Festlegungen vorab zu treffen.

(3) In der breit geführten Diskussion zur Ableitung von Indikatoren für eine nachhaltige Entwicklung wird implizit oder explizit **zweierlei angenommen**:

---

33) Sassin (1995), S. 283.
34) Radke (1997), S. 12.

- Die grundlegenden **Zielvorstellungen**, etwa die Überlebensfähigkeit der Menschheit insgesamt und die Entwicklung eines friedlichen Zusammenlebens aller Menschen, werden **von allen Menschen geteilt**.
- Die gegenwärtig Handelnden in Politik und Wirtschaft haben für die Umsetzung dieser Zielvorstellungen **ausreichende Entscheidungs- und Handlungsspielräume**.

Die wirtschaftliche und politische Realität zeigt jedoch, daß **beide Bedingungen gegenwärtig nicht erfüllt** sind.

Schlimmer noch: die oben durchgeführten Analysen legen die Vermutung nahe, daß die beiden Bedingungen auch kaum je innerhalb des gegenwärtig bestehenden Wirtschafts- und Ordnungssystem erfüllbar sein werden. Dies wäre nur möglich, wenn die Divergenz zwischen den täglichen Handlungen und den langfristigen Anpassungsmechanismen durch die Entstehung eines weltweit akzeptierten Wert- und Ordnungsrasters dauerhaft überwunden wird. Dies aber hieße gerade die (friedliche) Überwindung der gegenwärtig bestehenden Verhaltens- und Ordnungsmuster.

(4) Die geschilderte Problematik macht die theoretische Ableitung von Nachhaltigkeitsregeln und Leitbildern für nachhaltige Lebens- und Wirtschaftsformen zwar nicht wertlos, schränkt aber ihre politische und praktische Wirksamkeit stark ein: Sie sind lediglich Teile in einem längerfristigen Such- und Diskussionsprozeß, aus dem sich im Laufe der Zeit neue Wertvorstellungen und Ordnungsstrukturen entwickeln können. Zugleich sind sie selbst Ausfluß des jeweiligen Erkenntnisstandes und der Interessengegensätze in der Gesellschaft und werden auch so von Gegner wie Befürwortern gesehen.

Theoretisch abgeleitete **Leitbilder und Nachhaltigkeitskriterien** sind damit **weder entscheidungs-, noch verhaltens- oder gar politikrelevant**, können aber eine Neuorientierung in den Wertvorstellungen vorbereiten. Gleichwohl sind sie unverzichtbar, weil sie helfen, die Konsequenzen von schleichenden Entwicklungen im ökologischen Umfeld erkennbar werden zu lassen. Außerdem regen sie die Menschen und die führenden Vertreter der Gesellschaft in Wirtschaft und Politik an, sich mit diesen Fragen immer wieder auseinanderzusetzen.[35)]

(5) Der Wert von theoretisch abgeleiteten Nachhaltigkeitsregeln und Leitbildern wird besonders fragwürdig, wenn auf ihrer Basis operative Umweltziele festgelegt und durch gezielte Einzelmaßnahmen realisiert werden sollen. In diesem Fall konzentriert sich die fachliche Diskussion sehr schnell ausschließlich auf die möglichst

---

35) Vgl. Radke (1997), S. 19.

genaue technische Ableitung und Begründung von Indikatoren, Zielwerten und Maßnahmen, bei der Fragen nach der politischen Zielsetzung und der notwendigen Veränderung der Rahmenbedingung im jeweils aktuellen Interessens- und Verteilungskonflikt in den Hintergrund gedrängt werden. Das Ergebnis sind dann leicht inkrementalistische Schritte, die nur zu marginalen Veränderungen beitragen und nicht selten den Keim für Problemverlagerungen enthalten. Typische Beispiele für solche Prozesse sind die Wirkungen vieler end-of-pipe-Reinigungsanlagen, die zwar zur Reinigung von Luft oder Wasser führten, aber Deponieprobleme schufen. Dennoch entsteht im politischen Raum die Illusion, das Problem sei gelöst.

(6) Typisch für die geschilderte Problematik ist die Ableitung von **Umweltzielen** durch das Wuppertal Instituts für Klima, Umwelt und Energie in seiner Untersuchung „Zukunftsfähiges Deutschland" oder die Überlegungen im Bericht an den Club of Rome zum Thema „Faktor vier":[36)]

- Beide Untersuchungen knüpfen teils implizit (Bericht „Zukunftsfähiges Deutschland"), teils explizit mit dem Untertitel „Doppelter Wohlstand - halbierter Naturverbrauch" („Faktor vier") an Wachstums- oder Fortschrittsvorstellungen an, die deutlich in der Entwicklungstradition der letzten 150 Jahre liegen.
- Beide Untersuchungen gehen explizit von normativ formulierten Gerechtigkeitsvorstellungen aus und leiten daraus die Notwendigkeit veränderter Lebensstile ab, die im Bericht „Zukunftsfähiges Deutschland" in der Form von Leitbildern für eine neue an den ökologischen Rahmenbedingungen ausgerichtete Wertordnung dargestellt werden.

Dabei wird absichtlich oder unbeabsichtigt **suggeriert**, daß die bisher dominierende Vorstellung eines anhaltenden Fortschritts in der bisherigen Tradition durch **ein frei wählbares entschlossenes Handeln** der Politik den historischen Notwendigkeiten gemäß transformiert und weiterentwickelt werden könne.

(7) Da die Einflußmöglichkeiten der politischen und wirtschaftlichen Entscheidungsträger aber auf ihre regionalen Zuständigkeitsbereiche begrenzt sind, wird für die Ableitung von regionalisierten Zielvorgaben zusätzlich angenommen, daß sich auch alle anderen Menschen außerhalb dieser Region nach denselben Grundregeln verhalten. Entsprechend geht das Wuppertal-Institut von **gleichen Pro-Kopf-Nutzungsrechten aller Erdbewohner** aus und unter einer ähnlichen Annahme leitet der Wissenschaftliche Beirat in seinem Jahresgutachten 1995 die Forderung nach einer jährlichen **globalen Reduktion** um knapp 1 % für 150 Jahre bei einer lang-

36) Bund und Misereor (1996), v. Weizsäcker, Lovins und Lovins (1996).

fristigen Reduktion der CO_2-Emissionen aus der Nutzung fossiler Brennstoffe auf Null ab.[37)]

Beiden Autorengruppen ist durchaus klar, daß sie mit diesen Angaben normative Zielwerte für die gesamte Weltbevölkerung setzen, die nicht einmal im entferntesten mit den tatsächlichen Wertvorstellungen, Zielen und Verhaltensweisen in den unterschiedlichen Bevölkerungsgruppen weltweit und bei ihren politischen Vertretern übereinstimmen. Aber ohne solche unrealistischen Annahmen wäre es nicht möglich, ein System quantitativer und operationaler kurz- und langfristiger Umweltziele mit Zeithorizonten bis 2010 bzw. 2050 abzuleiten (vgl. Tab. 3-2).[38)]

(8) Die genannten Untersuchungen stehen keineswegs allein. Vergleichbare abgeleitete quantitative Ziele zur Reduktion von Belastungen und zur Senkung des Primärenergie-, Material- und Flächenverbrauchs finden sich in teilweise unterschiedlicher Formulierung und Differenzierung in anderen Untersuchungen des In- und Auslands, wie etwa im Jahresgutachten des Wissenschaftlichen Beirats der Bundesregierung 1995, in dem bereits erwähnten Bericht „Sustainable Netherlands" oder in Arbeiten für Dänemark oder die Schweiz.

Den Zweck der Ableitung solcher Umweltziele sieht auch die Bundesregierung vor allem darin, „Nachhaltigkeit meßbar zu machen" und „über einen konstruktiven Dialog der Verantwortlichen zu einem Konsens über den vorrangigen Handlungsbedarf und über die nächsten Schritte zur Verwirklichung einer nachhaltigen Entwicklung in Deutschland zu kommen."[39)] Angesichts der angesprochenen Problematik stellt sich jedoch die Frage, wie aussagekräftig und damit politisch verwertbar derartige Maßstäbe für Deutschland insgesamt und für die hier verantwortlich handelnden Personen sein können, wenn sie auf **unrealistischen Wert- und Verhaltensannahmen** basieren.

(9) Am Alltag der Bürger und Wähler, aber auch der Unternehmer und Politiker gehen diese Zielfestlegungen vorbei. Für ihr tägliches Verhalten sind wegen der weitverbreiteten Unsicherheiten über die Zukunft, wegen des zunehmenden Wettbewerbsdrucks aus dem In- und Ausland, wegen der aktuellen Arbeitsmarkt- und Einkommensentwicklung und des Zwangs zur Bewältigung der täglichen Probleme alle Fragen der Stabilisierung oder Verbesserung ihrer aktuellen wirtschaftlichen und politischen Position im **Hier und Jetzt viel wichtiger**.

---

37) Vgl. Bund und Misereor (1996), S. 28, Wissenschaftlicher Beirat (1996), S. 111 ff.
38) Bund und Misereor (1996), S. 80.
39) Bundesregierung (1997), S. 12.

Tabelle 3-2: Umweltpolitische Ziele eines zukunftsfähigen Deutschlands

Umweltindikator	**Umweltziel**	
	kurzfristig (2010)	**langfristig (2050)**
Ressourcenentnahme		
Energie		
Primärenergieverbrauch	mindestens -30 %	mindestens -50 %
Fossile Brennstoffe	-25 %	-80 bis 90 %
Kernenergie	-100 %	
Erneuerbare Energien	+3 bis 5 % pro Jahr	
Energieproduktivität[1)]	+3 bis 5 % pro Jahr	
Material		
Nicht erneuerbare Rohstoffe	-25 %	-80 bis 90 %
Materialproduktivität[2)]	+4 bis 6 % pro Jahr	
Fläche		
Siedlungs- und Verkehrsfläche	• absolute Stabilisierung • jährl. Neubelegung: -100 %	
Landwirtschaft	• flächendeckende Umstellung auf ökologischen Landbau • Regionalisierung der Nährstoffkreisläufe	
Waldwirtschaft	• flächendeckende Umstellung auf naturnahen Waldbau • verstärkte Nutzung heimischer Hölzer	
Stoffabgaben / Emissionen		
Kohlendioxid (CO_2)	-35 %	-80 bis 90 %
Schwefeldioxid (SO_2)	-80 bis 90 %	
Stickoxide (NO_X)	-80 % bis 2005	
Ammoniak (NH_3)	-80 bis 90 %	
Flüchtige Organische Verbindungen (VOC)	-80 % bis 2005	
Synthetischer Stickstoffdünger	-100 %	
Biozide in der Landwirtschaft	-100 %	
Bodenerosion	-80 bis 90 %	

1) Primärenergieverbrauch bezogen auf die Wertschöpfung (Brutto-Inlandsprodukt).
2) Verbrauch nicht erneuerbarer Primärmaterialien bezogen auf die Wertschöpfung bei jährlichen Wachstumsraten des Brutto-Inlandsprodukts von 2.5 %. Allerdings ist zu betonen, daß die Erreichung der langfristigen Umweltziele bei anhaltendem Wirtschaftswachstum nicht gelingen kann.
Quelle: BUND und Misereor (1996) S. 80.

Dasselbe gilt für die Menschen und Politiker in anderen Teilen der Welt: Solange derartige Zielvorstellungen nur zum Gegenstand wissenschaftlicher Auseinandersetzungen dienen, verändern sie wenig, erfordern sie dagegen ein politisches, wirtschaftliches und finanzielles Engagement, so verklären sie im Interessen- und Verteilungskonflikt schnell jede Relevanz.

(10) Demgegenüber ist das **wissenschaftliche Problem** quantitativer Zielvorgaben für lange Zeiträume weniger gravierend: alle Zielformulierungen bauen auf dem aktuellen Erkenntnisstand der Autoren auf. Die Vergangenheitsanalyse zeigt jedoch, auf welch unterschiedlichen Wegen den unterschiedlichen Kulturen die Anpassung an die Möglichkeiten und Grenzen ihres natürlichen Ökosystems zeitlich und räumlich gelang. Dabei blieben über Jahrtausende hinweg viele Möglichkeiten des Ökosystems ungenutzt, die später von anderen Kulturen mithilfe anderer Erkenntnisse oder Erfahrungen, teilweise auch durch den besseren Einsatz technischer Hilfsmittel erschlossen werden konnten (z.B. Einsatz kohlegetriebener Dampfmaschinen zur Entwässerung von Kohleflözen oder die Bearbeitung von Siliziumkristallen zur besseren Nutzung der Sonnenenergie).

So haben sich in den letzten 100 Jahren die Kenntnisse über die Wirkungsweise von Ökosystemen und ihre Beeinträchtigung durch zunächst vernünftig erscheinende technische oder organisatorische Eingriffe ständig verschoben. So glaubte man zunächst, die Immissionsprobleme in der Nähe von Kraftwerken durch eine Erhöhung der Schornsteine vermeiden zu können. Erst später wurde deutlich, daß man sie dadurch nur verlagerte und wegen der kumulierenden Wirkung sogar verschlimmerte. Ebenso kam es zu völlig unerwarteten Wirkungen bei Einsatz von FCKW: die Gefährdung der Ozonschicht der Erde resultierte aus der zunehmenden Anwendung eines Stoffes, dessen Einsatz ursprünglich zur Vermeidung von Schäden durch andere chlorhaltige Chemikalien sogar empfohlen worden war.

Auch künftig ist immer wieder damit zu rechnen, daß heute vernünftig erscheinende und vielleicht sogar politisch akzeptierte Ziele und Maßnahmen vor dem Hintergrund neuer Erkenntnisse ihre Zweckmäßigkeit verlieren oder sich gar als schädlich herausstellen.

(11) Nimmt man die drei Aspekte zusammen, die Abhängigkeit der Ziele von normativ gesetzten Annahmen, die Dominanz der täglichen Sorgen im Verhalten von Politikern, Unternehmen und Haushalten und die Risiken irrtümlicher Zielsetzungen, so ist der **praktisch politische Nutzen** einer immer weiter getriebenen Differenzierung von Nachhaltigkeitszielen gerade auch für die Energiepolitik **durchaus zweifelhaft**. Energienutzung, Energieversorgung, wirtschaftliches Wachstum und alle damit zusammenhängenden Folgen sind das Ergebnis sehr komplexer Verhaltens- und Entscheidungsstrukturen, die sich durch normative

Indikatoren nicht festlegen lassen: „Weder die technische noch die prinzipielle administrative Machbarkeit legen diese Ziele fest. Sie fließen vielmehr aus der Wahrnehmungsfähigkeit und der Motivierbarkeit von Milliarden Menschen, aus denen sich die Industriezivilisation zusammensetzt. ... Nachhaltigkeit (sustainability) und damit die kontinuierliche Erhaltung der Lebensgrundlagen der Zivilisation, ..., folgen aus der Kontrollierbarkeit der langfristigen Wechselbeziehungen zwischen Milliarden Individuen“.[40)]

Konzept der ökologisch sozialen Marktwirtschaft

(12) Ein anderer Weg zur Bestimmung politisch verwendbarer Zielvorstellungen wird von den Vertretern des Konzepts der ökologisch sozialen Marktwirtschaft vorgeschlagen. Sie sehen das Umweltproblem im wesentlichen als ein **Problem der richtigen Allokation**, weil der Umgang mit natürlichen Ressourcen stets dann auf eine Ineffizienz ihrer Nutzung hinweist, wenn dadurch eben diese Ressourcen verbraucht werden und verloren gehen.[41)]

Mit dieser Grundeinschätzung wird das Gesamtproblem der Ressourcennutzung in ein Problem der Leistungsfähigkeit des Marktes und der Preismechanismen transformiert, die aufgrund von Externalitäten nur unzureichend funktionieren können. Würde es gelingen, so die Vorstellung, die externen Effekte etwa im Zusammenhang mit Umweltbelastungen oder mit zukünftig auftretenden Verknappungen oder Kumulationseffekten in den Preisbildungs- und Entscheidungsprozeß einzubeziehen, so würde das Marktsystem für eine den tatsächlichen Knappheiten und Problemen angemessene Allokation sorgen.

Die Aufgabe der Politik liegt nach dem Konzept der ökologisch sozialen Marktwirtschaft im wesentlichen darin, die entstehenden Externalitäten möglichst frühzeitig und genau festzustellen und in Kenntnis dieser Analysen die **„richtige“ Organisation der Märkte** zu gewährleisten. Hierfür werden dann im wesentlichen die Fragen einer geeigneten Instrumentierung diskutiert und Instrumente vorgeschlagen.

(13) Auch diese Vorstellungen lassen aus der Sicht der oben analysierten langfristigen Anpassungsspiralen eine ganze Reihe von Fragen offen:

- Bis heute sind die Probleme der frühzeitigen Identifizierung, Quantifizierung und Monetarisierung von externen Effekten nicht gelöst.[42)]
- Die entscheidende Frage nach den in der Gesellschaft tatsächlich bestehenden Handlungsmöglichkeiten zur „richtigen Organisation der Märkte“ wird zumeist

40) Sassin (1995), S. 284f.
41) Vgl. Brenck (1991), S. 28 ff.
42) Vgl. Masuhr, Wolff, Keppler (1992), S. 9 ff.

„dem Staat" oder „der Politik" überlassen, die sich ähnlich wie in der Diskussion über Nachhaltigkeitsindikatoren implizit oder explizit auf von ihm bzw. ihr zu formulierende Wohlstands- und Gerechtigkeitsvorstellungen stützen sollen.

- Die Relevanz solcher Vorstellungen für das politische Verhalten und ihre Verknüpfung mit der gesamtwirtschaftlichen Wohlfahrt wird den „richtigen" oder „langfristigen" Präferenzentscheidungen der Konsumenten überlassen, das Kernproblem der Abstimmung zwischen kurzfristigen Vorteilen und langfristigen Folgen in dem Bereich der individuellen Präferenzstrukturen wird ausgelagert.

Voraussetzung Wertewandel

(14) Im Ergebnis sehen aber sowohl die Befürworter quantitativer Nachhaltigkeitsindikatoren wie diejenigen einer ökologisch sozialen Marktwirtschaft in der Veränderung der Wertvorstellungen eine langfristig unverzichtbare Voraussetzung zur Schaffung einer Situation, in der ihre Ziel- bzw. Ordnungsvorstellungen realisiert werden können.

Eine solche **geistig kulturelle Neuorientierung** war auch in der Vergangenheit stets die Voraussetzung für eine Anpassung der Wirtschafts- und Sozialstrukturen. Dies ging meist mit einer Überwindung der überkommenen Verteilungskämpfe sowie der gewachsenen Institutionen und Ordnungsmuster einher, so daß auch dadurch wieder Innovationspotential frei wurde, mit dem bisherige ökologische Grenzen erweitert und wirtschaftliche, politische oder soziale „Sachzwänge" überwunden werden konnten.

(15) Die Veränderung in den Werten muß allerdings in ihrer Faszination und Überzeugungskraft so stark sein, daß sie in ihrer Bindungswirkung **den religiösen Bewegungen der Vergangenheit entspricht**. Denn diese Kraft muß ausreichen, um (mindestens vorübergehend) auf einer möglichst breiten weltweiten Ebene den Ausgleich zwischen kurzfristigen und langfristigen Interessen der Gesellschaft (nicht des Individuums!) und zwischen den ökonomischen und sozialen Anreizstrukturen des täglichen Verhaltens von Haushalten, Unternehmen und Politikern mit den langfristigen Notwendigkeiten der übergreifenden historischen Anpassungsspirale sicherzustellen.

Um das oben gebrauchte Bild (vgl. Abb. 3-2 in Kap. 3.1) des Oikos wiederaufzugreifen: es geht bei der Frage nach den Möglichkeiten einer dauerhaft durchhaltbaren Entwicklung nicht nur darum, die Falltreppe vom Dachgeschoß herunterzulassen und die sich angestauten klimatisch ökologischen Belastungen, Veränderungen in den Bevölkerungsstrukturen oder neuen technischen und wissenschaftlichen Erkenntnisse zur Kenntnis zu nehmen. Entscheidend ist vielmehr, in Kenntnis dieser Abhängigkeiten die Wohnungseinrichtung und -aufteilung so zu verändern, daß diese Erkenntnisse auch quasi automatisch in den täglichen Verhaltensweisen und Entscheidungen wirksam werden. Nur so könnte der sich gegenwärtig kumulierende Druck nicht nur abgeleitet, sondern abgebaut und eine Katastrophe für die in den Wohnräumen lebenden Menschen vermieden oder vermindert werden.

(16) Für den Erfolg sich ändernder Wertstrukturen ist es dabei nicht entscheidend, ob dadurch grundsätzlich eine dauerhaft durchhaltbare Entwicklung entweder für einzelne Gesellschaften oder für die Menschheit insgesamt vorstellbar ist und wie sie z.B. mit Hilfe von Indikatorensystemen ausformuliert oder in Leitbildern beschrieben werden kann. Viel wichtiger ist vielmehr, in welchem Maße **derartige Werteveränderungen** geeignet sind,

- die gesellschaftlichen Folgen einer Anpassung an den ökologischen Rahmen, gemessen etwa am Bevölkerungsabbau durch Elend, Krankheit oder Tod möglichst kleinzuhalten, und
- die Möglichkeiten zur Entwicklung ökologisch verträglicherer Lebensformen zu erschließen und auszuschöpfen.

Regionale Bezugsebene

(17) Die regionale Bezugsebene für derartige Wertveränderungen hat sich, wie bereits die historische Analyse zeigt, im Laufe der Zeit **ständig ausweitet**. Vor allem in den letzten beiden Jahrhunderten haben sich im internationalen Handel, in den Wachstums- und Entwicklungszielen und im Energie- und Rohstoffeinsatz Wertvorstellungen durchgesetzt, die überwiegend auf europäischen Traditionen und Denkrichtungen seit Mitte des 17. Jahrhunderts aufbauen. Sie sind auch ohne jeden Zweifel verantwortlich für die Wachstumsphase, an die die Menschheit trotz mehrfacher und zum Teil mit hohen Opfern verbundener Unterbrechungen (etwa durch die Weltkriege) immer wieder anzuknüpfen versucht.[43)]

Das Problem dieser inzwischen weltweit geltenden Wachstumsvorstellungen liegt jedoch darin, daß sie zugleich die Basis für die **Intensivierung der Konkurrenzbeziehungen** zwischen immer mehr global handelnden Unternehmen bzw. zwischen verschiedenen Regionen, Nationalstaaten oder Staatengruppen geworden sind. Entscheidend für den Erfolg ihrer Repräsentanten ist entsprechend nicht (oder nicht primär) das Wohlergehen und die langfristige Entwicklungsfähigkeit der gesamten Menschheit, sondern lediglich die spezifische Konkurrenzfähigkeit des Unternehmens oder der Region, für die sie zuständig sind und für deren Überleben

---

43) So fand z.B. bereits 1890 in London ein erster internationaler Kongreß zum Schutz der Nordsee vor der Überfischung statt, der 1899 zur Einrichtung eines Zentralausschusses für die internationale Meeresforschung führte. Die Fischbestände erholten sich in der Nordsee allerdings erst, als während des 1. Weltkriegs jede Fischerei auf offener See unterblieb. Vgl. Zirnstein (1997).

bzw. Wohlergehen sie sich verantwortlich fühlen. Die hier geltenden Interessen und Wunschvorstellungen bestimmen letztlich ihr Verhalten.

(18) So stellt sich zwangsläufig die Frage nach der räumlichen Bezugsebene, die für die Frage nach einer **realistischen Handlungsebene** im Auge behalten werden muß. Denn die historische Entwicklung hat sowohl zu einer regionalen Ausdehnung der gegenseitigen Abhängigkeiten als auch zu einer Betonung oder gar Überbetonung von regionalen, nationalen und geistig kulturellen Eigenständigkeiten geführt.

Dies zeigt sich in der Entstehung der Nationalstaaten um die Jahrhundertwende, in der Rückbesinnung auf historisch kulturelle Traditionen einzelner Regionen oder Stammesgruppen (z.B. in Irland, in Mittel- und Osteuropa, in weiten Teilen Afrikas oder Asiens) oder in fundamentalistischen Strömungen etwa des Islam, aber auch anderen geistiger Strömungen.

(19) Betrachtet man diese Beziehungen genauer, so scheint in der internationalen Entwicklung eine **Art dialektische Abhängigkeit** zwischen der **Globalisierung** aller Lebensbezüge („die ganze Welt ist ein Dorf"), der Möglichkeiten zur individuellen (materiellen und ideellen) **Differenzierung** („jeder nach seiner Façon") und der persönlichen **Bindung** der Menschen **an spezifische Regionen** („hier bin ich Mensch, hier darf ich sein") zu bestehen (vgl. Abbildung 3-4):

- Die **Globalisierung** des wissenschaftlichen Ideen- und wirtschaftlichen Warenaustausches erscheint vielen mehr denn je als Voraussetzung für wachsenden Wohlstand. Sie wurde möglich durch die modernen Informations- und Verkehrstechnologien, die ihrerseits wieder ohne die moderne Energieversorgung undenkbar wären.
- Mit wachsendem Wohlstand steigen die Möglichkeiten zur **Differenzierung und Individualisierung** der Lebensgestaltung. Sie erlaubt die Erfüllung sehr spezifischer Wünsche an den unterschiedlichsten Standorten, öffnet dadurch innovative Märkte, untergräbt aber zugleich die Homogenität der jeweiligen räumlichen Lebensbedingungen.
- Die **Regionalisierung** der Lebensbezüge entspricht demgegenüber dem Bedürfnis nach einer räumlich-sozialen Einbindung, nach Heimat, die stark an geografische und durch geistig kulturelle Traditionen geprägte Räume gebunden ist.

Abbildung 3-4: Interdependenz zwischen Globalisierung, Differenzierung und Regionalisierung

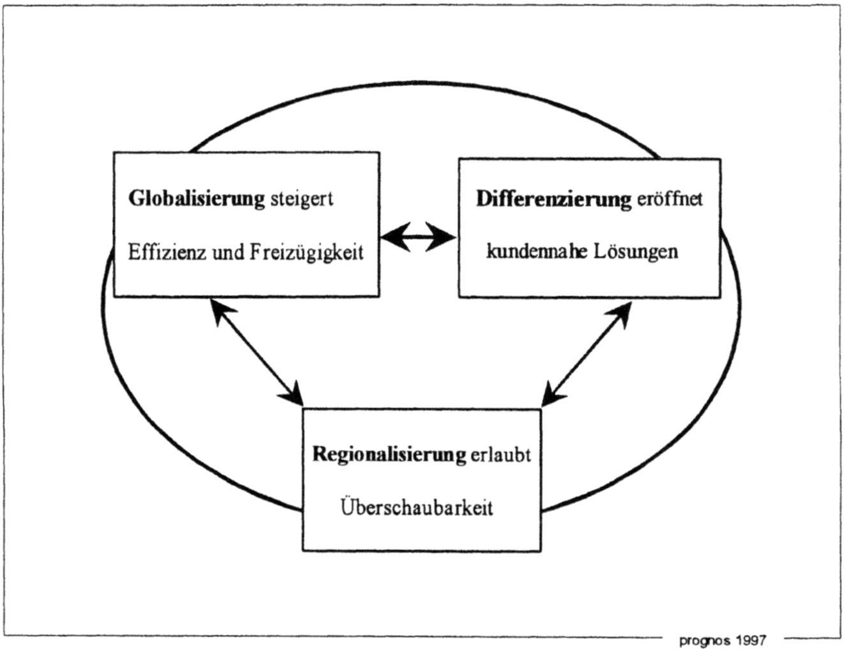

(20) Dabei scheint weltweit das **Bedürfnis nach persönlicher und regionaler Verankerung**, nach räumlicher und geistiger „Heimat" in dem Maße zu wachsen, in dem Globalisierung und Differenzierung dem einzelnen Menschen die Orientierung erschweren. Gleichzeitig sinkt mit der Globalisierung und Differenzierung die Bindung der Menschen an die regional verfügbaren Ressourcen. Individuelle Bedürfnisse aber auch ideelle Ziele und Partikularinteressen lassen sich verfolgen, ohne Rücksicht auf die natürlichen Bedingungen vor Ort nehmen zu müssen.

Dies erschwert tendenziell die laufende Abstimmung bei der Nutzung der verfügbaren natürlichen Ressourcen. Die unmittelbare Beziehung zwischen den sozialen Ansprüchen und den ökologischen Möglichkeiten geht verloren und mit ihr sinkt die Wahrscheinlichkeit für die Entwicklung von dauerhaft durchhaltbaren Ordnungsstrukturen: In der oben zitierten Untersuchung zu erfolgreichen Organisationsstrukturen im Umgang mit knappen Ressourcen von Ostrom (vgl. Kapitel 3.1 Textziffer 16) werden nicht zufällig der direkte regionale Bezug der Menschen zu der knappen Ressource, die Überschaubarkeit der Nutzerinteressen und die Möglichkeit zur Organisation der beteiligten Menschen und Gruppen zu wichtigen Erfolgsfaktoren.

Schlußfolgerungen

(21) Faßt man die bisherigen Überlegungen zusammen, so lassen sich daraus die folgenden **Anforderungen an geeignete Bedingungen** für eine dauerhaft durchhaltbare Entwicklung formulieren:

1. Die abzuleitenden Bedingungen für eine dauerhaft durchhaltbar Entwicklung in Deutschland sollten an den spezifischen ökologischen und energiewirtschaftlichen Bedingungen in Deutschland anknüpfen.

2. Die abzuleitenden Bedingungen sollten den wirtschaftlichen und politischen Entscheidungsprozessen unter den marktwirtschaftlichen Bedingungen Rechnung tragen.

3. Die abzuleitenden Bedingungen sollten die spezifischen Interessen und Abhängigkeiten berücksichtigen, die sich aus der internationalen Konkurrenzsituation Deutschlands ergeben.

Legt man die drei Anforderungen zugrunde, so werden sie von keinen der bisher abgeleiteten Nachhaltigkeitsregeln und -indikatoren erfüllt. Dies hängt damit zusammen, daß diese Regeln und Indikatoren aus theoretischen und global geltenden Modellen und Vorstellungen abgeleitet sind und sich überwiegend oder ausschließlich auf die Festlegung ökologischer Kennziffern ggf. unter wirtschaftlichen oder sozialen Nebenbedingungen beziehen. Entsprechend vernachlässigen sie die faktische Interdependenz zwischen wirtschaftlich-sozialen und ökologischen Entwicklungen.

3.3 Ableitung der Bedingungen für eine dauerhaft durchhaltbare Entwicklung in Deutschland

Ordnungswettbewerb

(1) Weiter als die ökologischen Nachhaltigkeitsindikatoren und die Instrumentierungsansätze im Konzept der ökologisch sozialen Marktwirtschaft reichen die ordnungspolitischen Überlegungen des Walter-Eucken-Instituts. In seiner Untersuchung für das Bundeswirtschaftsministerium zu den ordnungspolitischen Grundlagen einer Politik der Nachhaltigkeit geht es davon aus, daß sowohl die Allokationsmärkte, als auch die politischen Prozesse die Präferenzen der Bürger nur unvollständig abzubilden vermögen.

Dies „hat zur Folge, daß auch der politische Wettbewerb zwischen den politischen Akteuren nur begrenzt als ein Entdeckungsverfahren dienen kann, welches Wissen darüber aufdeckt und schafft, wie Inkompatibilitäten zwischen den ökonomischen und ökologischen Präferenzen der Bürger und zwischen den ökonomischen und ökologischen Teilordnungen beseitigt ... werden können".[44] Als Ausweg könnte nach Ansicht der Autoren auf nationaler oder europäischer Ebene evtl. eine Verankerung von Umweltzielen in der Verfassung helfen, realistischer erscheint ihnen jedoch das Konzept eines **Ordnungswettbewerbs zwischen Staaten mit individuellen Gesellschaftsordnungen**, von denen sich auf lange Frist die Ordnung durchsetzen wird, die sich damit als dauerhaft durchhaltbar erweist.

(2) Hinter diesen Überlegungen steht die Vorstellung des Wettbewerbs der Ordnungen als Entdeckungsverfahren wie es von Hayek in den 70er Jahren entwickelt hat.[45] Diese Überlegungen lassen sich gut verbinden mit den Beobachtungen der historischen Anpassungsspirale, wie sie oben in Abb. 3-3 in Kap. 3.1 dargestellt wurde. Denn sie beschreibt genaugenommen einen **Prozeß der evolutionären Selektion von Ordnungsstrukturen**: In der über Jahrhunderte hinweg gehenden Entwicklung von Wertvorstellungen, wirtschaftlichen und sozialen Ordnungen im Wechselspiel mit den natürlichen ökologischen Bedingungen auf der Erde erweisen sich ganz offensichtlich immer die Gesellschaftsordnungen als jeweils durchhaltbar, die entweder aufgrund ihrer besonderen Ausgangssituation nicht oder noch nicht bedroht sind (z.B. viele Naturvölker, die erst relativ spät entdeckt wurden) oder die über spezifische Vorteile im Wettbewerb der Ordnungen verfügen.

(3) Der Ansatz des „Wettbewerbs der Ordnungen als Entdeckungsverfahren" läßt sich auch gut mit den Überlegungen zur **Beachtung der räumlichen Bezugs-**

---

44) Walter Eucken-Institut (1995), S. 92.
45) Von Hayek (1968).

ebene für eine dauerhaft durchhaltbare Entwicklung verknüpfen. Im Unterschied zu nationalen Nachhaltigkeitsregeln, die auf der Basis von weltweit einheitlichen Gerechtigkeitsvorstellungen abgeleitet sind, ist der Ansatz eines „Wettbewerbs der Ordnungen" nicht an solche Vorabfestlegungen gebunden: Für den Erfolg oder Mißerfolg der jeweiligen Ordnung entscheidend sind allein die Verhaltensmuster und Wertvorstellungen der in sie eingebundenen Menschen und Institutionen, die sich im Wettbewerb mit anderen Ländern, Bevölkerungsgruppen und geistig kulturellen Traditionen befinden:

- Bewähren sich die eigenen Ordnungsstrukturen ggf. dank laufender Anpassungen, so überleben auch die in sie eingebundenen Menschen.
- Je weniger sie dabei mit dem sie umgebenden natürlichen wie wirtschaftlichen und politischen Umfeld in Konflikt geraten bzw. aus ihm heraus bedroht werden, umso eher erweist sich ihre Entwicklung als überlebensfähig und als dauerhaft durchhaltbar.
- Gelingt dies dagegen nicht oder ist die eigene Durchsetzungskraft auch nur vorübergehend gegenüber anderen aggressiveren Ordnungen gelähmt, so vermag die bisherige Ordnung nicht zu überleben - oftmals verbunden mit großen Opfern für die betroffenen Menschen.

(4) Allerdings zeigen die Untersuchungen zu den Ursachen und Hintergründen kriegerischer Auseinandersetzungen sehr deutlich die Komplexität dieser Art von Wettbewerb: Ausschlaggebend für den aktuellen 'Sieg' sind nämlich ganz unterschiedliche Kombinationen von geistig kulturellen Motiven, überlegenen wirtschaftlichen oder militärischen Ordnungsstrukturen und die Verfügung über mehr und besser genutzte Ressourcen.[46)]

Für den aktuellen Erfolg ist ähnlich wie im Konkurrenzkampf der Unternehmen zunächst nur die **kurzfristige Überlebensfähigkeit** der jeweiligen Ordnung entscheidend. Sie gerät allerdings früher oder später ebenfalls unter Druck, wenn sie nicht in der Lage ist, ihre Machtbasis auf Dauer zu stabilisieren und die dafür notwendigen internen Anpassungen vorzunehmen.

(5) Die Geschichte der bisher so erfolgreichen Industrialisierung hat immer wieder gezeigt, daß durch sie **Lebensordnungen zerstört** wurden, die sich den spezifischen natürlichen und ökologischen Bedingungen ihrer Lebensräume sehr viel

---

46) Vgl. Ferguson (1984), S. 7 ff. Nicht selten übernahmen auch militärische Sieger später die kulturellen und wirtschaftlichen Ordnungsformen der ursprünglich Besiegten oder gliederten sie in das eigene System ein. Ein besonders typisches Beispiel für diese Situation bietet der Erfolg der Mongolen im 13. Jhd.: nachdem sie über den ganzen eurasischen Kontinent hinweg die teilweise erstarrten Gesellschaftsstrukturen in China, Persien und Teilen Europas herausgefordert bzw. gebrochen hatten, zerfiel ihr eigenes Imperium in kurzer Zeit. In den überrannten Regionen aber bildeten sich neue reformierte Herrschaftsstrukturen. Eine ähnliche Wirkung hatten die Eroberungskriege Napoleons auf die Staaten Europas.

besser angepaßt und sich über lange Zeiträume hinweg als dauerhaft durchhaltbar bewährt hatten. Sie mußten zunächst den expansiveren und dank stärkerer Nutzung der verfügbaren Ressourcen mächtigeren Ordnungsstrukturen weichen.

Doch dieser Sieg einer auf Expansion und Wachstum ausgerichteten Ordnungsstruktur kann sich auf lange Frist als eine Art **Pyrrhussieg** erweisen. Diese Befürchtung wird gleichermaßen durch die bisher beobachteten Konsequenzen des steigenden Energieeinsatzes wie die negativen Wachstumsfolgen gestützt und kommt ebenso in der Diskussion über die Möglichkeit eines 'sustainable development' zum Ausdruck (vgl. Kapitel 2). In die gleiche Richtung weisen die Diskussionen in den christlichen Kirchen, deren Lehre nicht zuletzt die geistig-kulturelle Basis für den bisherigen Erfolg der westlichen Ordnungsstrukturen bildete und die sich heute zunehmend mit dem bisher von ihnen vertretenen Menschenbild im Verhältnis zur Natur auseinandersetzen.[47)]

(6) Im Ergebnis wird die dauerhaft durchhaltbare Entwicklungsfähigkeit einer Gesellschaftsordnung auf lange Frist allein davon bestimmt, ob es ihr gelingt, die folgenden **drei Risiken** für die eigene Entwicklung besser zu meistern als die jeweils konkurrierenden Gesellschaften:

1. Die **Verknappung bei bisher benötigten Ressourcen** zur Erhaltung der gesellschaftlichen Ordnung. Dabei ist es gleichgültig, woher die Ressourcen im Einzelfall kommen, ob also die Gesellschaft darüber im eigenen Herrschaftsgebiet verfügt oder sie sich diese von anderen durch Handel oder Machtausübung beschaffen muß.
2. Die **Bedrohung durch andere Menschen oder Gesellschaften**. Auch hier kann die Bedrohung ganz unterschiedlich sein, man denke etwa an die Zuwanderung großer Bevölkerungsgruppen oder direkte Interventionen mit wirtschaftlichen oder militärischen Mitteln.
3. Die **Entstehung interner Verteilungs- und Machtkonflikte**, die die Anpassungsfähigkeit jeder menschlichen Ordnung an neue ökologische, politische oder geistig-kulturelle Rahmenbedingungen schwächen und sowohl ihre Innovationskraft wie ihre Verteidigungsfähigkeit von innen heraus zu lähmen vermögen (wie z.B. die Ostblockstaaten Anfang der 80er Jahre).

Erfolg im Wettbewerb

(7) Interessant sind vor diesem Hintergrund die Überlegungen des World Business Council for Sustainable Development zur Berücksichtigung ökologischer Anforderungen in der Produktentwicklung von Unternehmen. Um die ökologische,

47) Nach Prof. Korff ist dieser Diskussionsprozeß in beiden großen christlichen Kirchen Deutschlands bis heute noch nicht abgeschlossen und macht sie zeitweilig hilflos angesichts der tatsächlichen ökologischen Veränderungen. Vgl. Prognos (1997), S. 133.

ökonomische und soziale Sicherheit für das Unternehmen zu verbessern, werden nicht quantitative Ziele festgelegt sondern ein **qualitativer Vergleich** mit der Ausgangssituation vorgeschlagen: neu- oder weiterentwickelte Produkte sind den bisherigen bzw. von der Konkurrenz angebotenen Produkten bei vergleichbarer Wirtschaftlichkeit dann vorzuziehen, wenn sie diesen nach den folgenden 6 Dimensionen mindestens gleichwertig und in einigen sogar überlegen sind:[48)]

1. die **Systemerweiterung** in Richtung längerer Lebensdauer, Multifunktionalität oder Mehrfachverwendbarkeit der Produkte
2. die **Revalorisation** der Produkte durch die Möglichkeit zur vollständigen oder teilweise Wiederaufarbeitung des Produktes und zur Wiederverwertung der Abfälle
3. die **Energieeffizienz** im gesamten Produktlebenszyklus, also von der Gewinnung der Primärmaterialien bis zur Entsorgung aller potentiellen Rückstände und Emissionen
4. die **Materialeffizienz** im gesamten Produktlebenszyklus
5. die **Minderung von Gesundheits- und Umweltrisiken** im Herstellungs- und Anwendungsprozeß im gesamten Produktlebenszyklus
6. die **Ressourcenschonung** bei der Herstellung und Nutzung des Produktes

(8) Der unternehmerische Denkansatz ist unter den hier zur Diskussion stehenden Gesichtspunkten deswegen so interessant,

- weil er einen **pragmatischen Weg** sucht, um die eigene Position zu verbessern,
- weil er sich auf den **Vergleich** mit den bisherigen Tätigkeiten bzw. den jeweils bestehenden technischen oder bereits am Markt realisierten Lösungen (im Sinne eines bench marking Konzepts) konzentriert und
- weil er nicht von Annahmen über wünschbare Ziel- und Gerechtigkeitsvorstellungen ausgeht, sondern die **eigenen Handlungsmöglichkeiten** unter den bestehenden Wettbewerbsbedingungen in den Vordergrund rückt.

Auf diesem Wege werden die Möglichkeiten zur Steigerung der ökologischen Effizienz in die Produktentwicklung integriert, ohne dadurch die eigene Wettbewerbsposition zu gefährden. Gleichzeitig werden neue Wege gesucht, die längerfristig auch zu Wettbewerbsvorteilen führen können, etwa wenn sie sich als Werbeargument einsetzen lassen, zu Kostensenkungen beitragen, Produkt- oder Prozeßauflagen zuvorkommen oder den spezifischen Wünschen ökologisch sensibler Kunden entgegenkommen (Nutzung des 'first mover advantage').

---

48) Vgl. Vortrag von Dr. Wirth, Dow Europe SA auf einem Seminar am 25.4.97 in Pratteln/Schweiz.

(9) Analoge Überlegungen gelten auch im Wettbewerb der Ordnungen: die Wirtschafts- und Energiepolitik in Deutschland wird das Ziel einer dauerhaft durchhaltbaren Entwicklung nur erreichen können, wenn sie in der Wirtschaft generell und speziell auf den Energiemärkten eine Ordnungsstruktur zu schaffen und kontinuierlich zu optimieren vermag, die bei **Erhaltung der Konkurrenzfähigkeit** zu einer **Verringerung** der oben genannten **Entwicklungsrisiken** durch Verknappung von Ressourcen, externe Bedrohungen oder interne Konflikte im Idealfall sogar zu einem Modell für andere Gesellschaften (im Sinne des oben erwähnten 'first mover advantage') werden könnte.

Für diese Argumentation kann man unmittelbar an der primären Verantwortung jeder deutschen Bundesregierung anknüpfen, die bereits durch ihren Amtseid verpflichtet ist, daß sie ihre „Kraft dem Wohle des deutschen Volkes widmen, seinen Nutzen mehren, Schaden von ihm wenden, ... werde".[49] Dies aber läßt sich kaum anders interpretieren (und ist auch wohl von keiner Bundesregierung anders verstanden worden) als eine Aufforderung und Verpflichtung für die Regierung, die wirtschaftliche und soziale Ordnung so weiter zu entwickeln, daß sie im Wettbewerb der Ordnungen zu bestehen vermag.

(10) Eine solche pragmatische Orientierung in der Wirtschafts- und Energiepolitik versucht nicht, die Politiker an theoretisch abgeleitete Nachhaltigkeitsregeln und -ziele zu binden und sie zur Verabschiedung spezifischer Maßnahmen zur Erreichung spezifischer technischer Zielwerte zu verpflichten. Ihr Anspruch ist sehr viel umfassender. Sie verpflichtet nämlich den Politiker systematisch **nach Wegen** zur kontinuierlichen Verbesserung und Überwindung der bestehenden Strukturen zum Wohle aller **zu suchen**.

Gleichzeitig knüpft sie an den tatsächlichen Entscheidungsprozessen an und erlaubt es den Politikern, immer wieder die spezifischen Anstrengungen der ökologischen Neuorientierung im Vergleich zur bestehenden Struktur und zur Situation in anderen Staaten (etwa im Sinne eines ordnungspolitischen bench-marking) herauszustellen. Dies erleichtert die politische Profilierung, erhöht ggf. die Chancen in demokratischen Wahlen und unterstützt auch Unternehmen und Bürger bei der kontinuierlichen Verbesserung bzw. Umstellung ihres Verhaltens in Kenntnis der politischen Weichenstellungen.

(11) **Quantitative Nachhaltigkeitskriterien** für spezifische ökologische Belastungsgrenzen, zulässige Verbrauchsmengen oder Emissionen können dabei durchaus ein zeitweiser und für operative Einzelentscheidungen wichtiger Bestandteil innerhalb einer Ordnung sein. Ihre Festlegung erfolgt jedoch nicht aufgrund theoretischer Ableitungen oder isolierter globaler Gerechtigkeitsvorstellungen, sondern

---

49) Aus dem Amtseid des Bundespräsidenten laut Art. 56 Grundgesetz.

im Rahmen der politischen Meinungsbildungsprozesse. Entsprechend ist mit einer breiteren Akzeptanz bei allen Betroffenen zu rechnen. Diese Akzeptanz wieder erleichtert die Anpassungsfähigkeit der wirtschaftlichen und sozialen Ordnung, ohne die eine dauerhaft durchhaltbare Entwicklung nicht vorstellbar ist; denn diese kann, wie gezeigt, grundsätzlich nicht nur durch ökologische Grenzen, sondern auch durch wirtschaftliche und soziale Krisen gefährdet werden.

(12) Auf dieser Basis lassen sich jetzt die Bedingungen für eine dauerhaft durchhaltbare Entwicklung formulieren, an denen sich auf mittlere und längere Frist auch die Situation im deutschen Energiesektor orientieren muß:

1. Die Produktionsmöglichkeiten und Lebensbedingungen am Standort Deutschland können bei sich ändernden Knappheiten auf den Energiemärkten gesamtwirtschaftlich aufrecht erhalten und Störungen aufgrund energiebedingter ökologischer Belastungen und Externalitäten vermieden bzw. ausgeglichen werden: **Gewährleistung der Produktions- und Lebensmöglichkeiten.**
2. Die Folgen der internationalen Energienutzung sowie die wachstums- und energiebedingten Umweltveränderungen in anderen Ländern können so aufgefangen oder ausgeglichen werden, daß sie die wirtschaftliche und soziale Entwicklung in Deutschland selbst nicht beeinträchtigen: **Vermeidung negativer Folgen einer internationalen Energienutzung auf Deutschland.**
3. Die notwendigen Veränderungen in den Energiesektoren in Deutschland lassen sich so organisieren, daß wirtschaftliche und soziale Anpassungskrisen in Deutschland vermieden werden: **Vermeidung interner Anpassungskrisen bei Veränderung der Energienutzung**.

Alle drei Bedingungen müssen gleichzeitig und auf Dauer erfüllt sein, wenn sich die in Deutschland geltenden Ordnungsstrukturen als dauerhaft durchhaltbar erweisen sollen. Dabei ist es unerheblich, ob diese Bedingungen nur für Deutschland oder für einen größeren regionalen Verbund (wie z.B. die EU) gelten. Es ist für die Erfüllung dieser Bedingungen aber nicht unerheblich, ob andere Länder sich ähnlich verhalten.

(13) Die hier abgeleiteten Bedingungen für eine dauerhaft durchhaltbare Entwicklung in Deutschland unterscheiden sich in mehrfacher Hinsicht von den Überlegungen, die den bisher überwiegend diskutierten Zielvorstellungen und Indikatoren für eine nachhaltige Entwicklung zugrunde liegen:

- Die Bedingungen beziehen sich **nicht ausschließlich auf die Umweltentwicklung**. Entsprechend basieren sie nicht auf einem normativ formulierten, ökologischen Leitbild. Sie ersetzen die Umweltqualitätsziele, wie sie z.B. die Enquete-Kommission „Schutz des Menschen und der Umwelt“ u.a. ihrer

Arbeit zugrundelegt, erlauben aber dennoch, daraus ggf. auch quantitativ formulierte Umwelthandlungsziele im Sinne der Enquete-Kommission abzuleiten, wenn dies aus Gründen der operationalen Umsetzung politisch sinnvoll erscheint.[50)]

- Die Bedingungen stellen die **internationale Wettbewerbsfähigkeit** Deutschlands unter sich ändernden ökologischen Bedingungen in den Mittelpunkt, auf die z.B. die Bundesregierung in ihrem Bericht anläßlich der UN-Sondergeneralversammlung über Umwelt und Entwicklung 1997 zwar hinweist, die sie aber in die Diskussion des Leitbilds für eine nachhaltige Entwicklung und in die Zielformulierung bzw. Erfolgskontrolle noch nicht zu integrieren vermochte.[51)]
- Die Bedingungen erfordern eine **kontinuierliche Beobachtung der internationalen Rahmenbedingungen** und des Verhaltens anderer Nationen und Bevölkerungsgruppen. Der Erfolg der in Deutschland geltenden Ordnungsstruktur und der hier zum Einsatz kommenden wirtschafts-, energie- und umweltpolitischen Maßnahmen hängt von deren Verhalten und Reaktionen ebenso ab wie von der internen politischen Akzeptanz. Die Entwicklungsziele für Deutschland müssen entsprechend beide Aspekte berücksichtigen.
- Die Bedingungen tragen den spezifischen Anforderungen Rechnung, die die Nutzung von Energie auch in der **künftigen wirtschaftlichen und sozialen Entwicklung in Deutschland** haben und behalten muß. Damit sind jedoch keineswegs die Art und Weise der bisherigen Energienutzung und -versorgung sowie die hierbei herrschenden Ordnungs- und Verbrauchsstrukturen festgeschrieben.
- Die Bedingungen fordern eine **Beachtung und Vorbereitung wirtschaftlicher und sozialer Veränderungen**, ohne die weder in Deutschland noch weltweit eine Antwort auf die ökologischen Herausforderungen gefunden werden kann. Dies bezieht sich jedoch nicht auf eine vergleichende politische Bewertung ökologischer im Vergleich zu wirtschaftlichen Zielen (etwa die zulässige Emissionserhöhung je zusätzlichem Arbeitsplatz), sondern auf die Ausgestaltung und die Anpassungsformen im Sinne einer friktionsarmen Verbesserung der Ordnungs- und Wertstrukturen, unter denen die Menschen auch mittel- und langfristig in Deutschland zu leben und zu arbeiten vermögen.

50) Vgl. Enquete-Kommission (1997), S. 6.
51) Vgl. Bundesregierung (1997) S. 6, 11 ff. und 35.

4. Grenzen und Risiken für den Energiesektor unter Bedingungen einer dauerhaft durchhaltbaren Entwicklung in Deutschland

4.1 Grenzen und Risiken durch Energieknappheit

Energiereserven und -ressourcen

(1) Bis heute wird die Energienutzung und -versorgung in den Energiesektoren vor allem von zwei **wirtschaftlichen Kriterien** geprägt(vgl. Kap. 2):

- der kurzfristigen Verfügbarkeit an Primärenergieträgern und
- den Preisen auf den Energiemärkten im Rahmen der wirtschaftlich üblichen Planungshorizonte.

Beide Kriterien hängen eng miteinander zusammen, wie die Entwicklungen in den 70er und 80er Jahren gezeigt haben: je stärker die Verfügbarkeit von Primärenergieträgern gefährdet ist, umso größer ist die Gefahr von Diskontinuitäten in der Preisentwicklung. Umgekehrt lösen höhere Preise die Erschließung neuer Vorkommen und die Bereitschaft zur Energieeinsparung aus. Insoweit spricht die Entwicklung von Primärenergieverbrauch und Rohölpreisen (als den Leitpreisen für die wichtigsten Energieträger) für eine grundsätzliche Funktionsfähigkeit der Weltenergiemärkte.

(2) Vor dem Hintergrund der im letzten Kapitel abgeleiteten Bedingungen für eine dauerhaft durchhaltbare Entwicklung stellt sich jedoch die Frage, **ob und wie** lange die **Energiemärkte** in dieser Form **funktionsfähig bleiben** können,

- wenn sich aufgrund einer weltweit steigenden Energienachfrage im Laufe der Zeit Engpässe bei der Verfügbarkeit an natürlichen Ressourcen ergeben und
- wenn die geografische Verteilung der natürlichen Ressourcen in Verbindung mit den politisch wirtschaftlichen Machtverhältnissen erneut monopolistische Verhaltensweisen bei den Anbietern von Energieträgern begünstigt.

Je eher solche Entwicklungen zu Engpässen in der Verfügbarkeit von Primärenergieträgern und zu Preisunsicherheiten oder -steigerungen in größerem Ausmaß führen, umso größer ist die Gefahr, daß die bisherige Entwicklung in den Energiesektoren an Grenzen stößt und die Bedingungen für eine dauerhaft durchhaltbare Entwicklung in Deutschland in Folge von Engpässen in der Energieversorgung oder der Verteuerung des Energieeinsatzes gefährdet ist.

(3) Der Weltenergiebedarf wird heute zu 90 % durch den Verbrauch von Kohle, Erdöl und Erdgas gedeckt, weitere 7 % entfallen auf die Nutzung der Kernenergie, bei den regenerativen Energieträgern hat nur die Wasserkraft eine gewisse Bedeutung (knapp 2,5 %). Vor diesem Hintergrund hängt die Versorgungssicherheit - zumindest bei Beibehaltung der derzeitigen Energieverbrauchsstrukturen - weltweit in starkem Maß von der zeitlichen Verfügbarkeit der nicht erneuerbaren Primärenergieträger ab.

Dabei muß zwischen **Reserven** und **Ressourcen** unterschieden werden. Reserven sind solche Vorräte, die durch Exploration, Bohrungen und Messungen identifiziert und nach den derzeitigen oder kurzfristig zu erwartenden Rahmenbedingungen technisch und wirtschaftlich erschließbar sind. Unter Ressourcen versteht man alle bekannten und aufgrund von geologischen Vermutungen, Hypothesen und Spekulationen erwarteten Vorräte, deren technisch-wirtschaftliche Abbaubarkeit noch keineswegs geprüft ist. Diese Unterscheidung werden wir auch im weiteren verwenden.

(4) Eine Übersicht über die **Verfügbarkeit der unterschiedlichen Primärenergieträger** ergibt folgendes Bild (vgl. Abbildung 4-1):

- Die größten Energiereserven und -ressourcen der Welt bestehen bei **Kohle**: Auf sie entfallen rund 60 % der Weltenergiereserven, außerdem werden die Kohleressourcen von der Deutschen Bundesanstalt für Geowissenschaften und Rohstoffe auf 223 Tsd Exajoule geschätzt. Der derzeitige Weltenergieverbrauch liegt bei etwa 100 Exajoule pro Jahr.

- Sehr viel niedriger sind die Energiereserven und -ressourcen beim **Erdöl**: Hier schätzte die Bundesanstalt für Geowissenschaften und Rohstoffe 1995 die gewinnbaren Reserven auf knapp 6000 Exajoule und die vermuteten Ressourcen auf gut 9000 Exajoule. Dieses Verhältnis zwischen Ressourcen und Reserven spiegelt die intensive Suche nach Erdöl in den letzten 25 Jahren wider. Nicht berücksichtigt sind dabei die unkonventionellen Ölvorkommen in Form von Ölsand, Ölschiefer und Schweröl, deren technisch-wirtschaftliche Erschließung heute kaum absehbar ist.

- Ähnlich begrenzt wie beim Erdöl erscheinen die Energiereserven und -ressourcen beim **Erdgas**. Hier liegen die vermuteten Ressourcen mit knapp 13000 Exajoule allerdings bei dem zweieinhalbfachen der sicher gewinnbaren Reserven in Höhe von gut 5000 Exajoule.

- Beim **Uran** hängt die Verfügbarkeit stark von der Nutzungstechnologie ab: In der herkömmlichen Leichtwasserreaktortechnik kann nur Uran 235 eingesetzt werden, das vergleichsweise selten vorkommt. Bei Einsatz der Brutreaktortechnologie kann zusätzlich das im Natururan 140 mal häufiger auftretende nicht spaltbare Uran 238 genutzt werden. Damit steigt die Verfügbarkeit um den Faktor 60. Dennoch wird der Gesamtbeitrag des Urans aufgrund der Reserven und Ressourcen von Uran im Vergleich zu Kohle, aber auch zu Erdöl und Erdgas, vergleichsweise gering bleiben.

Abbildung 4-1: Weltweite Primärenergieressourcen und -reserven

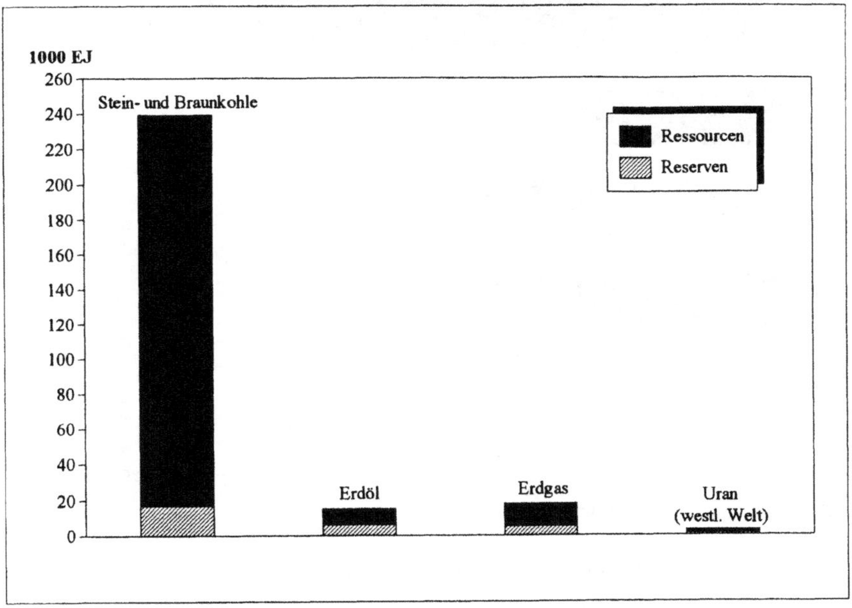

Quelle: Prognos (1996) S. 88ff

(5) Die Reichweite der absoluten Mengen der Energiereserven und -ressourcen hängt von der Entwicklung der **Weltenergienachfrage** ab. Sie dürfte nach allen bisherigen Beobachtungen zukünftig deutlich ansteigen: Der World Energy Council rechnet in seinen Weltszenarien in den nächsten 40 Jahren mit einem Anstieg der Nachfrage nach fossilen Primärenergieträgern und Uran um das zwei- bis zweieinhalbfache bei einer gleichzeitigen Verdoppelung der Bevölkerung und einer Vervierfachung des Weltbruttosozialproduktes.[1)]

(6) Angesichts dieses Nachfragewachstums gibt die **dynamische Reichweite** der Weltenergiereserven bessere Anhaltspunkte für die potentielle Entwicklung auf den Weltenergiemärkten. Sie berücksichtigt neben den Energiereserven und den vermuteten Ressourcen auch den zukünftigen Weltenergieverbrauch (vgl. Abbildung 4-2).

1) Vgl. World Energy Council (1995), S. A4.

Abbildung 4-2: Dynamische Reichweite der Weltenergiereserven

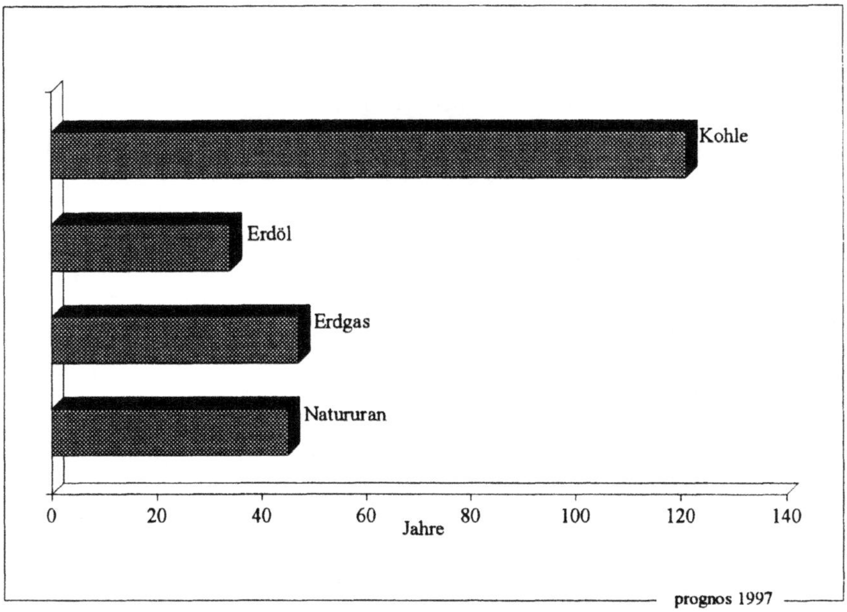

Quelle: Prognos (1996), S. 83

- Die größte Reichweite hat erwartungsgemäß die Kohle, ihre Reserven reichen unter den heute absehbaren Bedingungen noch für über 120 Jahre.
- Viel schneller könnte Erdöl auf den Weltmärkten knapp werden, seine dynamische Reichweite wird gegenwärtig auf etwa 34 Jahre geschätzt.
- Auch für Erdgas und Natururan liegt die dynamische Reichweite mit etwa 45 Jahren nur wenig höher.

Nach diesen Berechnungen werden also bei den heute am stärksten eingesetzten Primärenergieträgern bereits innerhalb eines Zeitraums Grenzen in der Verfügbarkeit erwartet, die noch innerhalb der Lebenserwartung von etwa der Hälfte der heute in Europa lebenden Menschen liegt.

(7) Vor diesem Hintergrund wird jener Einflußfaktor auf die Entwicklung der Energiemärkte wieder an Bedeutung gewinnen, der bereits Anfang der 70er und 80er Jahre zu Turbulenzen und Preissteigerungen auf den Weltenergiemärkten geführt hat: die ungleichmäßige **geografische Verteilung** der Energiereserven und der Versuch der Förderländer, diese Situation zu ihren Gunsten zu nutzen. Auch in den 70er Jahren war der politische Zusammenschluß des OPEC-Kartells der Auslöser für die Preissteigerungen. Ähnliche Konstellationen könnten in Zukunft wieder wachsende Bedeutung erlangen:

- Lediglich die Kohle ist - allerdings mit sehr unterschiedlichen Förderkosten - in fast allen Erdteilen zu finden, wobei Rußland, die USA, China und Australien die größten Vorkommen besitzen.
- Geografisch konzentrierter sind die Vorräte von Erdöl und Erdgas: Bei beiden Energieträgern entfallen 60 % und mehr der Vorräte auf nur zwei Regionen, den Nahen Osten (65 % der Erdölreserven bei einem heutigen Anteil an den Lieferungen von 30 %, 20 % der Erdgasreserven) und die GUS (12 % der Erdölreserven, 40 % der Erdgasreserven).

Die absehbare Verknappung der Erdölreserven wird auch künftig die politische Interessenlage im Umgang mit den Ländern des Nahen Ostens prägen, so wie dies in der Vergangenheit der Fall war. Schon heute dürften derartige Überlegungen Einfluß auf die unterschiedlichen Vorstellungen der USA und Europas im Hinblick auf die Zusammenarbeit mit Saudi-Arabien, Libyen, dem Irak oder dem Iran haben. Auch die GUS ist sich ihrer relativen Bedeutung durchaus bewußt.

Abhängigkeit Deutschlands

(8) Deutschland wird in Zukunft von den Entwicklungen auf den **weltweiten Energiemärkten** ähnlich abhängig bleiben wie in der Vergangenheit. Die eigenen Reserven und Ressourcen sind bei den Primärenergieträgern gemessen am eigenen Bedarf sehr gering.

- Nur die Kohlereserven und -ressourcen in Deutschland sind beachtlich. Als sicher gewinnbare Reserven werden an Steinkohle 24,3 Mrd t SKE, an Braunkohle 12,6 Mrd t SKE geschätzt. Bei Erdöl und Erdgas werden die im Inland verfügbaren Reserven voraussichtlich schon Anfang des nächsten Jahrtausends erschöpft sein.
- Auch die Einbindung in die EU hilft künftig weniger als in den vergangenen Jahrzehnten, in denen die Erschließung der Öl- und Gasreserven in der Nordsee die Eigenversorgung Europas erheblich zu steigern erlaubte. Doch auch diese Reserven nehmen in den nächsten Jahrzehnten deutlich ab: Europa könnte seinen heutigen Ölbedarf aus eigenen Reserven nur noch für 3-4 Jahre decken, die Erdgasreserven reichen unter der entsprechenden Annahme bis 2010.[2)]

(9) Besonders wichtig wird daher für Deutschland die Entwicklung des **Energiepreisniveaus**. Dabei gilt der Rohölpreis nach wie vor als Leitpreis für die Mineralöl- und Erdgaspreisentwicklung. Seine Höhe wird nicht nur von den aktuellen Angebots- und Nachfragemengen auf den Weltölmärkten sondern auch von den

---

2) Eigene Berechnungen, BP (1997).

Möglichkeiten und Vorstellungen geprägt, nach denen Anbieter und Nachfrager glauben, die Marktpreise in ihrem Sinne beeinflussen zu können. In dieser Marktsituation verschiebt sich die Marktmacht in den nächsten 20 bis 25 Jahren tendenziell zugunsten der Anbieter:

- Die bevölkerungsreichsten und gegenwärtig stark wachsenden Länder wie Indien und China verfügen lediglich über Kohle als heimischen Energieträger. Sie werden ähnlich wie die meisten anderen Regionen der Welt verstärkt auf Öl- oder Gasimporte aus dem Nahen Osten oder der GUS angewiesen sein.
- In bestimmten Nutzungsbereichen (z.B. Verkehr) läßt sich Öl bzw. Mineralöl nur schlecht durch andere fossile Primärenergieträger substituieren.

Der deutsche Energiesektor muß daher in Zukunft mit einer **labilen Gleichgewichtssituation** auf den Weltrohölmärkten bei gleichzeitig tendenziell schrumpfenden Reichweiten rechnen. Dies wird voraussichtlich zunächst nur zu einem leichten Anstieg des Rohölpreises führen, der sich längerfristig bis 2020 allerdings deutlich beschleunigen könnte (vgl. Abbildung 4-3).

Abbildung 4-3: Reale Preisentwicklung für Rohöl, in DM/t

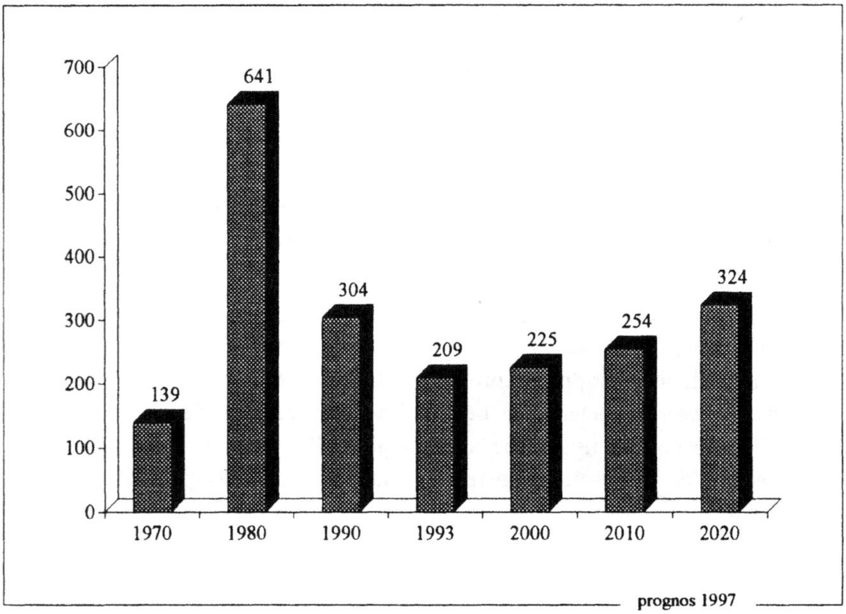

Quelle: Prognos (1996), S. 105

(10) Auf dem **Kohlemarkt** herrscht gegenwärtig eher ein Überangebot und entsprechend ein erheblicher Wettbewerbsdruck auf die Preise. Insbesondere die Förderkosten liegen in vielen großen Förderländern wie Indien, China, Südafrika oder

Indonesien niedriger als die Förderkosten in Europa. Hinzu kommen allerdings die Transportkosten, so daß die in Deutschland erzielbaren Preise für Importkohle bei schleppender Nachfrage nicht immer kostendeckend sind. Auch hier könnte sich eine leichte Preissteigerung innerhalb der nächsten 20 Jahre durchsetzen, doch dürfte sie niedriger ausfallen als bei Erdöl und Erdgas.[3)]

(11) Schwierig einzuschätzen ist die künftige Bedeutung der **Kernkraft**. Die Probleme liegen hier sehr viel weniger bei der Unsicherheit der Märkte für Natururan, sie liegen sehr viel eher bei den Fragen der politischen Akzeptanz des Baus neuer oder erneuerter Kernkraftwerke, der wirtschaftlichen Rentabilität angesichts vergleichsweise hoher Kapitalkosten und Bauzeiten sowie der Unsicherheiten im Zusammenhang mit der sicheren und gesicherten Endlagerung der Altlasten. Auf diese Aspekte wurde bereits oben im Kapitel 2 im einzelnen hingewiesen.

Schlußfolgerungen

1. Legt man die Bedingungen für eine dauerhaft durchhaltbare Entwicklung in Deutschland zugrunde, dann ergeben sich die folgenden Grenzen und Risiken für den Energiesektor: Innerhalb der nächsten 15 Jahre ist auf den Energiemärkten zwar mit **leichten Preissteigerungen**, aber doch nicht mit Anstößen zu rechnen, die eine Änderung des Verhaltens im Umgang mit Energie in Deutschland unmittelbar erzwingen.

2. Auf mittlere und längere Frist (über 30 Jahre hinweg) steigt das **Risiko für Störungen der Energieversorgung** aus dem internationalen Raum. Die Ursachen liegen in dem anhaltenden Bedarf an Energieimporten aus immer weniger Regionen und dem weiter wachsenden Bedarf der entwicklungsintensiven und bevölkerungsreichen Ländern.

3. **Mittel- und langfristig** ist zugleich mit steigenden Energiepreisen und größeren Preisschwankungen zu rechnen. Damit werden auch wieder **Anpassungskrisen** mit entsprechenden Entwicklungs- und Beschäftigungsproblemen in den energieintensiven Sektoren und Anwendungsbereichen wahrscheinlich, wie sie in den 70er und 80er Jahren in Deutschland aufgetreten sind.

---

3) Vgl. Prognos (1996), S. 117ff.

4.2 Grenzen und Risiken durch externe Kosten der Energienutzung

4.2.1 Entwicklungen in Deutschland

(1) Grenzen für eine dauerhaft durchhaltbare Entwicklung können sich jedoch nicht nur aus der Abnahme an natürlichen Ressourcen, sondern auch aus steigenden Umweltbelastungen, negativen Wachstumsfolgen und abnehmenden Senken für Emissionen und Abfälle ergeben. Auf die besondere Problematik der damit verbundenen **externen Kosten** wurde bereits oben hingewiesen (vgl. Kap. 2):

- Sie schlagen sich nicht direkt in den Kostenrechnungen von Energienutzern und -versorgern nieder, müssen aber gleichwohl von der Gesellschaft getragen oder bezahlt werden.
- Die Ursache-Wirkungsketten sind oft unübersichtlich, so daß eine politisch rechtliche Zuordnung der Kosten oder Schäden nach dem Verursacherprinzip schnell an Grenzen stößt.

Unter diesen Bedingungen können Externalitäten zu einer erheblichen Belastung werden, die dauerhaft durchhaltbare Entwicklung Deutschlands nachhaltig gefährden und zu politischen Maßnahmen oder Rückwirkungen führen, die ihrerseits die Energiesektoren wieder zu Anpassungen zwingen.

(2) Die Diskussion um externe Effekte der Energienutzung machte sich in Deutschland wie auch in anderen Ländern zuerst **an regional bzw. lokal feststellbaren Emissionsbelastungen** fest. Dies führte seit Beginn der 70er Jahren zu Maßnahmen, mit denen zunächst Staubemissionen, in den 80er Jahren SO_2-Emissionen und die Emission von flüchtigen organischen Verbindungen (NMVOC oder VOC in Deutschland deutlich reduziert werden konnten (vgl. Abbildung 2-5 und 2-6).

Die dafür notwendigen Maßnahmen, wie die TA-Luft, die Einführung von Katalysatoren im Verkehrsbereich oder die laufende Verschärfung der Wärmeschutzverordnungen wurden mit politischem Druck zur Senkung der Emissionsbelastung in Deutschland oft auch gegen erhebliche Widerstände bei jeweils besonders betroffenen Energiesektoren durchgesetzt. Politischer Druck führte auch dazu, daß der ursprünglich beabsichtigte Ausbau der Kernenergienutzung in Deutschland vorerst aufgegeben bzw. gestoppt wurde.

(3) Die Wirkung dieser politischen Eingriffe läßt sich deutlich an der absehbaren Reduktion bei den meisten energiebedingten Emissionen feststellen (vgl. Abbildung 4-4):

Abbildung 4-4: Entwicklung der energiebedingten Emissionen in Deutschland

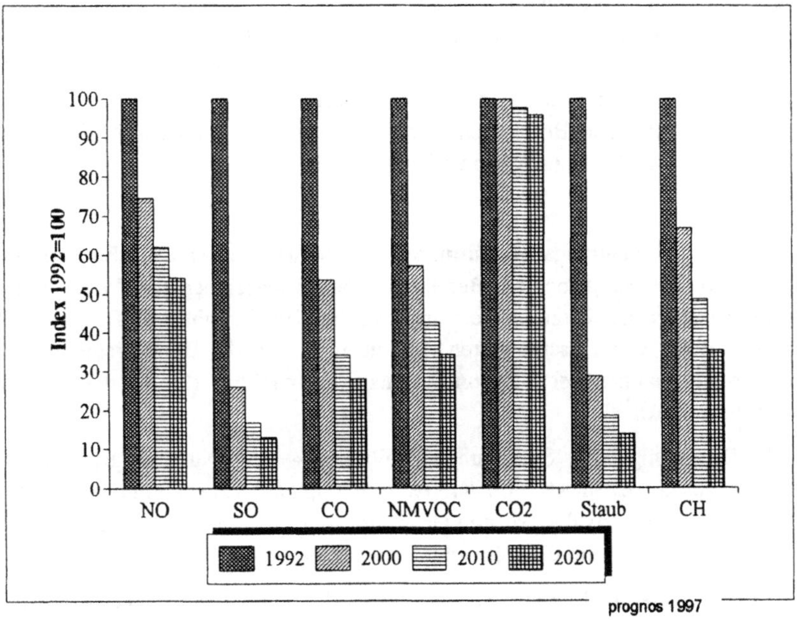

Quelle: Prognos AG: Energiereport II (1996), S. 611

Bei nahezu allen Schadstoffen sind z.T. starke **Rückgänge in den energiebedingten Emissionen** zu erwarten, soweit sie durch Filter- und Reinigungstechnologien rückhaltbar bzw. reduzierbar sind. Dies gilt nicht bei den CO_2-Emissionen. Sie entstehen bei jeder energetischen Umwandlung fossiler Primärenergieträger und lassen sich nur

- durch die Substitution CO_2-intensiver fossiler Primärenergieträger durch CO_2-arme Primärenergieträger (also beispielsweise durch die Substitution von Braunkohle durch Erdöl oder Erdgas),
- durch die Substitution fossiler Primärenergieträger durch CO_2-freie Primärenergieträger wie Uran, dessen energetische Nutzung aus anderen Gründen risikoreich ist, oder erneuerbare Energien sowie
- durch eine Steigerung der rationellen Energiewandlung

verringern. Eine großtechnisch einsetzbare CO_2-Rückhaltetechnik gibt es - zumindest zur Zeit - noch nicht.

(4) Nach Ansicht der heute maßgeblichen Klimaforscher bewirkt die **zunehmende CO_2-Konzentration** in der Atmosphäre eine Klimaveränderung, die nach dem Prinzip der Vorsicht ernstgenommen werden sollte. Angesichts niedriger

Wachstums- und hoher Arbeitslosenraten treten derartige energie- und umweltpolitische Vorschläge allerdings in den Hintergrund. Dahinter steht die Vermutung, daß energie- und umweltpolitische Maßnahmen zur Begrenzung der CO_2-Emissionen zwangsläufig die Wachstums- und Beschäftigungsproblematik verschärfen.[4)] Entsprechend verweisen Energienutzer wie -versorger nicht nur in Deutschland oft auf die Wachstums- und Beschäftigungsrisiken, wenn sie politische Maßnahmen zur Reduktion von CO_2-Emissionen verhindern wollen.

(5) Dies schließt allerdings **Bemühungen zur Reduktion der CO_2-Emissionen** nicht aus, reduziert sie jedoch auf Bereiche, in denen weder negative Wachstums- noch Beschäftigungsauswirkungen erwartet werden. Hierfür gibt es in Deutschland eine ganze Reihe von Ansatzpunkten, auf die u.a. auch die Bundesregierung in ihrem Bericht anläßlich der UN-Sondergeneralversammlung 1997 in New York hinweist[5)], wie etwa

- die Bemühungen zur Steigerung der Wirkungs- bzw. Nutzungsgrade durch einen stärkeren Einsatz von Kraftwärmekopplung, eine Verminderung des Heizenergiebedarfs der privaten Haushalte sowie die Unterstützung von Forschungsvorhaben mit einer entsprechenden Zielsetzung;
- die Änderung des Energiemixes zu Lasten der CO_2-reicheren fossilen Energieträger (insbesondere Kohle, aber auch Öl) und zugunsten CO_2-ärmerer (Gas), CO_2-freier (Kernkraft, erneuerbare Energien) Energieträger;
- die Bemühung um Selbstverpflichtungen der deutschen Wirtschaft zur Reduktion von CO_2-Emissionen und zur Senkung der spezifischen Energieverbräuche.

(6) Diese Bemühungen lassen jedoch bisher kaum nachhaltige Wirkungen in Deutschland erkennen. Nicht selten stehen sie sogar in direktem Widerspruch zu anderen Maßnahmen, die zur Lösung **aktueller Wachstums- und Beschäftigungsfragen** ergriffen oder beibehalten werden. So wird die Bemühung zur Substitution der CO_2-intensiven Kohle z.B. bewußt oder unbewußt behindert, solange die Verstromung von Kohle mit Rücksicht auf die Beschäftigungseffekte im Bergbau gefördert wird.

Auch künftig werden für den Steinkohlebergbau - wenn auch sinkende - Subventionen gezahlt und die Erschließung neuer Braunkohlereviere unter dem politischen Druck der besonders betroffenen Bundesländer unterstützt. Dies schlägt sich auch

---

4) Ob Maßnahmen zur Begrenzung der CO_2-Emissionen bzw. Maßnahmen zur Verringerung des Einsatzes von Energie zwangsläufig zu Wachstums- und Beschäftigungseinbußen führen müssen, wird in Kapitel 8 dieser Untersuchung diskutiert.

5) Vgl. Bundesregierung, (1997), S. 39ff.

in der geplanten Novellierung des Energiewirtschaftsgesetzes nieder, das in seinem jüngsten Entwurf besagt, daß bei Entscheidungen über Durchleitungsrechte der Schutz der Braunkohle in den neuen Bundesländern als Entscheidungsfaktor berücksichtigt werden muß.[6)]

(7) Offene Fragen bestehen auch weiterhin im Zusammenhang mit der Nutzung der Kernenergie in Deutschland und den Möglichkeiten der nuklearen Endlagerung. Auf diese Probleme wurde bereits im Kapitel 2.2.3 detailliert eingegangen.

Schlußfolgerungen

(8) Zur Reduzierung der externen Belastungen durch den Energieeinsatz wurden bereits in der Vergangenheit politische Initiativen und Maßnahmen ergriffen, die die Energiesektoren unmittelbar betroffen haben.

Dies hat die deutschen Energiesektoren in der Vergangenheit zu teilweise **erheblichen Innovationen**, z.B. bei der Entwicklung von Rückhaltetechniken oder energieeffizienten Anlagen gezwungen und war nicht zuletzt Ursache dafür, daß das Wachstum bei den eingesetzten Primärenergieträgern deutlich unter dem gesamtwirtschaftlichen Wachstum liegt. Dies begrenzte die Entwicklungsmöglichkeiten der Energieversorger, ließ dort teilweise auch Überkapazitäten entstehen, führte aber andererseits auch zu neuen Produkten und Absatzmöglichkeiten für die Anbieter von Anlagen oder Umwelttechnik.

(9) Für die Zukunft zeichnen sich die folgenden Entwicklungen ab:

1. Die bereits bisher eingeleiteten politischen Maßnahmen zur Begrenzung der energiebedingten Emissionen in Deutschland lassen auch für die Zukunft eine **Senkung** der damit verbundenen **externen Belastungen** erwarten. Mit zusätzlichen gravierenden Eingriffen in die Entwicklung der Energiesektoren ist daher aus diesen Gründen in Deutschland nicht zu rechnen.

2. **Unsicher** ist die Situation im Hinblick auf die **CO_2-Emissionen**. Gegenwärtig führen die erwarteten Zuwächse bei Wohnflächen, Pkw-Bestand und Fahrleistung sowie der Industrieproduktion eher zu einer Stabilisierung des Energieeinsatzes. Nennenswerte politische Maßnahmen zur Verringerung der CO_2-Emissionen sind zwar nicht auszuschließen, aber unter den gegenwärtigen Bedingungen politisch kaum zu erwarten.

---

6) Vgl. Meier (1997), S.1.

3. Entwicklungsprobleme, die eher als **negative Folgen des bisherigen Wachstums** anzusehen sind (z.B. die Abfallentsorgung, Gesundheitsstörungen, politische Instabilitäten), werden in Deutschland in der Regel nicht mit Fragen des Energieeinsatzes in Verbindung gebracht. Sie tangieren die Energiesektoren nur auf dem Umweg über die gesamtwirtschaftliche Entwicklung, können sich allerdings in Ausnahmefällen (z.B. bei der Nutzung der Kernenergie und der Entsorgung strahlender Rückstände) auch an Entwicklungen im Energiesektor politisch festmachen.

Insgesamt erscheint die **Erfüllung** der oben abgeleiteten Bedingungen für eine dauerhaft durchhaltbare Entwicklung in Deutschland durch den Anstieg von in Deutschland selbst verursachten externen Kosten **nicht unmittelbar bedroht**. Risiken für die Entwicklung der Energiesektoren könnten sich aus einem weiteren Anstieg der CO_2-Emissionen, aus der Entdeckung neuer Zusammenhänge im Umwelt- und Gesundheitsbereich (z.B. Allergien) oder einer Erschöpfung von Lagerungskapazitäten insbesondere für strahlendes Material ergeben.

4.2.2 Rückwirkungen aus dem Ausland

Internationale Vernetzung

(1) Sehr viel schwieriger einzuschätzen ist die Frage, inwieweit die Energiesektoren in Deutschland durch externe Kosten tangiert werden können, die nicht in Deutschland, sondern im Ausland entstehen, von dort aber auf Deutschland übergreifen oder dort selbst zu Reaktionen führen, die in Deutschland zu politischem Handeln zwingen. Treten solche Erscheinungen auf, dann wird die dauerhaft durchhaltbare Entwicklung in Deutschland als Folge eines **steigenden Energieverbrauchs und zunehmender Wachstumsschäden im Ausland** bedroht. Die Entwicklung der Energiesektoren wird damit von Einflüssen abhängig, für die selbst bei strengster Auslegung des Verursachungsprinzips sie selbst oder die Wirtschaft in Deutschland nicht formal verantwortlich gemacht werden kann.

Doch die Frage der formalen Verantwortung stellt sich politisch gar nicht, wenn derartige Auswirkungen von Wachstum und Energienutzung im Ausland auf welchem Wege auch immer **auf Deutschland übergreifen**. Allein die Tatsache selbst zwingt die in Deutschland Verantwortlichen entweder aus Gründen der Gefahrenabwehr (vgl. die Reaktion auf den Unfall in Tschernobyl) oder aus Gründen einer vorbeugenden Vermeidung drohender Gefahren (z.B. durch Bemühungen zur Erhöhung der internationalen Sicherheitsstandards) zu politischem Handeln.

(2) Aus drei Gründen kann ein solches Engagement zur Senkung externer Kosten im Ausland auch aus deutscher Interessenlage notwendig sein:

1. Deutschland ist für seine Versorgung mit Rohstoffen und Nahrungsmitteln (insbesondere Futtergetreide) sowie für die Beschäftigung seiner Arbeitskräfte auf die **Funktionsfähigkeit des internationalen Handels** angewiesen. Jede Störung der Entwicklung des internationalen Handels, ob aus politischen, ökologischen oder wirtschaftlichen Gründen, wirkt sich unmittelbar auf die wirtschaftliche und soziale Entwicklung in Deutschland aus.

2. **Umweltbelastungen** aus anderen Teilen der Welt **greifen auf Deutschland über**. Die Folgen von Klimaveränderungen, von Veränderungen der Existenzbedingungen in anderen Teilen der Erde (z.B. durch das Ozonloch) oder in den Wasser- und Luftkreisläufen lassen sich regional nicht begrenzen. Hier gebietet es das Vorsichtsprinzip, die deutsche Bevölkerung vor Schäden solcher kurzfristig kaum korrigierbarer Risiken langfristig zu schützen.

3. Schlechtere Lebensbedingungen in anderen Regionen der Welt lösen **Wanderungsbewegungen** aus, die durch Zuwanderungen oder Kriegsdrohungen eine kontinuierliche Entwicklung in Deutschland gefährden können. Derartige Probleme führen zu wachsenden internen Konflikten, die sich im aktuell

eintretenden Schadensfall kaum mehr lösen, evtl. aber durch ein frühzeitiges Engagement vermeiden lassen.

Wachstumsfolgen

(3) Alle bekannten Prognosen zur Entwicklung der **Weltbevölkerung** gehen von einem **weiteren Anstieg** in den nächsten 50 bis 100 Jahren aus, obwohl der Zuwachs sich verlangsamen dürfte. Die Unterschiede zwischen den einzelnen Prognosen der Vereinigten Nationen, der Weltbank oder des World Energy Council liegen vor allem in der Zeitspanne, in der mit einer Verdoppelung gerechnet wird: sie variiert zwischen 40 und 70 Jahren von der Basis der Weltbevölkerung von 5,3 Mrd im Jahre 1990 aus.[7)]

Dieses Bevölkerungswachstum konzentriert sich ganz überwiegend auf die Länder der Dritten Welt: Während für die OECD-Staaten und die Staaten des ehemaligen Ostblocks nur noch eine geringfügige Steigerung (nach Schätzungen des World Energy Council von 1990 1,3 Mrd auf 2020 1,5 Mrd) und eine anschließende Stagnation erwartet wird, steigt die Bevölkerungszahl in den Entwicklungsländern nach der gleichen Quelle bis 2020 auf 6,4 Mrd (gegenüber 1990 4 Mrd) und bis 2050 auf 8,5 Mrd Einwohner.

(4) Das starke Bevölkerungswachstum in den Entwicklungsländern setzt zwar zunächst nur die Länder selbst, danach aber auch andere Staaten unter Anpassungsdruck:[8)]

- Bereits heute kämpfen viele Länder der Welt insbesondere in Afrika und auf dem indischen Subkontinent gegen **akute Hungersnöte**. Um die wachsende Bevölkerung zu ernähren, müßten nach Schätzungen der FAO die jährlichen Getreideerträge um etwa 2,4 % steigen; gegenwärtig nehmen sie jährlich nur um 1,5 % zu. Schon heute schlagen klimatisch bedingte Ernteschwankungen in politische Konflikte um, die sich nur schwer regional begrenzen lassen. Alle bisherigen Erkenntnisse sprechen für eine künftige Zunahme dieser Probleme.
- Weltweit gehen seit langem mehr landwirtschaftliche Nutzflächen durch **Erosions- und Verwüstungsprozesse** verloren als neu erschlossen werden. Setzt sich dieser Prozeß fort, wie es die vorliegenden Klimaberechnungen befürchten lassen, so steigt auch bei stabiler Bevölkerung die Zahl der Länder in den wärmeren Regionen der Welt - fast alle Entwicklungsländer einschließlich Indien und China - die auf Getreideimporte angewiesen sind.

7) Vgl. World Energy Council (1995), S. 19ff.
8) Vgl. Vieser (1997), S. 58.

Bereits heute sind die Vereinigten Staaten die weltweit wichtigsten Getreideexporteure. Sollten sich die Schätzungen zur Klimaveränderung bestätigen, steigt die Bedeutung der Regionen auf der Nordhalbkugel für die Ernährung der Weltbevölkerung weiter.

- Mit dem Bevölkerungswachstum wachsen vor allem die Städte. Der **Verstädterungsgrad** (in den industrialisierten Staaten bereits über 80 %, weltweit 1990 erst knapp über 40 %) steigt vor allem in den Entwicklungsländern. Eine laufende Versorgung oder gar Wohlstandssteigerung ist in diesen "Mega-Cities" mit mehr als 15 Mio Einwohnern nur vorstellbar, wenn dort Güter und Dienstleistungen hergestellt und im Handel gegen Nahrungsmittel, Energie und andere Versorgungsgüter angeboten und verkauft werden. Damit aber verändern sich die Exportmärkte und Beschäftigungsstrukturen aller anderen Länder.

(5) Die Entwicklung in den Entwicklungsländern folgt bis heute überwiegend den **historischen Beispielen der Industrialisierung**, wie sie sich vor allem in den Vereinigten Staaten und in der Nachkriegszeit in den erfolgreichen industriellen Anschlussländern in Südamerika (Brasilien) oder Südostasien (Hongkong, Südkorea, Singapur, Taiwan) vollzogen hat:

- Konzentration der Industrialisierungsbemühungen **auf ausgewählte Wachstumspole**, in denen Infrastrukturdefizite schnell überwunden, Auslandsinvestitionen gefördert und viele Personen zu niedrigen Löhnen beschäftigt werden können.
- **Ausbau der Energie-** und insbesondere der **Elektrizitätsversorgung**, da Produktivitätssteigerungen den Einsatz von immer mehr elektrisch angetriebenen Anlagen und Maschinen notwendig machen.
- **Bevorzugung heimischer Energiequellen** zur Einsparung von Devisen und Aufbau großer Energiegewinnungs- und -produktionsanlagen (Staudämme und Großkraftwerke auf Kohlebasis), die nicht nur der Stromerzeugung, sondern auch der Selbstdarstellung und dem Nachweis der Modernität des Landes dienen. Oft ist nicht nur die ökologische, sondern auch die wirtschaftliche Zweckmäßigkeit vieler Staudämme fragwürdig (z.B. Assuan-Staudamm in Ägypten, der Itaipu-Damm in Brasilien oder der geplante Drei-Schluchten-Damm in China).[9)]

---

9) Der Balbina-Stausee in Brasilien stößt heute mehr Faulgase aus als ein vergleichbares Kohlekraftwerk an Treibhausgasen emittieren würde; der Bau des Assuan-Staudammes führte zu einer Bodenversalzung, zerstörte Ackerflächen und erlaubte die Ausbreitung einer Wurmkrankheit unterhalb des Sees, gleichzeitig verdichten sich die Vermutungen, daß die Drucklast der Stauseen zu einer Steigerung der Erdbebenrisiken führt. Vgl. Pollmann (1996), S. 38.

Besonders konsequent verfolgt diese Wachstumsstrategie gegenwärtig die Volksrepublik China mit der Ausweisung von Sonderwirtschaftszonen und der Planung einer zusätzlichen Kraftwerkskapazität von jährlich 10.000 Megawatt elektrischer Leistung überwiegend auf der Basis einer zusätzlichen Verstromung von im Lande verfügbaren Kohlereserven.

(6) Die Konsequenzen dieser Wachstumsstrategie, die nicht selten auch von der Weltbank oder den Industrieländern unterstützt wird, sind vielfältig:

- Deutlich positiv sind die **gesamtwirtschaftlichen Zuwachsraten**, deren Werte im Durchschnitt der Jahre zwischen 1950 und 1990 vor allem in südostasiatischen Ländern mehr als doppelt so hoch liegen als in Westeuropa oder Nordamerika (vgl. Tabelle 4-1).

Tabelle 4-1: Wirtschaftswachstum weltweit 1850 - 1990 und 1990 - 2050 in % p.a.

	Vergangenheit			**Zukunft je nach Szenario**	
	Wechselkurse		**Kaufkraft-paritäten**	**1990-2020**	**2020-2050**
Region	**seit 1850**	**seit 1950**	**seit 1950**		
Nordamerika	3.5	3.3	2.1	2.3 - 1.7	1.6 - 1.1
Westeuropa	2.4	3.7	2.2	2.2 - 1.7	1.6 - 1.1
Australien, Neuseeland	3.9	6.2	3.6	1.9 - 1.4	1.2 - 0.8
Zentral-, Osteuropa	2.1	3.9	2.4	2.3 - 1.3	4.6 - 3.2
Ehemalige Sowjetunion	3.5	5.2	3.5	1.2 - 1.1	5.4 - 3.3
China u. zentral geplante Staaten	2.9	6.1	4.3	7.2 - 6.7	4.4 - 4.0
Südasien	2.0	4.5	3.1	3.9 - 3.7	4.6 - 4.3
Pazifisches Asien	k.A.	9.8	6.8	5.7 - 5.3	3.3 - 3.1
Mittlerer Osten, Nordafrika	k.A.	4.6	3.1	3.6 - 3.2	3.9 - 3.0
Afrika ohne Nordafrika	k.A.	2.7	2.0	3.3 - 3.1	4.7 - 3.9
Lateinamerika	3.7	4.2	2.9	3.1 - 2.8	3.2 - 2.6
Welt	k.A.	2.9	2.0	2.7 - 2.2	2.6 - 2.1

Quelle: WEC, IIASA (1995) S. 22

- Die starke Konzentration des finanziellen und politischen Engagements auf den Bau neuer Produktionskapazitäten und Stromerzeugungsanlagen führte zu einer **Vernachlässigung der Auswirkungen auf die Umwelt**. Die bisherige Stromversorgung wird trotz niedrigem Wirkungsgrad (für Kohlekraftwerke z.B. 25 % statt 38 bis 43 %) und hoher Emissionslast weiterbetrieben, sicherheitstechnisch risikoreiche Kernkraftwerke bleiben am Netz (z.B. in Osteuropa und GUS). Für Investitionen in eine effizientere Energienutzung fehlt die politische Sensibilität und Investitionsbereitschaft, die oft ökonomisch sinnvoller wäre.[10)]

---

10) Nach entsprechenden Berechnungen der Elektrizitätswerke in Sao Paulo hätte die Investition in eine effizientere Straßen- und Gebäudebeleuchtung sowie in stromsparende Haushaltsgeräte in Höhe von nur 4 Mrd Dollar Kraftwerksinvestitionen in einer Höhe von 19 Mrd Dollar überflüssig gemacht. Vgl. Pollmann (1996), S. 38.

- Mit der Industrialisierung der Städte verschärfen sich die **Stadt-Land-Gegensätze**. Das wieder löst zusätzliche Wanderungsbewegungen, Abfallbelastungen und **wachsende Sozialkonflikte** aus. Zugleich schrumpfen die für Getreideanbau benötigten Flächen, da die großen Agglomerationen in fast allen Entwicklungsländern vorrangig in landwirtschaftlich gut nutzbaren Gegenden, d.h. in Fluß- und Küstennähe liegen und ausreichende Infrastrukturanschlüsse für eine Versorgung aus dem eigenen Hinterland fehlen.[11)]

Im Hinblick auf den Energieeinsatz können diese Entwicklungen sogar zu einem Anstieg der Energieintensitäten, d.h. zu sinkenden Energieproduktivitäten bei steigenden Externalitäten führen, wie es der World Energy Council entgegen dem allgemein geltenden Trend für China und die angrenzenden ehemaligen Staatshandelsländer im Zeitraum bis 2020 erwartet.[12)]

Umweltschäden

(7) Das Wechselspiel zwischen Energieverbrauch, industriellem Wachstum und Urbanisierung läßt zwangsläufig die **externen Kosten aus energiebedingten Emissionen** zunächst in den Ländern selbst, dann aber auch **weltweit anwachsen**: "Das Schwergewicht der globalen Umwelt- und Klimabelastung wird sich zukünftig in die Länder der Dritten Welt verlagern. Es ist damit zu rechnen, daß diese im Jahre 2020 etwa 70 % der SO_2-Emissionen verursachen und rd. 50 % der CO_2-Emissionen freisetzen werden".[13)]

Gleichzeitig steigen die generellen Wachstumsfolgen und die damit zusammenhängenden Kosten im Bildungs-, Sozial- und Gesundheitswesen, in der Abfallentsorgung oder im Zusammenhang mit politischen Instabilitäten.

(8) Auffällig sind und werden - wie früher in Deutschland und anderen Industrieländern auch - zunächst die **regionalen und lokale Umweltbelastungen**:

- Aufgrund der Verstädterung wachsen die **Armenviertel**, für die sanitäre Einrichtungen ebenso wie sauberes Trinkwasser und eine umweltverträgliche Energieversorgung fehlen.
- Aufgrund der Industrialisierung und Motorisierung steigen die **Emissionen**, ohne daß dafür die notwendigen Filteranlagen bestehen oder einsatzfähig sind.

---

11) Die entsprechenden Infrastrukturprobleme können selbst in rohstoffreichen Ölförderländern wie beispielsweise Nigeria dazu führen, daß Benzin importiert werden muß, weil die interne Versorgung nicht gelingt. Vgl. Handelsblatt vom 16.4.1997.

12) Vgl. World Energy Council (1995), S. 34.

13) Czakainsky (1995), S. 691.

"Bereits heute ist die atmosphärische Konzentration von SO_2 in Peking und Schanghai doppelt so hoch wie in den WHO-Standards empfohlen. Die Staubkonzentration übersteigt die WHO-Richtlinien sogar um den Faktor 3 bis 4. .... Weitere Emissionen um einen zusätzlichen Faktor 3 wären mit erheblichen Bedrohungen für die menschliche Gesundheit und die lokalen Ökosysteme verbunden. Die historischen Smogentwicklungen in London mit einigen Tausend Unfällen könnten in einem weitaus größeren Ausmaß in Peking oder Kalkutta wieder auftreten."[14)]

(9) Immer mehr Länder, auch Entwicklungs- und Anschlußländer, versuchen unter diesem Druck **Maßnahmen zur Verringerung der ökologischen Belastungen** zu ergreifen und durchzusetzen. Dabei ist ein gewisses wirtschaftliches Wachstum oft sogar Voraussetzung für derartige Schritte.

Diese Maßnahmen konzentrieren sich - wie in Deutschland und anderen Industrieländern - vorwiegend auf die Reduktion der regional besonders belastenden Staub- und SO_2-Emissionen. Gleichzeitig steigen weltweit die CO_2-Emissionen ebenso wie der Düngemittelverbrauch oder die NO_x- bzw. VOC-Emissionen nach wie vor mit steigendem Pro-Kopf-Einkommen. Ebenso wachsen die Abfallprobleme sowie die Spätfolgen von sich über lange Zeit hinweg akkumulierenden Belastungen insbesondere im Grundwasser oder im Erdreich. Dies läßt sich nicht nur in allen Entwicklungsländern beobachten, es gilt teilweise verschärft in allen industrialisierten Ländern der Welt.[15)]

(10) Ein Land, von dem aus in Zukunft besonders große ökologische **Bedrohungen für das Weltklima** ausgehen können, ist die Volksrepublik China. Chinas Energieversorgung basiert zur Zeit zu 76 Prozent auf Kohle, woran sich auch in absehbarer Zukunft nichts wesentliches ändern dürfte. „Bei Fortschreibung heutiger Tendenzen ist mit einem starken Wachstum von Energieverbrauch und CO_2-Emissionen zu rechnen. Ohne verstärkte Anstrengungen zum Klimaschutz werden sie von 2,3 Milliarden Tonnen im Jahr 1990 auf 5 Milliarden Tonnen im Jahr 2020 ansteigen. Schon in 20 Jahren könnte China vor den USA den Spitzenplatz .... der CO_2-Emittenten einnehmen“.[16)]

Trotz dieser Entwicklungen werden in China wie in allen Entwicklungs- und Anschlußländern die verfügbaren politischen und organisatorischen Kapazitäten vollständig von den Umweltproblemen auf der lokalen und regionalen Ebene absorbiert. Potentielle Risiken durch eine CO_2-Konzentration in der Atmosphäre und dadurch bedingte Klimaveränderungen erscheinen als Problem der wohlhaben-

---

14) World Energy Council (1995), S. 83.
15) Vgl. Jänicke, Weidner (1997), S. 300.
16) Loske (1997), S. 26.

den Industrieländer, selbst wenn nach den Klimaberechnungen die bevölkerungsreichen Länder in den wärmeren Zonen der Erde vorrangig benachteiligt sein dürften.

(11) Die als Folge der CO_2-Anreicherung in der Atmosphäre befürchteten Klimaveränderungen müßten sich auf längere Sicht auch unmittelbar **auf Deutschland auswirken**. Gerechnet wird evtl. mit einer Erhöhung des Meeresspiegels, der die Bewohner der norddeutschen Küstenländer bedroht, vor allem aber mit wachsenden Risiken von Sturmschäden, mit denen sich trotz der noch fehlenden wissenschaftlichen Begründung bereits die Versicherungsgesellschaften bei der Kalkulation der Übernahme von entsprechenden Risiken befassen. Manche Wissenschaftler befürchten sogar eine Verlagerung des Golfstroms. Die Konsequenz wäre dann eine starke Absenkung der Temperaturen in Deutschland, die ein Überleben in diesem Raum für die Mehrzahl der Bewohner vermutlich unmöglich machen würde.

Alle diese Einschätzungen sind gegenwärtig noch umstritten und lassen sich kaum als eine unmittelbare Bedrohung für die dauerhaft durchhaltbare Entwicklung in Deutschland einschätzen. Ähnliches gilt für die noch weit weniger untersuchten Auswirkungen der globalen Kreisläufe bei Stickstoff- und Schwefelverbindungen. Auch hier sprechen die vorliegenden Erkenntnisse dafür, daß die Auswirkungen keineswegs nur auf das unmittelbare regionale Umfeld begrenzt bleiben, wie dies vielfach in der Öffentlichkeit angenommen wird.[17] Langfristig kumulierende Auswirkungen auf Deutschland sind auch hier nicht auszuschließen.

Politische Destabilisierung

(12) Unabhängig von den ökologischen Folgen des steigenden Energieverbrauchs und des Wachstums treten in nahezu allen Anschlußländern ähnliche gesellschaftspolitische Probleme auf, die auch in den Industrialisierungsphasen westlicher Länder zu **internationalen Konflikten** und zu **politischen Destabilisierungsprozessen** geführt haben. Bei den heutigen weltwirtschaftlichen Verflechtungen sind derartige Destabilisierungen noch weniger regional zu begrenzen als dies vielleicht in den Zeiten der europäischen Industrialisierung möglich war. Bereits damals war der Hinweis auf knappe Ressourcen (z.B. Kohle, landwirtschaftliche Flächen) ein gern genutztes Argument für regionale Auseinandersetzungen.[18] Heute zwingen sogar innenpolitische Konflikte nicht selten andere direkt nicht beteiligte Länder zu

---

17) Vgl. Stanners, Bourdeau (1995), S. 12ff.

18) Man denke etwa an die Bedeutung, die die Lehren von Malthus oder später der Roman „Volk ohne Raum“ für die politischen Konflikte und Verhaltensweisen bis in dieses Jahrhundert hinein gehabt haben.

Interventionen, um mit dem Weltfrieden auch die eigenen Interessen wahren zu können.

Am deutlichsten ist dieser Zusammenhang zwischen politischer Stabilität in einzelnen Regionen und der Verfügbarkeit über natürliche Ressourcen außerhalb des Energiebereichs bei Fragen der Wasserversorgung und Wassernutzung geworden. Er beeinflußt bis heute das Geschehen im Nahen Osten und vielen Regionen Afrikas. Ähnliche Konflikte mit ähnlichen Konsequenzen für ein internationales militärisches Engagement der Industriestaaten könnten in Zukunft sogar noch häufiger auftreten, wenn sich die Einschätzungen des World Watch Institutes in Washington bestätigen sollten. Danach könnten im Jahre 2025 bereits 40 % der Weltbevölkerung in Ländern leben, in denen Wasser zu einem äußerst knappen Gut geworden ist.[19)]

(13) Die systembedingte Dominanz regionaler und kurzfristiger Eigeninteressen im politischen Selbstverständnis aller Länder (vgl. Kap. 3) führt aber nicht nur im Zusammenhang mit konkreten Versorgungsproblemen wie z.B. der Energie- oder Wasserversorgung zu politischen Konflikten. Als Folge der weltweit zunehmenden Vernetzung verlangen Fragen der Ressourcenverfügbarkeit, der Umweltveränderung und der Entwicklung von Handelsbeziehungen immer mehr nach einem **überregionalen Interessenausgleich**.

Die Schwierigkeiten zur Lösung dieser politischen Fragen haben bereits in der Vergangenheit zu langen zeitlichen Verzögerungen bei der Suche nach zeitgemäßen Regelungen für den internationalen Handel (in der Uruguay-Runde) geführt und belasten immer wieder das Verhältnis selbst befreundeter Staaten (vgl. die Kontroverse um die CO_2-Reduktionen zwischen den USA, Frankreich und Deutschland). Dabei votieren nicht selten die jeweils gerade starken Mächte für eine Abschaffung von Handelsbeschränkungen allein in den Bereichen, in denen sie mit zusätzlichen Exporten rechnen können, während sie gleichzeitig die eigenen Märkte in anderen Feldern protektionistisch verteidigen (vgl. etwa das Verhalten der EU oder der USA beim Handel mit landwirtschaftlichen Produkten).

(14) Daß solche Konflikte unter besonders ungünstigen Bedingungen sogar zu **kriegerischen Auseinandersetzungen** führen können, hat sich bis in die Gegenwart hinein immer wieder gezeigt. Zwar sind die Ursachen für eine solche Eskalation von Interessengegensätzen vielfältig und keineswegs nur auf Umwelt- und Ressourcenengpässe zurückzuführen. Dennoch spielen diese Aspekte stets eine wichtige Rolle, nicht zuletzt dann, wenn es um die politische Begründung gegenüber der Öffentlichkeit geht.

---

19) Vgl. Vieser (1997), S. 58.

So zeigen verschiedene Untersuchungen, daß die Explorationsmöglichkeiten zusätzlicher Ressourcen oder die Sicherung des Zugangs zu tatsächlichen oder vermeintlichen Lagerstätten immer wieder ein wichtiges Argument für die Motivation bei kriegerischen Auseinandersetzungen bzw. bei militärischen Interventionen aller Art gewesen ist (vgl. die Konfliktsituation im Nahen Osten oder auch das Verhalten der Industrieländer bei den Konflikten in Afrika bis in die Gegenwart hinein). Wachsende soziale Spannungen in und zwischen Entwicklungsländern aufgrund unterschiedlicher Einkommensverhältnisse und ökologischer Belastungen tragen dadurch immer auch den Keim für sehr viel weiträumigere politische Instabilitäten in sich.

(15) Besonders kritisch werden derartige Spannungen, wenn sie sich zwischen relativ **großen und militärisch gut gerüsteten Staaten** entwickeln. In diesem Zusammenhang müssen Untersuchungen gesehen werden, nach denen die wachsenden Schwefelemissionen in China im Laufe der nächsten Jahrzehnte dazu führen können, daß sich in Indien die lebensnotwendigen, weil regenbringenden Monsunwinde abschwächen und damit dort das Risiko für Dürreperioden und Fehlernten ansteigt.[20)]

Beide Staaten, China wie Indien, haben mit erheblichen internen sozialen Problemen zu kämpfen und stehen sich an ihren gemeinsamen Grenzen bis heute eher feindlich gegenüber. Beide verfügen über eine atomare Bewaffnung und Indien hat sich nicht zuletzt im Hinblick auf die eigenen Konflikte mit China und Pakistan geweigert, das internationale Atomteststopp-Abkommen zu unterzeichnen. Zwar wären die Verluste bei einem bewaffneten Konflikt für beide Seiten unermeßlich, doch schließt dies nach aller historischen Erfahrung eine Eskalation bis hin zu kriegerischen Auseinandersetzungen nicht aus. Ein solcher Konflikt ließe sich schon wegen der einsetzbaren Waffen weder physisch noch politisch auf die betroffenen Räume der Welt begrenzen.

(16) Seit Ende des zweiten Weltkrieges hat es keine vergleichbaren internationalen Auseinandersetzungen mehr gegeben und insbesondere die Großmächte waren aus ihren eigenen Interessen heraus stets um eine regionale Begrenzung aller Auseinandersetzungen bemüht. Dennoch ist auch nach dem Ende des zweiten Weltkrieges kein Jahr vergangen, in dem nicht an irgendeinem Platz der Erde **kriegerische Auseinandersetzungen** stattgefunden haben. Im Februar 1993 registrierte man 34 Kriege auf der Erde.[21)] Hinzu kommen die vielfältigen bürgerkriegsähnlichen bewaffneten Konflikte, von denen auch Europa (in Nordirland oder auf dem

20) Vgl. Ewe (1996), S. 21.
21) Vgl. Pointner (1995), S. 353.

Balkan u.a.) als eine der politisch stabilsten Regionen der Welt nicht verschont geblieben ist.

Ein Ansatz zur Begrenzung derartiger Gefahren sind sicher die erfolgreichen Bemühungen der Supermächte um Abrüstung, selbst wenn auch heute noch deren Waffenarsenale für den befürchteten „Overkill" ausreichen würden, der seinerzeit Ausgangspunkt der Verhandlungen war. Keineswegs lassen sich aber die Erfahrungen zwischen den Großmächten auf die Beziehungen zwischen Regionen und Volksgruppen in den Entwicklungsländern übertragen. Bis heute fließen die erzielten Einnahmen in vielen ölexportierenden Ländern noch in den Kauf von Militärausrüstungen.[22] Auch ist der internationale Waffenmarkt nach wie vor ein wichtiger Exportmarkt für fast alle Industrieländer. Immer häufiger sind die Vereinten Nationen in den letzten Jahrzehnten um Unterstützung zur Beilegung von regionalen Konflikten gebeten worden. Auch Deutschland hat erhebliche Mittel und Truppen eingesetzt, um die Gefahr der Eskalation regionaler Konflikte zu bannen (z.B. im Golfkrieg, in Somalia, im Balkan).

Wanderungsdruck

(17) Die wachsenden Spannungen zwischen Bevölkerungswachstum, Verlust an landwirtschaftlichen Nutzflächen, ökologischen Belastungen und Sozialkonflikten haben schließlich seit Jahren zu einer deutlichen **Zunahme von Wanderungsbewegungen** weltweit geführt. "Das internationale Rote Kreuz schätzt die Zahl der Umweltflüchtlinge weltweit auf eine halbe Milliarde Menschen; bis zum Ende des Jahrzehnts wird sich dieser Wert sogar verdoppeln".[23]

(18) Der Wanderungsdruck konzentriert sich bisher noch überwiegend auf Wanderungen innerhalb und zwischen Entwicklungsländern. Dennoch nehmen in Europa die Einwanderungswilligen aus Ländern außerhalb der Europäischen Union zahlenmäßig zu und mit ihnen wächst der Einwanderungsdruck auf Deutschland. Bevor 1994 die einschneidenden Regelungen zur Begrenzung des Asylrechts in Deutschland Gültigkeit erlangten, wuchs nicht nur die **Zahl der Asylbewerber** aus europäischen Ländern - wie angesichts der politischen Veränderungen im ehemaligen Ostblock und auf dem Balkan zu erwarten - sondern es stieg tendenziell auch die Zahl der Asylbewerber aus Afrika und Asien, für die die kulturelle Schwelle und die finanziellen wie technischen Schwierigkeiten einer Bewerbung um Asyl in Deutschland deutlich höher liegen als für Zuwanderer aus europäischen Nachbarstaaten (vgl. Abbildung 4-5).

---

22) Vgl. Handelsblatt vom 4.9.1996.
23) Wöhlcke (1995), S. 446.

Abbildung 4-5: Asylbewerber in Deutschland nach Erdteilen 1980 - 1993

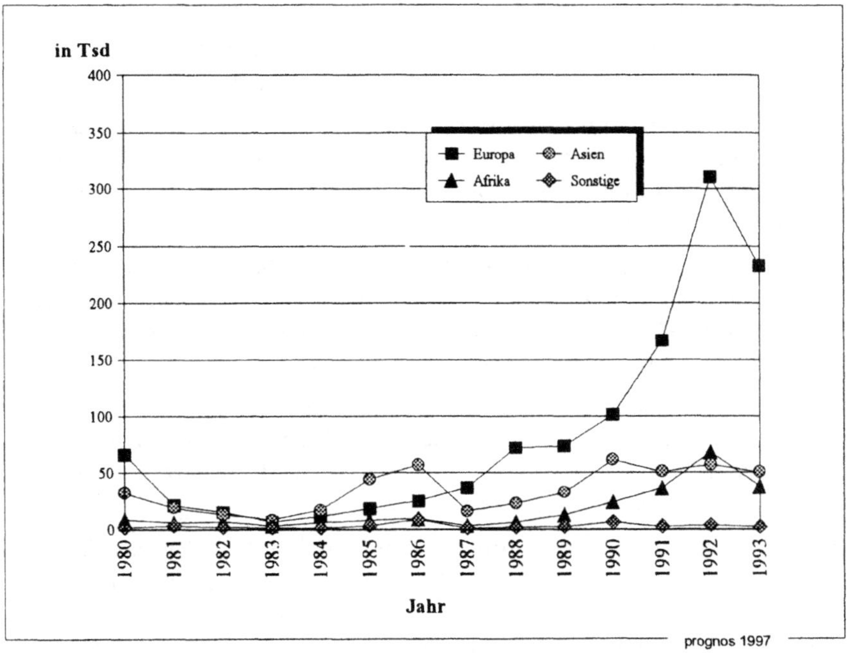

Quelle: Went, H. (1995) S. 445

(19) Die innerpolitische Brisanz dieser Thematik hat sich bis heute nicht vermindert, wie etwa die Diskussion um die Abschiebungspraxis oder die Einführung einer Visumspflicht für Jugendliche zeigt. Bereits heute bilden die Einwanderungsströme aus Drittländern den größten Teil der gemessenen Wanderungsbewegungen innerhalb der EU.

Die Bemühungen der Bundesregierung zur Eindämmung von Zuwanderungsströmen entsprechen durchaus den vergleichbaren Anstrengungen in anderen Industrieländern innerhalb und außerhalb der Europäischen Union. Umso mehr wächst der **Strom der illegalen Einwanderer**, die mit Hilfe eines Touristenvisums oder über Schlepperorganisationen versuchen, in ihre Zielländer zu kommen.

Innerhalb der EU wird die Zahl der illegalen Einwanderer auf über 2,5 Mio mit einer deutlichen Konzentration auf Italien und Deutschland geschätzt. Die illegalen Einwanderer unterstützen ihrerseits nicht nur in Italien die Entwicklung der Schattenwirtschaft mit allen Rückwirkungen auf die Sozialsysteme und den Arbeitsmarkt.[24)]

24) Vgl. Krings (1995), S. 440.

(20) Die Voraussetzungen für einen weiteren **Anstieg der Wanderungsströme** über die Grenzen der Kontinente hinweg sind durchaus gegeben:

- Das **Bevölkerungswachstum** in den Entwicklungsländern Asiens, Afrikas und Südamerikas erhöht das weltweite Wanderungspotential.
- Mit schlechterer Ernährungssituation, wachsenden Sozialkonflikten und sich zuspitzenden Umweltbelastungen in vielen Ländern steigt die **Hoffnungs- und Perspektivlosigkeit** sowie die Bereitschaft bei jungen Erwachsenen "ihr Glück in der Fremde zu suchen".
- Die **Verbreitung der kulturellen Wertvorstellungen des Westens** im Hinblick auf Demokratie, Menschenrechte, soziale Gerechtigkeit, Minderheitenschutz oder Recht auf Selbstbestimmung liefert die ideelle Rechtfertigung, sich gegen das heimische Elend zu wehren.
- Der Wohlstand und das Verhalten der eigenen Eliten, aber auch der Touristen aus westlichen Ländern sowie Fernsehfilme und andere Informationswege nähren die **Hoffnung auf eine aussichtsreichere und bessere Zukunft** in den Industrieländern.

Ähnliche Bedingungen haben bereits in der industriellen Vergangenheit des Westens unter sehr viel größeren technischen Problemen zu interkontinentalen Wanderungen geführt. Ohne sie wäre die Einwanderungswelle etwa in die Vereinigten Staaten bis in dieses Jahrhundert hinein ebenso undenkbar gewesen wie die Zuwanderungen nach Australien.

(21) Die Bemühungen der Industrieländer, derartigen Abwanderungstendenzen und deren Ursachen durch den **Ausbau der Entwicklungshilfe** entgegenzuwirken, haben die Problematik teilweise sogar vergrößert:

- Durch die Entwicklungshilfe konnten sich die **ideellen Wertvorstellungen** des Westens wie Selbstbestimmung, individuelles Menschenrecht oder Freizügigkeit ebenso verbreiten wie die Kenntnisse über den materiellen Wohlstand und damit selbst zum Wanderungsmotiv werden.
- Die wachsenden externen Kosten des westlichen Wohlstandsmodells und des westlichen Lebensstandards sowie die damit verbundene Überforderung von Ressourcen und Umwelt macht diese Modelle immer weniger "globalisierungsfähig", so daß jeder Versuch einer Übertragung zu einer **Zunahme von Verteilungskonflikten** führen muß.[25)]

---

25) Vgl. Hoffmann-Novotny (1995), S. 412.

(22) In den Wanderungsmotiven spiegelt sich insoweit der zunehmende **Widerspruch in den Wertvorstellungen der westlichen Welt** wider, wo einerseits eine möglichst weitgehende Öffnung gemäß ihren wirtschaftlichen und politischen Idealvorstellungen gefordert, andererseits aber gerade dies bei der Zuwanderung von Menschen, wo immer möglich, zu verhindern versucht wird. "Die Abstimmung mit den Füßen", die weltweit stattfindet, ist eine eindeutige Stellungnahme zu diesem Widerspruch.[26)]

Vor diesem Hintergrund läßt sich die **Entwicklung des Fundamentalismus** in arabischen Ländern und im Iran durchaus als ein Versuch der Abkehr von den westlich inspirierten Entwicklungsgedanken verstehen. Selbst wenn sein Erfolg aus heutiger Sicht eher zweifelhaft ist, zeigt er doch die darin liegende Brisanz für das künftige Zusammenleben der Völker. Zugleich wird auch daran deutlich, wie wichtig die Entwicklung neuer Wertvorstellungen als Basis für ein auf Dauer durchhaltbares Entwicklungsmodell ist (vgl. Kapitel 3).

Schlußfolgerungen

(23) Die Entwicklung der deutschen Energiesektoren ist nachfrage- wie angebotsseitig eingebunden in die gesamtwirtschaftliche Entwicklung des Landes und damit selbst abhängig von dessen politischer Situation und Stabilität. Internationale Entwicklungen, die die dauerhaft durchhaltbare Entwicklung in Deutschland beeinträchtigen, begrenzen auch direkt (vgl. die Konflikte im Nahen Osten oder die Revolution im Iran) oder indirekt (z.B. über Handelsbeschränkungen) das Entwicklungspotential des deutschen Energiesektors:

1. Die ökologischen Belastungen und die Folgen des Wachstums weltweit und besonders in den Entwicklungsländern erreichen bereits heute ein Ausmaß, daß sich Deutschland den daraus **resultierenden Konflikten** immer weniger entziehen kann. Dies bindet nicht nur öffentliche Mittel, sondern verstärkt in Politik und Öffentlichkeit die Tendenz, wichtige langfristige ordnungspolitische Aufgaben der Tagesaktualität unterzuordnen.

2. Die **direkten Umwelteinflüsse** aus globalen Klimaveränderungen erscheinen dabei noch **vergleichsweise ungefährlich**: Deutschland ist und wird aus heutigem Kenntnisstand auch künftig nur in vergleichsweise geringem Umfang von den befürchteten Folgen der Klimaveränderungen betroffen, während sich potentielle Rückwirkungen aus regionalen Belastungen voraussichtlich wie in der Vergangenheit national, bilateral bzw. im europäischen Kontext lösen lassen.

---

26) Vgl. Hoffmann-Novotny (1995), S. 411.

3. Gravierender sind die **Risiken wachsender internationaler Konflikte**, die über Störungen des internationalen Handels und internationale finanzielle oder militärische Verpflichtungen auf Deutschland übergreifen, hier zu Wachstumsstörungen, Arbeitsmarktproblemen und innenpolitischen Auseinandersetzungen führen und so eine dauerhaft durchhaltbare Entwicklung in Deutschland in Frage stellen (Verletzung der Bedingungen 2 und 3).

4. Die innere Stabilität (Bedingung 3) wird zusätzlich gefährdet durch den anhaltenden **Wanderungsdruck** aus den Ländern der Dritten Welt. Fragen zur Integration von Ausländern und zur kulturellen Identität führen schon heute europaweit zu innenpolitischen Konflikten. Sie werden künftig eher zunehmen und damit die Qualität des Standorts Deutschland für Investitionen verschlechtern.

(24) „Noch ist die globale Umweltkrise ein vornehmlich politisches Problem, aber je mehr sie sich verstärkt, um so mehr droht sie auch zu einen physischen Problem zu werden, das einem konstruktiven politischen Zugriff allmählich entgleitet."[27] Insgesamt wächst damit die **Gefahr auch für den Energiesektor**, daß er sich künftig stärker mit Veränderungen der politischen Rahmenbedingungen auseinandersetzen muß, die zwar ihre Ursachen im Ausland haben, gleichwohl aber die eigenen Geschäftsmöglichkeiten begrenzen.

27) Wöhlcke (1995), S. 448.

5. Reaktionsmöglichkeiten im Energiesektor

5.1 Energiewirtschaft im Gefangenen-Dilemma

Begrenzungen

(1) Die Möglichkeiten des deutschen Energiesektors zur Reaktion auf Grenzen, die sich bei einer potentiellen Verletzung der Bedingungen für eine dauerhaft durchhaltbare Entwicklung in Deutschland ergeben, hängen ganz entscheidend von den Ursachen dieser Verletzung ab. Am größten sind die **Handlungsmöglichkeiten von Energiewirtschaft und -politik**, wenn Beschaffungsprobleme und Preisschwankungen auf den Energiemärkten oder wenn spezifische energiebedingte Emissionen die Produktions- und Lebensmöglichkeiten in Deutschland beeinträchtigen.

Eine solche Situation war typisch für den Zeitraum ab Anfang der 70er bis Mitte der 80er Jahre. In dieser Zeit war zwar die Energieversorgung nicht grundsätzlich gefährdet, die starken Preissteigerungen aber führten zu erheblichen Rückwirkungen auf die wirtschaftliche Entwicklung in Deutschland. Gleichzeitig beeinträchtigten die Staub- und SO_2-Belastungen in einzelnen Regionen zunehmend deren Lebens- und Standortqualität, so daß der Energiesektor auch dadurch zu Umstellungen gezwungen war.

(2) Unter diesen Bedingungen hängt es unmittelbar von der Energiewirtschaft und -politik ab,

- ob und in welchem Ausmaß durch **angebotsseitige Maßnahmen** zusätzliche Energiereserven erschlossen, vorübergehende Schwankungen bei Preisen und Zuliefermengen durch eine entsprechende Lagerhaltung aufgefangen und Abhängigkeiten bei dem Bezug zusätzlich benötigter Energieträger überwunden werden können,
- ob und wie es in dem verfügbaren Zeitrahmen gelingt, den **Energiebedarf** durch Energieeinsparung auf Seiten der Nachfrager zu **begrenzen**, ohne dadurch die wirtschaftliche Entwicklung zu gefährden und
- inwieweit **spezifische Belastungen** durch energiebedingte Emissionen z.B. mit einer Veränderung des Energiemixes, Auflagen für den Energieeinsatz oder auf anderem Wege **verringert** werden können.

Dabei erstrecken sich die Handlungsmöglichkeiten sowohl auf Maßnahmen zur Schadensbegrenzung bei aktuellen Störungen wie die Vorsorge zur mittel- und langfristigen Reduzierung derartiger Risiken.

(3) Sehr viel geringer sind die Erfolgsaussichten derartiger Reaktionen aber schon dann, wenn die Beeinträchtigung der Produktions- und Lebensbedingungen nicht mit dem aktuellen Energieeinsatz zusammenhängt, sondern **Folge einer über lange Frist kumulierten Nutzung von Energie** ist. Hier hängen die Entwicklungsgrenzen in aller Regel mit Unkenntnis oder Versäumnissen in der Vergangenheit zusammen. Sie führen zwar aktuell (und evtl. mit wachsender Tendenz) zu Problemen, können aber durch kurzfristige energiewirtschaftliche oder -politische Reaktionen meist nicht behoben werden.

In Deutschland sind gegenwärtig nur wenige Regionen (überwiegend in den neuen Bundesländern) bekannt, in denen sich Umweltbelastungen in der Vergangenheit großflächig so stark kumuliert haben, daß die künftige wirtschaftliche Entwicklung dort erst nach entsprechend aufwendigen Sanierungsmaßnahmen möglich ist (z.B. in Teilen von Sachsen-Anhalt, Brandenburg oder Thüringen).

(4) Entwicklungsprobleme dieser Art gehen zwar unmittelbar auf die bisherige Art der Energiegewinnung oder -nutzung zurück, sind aber sehr viel eher **Ausfluß der bisherigen Wirtschaftspolitik**, der in ihr vorherrschenden Wachstumsziele sowie der auf ihnen basierenden regionalen oder sektoralen Schwerpunktsetzungen.

Die Energiewirtschaft selbst kann für solche Entwicklungen nur in dem Rahmen verantwortlich gemacht werden, in dem sie z.B. aus energiewirtschaftlichen Interessen eine solche Bewirtschaftung bewußt gefördert, auf die Risiken zu wenig hingewiesen und sich selbst damit zum Instrument langfristig nicht durchhaltbarer Ziele gemacht hat. Doch unabhängig von der Verantwortung wird sie durch die akuten Probleme aufgrund derartiger Entwicklungsstrategien unmittelbar betroffen.

(5) Die passive Reaktion auf Veränderungen in den Rahmenbedingungen für den Energiesektor wird auch dann dominieren, wenn die dauerhaft durchhaltbare Entwicklung in Deutschland dadurch gefährdet wird, daß die Energienutzung in anderen Ländern zu **negativen Rückwirkungen auf die deutsche Situation** führt (Verletzung von Bedingung 2). Hier verändern sich grundlegende Entwicklungsvoraussetzungen für die deutsche Wirtschaft insgesamt, für die diese zwar nicht verantwortlich ist, denen sie sich aber nicht zu entziehen vermag.

Am deutlichsten geworden ist diese Abhängigkeit vom Verhalten des Auslands, als der Reaktorunfall in Tschernobyl 1986 zu Strahlungsschäden in Deutschland und zu entsprechenden Aufwendungen (z.B. zum Ausgleich von Ernteschäden bei der betroffenen Landwirtschaft) führte, die entweder von den Geschädigten oder der Allgemeinheit übernommen wurden.

(6) Nach den Analysen im Kapitel 4.2.2 muß in der Zukunft mit einer Zunahme derartiger Störungen aufgrund internationaler Rückwirkungen gerechnet werden. Sie können sich in politischen Konflikten, als Verschlechterung der Exportmöglichkeiten, in umweltbedingten Wanderungsbewegungen oder als Auswirkungen globaler Umweltbelastungen infolge von Luft- und Wasserströmungen oder Klimaveränderungen niederschlagen.

Sofern dies nicht zu energiespezifischen Versorgungsproblemen (z.B. aufgrund politischer Konflikte) führt, lassen sich auch keine sektorspezifischen Reaktionsmöglichkeiten ableiten, die sich von den generellen Möglichkeiten zur Reaktion auf Absatzeinbrüche, Kostensteigerungen und politische Interventionen unterscheiden würden.

(7) Den geringen Reaktionsmöglichkeiten des Energiesektors stehen dann allerdings gewisse **Handlungsmöglichkeiten** gegenüber, wenn sie ihr Know-how bereits im Vorfeld **zur Vermeidung derartiger Zuspitzungen** oder zur Begrenzung der Gefahren im konkreten Fall (ggf. auch wirtschaftlich) einzubringen vermögen. Dies ist allerdings vielfach mit außen- und außenwirtschaftspolitischen Aspekten verknüpft. So fordern etwa die ehemaligen Ostblockländer die Übernahme der Kosten für die Sanierung der Kernkraftwerke, deren Betrieb von Deutschland und anderen Industriestaaten als direktes Sicherheitsrisiko eingeschätzt wird. Ähnlich lassen sich auch steigende Aufwendungen in der Entwicklungshilfe und zur Vermeidung von energiebedingten Umweltbelastungen in Entwicklungsländern begründen.

Dies setzt allerdings eine vorausschauende Politik in Deutschland und ein entsprechendes Engagement des Energiesektors, hier vor allem der „klassischen" Energiewirtschaft und der Anlagen, Maschinen oder Geräte herstellenden Industrie voraus. Insofern steht der weitreichenden Ohnmacht des deutschen Energiesektors zur Entschärfung akut gewordener Probleme im Ausland ein gewisser Einfluß durch energie- und wirtschaftspolitische Weichenstellungen zur langfristigen Minderung derartiger Risiken gegenüber.

(8) Noch schwieriger ist der Handlungsraum der Energie- und Wirtschaftspolitik bzw. des Energiesektors zu bestimmen, wenn **soziale und wirtschaftliche Konflikte innerhalb Deutschlands** auch im Zusammenhang mit energiepolitischen Entscheidungen zu Risiken für die dauerhaft durchhaltbare Entwicklung führen (z.B. durch Demonstrationen und Bürgerinitiativen).

Das Ursachenbündel für solche Konflikte ist in aller Regel sehr komplex und beschränkt sich nicht auf die Fragen, die zum unmittelbaren Anlaß der Konflikte geworden sind. Entsprechend vermischen sich kurzfristige Ängste um den Erhalt regionaler Arbeitsplätze mit Sorgen um langfristige Folgen (z.B. der Kernenergienutzung), eine allgemeine Unzufriedenheit mit herrschenden Politikern oder Parteien mit Forderungen nach stärkerem Engagement im Umweltbereich, Elemente persönlicher Betroffenheit mit Strömungen politischer Radikalisierung.

(9) Die Problematik derartiger Konflikte liegt darin, daß sie die Leistungsfähigkeit des bestehenden wirtschaftlichen und politischen Ordnungssystem von innen heraus bedrohen, die **Qualität des Standorts für Unternehmen** in Frage stellen und damit politische wie unternehmerische Entscheidungen leicht zum Spielball politischer Stimmungen und schwer kontrollierbarer Aktionen (z.B. militanter Gruppen, streikender Arbeiter, flüchtender Kapitalanleger oder defensiver Besitzstandswahrer) machen können: Energie- und wirtschaftspolitische Maßnahmen richten sich unter solchen Bedingungen eher nach taktischen Gesichtspunkten der 'Schadensbegrenzung' (z.B. zur Erhaltung von Arbeitsplätzen, etc.), auch wenn sie in Widerspruch zu langfristigen Zielen einer dauerhaft durchhaltbaren Entwicklung geraten (z.B. der Durchsetzung des Verursacherprinzips in der Energienutzung oder der Reduktion von CO_2-Emissionen in Deutschland).

Andererseits können notwendige Weichenstellungen wegen aktueller Auseinandersetzungen nicht eingeleitet werden, damit aber wachsen die Risiken für spätere Anpassungskonflikte. Die Politik erscheint langfristig nicht durchhaltbar und gleichzeitig steigen die Risiken für Konflikte, in denen die Energiepolitik nicht mehr handlungsfähig ist - ein circulus vitiosus, wie er in Deutschland gegenwärtig vielleicht am deutlichsten an den politischen Auseinandersetzungen um die Castor-Transporte und die Erhaltung der Arbeitsplätze im Stein- und Braunkohlenbergbau zu beobachten ist.

(10) Insgesamt besteht zwischen der tatsächlichen **langfristigen Verantwortung** von Energiepolitik und -wirtschaft und ihren **kurzfristigen Reaktionsmöglichkeiten** eine große Divergenz:

- Auf der einen Seite steigen die Risiken für eine dauerhaft durchhaltbare Entwicklung in Deutschland, wenn sich Energieversorgung und Energienutzung in Deutschland und weltweit in der bisherigen Form weiterentwickeln. Dies verlangt veränderte Energieversorgungs- und -nutzungsstrukturen, die geeignet sind, künftige ökologische, wirtschaftliche und politische Zuspitzungen in Deutschland zu vermeiden.
- Auf der anderen Seite konzentrieren sich die direkten Handlungsmöglichkeiten von Energiewirtschaft und -politik vor allem auf Maßnahmen der unmittelbaren Energiebereitstellung und -nutzung, denen in aller Regel nur dann eine hohe politische und wirtschaftliche Priorität zugemessen wird, wenn es um die Lösung aktueller Versorgungsprobleme oder die Begrenzung akuter Umweltschäden geht.

Problemverdrängung

(11) Die Divergenz zwischen langfristigen Handlungs- und kurzfristigen Reaktionsmöglichkeiten wird noch dadurch verschärft, daß der **Zusammenhang** zwischen aktuellen Entwicklungsproblemen und den Problemen von Energienutzung bzw. -versorgung im Einzelfall **nur indirekt** besteht. Gerade politische Konflikte haben viele Ursachen im internationalen Rahmen ebenso wie im nationalen. Wenn Störungen in der Entwicklung nicht direkt im Zusammenhang mit der Energienutzung und -versorgung selbst auftreten, konzentriert sich die öffentliche und politische Reaktion zunächst auf die 'Symptombehandlung'. Die eigentlichen Ursachen, wie die extensive Energienutzung und die bisherigen Wachstums- und Entwicklungsprozesse, bleiben im Hintergrund:

- So befaßt sich die Innen- und Sozialpolitik mit dem Problem der Ausländerintegration und mit Asylfragen, hat aber auf die Ursachen von Wanderungsbewegungen (z.B. Bevölkerungswachstum, klimatische Veränderungen) wenig Einfluß.
- Bei der Arbeitsmarktpolitik werden die Folgen von Störungen im Außenhandel spürbar, ohne daß sie auf die auslösenden Faktoren wie Energiepreissteigerungen oder ideologische Verhärtungen (z.B. in Nahost) Einfluß hätten.
- Für militärische Auslandseinsätze ist die Verteidigungspolitik zuständig, sie muß aber wie in Somalia die eigene Ohnmacht angesichts der regionalen Machtkämpfe und ihrer wirtschaftlichen Hintergründe erleben.
- Für Gesundheitsprobleme ist die Gesundheits- und evtl. die Umweltpolitik verantwortlich, die die Schäden der bisherigen Wachstumsstruktur und des Energieeinsatzes korrigieren.

Lediglich bei der Finanzpolitik treffen sich wieder alle Problemaspekte, wenn es um die Maßnahmenfinanzierung geht. Dabei gilt - politisch und unter finanziellen Gesichtspunkten verständlich - jedes Problem schon dann als gelöst, wenn die **Symptome beherrschbar** erscheinen (z.B. durch eine neue Gesetzgebung). Der ursächliche Beitrag eines wachsenden und emissionsträchtigen Energieeinsatzes bleibt verschleiert - ein typischer Fall für besonders schwer erfaßbare externe Kosten der weltweiten Energienutzung und -versorgung.

(12) In der Energiepolitik und -wirtschaft wirken sich dieselben **Widersprüche zwischen** individuellen **täglichen Verhaltensweisen** und den **langfristigen Wirkungen** aus, die bereits oben (Kapitel 3.1) diskutiert wurden:

- Je schwieriger die möglichen Wirkungen des individuellen Handelns feststellbar, je weniger die Abhängigkeiten durchschaubar sind und je geringer die kurzfristigen Einflußmöglichkeiten erscheinen,

- umso größer ist die Bereitschaft der Akteure, ob in der Politik, in der Wirtschaft, als Arbeitnehmer oder Konsument, sich auf die Möglichkeiten der kurzfristigen Optimierung zu konzentrieren und potentielle langfristige Einflüsse oder Wechselwirkungen zu verdrängen, als gegenwärtig nicht handlungsrelevant zu vertagen oder als unvermeidbares Schicksal hinzunehmen.

Horst-Eberhard Richter: „Die Sorge, die gemeinsamen Probleme auf dem bisherigen Weg vielleicht nicht mehr lösen zu können, macht es doppelt schwer, sich den Ängsten offen zu stellen und an ihnen zu arbeiten. Daher die Neigung, darüber zu schweigen und entsprechende Untersuchungsbefunde lieber zu unterdrücken."[1)]

(13) Wendet man diese Beobachtungen auf die **Problemwahrnehmung in der Energiepolitik** und stärker noch im Energiesektor an, so wird verständlich, daß die Akteure ihr zentrales Augenmerk nahezu ausschließlich auf die Einhaltung der Gewährleistung einer sicheren Energieversorgung richten. Dies zeigt auch die Reihenfolge, in der die Ziele der Energiepolitik von der Bundesregierung in ihrem jüngsten Bericht anläßlich der UN-Sondergeneralversammlung über Umwelt und Energie 1997 in New York aufgeführt werden:[2)]

- Wirtschaftlichkeit der Energieversorgung
- Versorgungssicherheit
- Schonung der Ressourcen
- Umwelt- und Klimaverträglichkeit.

Für die Energiewirtschaft und die meisten Energienutzer sind in ihrem Tagesgeschäft die wirtschaftliche und sichere Energieversorgung wichtiger als die langfristigen Aspekte der Ressourcenschonung und Umweltverträglichkeit.

(14) Die Rangfolge der energiepolitischen Zielsetzungen wird auch in der Diskussion der in Deutschland eingeleiteten Maßnahmen zur Schonung der Ressourcen und zur Verbesserung der Umwelt- und Klimaverträglichkeit deutlich:[3)]

- Die große Zahl der Einzelansätze knüpft nahezu selbstverständlich an die bestehende Struktur der Energieversorgung und -nutzung an und konzentriert sich darauf, spezifische CO_2-Emissionen innerhalb dieser Strukturen zu verringern.

- Die Frage möglicher Externalitäten aufgrund eines anhaltenden wirtschaftlichen Wachstums wird lediglich im Zusammenhang mit der künftigen Verkehrsentwicklung gestreift.

---

1) Prof. Horst Eberhard Richter im Interview mit dem Handelsblatt Nr. 27 vom 7.2.1997.
2) Vgl. Bundesregierung (1997), S. 38.
3) Vgl. Bundesregierung (1997), S. 38ff.

- Die außenpolitischen und -wirtschaftlichen Risiken, die sich für Deutschland aufgrund international kumulierender Umweltbelastungen bei wachsendem Energieeinsatz ergeben können, werden lediglich im Grundsätzlichen diskutiert, größere Relevanz für die Struktur der deutschen Energiewirtschaft und -politik erreichen sie nicht.

Das Gefangenen-Dilemma

(15) Die Dominanz aktueller wirtschaftlicher Aspekte in Energiesektor bedeutet allerdings nicht notwendigerweise, daß Politik und Wirtschaft die langfristigen Risiken für den Standort Deutschland nicht sehen. Dies mag im einen oder anderen Fall gelten. Das eigentliche Problem aber liegt darin, daß es trotz dieser Einsicht jeweils aus der Sicht des politisch wie wirtschaftlich Verantwortlichen durchaus wirtschaftlich vernünftig und ohne weiteres nachvollziehbar ist, sich allein an den aktuellen Indikatoren auszurichten.

Der einzelne Entscheidungsträger befindet sich hier in einer Situation, die in der Spieltheorie üblicherweise als ein **Gefangenen-Dilemma** charakterisiert wird. In einem Gefangenen-Dilemma nämlich befindet sich jede Person, die sehenden Auges auf eine für sie günstigere und wünschenswertere Alternative nur deswegen verzichtet, weil sie diese nur gemeinsam mit anderen zu verwirklichen vermag, aber nicht sicher sein kann, daß sich alle Anderen ebenfalls für diese individuell und gemeinsam beste Alternative entscheiden (vgl. Kasten).

Was ist ein Gefangenen-Dilemma?

Allgemein gesprochen versteht man darunter eine Situation, in der Akteure dadurch, daß sie sich bei der Wahrung ihrer Interessen strikt rational verhalten, letztlich ein Resultat erzielen, das kollektiv in dem Sinne nicht rational ist, als es ein anderes erreichbares Resultat gibt, das alle Akteure vorziehen würden! ... Man stelle sich zwei Gefangene vor, die einer gemeinsam begangenen Tat angeklagt sind. Der Staatsanwalt kann ihnen diese Tat allerdings nicht nachweisen. Also macht er beiden das folgende Angebot: „Wenn du gestehst, und der andere leugnet weiter, dann kommst du frei und der andere muß für 6 Jahre ins Gefängnis. Wenn beide gestehen, kommen beide mit 4 Jahren davon, wenn beide nicht gestehen, dann werden beide für ein geringeres Delikt, das ich euch nachweisen kann, für ein Jahr eingesperrt." Die folgende Matrix verdeutlicht dieses Angebot:

	Spieler 1: gesteht	Spieler 1: gesteht nicht
Spieler 2: gesteht	4 ; 4	6 ; 0
Spieler 2: gesteht nicht	0 ; 6	1 ; 1

> Wenn wir überprüfen, welche der beiden Strategien die beiden Spieler wählen werden, dann kommt man zu einem überraschenden Resultat: Für beide ist es dominante Strategie, zu gestehen, gleichgültig, was der andere Spieler macht. Überraschend ist dieses Resultat deshalb, weil damit beide für vier Jahre ins Gefängnis gehen, obwohl doch eine Strategiekombination existiert, bei der beide mit einem Jahr davonkommen! Rationale Spieler, die strikt im Eigeninteresse handeln, können ohne zusätzliche Garantieren dieses „kooperative" Resultat nicht erreichen.

Quelle: Weimann, J. (1997)

(16) Die **Problematik des Gefangenen-Dilemma** wird an dem individuellen Verhalten vieler Energienutzer ebenso deutlich wie am Verhalten vieler Staaten gegenüber dem an sich erklärten Wunsch nach einer Reduktion der CO_2-Emissionen:[4)]

- Ein einzelner **Haushalt**, der eine Reduktion des Energieverbrauchs weltweit für richtig und notwendig hält, kann dieses Ziel nur erreichen, wenn es von allen anderen Energienutzern auch verfolgt würde. Geschieht dies nicht - und dafür spricht die praktische Erfahrung - so riskiert er bei den gegenwärtigen Energiepreisen zwar hohe zusätzliche Kosten (z.B. für zusätzliche Investitionen in die Wärmedämmung) oder Unbequemlichkeiten (z.B. durch den Verzicht auf ein Auto), muß aber dennoch weltweit mit einem weiteren Anstieg des Energieverbrauchs rechnen. Er hätte Kosten ohne Erträge. Ein solches Verhalten wäre ökonomisch unvernünftig.

- Ein **Energieanbieter**, für den Erträge und Beschäftigung von dem Energieverkauf abhängen, würde die Existenz seines Unternehmens aufs Spiel setzen, wenn er auf die jeweils kostengünstigste Energiebeschaffung nur deswegen verzichtet, weil sich daraus langfristig Probleme für die Entwicklung in Deutschland ergeben können. Erst dann, wenn er sicher sein kann, daß auch seine Konkurrenten die Verminderung der internationalen Risiken gleich wichtig nehmen, könnte für ihn ein solches Verhalten wirtschaftlich vernünftig werden.

- Auf nationaler Ebene sehen immer mehr **Staaten**, daß sie im Falle der befürchteten Klimaentwicklung in Schwierigkeiten kommen. Doch sie fürchten jeden Schritt oder jeden Alleingang, der potentiell mit Kosten- und Standortnachteilen verbunden ist, weil dies unmittelbar zu wirtschaftlichen Schwierigkeiten im eigenen Land führen kann. Die Diskussionen in der EU z.B. über die Einführung einer CO_2-/Energiesteuer ist hierfür ein gutes Beispiel.

---

4) Vgl. Weimann (1997), S. 3.

Das Ergebnis dieses ökonomisch durchaus vernünftigen Verhaltens ist in allen Fällen gleich: die langfristig notwendige und im Grundsatz auch gewollte Energieeinsparung, Ressourcenschonung und CO_2-Reduktion unterbleibt.

Anreizstrukturen der Finanzmärkte

(17) Die Wirkung der ökonomischen Rationalität auf das unternehmerische Verhalten wird **unterstützt durch** die Mechanismen der Geldwirtschaft und die Funktionsweise der **Finanzmärkte**. Sie sind weltweit das Rückgrat jeder modernen Volkswirtschaft. Ohne eine funktionsfähige Geldwirtschaft und leistungsfähige Finanzmärkte lassen sich differenziert Produktions- und Verbrauchsstrukturen weder organisieren noch steuern. Von ihnen hängt die Funktionsfähigkeit der Arbeitsteilung, die Finanzierung von Investitionen aller Art in die Zukunft und damit letztendlich jede wirtschaftliche Entwicklung ab.

Die Geldwirtschaft und die Anonymität der Finanzmärkte **verstärkt** jedoch die bereits bestehende Tendenz zu **kurzfristiger Ertragssicherung** und zwar sowohl durch die laufende Vermögensbewertung (z.B. bei börsennotierten Werten) als auch durch die notwendige Verzinsung der eingesetzten Kapitalien. Da Zinszahlungen und Wertsteigerungen über ein wachsendes Produktionsvolumen sichergestellt werden müssen, gleichzeitig aber die Beschaffung neuer Finanzmittel eng an entsprechende Wachstumserwartungen geknüpft ist, geht von den Mechanismen der Finanzmärkte ein starker Zwang und zugleich Sog für ein kontinuierliches Wachstum einzelner Unternehmen und ganzer Volkswirtschaften aus. [5)]

(18) Mit diesen Fragen hat sich erst kürzlich der **World Business Council** for Sustainable Development befaßt. In einer umfassenden Untersuchung zur „Finanzierung des Kurswechsels“, die 1996 vorgelegt wurde, kommt er zu den folgenden Ergebnissen, die hier - teilweise im wörtlichen Zitat - wiedergegeben seien:[6)]

1. Eine nachhaltige Entwicklung verlangt Investitionen mit langen Amortisationszeiten. Die Finanzmärkte verhindern zwar ein langfristiges Engagement nicht, reagieren aber sehr viel eher auf die oftmals dominierende Kurzfristorientierung der Anleger.

2. Die Finanzmärkte begünstigen mindestens gegenwärtig noch die Unternehmen, die im Augenblick hohe Gewinne machen, nicht aber diejenigen mit guten Aussichten in der Zukunft. Dies behindert alle Bemühungen um Öko-effizienz, soweit dadurch der Ausweis der aktuellen Gewinne tangiert wird.

---

5) Vgl. Binswanger (1994), S. 82.
6) Vgl. Schmidtheiny, Zorraquin (1996), S. 245ff.

3. „Sind die Ressourcenpreise niedrig und kann ein Unternehmen die Kosten für einen Großteil seiner Umweltbeeinträchtigungen 'externalisieren', so daß sie nicht in der Bilanz auftauchen, dann reduziert sich der finanzielle Anreiz, ökoeffizient zu werden. Ökoeffiziente Unternehmen werden von den Finanzmärkten häufig nicht bevorzugt."

4. Eine nachhaltige Entwicklung verlangt massive Investitionen besonders in den Entwicklungsländern; Investitionen dort sind jedoch mit hohen Risikoprämien belastet, denen allerdings teilweise auch höhere Gewinne gegenüberstehen.

5. Der Zusammenhang zwischen einer zusätzlichen Belastung der Arbeitseinkommen und der Höhe der Arbeitslosigkeit ist zwar nicht so eindeutig wie oft behauptet, sicher erscheint aber, daß eine Verlagerung der Steuerlast auf die Ressourcennutzung zu einer Neugewichtung bei dem Einsatz von Material und Arbeit führen würde.

6. „Das Rechnungs- und Berichtswesen drückt weder die Risiken noch die Chancen, die aus der Umweltproblematik erwachsen können, angemessen aus. Die Finanzmärkte sind gezwungen, Entscheidungen auf der Grundlage unvollständiger Informationen zu fällen."

7. Für eine nachhaltige Entwicklung kommt der Zukunft immer ein hoher Stellenwert zu, Finanzmärkte aber pflegen Zukunftsmärkte stark zu diskontieren, hier reagieren sie ähnlich wie fast alle Akteure in der Wirtschaft.

Alle Unternehmen des Energiesektors, auf andere Art auch die öffentliche Hand, sind von diesen Mechanismen abhängig und können sich ihnen in ihren aktuellen Entscheidungen nur begrenzt entziehen, selbst wenn sie dieses anstreben.

Möglichkeiten zur Überwindung des Gefangenen-Dilemma

(19) Das Ergebnis des ökonomisch eigentlich rationalen Verhaltens ist für immer mehr Akteure im Energiesektor selbst offensichtlich unbefriedigend. Dadurch wächst eine **latente Unzufriedenheit** bei Haushalten, Unternehmen und Nationen, in denen die langfristige Sorge um die zukünftige Entwicklung des eigenen Systems zum Gegenstand der öffentlichen Diskussion geworden ist. Diese Unzufriedenheit schlägt sich oft sogar in Verhaltensweisen nieder, die bei rein kurzfristig ökonomischer Betrachtung unvernünftig erscheinen mögen. Dies gilt etwa,

– wenn Haushalte mit Rücksicht auf die Umwelt ihren Verbrauch an fossilen Energien zu verringern suchen, in die teurere Installation von energiesparenden Geräten, in Wärmedämmung oder Solaranlagen investieren und bereit sind, ein mehrfaches des Normalpreises zu zahlen, wenn sie Solarstrom geliefert bekommen,[7)]

- wenn Energieversorgungsunternehmen auch unter dem Druck der öffentlichen Meinung zunehmend Lösungen anbieten (z.B. nach Verfahren des least-cost-planning oder im Wege des contracting), die bei ihren Kunden zu Einsparungen im Energieverbrauch führen,
- wenn einzelne Staaten wie etwa Dänemark, die Niederlande oder die Schweiz versuchen, durch energiepolitische Maßnahmen den Energieverbrauch besonders an fossilen Energieträgern zu verringern und dafür auch bereit sind, einen Anstieg der Energiekosten in ihrem Lande in Kauf zu nehmen.

Konsumenten, Unternehmen und Staaten, die sich bisher aus politischen Gründen über die kurzfristig ökonomische Rationalität hinwegsetzen, sind in der Minderheit und müssen ihr Verhalten nicht selten gegenüber ihren Nachbarn, Aktionären und Wählern besonders rechtfertigen. Gleichzeitig liefert dieses Verhalten aber auch **Anhaltspunkte für eine Veränderung von Wertvorstellungen**, die im Idealfall neue Marktfelder zu öffnen vermögen und denen sich die kurzfristigen ökonomischen Interessen unterordnen, sobald sie unmittelbar nachfrage- und absatz- bzw. wahlentscheidungsrelevant werden.

(20) Das Grundproblem des Gefangenen-Dilemmas bei der Energieversorgung und -nutzung bleibt dennoch bestehen. Nach den bisherigen Beobachtungen läßt es sich auch **mit allgemeinen Appellen** an die besondere ethische Verantwortung der Unternehmer und die Bemühungen um **Selbstverpflichtungserklärungen** der Wirtschaft **kaum lösen**:

- Angesichts des herrschenden Wettbewerbsdruck in der Wirtschaft lassen sich ethische Vorstellungen in aller Regel erst berücksichtigen, wenn die Unternehmen wirtschaftlich gesund sind. Jeder Unternehmer, der aus ökologischen Gründen versuchen wollte, den ökonomischen Rahmen zu vernachlässigen, geriete sehr bald in existentielle Schwierigkeiten. Daher konzentrieren sich die Unternehmen, die sich im World Business Council for Sustainable Development zusammengefunden haben, auch auf die Suche nach schrittweisen pragmatischen Innovationen.[8)]
- Die Selbstverpflichtungserklärungen der Industrie zur Reduktion der CO_2-Emissionen verzögerten sich trotz erheblicher politischer Anstrengungen

---

7) Interessant ist hier der große Erfolg des Elektrizitätswerkes der Stadt Zürich, das für seine „Solarbörse" seit dem Frühjahr 1997 4.000 Kunden zu werben vermochte, die bereit waren statt 16 Rappen je Kilowattstunde bis zu 1,20 Schweizer Franken zu bezahlen.

8) Vgl. den im Kapitel 3.3 erwähnten Ansatz in der Industrie zur Steigerung der Ökoeffizienz.

lange. Erst im März 1996 legte der Bundesverband der Deutschen Industrie konkrete Angaben vor, band die Selbstverpflichtungen aber an die Entstehung eines Konsenses über die Nutzung von Kernkraftwerken und den politischen Verzicht der Bundesregierung auf zusätzliche ordnungsrechtliche Maßnahmen zur Klimavorsorge. Unter diesen Bedingungen wurde eine Reduktion um 20 % zwischen 1990 und 2005 zugesagt, verglichen mit der Zusage des Bundeskanzlers in der Regierungserklärung, in der von einer Senkung um 25 % für diesen Zeitraum die Rede ist.[9)]

In beiden Fällen setzt sich nach allen bisherigen Beobachtungen die ökonomische Rationalität gegenüber der erklärten Einsicht in die Notwendigkeit eines anderen Verhaltens durch.

(21) In der Diskussion zwischen Politik und Industrie wird nicht verschwiegen, daß die Entscheidungen sicher anders ausfallen könnten, wenn auch die **internationale Konkurrenz zu einem entsprechenden Verhalten gezwungen** würde. In dieser Zwickmühle votiert die Bundesregierung zwar weiterhin grundsätzlich für die Einführung einer EU-weiten CO_2-/Energiebesteuerung, fordert aber spezifische Sonderregelungen zugunsten der Wirtschaft und lehnt nationale Regelungen dieser Art ab.[10)]

Auch in dem theoretischen Modell fällt die Überwindung des „Gefangenen-Dilemmas" umso leichter, je mehr die einzelnen Akteure davon ausgehen können, daß sich alle anderen Akteure individuell ebenso verhalten wie sie selber, d.h. sich von dem (nur) gemeinsam zu erreichenden Optimum leiten lassen. Nur in diesem Fall können sie selbst (ebenso wie die anderen) sicher sein, daß auch ihr Vorteil größer ist als bei dem im Normalfall individuell vernünftigeren Verhalten.

Angewandt auf das oben dargestellte theoretische Modell: Wenn beide Gefangenen Mitglieder derselben Mafiaorganisation sind, in der jedes Mitglied, das gegenüber der Polizei plaudert, anschließend mit dem Tod rechnen muß, so wird es plötzlich auch individuell vernünftig zu schweigen und beide Gefangenen kommen mit der für sie objektiv günstigsten Strafe davon. [11)]

(22) Die entscheidende Voraussetzung für die Überwindung des Gefangenen-Dilemma ist die **Wirksamkeit von stabilen vertrauenswürdigen Rahmenbedingungen** und ggf. Sanktionsmöglichkeiten, also Ordnungsstrukturen, die es allen

---

9) Nach einer Untersuchung des ZEW für das Bundeswirtschaftsministerium sind auch die Selbstverpflichtungen zur Verringerung des Kunststoffsondermülls bei weitem nicht so erfolgreich, wie dies ursprünglich erhofft worden war.

10) Vgl. Bundesregierung (1997), S. 41.

11) Vgl. Weimann (1997), S. 4.

Akteuren ratsam erscheinen lassen, auf die individuelle zugunsten der kooperativen Optimierungsstrategie zu verzichten.

In die gleiche Richtung führen auch die Überlegungen zur historischen Anpassungsspirale: Wenn Katastrophen eintraten gelang es den Menschen in aller Regel erst, sich wieder aus ihnen zu befreien, wenn sich in der Gesellschaft neue Wert- und Ordnungsstrukturen durchzusetzen vermochten.

(23) Entsprechend stehen auch in den von Ostrom abgeleiteten **Erfolgsbedingungen für nachhaltige Wirtschaftsformen** drei Aspekte in den Vordergrund:[12)]

1. Die möglichst unmittelbare konkrete Erfahrung der eigenen Abhängigkeit und damit des eigenen langfristigen Vorteils bei einer Regelung der gemeinschaftlichen Nutzung begrenzter Ressourcen (z.B. Wasser, Grasflächen, Atemluft).
2. Die Existenz einer von allen Beteiligten akzeptierten Ordnungs- und Organisationsstruktur, die die gemeinsamen Nutzungsregeln erarbeitet und ihre Einhaltung überwacht.
3. Das hohe Risiko von ggf. empfindlichen Sanktionen bei Regelverstößen aus individuellen Motiven zulasten der Gemeinschaft.

Schlußfolgerung

(24) Die Konsequenz aus diesen Überlegungen ist schwerwiegend für die Entwicklung des deutschen Energiesektors: Bei der Suche nach einer Ordnungsstruktur, die für eine dauerhaft durchhaltbare Energienutzung und -versorgung in Deutschland benötigt wird, geraten alle Akteure immer wieder in **Konflikt mit den vorherrschenden Anreizstrukturen**. Der notwendige „Wettbewerb der Ordnungen", in dem sich Deutschland langfristig bewähren muß, beginnt damit bereits innerhalb des eigenen Wirtschaftssystems:

- Je mehr die Externalitäten der Energienutzung Eingang in die Entscheidungen der deutschen Energienutzer finden sollen, umso wichtiger wird nicht nur deren analytische Erfassung, sondern tatsächliche Anlastung gemäß dem Verursacherprinzip. Dies ist zwangsläufig mit einer Verteuerung des Energieeinsatzes verbunden.
- Je stärker der aktuelle Energieeinsatz Rücksicht auf die langfristigen Konsequenzen nehmen soll, umso mehr muß die Energiemarktordnung Wege fin-

---

12) Zu den insgesamt acht Voraussetzungen für den Erfolg einer gemeinschaftlicher Nutzung knapper Ressourcen siehe Kapitel 3.2.1 bzw. Ostrom, (1990) S. 90ff.

den, um die generellen ökonomischen und finanzwirtschaftlichen Anreizstrukturen zu überwinden.

- Je kritischer schließlich die Einhaltung der Bedingungen für eine dauerhaft durchhaltbare Entwicklung in Deutschland wird, umso schwerer wird es für die Unternehmen der Energiewirtschaft, in ihren bisherigen Tätigkeitsfeldern noch positive Wachstumsraten auszuweisen.

(25) Eine friktionsarme Lösung dieser Umstellungsprobleme ist daher nur denkbar, wenn es in Deutschland und weltweit gelingt, **Regeln für die Energienutzung und -versorgung** zu finden, die die oben geschilderte Problematik des Gefangenen-Dilemmas in der Energiepolitik schrittweise zu überwinden erlauben. Sie müssen ähnlich wie die Regeln im internationalen Handel oder wie im Verkehr zwischen den Notenbanken einen ordnungspolitischen Rahmen entstehen lassen, der von allen Akteuren national und international aus Eigeninteresse eingehalten wird und zu einer Begrenzung der bisher noch anwachsenden Umwelt- und Wachstumsschäden führt.

5.2 Ansätze zur Verminderung der Risiken

5.2.1 Neuorientierung im deutschen Energiesektor

Senkung des Primärenergiebedarfs

(1) Die Entwicklung eines neuen internationalen Ordnungsrahmens mit veränderten Anreizstrukturen zur Energienutzung liegt nicht allein in deutscher Hand. Andererseits ist Deutschland auf solche Rahmensetzungen angewiesen, damit die eigene Entwicklung dauerhaft durchhaltbar gemacht werden kann. Daher stellt sich die Frage nach den **energiewirtschaftlichen und -politischen Handlungsoptionen**. Sie müssen sich auf zwei Ansätze konzentrieren:

1. Die Entwicklung und Anwendung geeigneter Formen für Energieversorgung und -nutzung **in Deutschland selbst**, ohne dadurch die Wirtschaftlichkeit und Versorgungssicherheit im Energieeinsatz in Frage zu stellen.
2. Die Entwicklung und Unterstützung von technischen Möglichkeiten und Regelungsstrukturen, deren Anwendung und Einhaltung auch **im Interesse anderer Länder** liegen könnte.

(2) Die bisherige energiepolitische Diskussion in Deutschland ist stark durch die Vorstellung einer **gesicherten Versorgung** mit traditionellen **Primärenergieträgern** und der dafür notwendigen Finanzierungs- und Genehmigungsstrukturen geprägt. Dabei geht es immer wieder um die Frage, ob die Förderung der heimischen Steinkohle auch über das Jahr 2005 hinaus subventioniert und die Optionen einer Kernenergienutzung in Deutschland offen gehalten oder gar erweitert werden sollen.

(3) Zugunsten einer weitergehenden Nutzung und Subventionierung der heimischen **Steinkohle** wird im wesentlichen darauf verwiesen, daß dadurch

- soziale Härten und Umbrüche im Steinkohlebergbau vermieden werden,
- die Steinkohle der einzige fossile Primärenergieträger mit nennenswerten inländischen Reserven ist.

Zugunsten einer weitergehenden **Nutzung der Kernenergie** wird angeführt:

- Bei zunehmender Verknappung von Öl und Gas wird sich die Elektrizitätsversorgung in Deutschland nur durch steigende Kernenergienutzung sichern lassen, da regenerative Energiequellen für die künftige Stromversorgung Deutschlands nicht ausreichen werden.

- In der Nutzung der Kernenergie hat Deutschland gegenwärtig noch einen internationalen technologischen Wissensvorsprung, der verlorengeht, wenn Kernenergie in Deutschland nicht mehr eingesetzt wird.
- Durch stärkeren Einsatz von Kernenergie lassen sich CO_2-Emissionen in der deutschen Stromerzeugung senken.

Die Fragen nach den Konsequenzen des anhaltenden Einsatzes nicht erneuerbarer Energieträger für eine dauerhaft durchhaltbare Entwicklung in Deutschland werden bei dieser Betrachtung allzu schnell hinter politisch-taktischen und finanziellen Erwägungen zurückgestellt. Die Entwicklung der Energienachfrage wird als Datum gesetzt und die Problematik der externen Kosten und langfristigen Risiken eines weltweit wachsenden Energieeinsatzes nicht berührt.

(4) Wenn sich der deutsche Energiesektor langfristig auf die Bedingungen für eine dauerhaft durchhaltbare Entwicklung in Deutschland einstellen soll, reicht eine solche Gewichtsverteilung in den Zielsetzungen von Energiewirtschaft und -politik nicht aus. Sie läuft Gefahr, die bereits heute **wachsenden Risiken** für die deutsche Entwicklung aufgrund der international wachsenden Probleme **zusätzlich zu erhöhen**.

Selbst wenn Deutschland z.B. bei stagnierenden Energieverbräuchen und sinkenden Emissionen vielleicht etwas weniger als in der Vergangenheit und weniger als andere Industrieländer (z.B. den USA) zur Steigerung dieser Probleme beiträgt, steigert es deren Niveau. Der Umstieg auf einen erhöhten Einsatz von Kernenergie ändert daran wenig, weil dadurch lediglich die Risiken der Klimaerwärmung durch diejenigen der Kernenergienutzung und -entsorgung ersetzt werden, ohne daß sich in den Grundstrukturen des Energieeinsatzes wesentliches verändert.

(5) Die weitere Subventionierung von nationaler Steinkohle und der Ausbau der Kernenergie zur Steigerung des inländischen, vom Weltmarkt unabhängigeren Anteils an der Energieversorgung **verringert** zugleich **die Chancen Deutschlands** mit gutem Beispiel voranzugehen und andere Länder mit insgesamt niedrigerem wirtschaftlichen Niveau zu einem anderen Umgang mit Energie zu bewegen, damit die langfristige Entwicklung für Deutschland abgesichert wird.

Welchen Anlaß sollten andere Länder und insbesondere stark wachsende Entwicklungsländer haben, ihrerseits energiebedingte Umweltbelastungen zu verringern oder auch nur zu stabilisieren? Da ihnen noch mehr das Know-how und die finanziellen Möglichkeiten für einen anderen Umgang mit Energie fehlen und sie hierfür auch in den Industrieländern keine praktisch erprobten Lösungsansätze finden, bliebe ihnen nur die Möglichkeit eines theoretischen Verzichts auf eine eigene

Entwicklung. Ein solches Szenario ist jedoch aus der Sicht dieser Länder sehr unwahrscheinlich.

(6) Die Suche nach alternativen Entwicklungsformen der Energienutzung liegt **gegenwärtig** auch gar **nicht im Interesse des deutschen Energiesektors**. Er verstärkt eher seine Verkaufsanstrengungen zum Export von deutscher Kohle- und Kernkrafttechnik, oft mit politischer Unterstützung und internationalen Finanzhilfen, um die vorhandenen Kapazitäten im Anlagenbau bei stagnierender oder fallender Inlandsnachfrage auszulasten. Entgegen kommt ihm das Argument, daß die deutsche Technik im Vergleich zur bisherigen Strom- und Wärmeproduktion in den Entwicklungsländern umweltfreundlicher und sicherer sei. Teilweise wird sogar argumentiert, daß die Erschließung neuer Braunkohlefelder in den neuen Bundesländern für den Technologieexport unverzichtbar sei.[13)]

Das Ergebnis dieser, auf eine Steigerung des Energieangebots weltweit setzenden, Exportstrategie der Energiesektoren ist, daß der bereits absehbare Anstieg der weltweiten energiebedingten Wachstums- und Umweltbelastungen aus aktuellen ökonomischen und beschäftigungspolitischen Gründen zusätzlich gefördert wird. Der Hinweis auf die größere Umweltfreundlichkeit der deutschen Anlagen im Vergleich zu den im Ausland bisher eingesetzten hilft dabei wenig. Die in den Entwicklungsländern wachsenden und mittel- bis langfristig für Industrieländer wie Deutschland potentiell bedrohlich werdenden Entwicklungen gehen viel stärker von der wenig effizienten Art der Energienutzung und den generellen Wachstumsproblemen aus. Hingegen helfen relativ umweltfreundlichere deutsche strom- und wärmeerzeugende Anlagen wenig.

(7) Die Tatsache, daß die wirtschaftliche Entwicklung in Deutschland in den letzten Jahren und für die absehbare Zukunft auch ohne eine Ausweitung der traditionell eingesetzten Primärenergieträger möglich ist, wirft die Frage auf, ob sich nicht die wirtschaftliche Entwicklung in Deutschland auch dadurch sicherstellen läßt,

1. daß Deutschland systematisch (und nach Möglichkeit in Zusammenarbeit mit ähnlich interessierten Ländern) nach technischen und ordnungspolitischen Wegen sucht, um die **rationelle Energiewandlung** im Inland zu erhöhen und so die in der Vergangenheit bereits begonnene Entkoppelung von Wirtschaftswachstum und Energieverbrauch weiter voranzutreiben,
2. daß Deutschland seine technischen und wissenschaftlichen Kapazitäten gezielt für die technische und wirtschaftliche **Weiterentwicklung** zur Nutzung der in Deutschland verfügbaren **erneuerbaren Energiequellen** einsetzt.

---

13) So der Vertreter der Laubag auf dem Workshop der Prognos AG im September 1997.

Beiden Ansatzpunkten ist gemeinsam, daß sie neben der **Steigerung der Versorgungssicherheit** in Deutschland auch zu einer **Senkung der externen Kosten** im Vergleich zur bisherigen Energienutzung beizutragen vermögen und zwar im ersten Fall durch eine Verminderung des spezifischen und mindestens vorübergehend auch absoluten Energiebedarfs und im zweiten durch eine steigende Substitution der bisher eingesetzten, nicht erneuerbaren Primärenergieträger.

(8) Im Hinblick auf die Bedingungen für eine dauerhaft durchhaltbare Entwicklung in Deutschland hätte eine solche Akzentverlagerung in den Bemühungen um eine energetische Versorgungssicherheit **deutliche Vorteile**:

- Die **Zeitspanne**, in der aus heutiger Sicht noch nicht mit Verknappungen auf den Weltenergiemärkten gerechnet werden muß, kann systematisch zu einer Verbesserung der wirtschaftlichen Entwicklung auch für den Zeitraum **genutzt** werden, für den tendenziell mit neuen Knappheiten, politischen Irritationen und Preissteigerungen auf den Weltenergiemärkten zu rechnen ist (nach 2010).
- Mit Verringerung der deutschen energiebedingten Umweltbelastungen läßt sich die **internationale Glaubwürdigkeit** einer Politik zur Reduktion der externen Kosten aus der Energienutzung erhöhen. Deutschland könnte zusammen mit anderen Ländern eine Vorbildfunktion erlangen, wenn es gelingt, neue wirtschaftlich und technisch machbare sowie ökologisch sinnvolle Möglichkeiten der Energienutzung zu entwickeln und praktisch umzusetzen.
- Schließlich entsteht mit der zunehmende Nutzung der rationellen Energiewandlung und dem verstärkten inländischen Einsatz erneuerbarer Energien ein technisches und organisatorisches Know-how, das sich in Produkt- und Prozeßinnovationen niederschlägt und dessen Export in Deutschland **Arbeitsplätze zu sichern** vermag.

First Mover Advantage

(9) Je besser es in Deutschland gelingt, marktfähige Produkte und Dienstleistungen zu entwickeln, mit denen eine Entkoppelung von Wirtschaftswachstum und Primärenergieverbrauch gelingt, umso eher kann dies zu einem First Mover Advantage führen. Ein solcher **Innovationssprung** ergibt sich dann, wenn deutsche Unternehmen des Energiesektors **neue energieeffizientere Technologien auf dem Weltmarkt anbieten**, ihre praktische wirtschaftliche Anwendbarkeit beweisen und damit einen Wettbewerbsvorsprung gegenüber anderen Anbietern zu erzielen vermögen. Gelingt dies, so kann die gezielte Förderung des Einsatzes energieeffizienterer und umweltverträglicherer Technologien in Deutschland mittel- und langfristig zu Wettbewerbsvorteilen für den deutschen Energiesektor führen, die die

potentiellen Nachteile einer Verteuerung der Energienutzung auf Wachstum und Beschäftigung durchaus überkompensieren.

Die nationale Steigerung der rationellen Energiewandlung und die Förderung des Einsatzes erneuerbarer Energien hilft, technische und ordnungspolitische Lösungsansätze zu entwickeln und praktisch zu erproben. Sie können auf mittlere und längere Sicht die eigene Versorgung sichern und zugleich deutschen Anbietern von Energiewandlern für alle Phasen des Energiewandlungsprozesses von der Gewinnung der Primärenergie bis zum Einsatz der Nutzenergie die Entwicklung neuer Märkte für sich und die Anbieter der dazugehörigen Materialien, Techniken und Werkstoffe erlauben. Auch hier gerät der deutsche Energiesektor in Wettbewerb, da einige kleinere Staaten wie die Schweiz, Dänemark oder die Niederlande, eine solche Strategie bereits verfolgen.

(10) Die **Chancen zur Nutzung derartiger Wettbewerbsvorteile** mithilfe von Innovationen zur rationelleren Energiewandlung und Anwendung erneuerbarer Energien einschließlich der dafür benötigten Techniken und Materialien werden weltweit auf mittlere und längere Frist mit großer Wahrscheinlichkeit **steigen**. Dies hängt unmittelbar mit den wachsenden Umweltproblemen zusammen, denen sich die besonders schnell entwickelnden Länder nicht zuletzt wegen der bisher sehr ineffizienten Energienutzung gegenübersehen.

Dabei werden auch diese Länder in erster Linie nach Lösungen suchen, mit denen sie die **lokalen oder regionalen Umweltprobleme** in den Griff zu bekommen vermögen.[14)] Die in den Industrieländern und auf internationalen Konferenzen im Vordergrund stehenden Risiken einer Klimaveränderung sind angesichts der akuten Probleme vor Ort nachrangig.

(11) Zusätzliche Investitionen in end-of-pipe Technologien bleiben dabei weiter unwahrscheinlich. Aufgrund der wirtschaftlichen und sozialen Probleme fehlt gerade den Ländern, die wie etwa China heute am stärksten unter wachsenden energiebedingten Umweltbelastungen leiden, dafür das Geld. Aus diesem Grunde sind sie kaum als Käufer für Reinigungs- und Entsorgungstechnologien aufgetreten, mit denen die Industrieländer selbst bisher ihre Emissionsprobleme zu lösen versuchen und die sie am liebsten im Ausland vermarkten würden. Doch die **Zurückhaltung bei end-of-pipe Technologien** wird in den meisten Entwicklungsländern auch in Zukunft anhalten, da sich die dafür verantwortlichen Ursachen kaum verändern werden.

---

14) Auch spricht alles für eine ähnliche Entwicklung, wie sie das Interesse an Umweltfragen auch in den Industrieländern genommen hat. Vgl. Jänicke, Weidner (1997), S. 307.

(12) Auf der anderen Seite sind nach aller bisherigen Erfahrung nicht nur Entwicklungsländer daran interessiert, bei Anlagenimporten stets die jeweils modernste Technik zu importieren, die auch im Ausland erfolgreich angewandt wird. Dies gilt vor allem dann, wenn es **mit Hilfe neuer Energiesysteme** gelingt, die eigenen Energieversorgungsprobleme zu verringern und gleichzeitig der kritischer werdenden Umweltsituation im eigenen Land entgegenzuwirken. Die gegenwärtig bestehenden technischen Vorsprünge des deutschen Energiesektors bei den traditionellen Techniken der Kohlegewinnung und Stromerzeugung können dabei nur vorübergehend helfen. In Deutschland praktisch erprobte und eingesetzte Systeme zur Effizienzverbesserung können daher mit relativ guten Exportchancen rechnen und mittel- bis langfristig sogar wegen der wachsenden Umweltprobleme weltweit größere Wachstumschancen haben, als sich die Unternehmen gegenwärtig bei dem Export der traditionellen Technik versprechen.

Konsequenzen

(13) Die Betonung der rationellen Energiewandlung und des Einsatzes erneuerbarer Energieträger zur Sicherung der wirtschaftlichen Entwicklung und der internationalen Konkurrenzfähigkeit Deutschlands erscheint zunächst ungewohnt und bedeutet vor allem eine Gewichtsverlagerung für den deutschen Energiesektor:

- Die vielfach im Vordergrund stehende **angebotsseitige Versorgungssicherheit** versucht das Problem durch Innovationen besonders am Anfang der Energiewandlungskette, d.h. bei der Beschaffung von Primärenergieträgern und der Bereitstellung von Endenergie in der vom Nutzer jeweils gewünschten Form zu lösen. Diesen kommt die Energiemarktordnung sehr entgegen, die die Energieversorgungsunternehmen zur Bereitstellung der gewünschten Energie verpflichtet, ihnen dafür regionale Monopole einräumt und dem Nutzer nur die Entscheidung über die Energiemengen zu den jeweiligen Preisen überließ.

- Für eine dauerhaft durchhaltbare Entwicklung in Deutschland ist die Versorgungssicherheit auf der Angebotsseite dagegen nachrangig. Entscheidender ist eine möglichst effiziente **Energienutzung** am Ende der Energiewandlungskette, d.h. auf Seiten der Energieverbraucher. Hierfür muß der Energienutzer größere Freiheitsspielräume erhalten und sich zugleich der tatsächlichen, also auch der externen Kosten seiner Energienutzung bewußt werden und bleiben. Der Anstoß für Innovationen muß stärker von der Bedarfsseite herkommen, so daß die „klassische" Energiewirtschaft gezwungen wird, über das Angebot wirtschaftlicher Alternativen unter veränderten Rahmenbedingungen nachzudenken.

(14) Eine solche Neuorientierung in der deutschen Energiewirtschaft erscheint auf den ersten Blick wenig realistisch. Übersehen wird jedoch leicht, daß auch die bisherige Wirtschaftsordnung **steuernde Eingriffe in die Energienachfrage** kennt. Sie geschehen allerdings meist außerhalb der Marktkräfte und schränken in aller Regel die Entscheidungsfreiheit der Energienutzer zusätzlich ein. Teilweise liegen die Maßnahmen auch außerhalb der Zuständigkeit der Energiepolitik etwa im Rahmen von Bebauungsordnungen, der Festlegung technischer Standards (z.B. der TA-Luft) oder bei Verhaltensvorschriften zur Reduzierung oder Vermeidung von Umweltbelastungen (z.B. die Einführung von Tempolimits).

Derartige Eingriffe in die Nutzung knapper Ressourcen waren typisch für alle historisch bekannten Entwicklungen, in denen die Versorgung einer Gesellschaft mit Energie (vor allem Holz), aber auch mit Wasser, landwirtschaftlichen Nutzflächen oder Nahrungsmitteln angesichts der bestehenden natürlichen Knappheiten gesichert werden mußte.[15] Sie basierten auf Regeln und Verhaltensvorschriften über zulässige Nutzungsformen und Verteilungsrechte, die sogar bis zu regulierenden Eingriffen in die natürliche Bevölkerungsentwicklung reichte. Vor diesem Hintergrund erscheint die stärkere Rolle und größere Entscheidungsfreiheit des Energienutzers bei gleichzeitiger Anrechnung der tatsächlichen Folgekosten des Energieeinsatzes als eine **ordnungspolitische Aufgabe der Zukunft**.

(15) Eine Neuordnung der Energienutzung braucht Zeit und muß in vielen kleinen Schritten angestoßen und erprobt werden. Das langfristige Ziel ist dabei die **Suche nach einer Ordnungsstruktur für Energienutzung und -versorgung in Deutschland**, die eine optimale Abstimmung zwischen Energieangebot und -nachfrage unter den Bedingungen einer dauerhaft durchhaltbaren Entwicklung in Deutschland gewährleistet. Dafür müssen sich allmählich Verhaltensmuster in der Bevölkerung und in der Wirtschaft durchsetzen, die zu einem langfristig durchhaltbaren Energieeinsatz in Deutschland führen und ihrerseits Innovation in anderen Ländern anregt.

Die dafür notwendigen Wertvorstellungen und Verhaltensmuster lassen sich aber weder politisch erzeugen noch diktieren. Sie entwickeln sich vielmehr - auch das zeigt die Analyse der historischen Anpassungsspiralen - nur im Laufe oft langer Zeiträume und in eben jenem Ordnungswettbewerb, von dem sich das Walter-Eucken-Institut in Freiburg das Entdeckungsverfahren im Wettbewerb alternativer Ordnungen verspricht.[16]

(16) Die ordnungspolitische Aufgabe wird darin liegen, die **Marktkräfte von seiten der Nachfrage zu aktivieren**, um die folgenden Ziele zu erreichen:

---

15) Vgl. Kapitel 3.2 und Ostrom (1990), S. 58ff.
16) Vgl. Walter-Eucken-Institut (1995), S. 111ff.

1. **Steigerung der Energieproduktivität** mithilfe rationeller Energiewandlung, so daß der spezifische Energieeinsatz und die energiebedingten Emissionen kontinuierlich gesenkt werden können.

2. Zunehmende Einbeziehung von **erneuerbaren Energien** zur Deckung des Energiebedarfs und zur Substitution der nicht erneuerbaren Energieträger.

3. Weiterentwicklung und praktische Erprobung einer stärker **nutzergeführten Energieversorgung** unter Anrechnung der externen Kosten der Energienutzung in Deutschland.

4. Unterstützung deutscher Firmen bei der **Vermarktung** ihres technischen Know-hows und entsprechender **energieeffizienter Produkte und Systemlösungen** weltweit mit dem Ziel, der weiteren Verschärfung akuter Energieversorgungsengpässe und Umweltprobleme vorrangig durch die gezielte Steigerung energieeffizienter Nutzungsformen entgegenzuwirken und die gefundenen Lösungen auch in Entwicklungsländern technisch und wirtschaftlich einzusetzen.

5.2.2 Initiativen im internationalen Rahmen

Internationale Vereinbarungen

(1) Die sich abzeichnenden internationalen Risiken für eine dauerhaft durchhaltbare Entwicklung in Deutschland z.B. durch Instabilitäten im Welthandel, politische Konflikte, einen wachsenden Wanderungsdruck oder direkte Umweltbeeinträchtigungen einschließlich der dadurch ausgelösten internen politischen Auseinandersetzungen lassen sich nur auf dem Wege **allgemein realisierter internationaler Vereinbarungen** wirklich begrenzen und im Idealfall vermindern.

Benötigt werden weltweit akzeptierte Regelungen, die es Deutschland im Einvernehmen mit allen anderen Ländern erlauben, sich aus dem Gefangenen Dilemma zu befreien und seine Energiepolitik neu auszurichten, ohne sich Sorgen um den Verlust der internationalen Wettbewerbsfähigkeit aufgrund unterschiedlicher Kostenanlastungen in der Energienutzung machen zu müssen. Als Folge vereinheitlichter internationaler Regelungen beim Energieeinsatz würden auch die Anreizstrukturen auf den internationalen Finanzmärkten ihre hemmende Wirkung gegenüber langfristiger orientierten Investitionsvorhaben verlieren.

(2) Die Zahl der bisher vereinbarten internationalen Umweltschutzabkommen unter Beteiligung von Industrie- und Entwicklungsländern ist allerdings sehr **begrenzt**, wenn man von den viel zahlreicheren zwischenstaatlichen Vereinbarungen etwa über gemeinsame Flußeinzugsgebiete, spezifische Projekte und Programme (z.B. den Tropenwald-Aktionsplan) absieht. Dabei handelt es sich im wesentlichen um vier weltweit geltende Vereinbarungen:[17)]

- die Londoner Dumping Konvention (1972), die das Einleiten von Schiffsabfällen in die Weltmeere regelt,
- das Marpol-Abkommen (1973, 1978), in dem technische Vorschriften zur Vermeidung von Öleinleitungen in die Weltmeere festgelegt werden,
- die UN-Seerechtskonferenz (1973 bis 1982) mit der Regelung von Nutzungsrechten in den Meeren und auf dem Meeresboden sowie
- die Wiener Konvention zum Schutz der Ozonschicht (1985) zusammen mit dem Montrealer Protokoll (1987), das die Reduktion von FCKW-Emissionen beinhaltet.

(3) Angesichts der bereits absehbaren weltweiten Umweltprobleme und dem sich daraus ergebenden internationalen Handlungsbedarf (vgl. Kapitel 4.2) erscheint diese Zahl beängstigend klein. Insbesondere die internationalen Protokolle, deren

---

17) Vgl. Simonis (1996), S. 174.

Erarbeitung in der Klimakonvention 1992 in Rio de Janeiro beschlossen wurde, lassen auch nach wiederholten Treffen auf sich warten. Konkrete Vereinbarungen sind gegenwärtig nicht absehbar.

Unter ökonomischen Gesichtspunkten besonders interessant erscheint der Vorschlag, nationale und internationale Reduktionsziele (in Teilen) mit Hilfe von joint-implementation-Maßnahmen einzusetzen, die es den Ländern freistellen, wo sie sich vorzugsweise zur Senkung der weltweiten Treibhausgasemissionen besonders engagieren. Eine solche Regelung könnte die Vorstufe eines später zu vereinbarenden **weltweiten Zertifikatmodells** sein, in dem die Emissionsrechte zwischen den Vertragsstaaten handelbar wären. Ein solcher Vorschlag knüpft gedanklich an vergleichbare Regelungen an, wie sie sich in der Vergangenheit auch in anderen Fällen der Bewirtschaftung knapper Ressourcen wie z.B. bei Wasser- oder Bodennutzungsrechten bewährt haben.

(4) Die politische Diskussion über derartige ökonomisch durchaus überzeugende Vorschläge macht zugleich die **politischen und institutionellen Schwierigkeiten** deutlich, mit denen sich alle Bemühungen um tragfähige internationale Vereinbarungen auseinandersetzen müssen. Im Unterschied zu den bereits abgeschlossenen regionalen Vereinbarungen (z.B. über Wassernutzungsrechte) fehlen für eine Anwendung dieses Instrumentariums auf breiter internationaler Ebene wichtige Erfolgsbedingungen:

- der unmittelbare Bezug zum Nutzen der gemeinsamen Regelungen aus der Sicht des individuellen Staates,
- politisch akzeptable Vereinbarungen über unabhängige Beobachtungsmöglichkeiten der gesamten und der nationalen Emissionsmengen,
- die Existenz akzeptierter Institutionen, die die Aufgabe der Kontrolle, Streitschlichtung und ggf. Sanktionierung bei Regelverstößen übernehmen und gewährleisten könnten.

Jede Vereinbarung dieser Art ist zwangsläufig mit dem Abbau nationaler Souveränitätsrechte verbunden und müßte deswegen praktisch von allen Nationen der Erde auf Dauer akzeptiert und auf nationaler Ebene durchgesetzt werden.

(5) Welche Schwierigkeiten die Überwindung solcher Hürden bei internationalen Vereinbarungen mit sich bringen, zeigt sich bei den Bemühungen zum Abschluß und zur Umsetzung der **Wiener Konvention zum Schutz der Ozonschicht**: Von der ersten wissenschaftlichen Erkenntnis über die schädlichen Wirkungen der FCKW für die Ozonschicht der Erde in den frühen 70er Jahren, über erste nationale Verbote in den USA (1978), entsprechende Verhandlungen auf internationaler Ebene (1982 - 1987), die Unterzeichnung des international verbindlichen

Montrealer Protokolls im September 1987, bis zu ersten supranationalen Erfolgen in der FCKW-Reduktion auf dieser gesetzlichen Grundlage (in der EG z.B. im Jahre 1993), bzw. bis zur umfassenden FCKW-Reduktion auf EG-Ebene im Januar 1997 vergingen 20 bis 30 Jahre (vgl. Übersicht 5-1).

Gleichwohl unterwarfen sich zunächst nur die Industrieländer den vereinbarten Regeln, nicht dagegen die für die globale Entwicklung so wichtigen und wachstumsintensiven Entwicklungsländer wie Brasilien, China oder Indien. Ihretwegen wurde auf der Konferenz in London 1990, an der bereits 60 Staaten teilnahmen, ein multilateraler Fonds eingerichtet, der überwiegend durch Beiträge der Industrieländer finanziert wird. Er soll die Entwicklungsländer bei der Umstellung ihrer Produktion entsprechend entlasten. Die Teilnahme von 21 weiteren Staaten an der Folgekonferenz in Kopenhagen bestätigte diesen Ansatz.

Die bisherigen Erfolge zur Umsetzung des Montrealer Protokolls sind zwar **grundsätzlich ermutigend**. Dennoch steht auch hier die weltweite Anwendung noch aus, selbst der Handel mit FCKW hat sich nicht unterbinden lassen und in manchen Unterzeichnerstaaten (wie z.B. der GUS) bestehen erhebliche Vollzugsdefizite. Hinzu kommt, daß die Schädigung der stratosphärischen Ozonschicht nicht nur wegen der Vollzugsdefizite und der Langlebigkeit der schädigenden Substanzen, sondern auch wegen der Schädlichkeit der zugelassenen Ersatzstoffe für Jahrzehnte noch ein globales Umweltthema bleiben wird. [18]

(6) Das Beispiel der FCKW-Vereinbarungen macht deutlich, welche **Zeiträume** in Betracht zu ziehen sind, um internationale Vereinbarungen (zumindest in Teilen) erfolgreich werden zu lassen. Legt man die bisherigen Erfahrungen zugrunde, so kommt man schnell auf eine Größenordnung von ca. 40 bis 60 Jahre. Es braucht also eine Zeitspanne von ein bis zwei Generationen,

- ehe aufgrund erster wissenschaftlich akzeptierter Erkenntnisse die internationale Bedrohung zum Gegenstand öffentlicher Auseinandersetzungen und zur Akzeptanz eines politischen Handlungsbedarfs führt,
- nationale und internationale politische Verhandlungen initiiert, vorbereitet und erfolgreich abgeschlossen werden,
- die vereinbarten Regelungen zunächst von den ersten Vertragsstaaten und später auch von allen Ländern in verbindliches Recht umgesetzt sind,
- erste Erfolge auf der Basis der vereinbarten Regeln beobachtet werden können.

18) Vgl. Simonis (1996), S. 179.

Übersicht 5-1: Zeitbedarf von der wissenschaftlichen Erkenntnis bis zur Reduktion der FCKW-Emissionen in der Europäischen Union

ca. 1971	Die Chemiker F. Sherwood Rowland und M. Molina, Universität Kalifornien, stellen erstmals die Hypothese auf, daß FCKW die Ozonschicht der Erde schädigen.
1972	Erste intensive wissenschaftliche Debatte über die Schädlichkeit von FCKW und über die bestehenden wissenschaftlichen Unsicherheiten über die Wirkungszusammenhänge beginnt.
1976	Die US-amerikanische Food and Drug Administration, Environmental Protection Agency and Consumer Product Safety Commission schlagen erstmals und als erste Institutionen vor, den Einsatz von FCKW in den USA teilweise zu verbieten.
1977	Erste Treffen auf UN-Ebene bereiten ein FCKW-Abkommen vor.
1978	In den USA tritt ein nationales Verbot der Verwendung von FCKW in Sprays in Kraft.
1982	Erste internationale Verhandlungen über ein weltweites FCKW-Abkommen beginnen.
1985	Zwanzig Nationen und die EG unterzeichnen die Wiener Konvention.
1987	Das Protokoll zur Wiener Konvention wird in Montreal verabschiedet. 24 Staaten und die EG unterzeichnen das Montrealer Protokoll, in dem sie sich verpflichten, die Produktion und den Gebrauch von CFCs bis zum Jahr 1998 zu halbieren und die Produktion und den Gebrauch von Halonen auf dem Wert von 1992 einzufrieren. Entwicklungsländern wird eine 10 Jahre längere Zeitperiode zugestanden, um diese Ziele zu realisieren.
1989	Das Montrealer Protokoll tritt in Kraft.
1991	Das Montrealer Protokoll wird in eine EG-Ratsverordnung umgesetzt.
1993	Erste FCKW-Reduktionen finden auf EG-Ebene statt.
1997	Die Produktion und der Verbrauch von fünf vollhalogenisierten FCKW in der EU ist auf Null zurückgegangen.

Quelle: Environment (1995), S. 20; The Economist (1990), S. 17; Cohn (1987), S. 32; Krueger, Wiesenfeld, Lowen (1986), S. 10.

Geht man davon aus, daß sich die Befürchtungen zur Klimawirkung der CO_2-Emissionen bestätigen, und datiert den Beginn der wissenschaftlichen Diskussion (relativ großzügig) auf Anfang der 70er Jahre, so wäre nach dieser Schätzung kaum vor dem Jahr 2020 mit ersten Erfolgen der Klimakonvention von Rio, d.h. mit zunächst möglicherweise abnehmenden Zuwächsen bei den CO_2-Emissionen, ohne daß dadurch bereits die CO_2-Konzentration in der Erdatmosphäre stabilisiert oder gar gesenkt werden würde, zu rechnen. Für letzteres wäre selbst bei einem absoluten Rückgang der CO_2-Emissionen noch ein zusätzlicher Zeitraum wegen der Wirkungsverzögerungen notwendig.

(7) Abgesehen von diesen Zeitspannen für die Entwicklung eines internationalen Ordnungsrahmens beziehen sich alle bisherigen Erfahrungen nur auf Vereinbarungen zu ganz spezifischen als kritisch erkannten energiebedingten Emissionen. Sie decken keineswegs das ganze Spektrum der diskutierten Risiken für eine dauerhaft durchhaltbare Entwicklung in Deutschland ab, die mit einem anhaltend steigenden Energieeinsatz weltweit verbunden sind. Hierfür liegen bisher keinerlei Erfahrungen zu internationalen Regelungen vor.

Dies erscheint besonders problematisch im Hinblick auf die Risiken, die mit den **weltweit steigenden Wachstumsschäden** zusammenhängen. Ihre Reduktion läßt sich sehr viel schwerer in den Griff bekommen:

- Zum einen sind die hierfür zu verändernden Prozesse sehr viel komplexer und lassen sich nicht anhand relativ leicht meßbarer Indikatoren wie den FCKW- oder CO_2-Emissionen festmachen.
- Zum anderen berühren die dabei zu lösenden Fragen existentielle Entwicklungs- und Wohlstandsvorstellungen und lassen sich nicht über vergleichsweise marginale Umverteilungsmechanismen wie bei der Auflage eines Multilateralen Fonds zur Umstellung auf FCKW-freie Produktionsformen in den Entwicklungsländern ausgleichen.

(8) Die Dimensionen dieser Problematik wurden bei der außerordentlich schwierigen und zeitraubenden Verhandlungen in der Uruguay-Runde zur **Anpassung der GATT-Vereinbarungen** und zur Gründung der WTO erkennbar. Diese Verhandlungen erwiesen sich nicht zuletzt deswegen als so schwierig,

- weil die Entwicklung des Welthandels in der Vergangenheit überwiegend den Industrieländern zu Wachstum und Wohlstand geholfen, gleichzeitig aber eine weitere Entstehung von Einkommensdifferenzen zu vielen Entwicklungsländern nicht verhindern konnte,
- weil die Wirkung eines erweiterten Welthandels auf die globale Umweltentwicklung außerordentlich schwierig einzuschätzen ist und die bisherige Ent-

wicklung eher zu einer Verschärfung der globalen Umweltprobleme beigetragen hat,

- weil Maßnahmen zum Schutz der Umwelt sehr leicht als Instrumente für den Schutz heimischer Industriezweige genutzt werden können und in der Vergangenheit auch schon genutzt wurden.

Vor diesem Hintergrund bemühten sich insbesondere Nicht-Regierungsorganisationen um eine direkte Verknüpfung zwischen den internationalen Handels- und Umweltvereinbarungen. Sie hofften, nicht zuletzt auf diesem Wege auch eine arbeitsfähige Institution zur Durchsetzung der vereinbarten internationalen Umweltabkommen nutzen und über sie Sanktionsmöglichkeiten nachträglich einbauen zu können.[19)] Im Ergebnis wurde allerdings nur die allgemeine Verpflichtung zum Sustainable Development in die Präambel des WTO-Vertrages aufgenommen, während die Gespräche im Ausschuß „Handel und Umwelt" bisher noch zu keinen vertraglichen Regelungen geführt haben.

(9) Deutschland hat sich an der Erarbeitung internationaler Vereinbarungen bereits in der Vergangenheit intensiv beteiligt und meist in enger Zusammenarbeit mit anderen europäischen Staaten **erfolgreich um die stärkere Berücksichtigung von Umweltzielen bemüht**.[20)] Beispielhaft seien etwa genannt

- die Verankerung einer gemeinschaftlichen Umweltpolitik in den EU-Verträgen
- die Zusammenarbeit in der UN-Wirtschaftskommission für Europa (ECE), die sich besonders um Vereinbarungen zur Vermeidung grenzüberschreitender Beeinträchtigungen (z.B. bei Luft und Wasser) bemüht,
- die Zusammenarbeit im Rahmen der OECD, die die nationalen Umweltbemühungen ihrer Mitgliedsstaaten seit 1992 analysiert und bewertet,
- die bilateralen Vereinbarungen zur Zusammenarbeit im Umweltschutz mit wichtigen Entwicklungs- und Schwellenländern wie etwa Indonesien, Brasilien oder China und nicht zuletzt
- die Mitarbeit in der UN-Commission on Sustainable Development (CSD), deren Vorsitz 1994/95 bei Deutschland lag.

(10) Alle diese Aktivitäten liegen jedoch meist federführend bei der Außen- und Umweltpolitik und konzentrierten sich vor allem auf die **Schaffung einer besseren Informationsbasis** und die Erarbeitung umweltpolitischer Leitideen. Die auf Dauer unverzichtbare Verknüpfung mit den wirtschafts- und energiepolitischen

19) Vgl. dazu auch Wissenschaftlicher Beirat der Bundesregierung: Globale Umweltveränderungen (1996), S. 202.
20) Vgl. Bundesregierung (1997), S. 59ff.

Zielen steht dagegen nicht nur in Deutschland, sondern in fast allen Ländern noch aus. Einschränkungen gelten hier nur für wenige, meist kleinere europäische Industrieländer mit starkem umweltpolitischen Engagement in der Bevölkerung, wie z.B. Dänemark.

So kommt der Wissenschaftlichen Beirat der Bundesregierung: Globale Umweltveränderungen für Deutschland auch zu folgender Schlußfolgerung:

> „Es ist ... nicht zu übersehen, daß Deutschland bei der globalen Umweltpolitikformulierung bisher nur in wenigen Teilbereichen eine herausragende Rolle gespielt hat; faktisch wurde auch manche Chance der Einflußnahme vertan (Beispiel: Energiesteuer/ CO_2-Abgabe). Dennoch besitzt die Bundesrepublik durch ihr wirtschaftliches und technologisches Potential, ihre gewachsene allgemeinpolitische Bedeutung, insbesondere in der europäischen Union, aber auch und besonders durch ein hohes Umweltbewußtsein und die breite, wohlwollende Unterstützung seitens der Bevölkerung ein beträchtliches Einflußpotential auf die weitere Entwicklung der globalen Umweltpolitik."

Quelle: Wissenschaftlicher Beirat der Bundesregierung: Globale Umweltveränderungen (1996), S. 82

(11) Das Potential, über das Deutschland im Rahmen der internationalen wirtschaftlichen und politischen Machtstrukturen verfügt, wird Deutschland allerdings nur nutzen können, wenn es sich beharrlich dafür einsetzt, die Gefahr mittel- und langfristig absehbarer negativer Rückwirkungen der international wachsenden energiebedingten Externalitäten zu begrenzen und abzubauen. Damit verfolgt Deutschland durchaus eigene nationale Interessen,

- wenn es sich auf internationaler Ebene für **verbindliche** Vereinbarungen zur **Reduktion** energiebedingter Emissionen wie CO_2 und anderer Treibhausgase einsetzt und hierzu auch bereit ist, wie in Rio de Janeiro freiwillig Verpflichtungen zur Einführung entsprechender Regelungen im nationalen Rahmen zu übernehmen,[21)]
- wenn es an der **Verbesserung der umweltbezogenen Informations- und Kommunikationsbasis** und der Entwicklung leistungsfähiger Verhandlungs- und Abstimmungsverfahren in internationalen Organisationen finanziell und personell konstruktiv mitwirkt, und

---

21) Ob und in welcher Größenordnung es dabei politisch sinnvoll sein kann, z.B. aus taktischen Gründen auch quantitative Zielvorgaben in den Raum zu stellen, ist nicht Gegenstand dieses Gutachtens. In jedem Fall aber sollten quantitative Festlegungen aus den bereits oben erwähnten Gründen (vgl. Kapitel 3.2.2) vermieden werden, die aus theoretisch normativen Berechnungen ohne Prüfung der wirtschaftlich-politischen Realisierbarkeit abgeleitet wurden.

- wenn es bereit ist, nationale Entscheidungsbefugnisse in immer größerem Maße auch auf **internationale Umweltinstitutionen** zu übertragen und deren Zusammenarbeit mit der WTO zu unterstützen, damit das Inkrafttreten und die Wirksamkeit internationaler Umweltvereinbarungen erleichtert und beschleunigt wird. [22]

Besonders wichtig ist für den Erfolg solcher Initiativen, zunächst entsprechende Schritte auf EU-Ebene zu unterstützen und zu initiieren. Sind diese Schritte auf EU-Ebene erfolgreich, kann Deutschland zusammen mit der EU aus einer sehr viel günstigeren Position heraus ähnliche Regelungen auch weltweit vorschlagen.

Parallelstrategie

(12) Der Zeitbedarf und die zu lösenden Schwierigkeiten für die Entwicklung und Verabschiedung internationaler Vereinbarungen mit ausreichender Bindungswirkung bleiben auch bei einem verstärkten internationalen Engagement Deutschlands außerordentlich groß. Es besteht die Gefahr, daß verbesserte energiewirtschaftliche Ordnungsstrukturen international erst entwickelt werden, wenn die wachsenden Externalitäten bereits zu weiteren ökonomischen und sozialen Umbrüchen und zu politischen und wirtschaftlichen Konflikten geführt haben. Die Bemühungen zur Vereinbarung internationaler Regeln bedürfen daher der Vorbereitung und Ergänzung durch eine geeignete Parallelstrategie.

Die Chancen für notwendige Veränderungen steigen im internationalen Rahmen erfahrungsgemäß dann, wenn auf der Basis vielfältiger Einzelinitiativen in verschiedenen Ländern neue Regelungen anhand **konkreter Modellprojekte** eingeführt und erfolgreich durchgeführt werden. Auch im internationalen politischen Geschehen gilt die aus der Innovationsforschung und aus Marktwirtschaften bekannte Beobachtung, daß nichts so ansteckend ist wie erfolgreiche Initiativen anderer. Für die Reduzierung der internationalen Risiken einer dauerhaft durchhaltbaren Entwicklung in Deutschland ist daher bereits etwas gewonnen, wenn es in Deutschland - ggf. unterstützt durch entsprechende bilaterale Vereinbarungen - gelingt, zunächst Möglichkeiten zur Reduktion der energiebedingten Externalitäten aufzuzeigen sowie geeignete Regeln einzuführen, auf die dann andere Länder zurückgreifen können. So kann sich ein international stärker koordiniertes Handeln im Vorfeld oder sogar ohne feste Vereinbarungen wie im „Marktgeschehen“ entwickeln.

(13) Die Energiewirtschaft und -politik sollte vor diesem Hintergrund ihre Möglichkeiten gezielt nutzen und schon bestehende **Initiativen systematisch ausbauen**. Das Augenmerk könnte besonders auf die Ausschöpfung aller Möglich-

---

22) Vgl. Wissenschaftlicher Beirat der Bundesregierung: Globale Umweltveränderungen (1996), S. 81.

keiten zur rationellen Energiewandlung in den stark wachsenden Entwicklungsländern gelegt werden. Besonders wichtig sind in diesem Zusammenhang etwa

- die Bemühungen der führenden **Elektrizitätsversorgungsunternehmen der Welt (E7)** zur Entwicklung der internationalen Zusammenarbeit, zur Kooperation mit Entwicklungsländern und zur Durchführung von Projekten zur Steigerung der Energieeffizienz in diesen Ländern,[23)]
- die politische und industrielle Unterstützung der weltweit aktiven **Nicht-Regierungsorganisationen** bei ihren Bemühungen für den Einsatz energieeffizienterer Geräte und Techniken sowie zur Verbesserung der dezentralen Energienutzung und -versorgung,
- die Unterstützung von **Beratungs- und Finanzierungsangeboten**, mit denen den Entwicklungsländern vor Ort bei der Steigerung der Energieeffizienz und der Senkung der energiebedingten Umweltbelastungen und gleichzeitig deutschen Firmen bei der Vermarktung entsprechender Produkte und Dienstleistungen geholfen werden kann.[24)]

In diesem Zusammenhang sollten auch die Bestrebungen unterstützt werden, die langfristig negativen Folgen der bisher durchweg bevorzugten Großvorhaben zum Ausbau der Energieversorgung im traditionellen Stil bei der Vergabe von internationalen Krediten wie z.B. der Weltbank kritischer zu hinterfragen und systematisch alternative Wege im Sinne eines least-cost-planning Ansatzes zu prüfen.

(14) Ein solches Parallelengagement der deutschen Energiewirtschaft und -politik kann teilweise bereits die in vielen Entwicklungsländern angelaufenen **eigenständigen Bemühungen aufgreifen**. Nach den kürzlich veröffentlichten Untersuchungen von Jänicke/Weidner (WZ Berlin) bemühen sich auch Länder wie China, Brasilien oder Nigeria zunehmend, ihre Umweltprobleme in den Griff zu bekommen. Entsprechend zeigt diese Untersuchung, „daß weltweit sehr beachtliche Handlungskapazitäten im Bereich Umweltschutz aufgebaut worden sind - gesellschaftliche und politisch-institutionelle" und „immer mehr Umweltvorschriften und immer strengere Umweltstandards eingeführt werden."[25)]

Wie in den Industriestaaten konzentrieren sich diese Bemühungen in erster Linie auf die **Reduzierung der Staub-, SO_2- und NO_x-Emissionen**, während die Reduktion von Klimagasen nur geringen Stellenwert hat.[26)] In dem Maße aber, in dem es Deutschland gelingen sollte, sowohl im eigenen Lande als auch im Export technische Lösungen für den integrierten Umweltschutz bei der Energiewandlung und -nutzung zu entwickeln und zu implementieren, kann die Reduktion der loka-

---

23) Vgl. Otto (1997), S. 115.
24) Interessante Ansätze scheint in dieser Hinsicht das International Institute for Energy Conservation (IIEC), Washington zu verfolgen. Vgl. Financial Times Survey vom 11.11.1996.
25) Vgl. Jänicke, Weidner (1997), S. 5.
26) Vgl. Czakainski (1995), S. 691.

len Umweltbelastungen auch zu einer Reduktion der Klimagasemissionen führen. Dies gilt jedoch nicht bei der Vermarktung von End-of-Pipe-Technologien in Kraftwerken, die außerdem in den meisten Entwicklungsländern an finanziellen Barrieren scheitert.

(15) Wichtig ist die **Unterstützung der nationalen Institutionen** in den Entwicklungsländern bei dem **Aufbau dezentraler Strukturen**, über die auch die Mittelvergabe zur Finanzierung von dezentralen Ansätzen erleichtert oder überhaupt erst ermöglicht wird.[27] Es gilt Wege zu finden, mit denen Kapital aus den internationalen Finanzmärkten für derartige Maßnahmen aktiviert werden kann. Denn durch die bisher dominierenden Regeln werden „die meisten klein dimensionierten, sauberen und innovativen Energieversorgungsmöglichkeiten ebenso diskriminiert wie alle Investitionen zur Steigerung der Energieeffizienz".[28]

Hinzu kommt, daß der insgesamt erforderliche Kapitalbedarf für die schon heute absehbar notwendigen Investitionen nach vorliegenden Schätzungen Größenordnungen in der Höhe von mehreren 100 Mrd US$ erreicht, die durch internationale Institutionen wie bspw. die Weltbank voraussichtlich nur zu rund 15 % bereitgestellt werden können. Der Rest müßte über noch auszubauende Regelsysteme des internationalen Kapitaltransfers abgedeckt werden.[29] Hier liegt eine wichtige Aufgabe für die Entwicklung von Finanzierungsmodellen, zu der Deutschland mit der Erprobung konkreter Lösungen zur Verringerung der energiebedingten Umweltprobleme vor Ort beitragen kann.

(16) Neben der technischen und finanziellen Unterstützung bei der Entwicklung ökologisch verträglicher Energieversorgungs- und -nutzungsstrukturen in den Entwicklungsländern sollte jedoch nicht die Bedeutung des **Aufbaus** der dafür nötigen personellen, wissenschaftlichen, **organisatorischen und administrativen Strukturen** vergessen werden. Der Aufbau derartiger Infrastrukturen setzt in starkem Maße die entsprechende Qualifizierung der ausländischen Partner voraus. Hierfür können in Deutschland in den Hochschulen ebenso wie in den Unternehmen Qualifizierungs- und Kooperationsprogramme für Ausländer mit dem besonderen Schwerpunkt einer Verbesserung der Energienutzung auf- bzw. ausgebaut werden.

Konsequenzen

(17) Die Vereinbarung und Umsetzung international akzeptierter Regelungen zum Umgang mit Energie - so notwendig sie auch zur Überwindung des Gefangenen-Dilemmas sind - ist langwierig und im Hinblick auf die möglichen Erfolge außeror-

27) Vgl. Wissenschaftlicher Beirat der Bundesregierung: Globale Umweltveränderungen (1996), S. 78f.
28) Nakicenovic, Jefferson (1995), S. 12.
29) Vgl. Czakainski (1995), S. 692.

dentlich unsicher. Dies hat für einen Energiesektor, der sich an den Bedingungen für eine eigene dauerhaft durchhaltbare Entwicklung orientieren will, wichtige Konsequenzen:

1. Energieunternehmen und Energiepolitik sollten aus eigenen langfristigen Interessen heraus beharrlich an der Entwicklung eines akzeptierbaren **internationalen Ordnungsrahmens** zur Begrenzung und Reduzierung der energiebedingten Externalitäten mitarbeiten und den Fortschritt immer wieder durch eigene Initiativen unterstützen.
2. Ein wichtiges Instrument dafür können bereits **Initiativen und bilaterale Vereinbarungen** in und mit den Ländern sein, von denen mittel- und langfristig aufgrund ihrer geografischen Lage, ihrer energiebedingten Probleme, ihrer Machtpotentiale oder ihrer Größe am ehesten oder stärksten mit negativen Rückwirkungen auf die deutsche Entwicklung gerechnet werden muß.
3. Dabei sollte sich das Engagement in besonderem Maße auf die **Steigerung der Energieeffizienz** durch die systematische Erschließung aller Möglichkeiten der rationellen Energiewandlung, den flächendeckenden Ersatz von emissionsintensiven Kraftwerken und die Nutzung dezentraler erneuerbarer Energiequellen konzentrieren.

(19) Für die Verfolgung dieser Ziele besonders wichtig ist im internationalen Kontext, daß es Deutschland gelingt, sich aufgrund seiner eigenen nationalen Energienutzungs- und -versorgungsstrukturen die **internationale Glaubwürdigkeit** und den Ruf eines technisch, wirtschaftlich und organisatorisch kompetenten und **zuverlässigen Partners** zu erwerben. Dies hängt unmittelbar damit zusammen, daß international alle direkten Eingriffsmöglichkeiten durch Einsatz wirtschaftlicher und politischer Macht sehr schnell an Grenzen stoßen. Umso wichtiger wird entsprechend das Image und die Erfahrung im Umgang mit öffentlichen Stellen und deutschen Unternehmen.

(20) Dabei kann die **Integration Deutschlands in die EU** durchaus **vorteilhaft** sein, wenn es gelingt, auf dieser Ebene einen leistungsfähigen Ordnungsrahmen zur Energienutzung unter den entsprechend auch EU-weit geltenden Bedingungen für eine dauerhaft durchhaltbare Entwicklung aufzubauen und zu erproben. Entsprechende Vereinbarungen auf der EU-Ebene sind allerdings nicht in jedem Fall einfacher und zeitsparender als im internationalen Rahmen. Zwar sind die Interessendifferenzen tendenziell kleiner und Rückgriffe auf bewährte Organisationsstrukturen zur Erarbeitung und Durchsetzung neuer Richtlinien möglich. Andererseits besteht angesichts der Interessen- und ideologischen Unterschiede auch die Gefahr, daß der langfristig notwendige Innovations- und Suchprozeß im „Wettbewerb der Ordnungen" durch wenig flexible Reduktionsvorgaben und technisch abgeleitete Auflagen behindert wird.

5.3 Grundideen für die strategische Umsetzung

Strategische Ausgangsbedingungen

(1) Vor dem Hintergrund der Grenzen und Risiken für die Entwicklung des Energiesektors in Deutschland (vgl. Kapitel 4) und der relativ begrenzten eigenen Handlungsspielräume zur Verringerung dieser Risiken erscheint eine Umstellung der bisherigen energiepolitischen Vorstellungen zur Nutzung der Reaktionsmöglichkeiten für den Energiesektor auf den ersten Blick schwierig. Vor allem drei Elemente sprechen dagegen:

1. Die historischen Beobachtungen über das Wechselspiel zwischen ökologischen Grenzen und wirtschaftlich-sozialer Entwicklung lassen erwarten, daß **singuläre politische Maßnahmen** wegen der komplexen Problemlage **nur begrenzte Wirkung** erzielen. Globale Verhaltensänderungen lassen sich ebensowenig befehlen wie das Erfinden und die Akzeptanz neuer Ordnungsstrukturen.
2. Die Entwicklung in Deutschland hängt stark von der Art und Menge des Energieeinsatzes in anderen und hier vor allem in den **bevölkerungsreichen Entwicklungs- und Schwellenländern** ab, deren Verhalten zur wichtigsten Rahmenbedingung für die dauerhaft durchhaltbare Entwicklung in Deutschland selbst wird.
3. Die Neuorientierung im Umgang mit Energie im oben abgeleiteten Sinne widerspricht nicht nur den bisher praktizierten Verhaltensmustern, sondern steht auch in Widerspruch zu den übergeordneten **Regelungs- und Anreizmechanismen** auf den Produkt- und Finanzmärkten. Ihre Überwindung setzt ein stärker kooperatives Handeln voraus, während gegenwärtig die politischen Weichenstellungen eher in Richtung eines Abbaus derartiger Entscheidungsbefugnisse gestellt werden.

(2) Die traditionellen **Vorstellungen der strategischen Planung** politischer und unternehmerischer Prozesse **versagen** unter diesen Bedingungen schnell. Die ihnen zugrundeliegende Vorstellung eines sequentiellen Ablaufschemas von der Zielformulierung über die Operationalisierung, Instrumentenwahl und Erfolgskontrolle scheitert,

- weil abgesehen von der grundsätzlichen Orientierung auf das Ziel einer dauerhaft durchhaltbaren Entwicklung die **Formulierung operationaler Zwischenziele** auf naturwissenschaftliche (z.B. im Bezug auf die Klimaveränderung) und vor allem politische **Unsicherheiten** stößt,

- weil die Zielerreichung nicht von den eigenen Handlungsspielräumen abhängt, alle nationalen oder unternehmerischen Zielvorstellungen in dieser Richtung also im eigentlichen Sinne **nicht strategiefähig** sind und
- weil die Entwicklung und Erprobung geeigneter Instrumente ein politisches Handeln auf übernationaler Ebene erfordert, auf der zumindest gegenwärtig **keine Institution** mit einer ausreichenden Legitimation und Handlungskompetenz vorhanden ist.

Politische und unternehmerische Handlungsempfehlungen richten sich daher leicht an einen imaginären Akteur, stützen sich auf unsichere Wirkungsvermutungen, erleichtern es allen politisch und wirtschaftlich Desinteressierten, die Vorschläge als wirklichkeitsfremd abzutun, und führen im Ergebnis bei deren Autoren wie in der Öffentlichkeit nur zu einer tendenziell wachsender Unzufriedenheit.

(3) Die Konsequenz dieser Schwierigkeiten läßt sich an den geringen Erfolgen zur Internalisierung externer Kosten der Energieversorgung beobachten. Bereits das nur für den begrenzten Bereich der **Forstwirtschaft** formulierte **Nachhaltigkeitsprinzip** ist „bis heute ... mehr ‘gepredigt’ als befolgt worden - denn Waldbau mit standortgerechten Baumarten und Monokulturen, die weithin verbreitet sind, widerspricht nachhaltigem Wirtschaften!“[30] Das Gleiche gilt für die Behandlung der tropischen Regenwälder oder der großen Wälder auf der Nordhalbkugel (z.B. Kanada). Wenn sich das Prinzip in einigen Industrieländern heute vielleicht etwas stärker als früher durchgesetzt hat, hängt dies sicher eher mit dem technisch möglich gewordenen Ausweichen auf andere Holz- und Energiequellen und wenig mit Verhaltensänderungen oder gar der Erprobung neuer Ordnungsstrukturen zusammen.

Ähnlich ist die Situation im Zusammenhang mit anderen Bemühungen zur Internalisierung energiebedingter externer Kosten. Die praktische Durchsetzung des von Politikern geforderten Verursacherprinzips scheitert schon daran, daß der Beweis für die Schädigung nur bei ganz wenigen, zeitlich und räumlich offensichtlich zusammenfallenden Ereignissen (z.B. Bergschäden, Ruß- oder Lärmbelastungen) zu führen ist. Bei weiter reichenden, zeitlich und räumlich differenzierten oder gar ökologisch komplexen Wirkungsketten (z.B. bei Luft-, Wasser- oder Bodenbelastungen) lassen sich solche Beweise schwer führen; potentielle Schäden (z.B. an der menschlichen Gesundheit, Waldbeständen, Bauten) werden von den Betroffenen selber getragen. Das traditionelle juristische Ordnungsprinzip der Verursacherhaftung scheitert schnell an der praktischen Handhabung.[31]

---

30) Haber (1994), S. 21.
31) Vgl. Masuhr, Wolff, Keppler (1992), S. 154.

(4) Auf der anderen Seite zeigt die Entwicklung in Deutschland seit Anfang der 70er Jahre, daß es trotz vieler Widerstände zu einer gewissen **Reduzierung energiebedingter Umweltbelastungen** gekommen ist. Entscheidend dafür waren in erster Linie politische Prozesse: Zwar lag das Hauptaugenmerk aller Akteursgruppen des Energiesektors nach den ersten Diskussionen über die „Grenzen des Wachstums“ bei der Sicherung der Energieversorgung. Dennoch führte die öffentliche Diskussion nicht selten zunächst gegen den Widerstand der Energiewirtschaft in einem politisch komplexen Wechselspiel zu einer Situation, in der sich neue Rahmenbedingungen für die Energieversorgung- und -nutzung herausbildeten und akzeptiert wurden, z.B. Emissionsgrenzwerte für Kraftwerke oder Autos, Nutzungsvorschriften zur Wärmeversorgung der Haushalte u.ä.

Die in den letzten Jahren beobachtbare Entkoppelung von Wirtschaftswachstum und Energienachfrage in Deutschland und die künftig erwartete Entlastung bei den meisten energiebedingten Emissionen (mit Ausnahme des Klimagases CO_2) sprechen für einen Erfolg dieser Bemühungen. Solche Erfolge basieren letztendlich auf der auch in der Energiewirtschaft wachsenden Akzeptanz des politischen Handlungsbedarfs, der Verabschiedung und Durchsetzung neuer staatlich kontrollierten Regeln sowie einer gewissen Überwindung der bisherigen Verhaltensmuster - **ein klassischer Weg zur Überwindung** des charakterisierten **Gefangenen-Dilemmas**.

Konstruktive Funktion der Öffentlichkeit

(5) In einer auf zahlreiche Fallstudien gestützten Untersuchung hat die Prognos AG versucht, den Prozeß der Internalisierung der externen Kosten des Energieverbrauchs bis zur Einführung und Umsetzung entsprechender Regelungen nachzuvollziehen. Die Untersuchung bezog sich auf einen Zeitraum von ca. 15 - 20 Jahren und ließ im Vergleich der unterschiedlichen Fallstudien ein **Phasenschema** erkennen, das sich idealtypisch wie folgt charakterisieren läßt: [32)]

1. **Wahrnehmung und öffentliche Diskussion** über potentielle externe Kosten bei zugleich wachsendem politischen Engagement besonders motivierter Bevölkerungsgruppen und Politiker, die dieses Thema auf die Agenda der öffentlichen politischen Diskussion bringen.

2. Die öffentliche Diskussion motiviert einzelne Personen, Unternehmen und politische Verwaltungen, anhand konkreter Modellvorhaben und Maßnahmen die **wirtschaftliche und politische Machbarkeit** eines anderen Umgangs mit Energie zu **demonstrieren**. Dabei entstehen zugleich Netzwerke zwischen unterschiedlichen Akteuren im gesellschaftlichen, wirtschaftlichen und politischen Raum, die gemeinsam an einer Neuorientierung arbeiten.

---

32) Vgl. Masuhr, Schärer, Wolff (1995), S. 180 ff.

3. Der an Einzelfällen nachweisbare Erfolg bringt die Gegner eines veränderten Ordnungsrahmens **in Beweisnöte** und macht es bei anhaltendem öffentlichem Interesse für immer mehr Politiker und Unternehmer zweckmäßig, sich mit Alternativen zu dem bisher Gewohnten ernsthaft auseinanderzusetzen. Dies mündet zunächst in wachsenden Kontroversen, dann in **Pilotvorhaben** und in ergänzenden bzw. verschärften **Umweltauflagen oder Energienutzungsstandards**. Im Vordergrund steht dabei meist die Reduktion der aufgetretenen Erscheinungen (**Symptombehandlung**).

4. Hält die öffentliche Diskussion dennoch an oder erweisen sich die Kosten der Symptombehandlung als zu hoch, so verstärkt sich der Druck auf Politik und Wirtschaft, auch über Änderungen nachzudenken, mit denen die **Entstehung der Probleme vermieden** werden kann. Hierfür werden, wenn nötig, auch Veränderungen in der Wirtschaftsstruktur (z.B. Aufgabe besonders belastender Betriebe oder Produktionsformen), ordnungsrechtliche oder -politische Eingriffe (z.B. Auf- oder Abbau von Subventionen, Nutzungsbegrenzungen, Auszeichnungspflichten oder sogar Vertriebsverbote) akzeptiert.

(6) Das Typische in diesem Prozeß ist das **Wechselspiel** zwischen öffentlichen politischen Diskussionen und konkreten Initiativen bzw. unkonventionellen, d.h. ökonomisch zunächst meist nicht rationalen Verhaltensweisen einzelner Bürger, Unternehmer oder Politiker. Sie finden ihrerseits bei wachsenden Gruppen eine zunächst vor allem moralische Unterstützung, die sich z.B. in Spenden, freiwilligem Engagement oder in hoher privater Experimentierfreude (z.B. zur individuellen Senkung des Energie- und Wasserverbrauchs) niederschlägt. Dies aber ist dann die Basis für neue Geschäftsideen und das wachsende Interesse sogar von Werbefachleuten, die auf diesem Wege nicht nur neue Kundenkreise zu gewinnen versuchen, sondern gleichzeitig für eine Verbreitung der Ideen sorgen (z.B. im Haushaltsgerätebereich).

(7) In diesem Prozeß kommt **der öffentlichen Diskussion** und ihrer **wissenschaftlichen Fundierung** eine mindestens ebenso große Bedeutung zu wie der an Einzelpersonen gebundenen Bereitschaft und Fähigkeit, sich - wenigstens vorübergehend - individuell den allgemein geltenden Anreizstrukturen zu entziehen. Die Basis dieses Prozesses ist die bereits oben charakterisierte, steigende Unzufriedenheit mit den herrschenden Entscheidungsmechanismen und zwar unabhängig davon, ob und in welchem Maße die jeweils handelnden Personen für die konkrete Entwicklung verantwortlich sind.

Hält der Problemdruck an und lassen sich auch nur ansatzweise Lösungswege denken und an öffentlich wirksamen Beispielen demonstrieren, so wächst auch bei der bisher eher zurückhaltenden Mehrheit der tendenziell innovationsscheuen Bürger und Unternehmen die Bereitschaft, sich wenigstens in einem gewissen Rahmen zu anderen Verhaltensweisen zwingen zu lassen. Dabei reicht die Bereitschaft zunächst oft erst zu einer gewissen **„aktiven Duldung“**, d.h. dem Verzicht, sich gegen politisch veränderte Regeln systematisch zur Wehr zu setzen und diese ggf. durch eigene Strategien (z.B. Flucht oder Passivität) zu konterkarieren und leer laufen zu lassen.

(8) Vergleicht man diese Erfahrungen mit dem Modell der historischen Anpassungsspiralen, wie es im Kapitel 3.2.1 abgeleitet wurde, so sind gewisse **Ähnlichkeiten in den Prozeßabläufen** unverkennbar:

- Hier wie dort ist die **Unzufriedenheit** und die **Unsicherheit** über die Zweckmäßigkeit und Stabilität der künftigen Entwicklung sowie die Beobachtung wachsender Risiken Anlaß, um nach Ursachen zu fragen und über alternative Lebensformen generell und über Möglichkeiten zur Überwindung der spezifischen Probleme nachzudenken.
- Hier wie dort werden bisherige Verhaltensformen zunächst **von Außenseitern** in Frage gestellt, die in den überkommenen Wirtschafts- und Verhaltensweisen die Ursache für ihre eigene Unzufriedenheit sehen. Solche Außenseiter waren in der Vergangenheit oft Propheten, Philosophen oder Wissenschaftler, die das Denken und Handeln von Politikern und Unternehmern beeinflußten. Nicht selten wurden überkommene Verhaltensmuster aber auch erst im „Wettbewerb der Ordnungen“ durch äußere Mächte in Frage gestellt.
- Hier wie dort ergeben sich Änderungen in den gewachsenen Systemen erst über **zeitintensive Anpassungs- oder Lernprozesse**, in die immer mehr Menschen einbezogen werden. Ohne deren faktische Mitwirkung oder mindestens Duldung sind keine auf Dauer wirksamen Veränderungen zu erreichen. Die notwendigen Zeitspannen werden dabei umso größer, je stärker die Veränderungen gegen die historisch gewachsenen institutionellen Strukturen, Wertvorstellung und Verteilungsmuster verstoßen.
- Hier wie dort lassen sich nachhaltige Erfolge einer Neuorientierung erst beobachten und messen, wenn sich **neue Ordnungsformen** soweit etabliert haben, daß es auch für die ursprünglichen Gegner und Benachteiligten aus Gründen veränderter Machtstrukturen unmöglich oder inopportun wird, sich gegen die veränderten Wertvorstellungen, Institutionen oder Verhaltensmuster zu stellen.

(9) Gleichzeitig erscheint das oben skizzierte empirische **Modell eines politisch-öffentlichen Lernprozesses** zur Internalisierung externer Kosten des Energieverbrauchs als ein marginaler Ausschnitt des Modells der historischen Anpassungsspiralen:

– Während letzteres in gewisser Anlehnung an die „Ökonomie der Natur“ das evolutorische Verhältnis zwischen der Entwicklung menschlicher Gesellschaften und den natürlichen Rahmenbedingungen zu beschreiben versucht, bezieht sich ersteres auf typische politische Abläufe und das Wechselspiel der Interessen einer pluralistisch-marktwirtschaftlichen Gesellschaftsordnung.

– Während im letzteren Zeiträume über Generationen hinweg und oft erhebliche menschliche Opfer nötig sind, um Veränderungen in den Wertvorstellungen und wirtschaftlich-sozialen Strukturen umzusetzen, handelt es sich bei ersterem um vergleichsweise marginale Korrekturen, die nicht selten nur deswegen akzeptiert werden, weil mit ihnen die überkommenen Ordnungsstrukturen wenigstens weitgehend noch aufrechterhalten werden können.

Gleichwohl setzen die **langfristigen Anpassungsformen** zwischen der menschlichen Gesellschaft und den natürlichen Rahmenbedingungen im Prozeß des „Wettbewerbs der Ordnungen“ gerade solche **kontinuierlichen Korrekturen im Ordnungsrahmen** voraus.

Strategische Ansatzpunkte

(10) Die in den 70er Jahren durch den Ölpreisschock geförderten Bemühungen zur Internalisierung externer Kosten der Energienutzung lassen sich insoweit als ein **Einstieg in den historischen Anpassungsprozeß** verstehen. Er könnte unter Einhaltung der Bedingungen für eine dauerhaft durchhaltbare Entwicklung im Laufe der Zeit zu einem technisch, verhaltensbedingt und organisatorisch anderen Umgang mit Energie führen und entsprechend auch eine andere Struktur des Energiesektors erfordern.

In diesem Anpassungsprozeß könnte Deutschland (möglicherweise in engem Verbund mit anderen Ländern wie z.B. den Niederlanden, der Schweiz oder Dänemark) zu jenen „Außenseitern“ werden, die sich über die gegenwärtig noch vorherrschenden, aber nicht dauerhaft durchhaltbaren Anreizmechanismen zur Energienutzung allmählich hinwegzusetzen vermögen. Ein solches Engagement hätte die Chance, zunächst auf nationaler Ebene neue Ordnungsformen und Verhaltensmuster im Energiesektor zu entwickeln, die sich dann im 'Wettbewerb der Ordnungen' auch in anderen Ländern oder weltweit durchzusetzen vermögen.

(11) Folgt man diesem Gedankengang, so liegt die Aufgabe für eine zukunftsorientierte Energiewirtschaft und -politik in Deutschland vor allem darin, die in den letzten 20 Jahren vorsichtig eingeleiteten Schritte zur Veränderung der Energienutzungsgewohnheiten konsequent weiterzugehen. Die **Bedingungen** dafür sind in Deutschland ähnlich wie in einigen anderen hochentwickelten Industrieländern **vergleichsweise günstig**:

- Deutschland verfügt über **umfangreiches technisches Know-how** für eine effiziente Energienutzung und den verstärkten Einsatz erneuerbarer Energieträger. Nicht zuletzt in Reaktion auf oft kontroverse Diskussionen in der Öffentlichkeit gelang es vielen Firmen, sich einen innovativen Vorsprung auf den Weltmärkten (z.B. in der Kraftwerks- und Sicherheitstechnik, im Verkehrsbereich und bei Haushaltsgeräten) und damit Beschäftigung zu sichern.
- Für die nächsten 10 - 15 Jahre ist noch nicht mit größeren knappheitsinduzierten Preiserhöhungen auf den Weltenergiemärkten zu rechnen, selbst wenn es zu größeren Preisschwankungen kommen kann. Dies sichert allen Akteursgruppen des Energiesektors **Innovations- und Finanzierungsspielräume** für die Entwicklung neuer Formen der Energienutzung, wenn deren Notwendigkeit als strategische Zielsetzung zur Sicherung der eigenen Entwicklung anerkannt und aufgegriffen wird.
- Deutschland kann seine internationale Wettbewerbsposition und sein Wohlstandsniveau gegenüber Schwellenländern langfristig nur verteidigen, wenn es sich im internationalen Wettbewerb als Standort für die **Entwicklung problemorientierter Systemlösungen** profiliert. Bei Innovationen dieser Art liegt das spezifische Know-how weniger in einzelnen Produkten oder Prozessen, die schnell von Konkurrenten weiterentwickelt und kostengünstig zugekauft werden können. Es liegt in der branchen-, unternehmens- und produktübergreifenden Systemoptimierung, für die auch heute noch hohe Standortanforderungen (z.B. in der Arbeitsteilung, im Bildungs- und Forschungsbereich, in der Infrastruktur) gelten.

Innovationen im Energiesektor gehören zu derartigen Systeminnovationen und sind insoweit durchaus den gegenwärtig erfolgreichen Innovationen dieser Art im Telekommunikationsbereich und im öffentlichen Nahverkehr vergleichbar. In beiden Bereichen kann die Exportwirtschaft unmittelbar auf erfolgreiche Erfahrungen in Deutschland bzw. Europa verweisen und an Problemen anknüpfen, die in Entwicklungsländern zunehmend zu Engpaß des internen Wirtschaftswachstums werden.

(12) Der wichtigste Verbündete für die Entwicklung veränderter Umgangsformen mit Energie ist auch in Zukunft das in der Öffentlichkeit bestehende **Unwohlsein bezüglich der wachsenden Widersprüche** zwischen der wirtschaftlichen und der ökologischen Entwicklung und die damit verbundene **Verunsicherung**. Sie ruft zwar zunächst meist Wahrnehmungsbarrieren und Verdrängungsmechanismen hervor, läßt aber bei sensiblen und aufgeschlossenen Personen die Bereitschaft wachsen, ggf. persönliche Opfer im Hinblick auf eine verläßlichere Zukunft hinzunehmen. Dies macht radikale Veränderungen im System von Energieversorgung und -nutzung zwar politisch noch nicht durchsetzbar, zwingt aber selbst mächtige Unternehmen des Energiesektors dazu, sich mit dem Problem auseinanderzusetzen und auch an konkreten Lösungen zu arbeiten. Auch die Einführung des FCKW-

freien Kühlschranks war erst möglich, nachdem die Unternehmen trotz massiven öffentlichen Widerstandes eine praktikable Lösung entwickelt hatten.

(13) Hierauf aufbauend könnte der Weg zu einer dauerhaft durchhaltbare Entwicklung in Deutschland und zu einem entsprechenden energiewirtschaftlichen Ordnungsmodell durch folgende **vier strategische Ansatzpunkte** charakterisiert sein (vgl. Übersicht 5-2):

1. Die **Unterstützung der Wahrnehmungs- und Sensibilisierungsprozesse** durch eine offene Bereitstellung von Informationen,
2. Die kontinuierliche **Steigerung der Energieeffizienz,**
3. Die Suche nach einem veränderten Ordnungsrahmen für **Energieversorgung und -nutzung** in Deutschland und Europa,
4. Die **Unterstützung sich ändernder Lebensformen** im Hinblick auf eine umweltverträgliche Energienutzung.

Dabei wird sich der Beitrag der einzelnen Schwerpunkte zum langfristigen Ziel einer dauerhaft durchhaltbaren Energienutzung ständig verlagern. Insbesondere die letztendlich unverzichtbaren Verhaltensänderungen auf der Basis veränderter Wertstrukturen werden sich nur langsam entwickeln, bleiben aber die treibende Kraft, ohne die weder die Steigerung der Energieeffizienz noch die allmähliche Veränderung der Ordnungsstrukturen vorstellbar wäre (vgl. Abb. 5-1).

Im folgenden wird auf die einzelnen Ansatzpunkte mit dem Ziel eingegangen, den idealtypischen langfristigen Gesamtverlauf erkennbar werden zu lassen. Die Diskussion der im einzelnen möglichen und nötigen Schritte innerhalb eines eher mittelfristigen Zeithorizonts bleibt den folgenden Kapiteln vorbehalten.

Ansatz 1: Sensibilisierung

(14) Die **Sensibilisierung der Öffentlichkeit** durch ein entsprechendes Informationsklima ist die entscheidende Basis, ohne die auch singuläre Maßnahmen zur veränderten Energienutzung und zielführende Innovationen in der Wirtschaft wenig Aussicht auf Umsetzung haben. Sie setzt nicht nur eine gewisse Institutionalisierung auf staatlicher Ebene (z.B. Zuständigkeit einer möglichst wenig an politische Rücksichtnahmen gebundenen staatlichen Verwaltung), sondern auch eine breite Medienarbeit und das Engagement von eigenständigen, teilweise weltweit agierender Interessengruppen voraus:

Alle politischen und wirtschaftlichen Machthaber nicht nur in totalitären, sondern auch in demokratischen Staaten, tendieren dazu, ihnen unliebsame Informationen, Forschungsberichte oder Meinungen zurückzuhalten bzw. deren Veröffentlichung zu behindern. Umso wichtiger sind daher regierungs- und wirtschaftsunabhängige Organisationen für die öffentliche Auseinandersetzung.

Abbildung 5-1: Nutzung der Anpassungspotentiale im Zeitverlauf

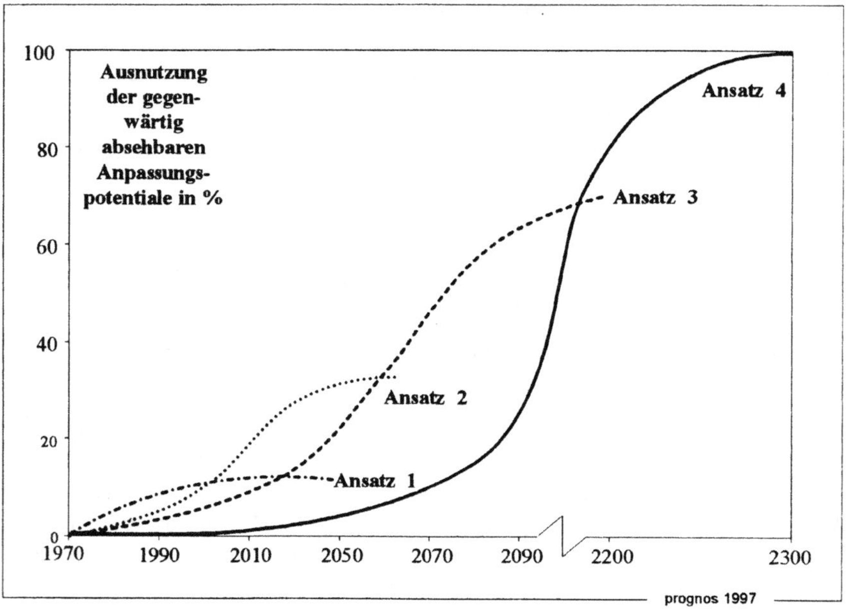

Als besonders wichtig haben sich in diesem Zusammenhang die **Aktivitäten vieler Nicht-Regierungsorganisationen** (z.B. WWF, Greenpeace etc.) erwiesen, ohne deren Informationsarbeit und Initiativen die notwendige Sensibilisierung der Öffentlichkeit weder in Deutschland, noch auf internationaler Ebene (z.B. im Vorfeld der internationalen Konferenzen in Rio de Janeiro oder bei der WTO in Genf) gelungen wäre.[33] Daß dabei zeitweilig auch wirtschaftlich und politisch wenig sinnvolle Forderungen erhoben und teilweise ideologisch und einseitig argumentiert wird, mindert nicht ihre Bedeutung für den Sensibilisierungsprozeß, ist zeitweilig sogar dessen Voraussetzung.

(15) Die politische und wirtschaftliche Reaktion auf ein Sensibilisierung der Öffentlichkeit besteht dann meist in einem **Nebeneinander zahlreicher Initiativen und Maßnahmen**, die vor allem unter dem Gesichtspunkt des direkten Aktivitätsnachweises ergriffen werden. Dabei vermischen sich nicht selten politische Initiativen, deren einziges Ziel die publikumswirksame Besetzung der Thematik zu sein

33) Vgl. Jänicke, Weidner (1997), S. 300.

scheint, mit konkreten Maßnahmen, z.B. zur Verringerung von besonders störenden Emissionen (z.B. Staub- und SO_2-Emissionen) oder zur Nutzung bestimmter Energieträger (z.B. Gas) in neuen Wohngebieten.

Diese Aktivitäten haben in aller Regel zunächst eine beruhigende Wirkung auf die öffentliche Diskussion. Gleichzeitig wird damit der Handlungsbedarf im wirtschaftlich-politischen Raum als relevant **anerkannt**, selbst wenn der Erfolg gemessen an den grundlegenden Problemen der Energienutzung und -versorgung eher gering bleibt. Doch diese Feststellung ist wieder Basis für weitere Schritte im Sinne eines Lernprozesses.

Ansatz 2: Steigerung der Energieeffizienz

(16) Nach den oben (Kap. 5.2) abgeleiteten Konsequenzen für den deutschen Energiesektor liegen die wichtigsten Reaktionsmöglichkeiten für die kommenden Jahre etwa bis 2030 in **wachsenden Anstrengungen zur Steigerung der Energieeffizienz**. Dies ist kurzfristig zwar für die eigene Energieversorgung noch nicht so entscheidend wie für die Entwicklungschancen des Energiesektors im Technologie-, Know-how- und Systemwettbewerb. Gleichzeitig verbessert sich dennoch die Ausgangssituation für die Unternehmen, wenn sich innerhalb dieser Zeit wieder neue Knappheitstendenzen auf den Weltenergiemärkten ergeben.

Eine solche Entwicklung könnte dadurch unterstützt werden, daß voraussichtlich im selben Zeitraum die Konsequenzen einer weiter wachsenden Energienutzung für die wirtschaftliche und politische Entwicklung in Deutschland deutlicher erkennbar werden

- durch Schäden, über die bereits heute die Versicherungswirtschaft klagt und die zu entsprechenden Prämienanpassungen zwingt,
- durch internationale Konflikte,
- durch Störungen im Welthandel und Wanderungsprobleme, bei denen der Zusammenhang mit Umweltproblemen offensichtlich ist,
- oder sogar durch direkte Beeinträchtigungen über Veränderungen in Luft, Wasser oder Boden in Deutschland.

(17) Derartige Störungen steigern erfahrungsgemäß die Bereitschaft von Wirtschaft und Politik, sich verstärkt um die Entwicklung und den Einsatz energieeffizienterer Systeme zu bemühen. Ggf. unvermeidbare Kostensteigerungen für den Energieeinsatz und Unbequemlichkeiten werden auch umso leichter akzeptiert, je mehr durch punktuelle Ereignisse (z.B. Reaktorunfälle, Lieferprobleme durch Kriege u.a.) die Einsicht wächst, daß die Absatzmöglichkeiten in den traditionellen Geschäftsfeldern mit wachsenden Risiken verbunden sind. Auf der Suche nach

neuen Geschäftsfeldern wächst dann auch die Chance, Systemlösungen für einen anderen Energieeinsatz in Deutschland zu entwickeln, mit denen Arbeitsplätze erhalten oder sogar geschaffen werden können, wenn sich diese als exportfähig erweisen. Dies ist früher der deutschen Industrie bereits bei Umwelttechnologien gelungen. Auch in der Kraftwerkstechnologie und selbst im Bereich von Kernkraftwerken verdanken deutsche Anbieter ihre hohen Qualitätsstandards der sicher nicht immer ökonomisch rationalen Diskussion in den 70er und 80er Jahren.

Ansatz 3: Veränderung des Ordnungsrahmens

(18) Das Problem einer dauerhaft durchhaltbaren Entwicklung in Deutschland wird sich nicht allein durch die Anwendung neuer technischer Lösungen in allen Energiesektoren lösen lassen, solange die allgemeinen Anreizstrukturen weltweit auch weiterhin einen expansiven Energieverbrauch begünstigen. Erforderlich sind dafür **Anpassungen im ordnungspolitischen Rahmen**, von dem der wirtschaftliche Umgang mit Energie entscheidend geprägt ist.

Tendenziell muß dabei die stärkere Nutzung der rationellen Energiewandlung mit der Entwicklung einer Energiemarktordnung einhergehen, die den schonenderen Umgang mit Energie durch entsprechende Anreizstrukturen unterstützt und dafür technische oder organisatorische Innovationen anzuregen vermag. Wie sich eine solche veränderte Energiemarktordnung gestalten kann, läßt sich theoretisch schwer ableiten. Sie ist ebenso von den noch zu entwickelnden Techniken bei Energieanbietern und -nachfragern abhängig, wie von potentiellen Verhaltens- und Wertverlagerungen, die sich kaum ausreichend genau vorhersagen lassen.

(19) Der wirtschaftliche und politische Hintergrund für solche Initiativen wird die international auch nach 2030 weiter wachsende Energienachfrage, eine Verteuerung der traditionellen Primärenergieträger und weltweit spürbare ökologische Probleme sein, die spätestens in den 20er und 30er Jahren des kommenden Jahrtausends auf die Entwicklung des Welthandels und damit auch auf Wirtschaft und Gesellschaft in Deutschland ausstrahlen. Unter solchen Bedingungen wird es nötig, die inzwischen entwickelten **energieeffizienteren Strukturen** nicht mehr nur als Pilotvorhaben und auf der Basis freiwilliger Entscheidungen anzuwenden, sondern sie flächendeckend einzuführen.

Dies ist unvermeidlich mit **strukturellen Veränderungen** im deutschen Energiesektor verbunden. Sie lassen sich wirtschaftlich und sozial dann am besten realisieren, wenn die Umstellung über einen ausreichenden Zeitraum kontinuierlich erfolgt. Nur so ist damit zu rechnen, daß das Risiko für sektorale und regionale Anpassungskrisen bei besonders betroffenen Akteursgruppen des Energiesektors vermindert oder vermieden werden kann. Unter den dann geltenden Rahmenbedingungen wächst auch die Bereitschaft zur „aktiven Duldung“ von Einschnitten in bisherige

„Besitzstände" (z.B. Zwang zur Althaussanierung, Verzicht oder Nutzungseinschränkung bei energieverbrauchenden Geräten) und damit die Chance zur Überwindung der anstehenden Verteilungskonflikte.

(20) Die Wirkung ordnungspolitischer Veränderungen im Umgang mit Energie ist zwar sehr viel größer als diejenige von singulären Maßnahmen, sie kann sich dafür aber erst über sehr viel längere Zeiträume hinweg entfalten.

Hinzu kommt, daß bisher nach unserer Kenntnis weder eine wissenschaftliche noch gar politische Diskussion über die **mögliche Struktur einer zukunftsfähigen Energiemarktordnung** begonnen hat, wenn man einmal von den zahlreichen Vorschlägen zur institutionellen Förderung der rationellen Energienutzung bzw. des Einsatzes regenerativer Energiequellen absieht.[34] Auch auf diese Weise verändert sich zwar der bestehende Ordnungsrahmen, gleichzeitig steigt aber die Zahl und Komplexität der Regelungen. Mit ihnen wieder steigen Unübersichtlichkeit, Bürokratisierungstendenzen, Widersprüchlichkeiten und Umsetzungsdefizite, die ganz unabhängig von den energiewirtschaftlichen und ökologischen Zielen selbst zu einem Entwicklungshemmnis im wirtschaftlichen Geschehen werden. Von solchen Maßnahmen ist daher sicher nicht der notwendige „ordnungspolitische Quantensprung" zu erwarten.

Ansatz 4: Hoffnung auf Wertewandel

(20) Auf lange Frist wirksam wird ein grundlegend anderer Umgang mit den energetischen Ressourcen nach unserer Auffassung jedoch nur zu erreichen sein, wenn es (wie auch in der Vergangenheit immer wieder) zu neuen weltweit akzeptierten Wertvorstellungen kommt. Ein solcher **umfassender Wertewandel** kann sich nur aus dem geistig-kulturellen Bereich heraus ergeben; denn er macht nicht nur Veränderungen in dem bis heute vorherrschenden Weltbild („machet Euch die Erde untertan"), sondern auch in den täglichen Verhaltensweisen notwendig, die sich seit mehreren Jahrhunderten auf der Basis der in Europa geprägten Lebens- und Wohlstandsvorstellungen entwickelt haben und sich gegenwärtig sogar noch ausbreiten (vgl. Kapitel 4.2).

(21) Die hierzu notwendigen Veränderungen gehen zwangsläufig weit über den Bereich der Energienutzung und -versorgung hinaus. Hierfür müßte sich nicht nur in Deutschland sondern weltweit eine andere **Vorstellung von Wohlstand und Lebensqualität** durchsetzen, als sie bisher vorherrscht und mit den bisherigen Wirtschafts- und Wachstumsindikatoren gemessen wird. Tangiert sind weiter alle

---

34) Vgl. Altner et al. (1995).

ethischen und biologischen Fragen der Bevölkerungsentwicklung und des friedlichen Zusammenlebens auf einem enger werdenden Erdball.

Welche Bedeutung in diesem Zusammenhang die in der ganzen Welt zunehmenden **fundamentalistischen Strömungen** haben, läßt sich gegenwärtig kaum sagen. Dennoch sind sie ein politisch wie wirtschaftlich relevantes Phänomen. Bei weiter anwachsenden Problemen nicht nur im Zuge eines weiterhin expansiven Energieeinsatzes könnte es durchaus sein, daß solche geistig religiösen Strömungen weiterhin an Attraktivität und Einfluß gewinnen. Denn mit ihrer Hilfe hoffen bereits heute immer mehr Menschen, sich den überkommenen wirtschaftlichen und sozialen Anreizstrukturen und Zwängen entziehen zu können. Dies ist auch dann als eine aktive Suche nach einer geistig-kulturellen Neuorientierung zu werten, wenn sich die jeweils gerade besonders aktiven Strömungen zwischenzeitlich tot laufen oder sie von skrupellosen Geschäftemachern immer wieder mißbraucht wird.

Übersicht 5-2: Strategische Ansatzpunkte und Zeitbedarf

Strategische Ansatzpunkte	Zeitbedarf	Politische Kennzeichen	Energetische Kennzeichen
1. Sensibilisierung und Wahrnehmung	seit ca. 1970 mit tendenziell wachsender Bedeutung	gezielte Auswertung wissenschaftlicher Erkenntnisse, öffentliche Diskussion weltweit; politische Willenserklärungen und Maßnahmen zur Begrenzung erkennbarer Folgen in Deutschland und anderen Industriestaaten	Ausbau der nutzbaren Primärenergiequellen; Steigerung der Wirkungsgrade in der Energienutzung; Einsparungen bei leicht verzichtbarer Energieanwendungen
2. Steigerung der Energieeffizienz	mit wachsendem Gewicht bis ca. 2030	Klimafolgen führen zu international wachsenden Schäden, kriegerischen Konflikten und Wanderungen; wachsende Beunruhigung in der deutschen Bevölkerung	Verknappung und Verteuerung der Primärenergie; Entwicklung und Export von energieeffizienten (System)Lösungen; zunehmender Ausstieg aus der energetischen Nutzung von Kohle, Öl und Uran
3. Verbesserung des Ordnungsrahmens für den veränderten Umgang mit Energie	langsam wachsende Bedeutung bis 2080	Europa und Deutschland geraten unter steigendem Druck aus Asien und Afrika durch sinkende Energiereserven und zunehmende ökologische Probleme, Rückwirkungen auf Welthandel, internationale Konflikte und Wanderungen	langsame Umstellung der Energieversorgung durch Verzicht auf bisherige Primärenergieträger und Einsatz regenerativer Energiequellen, dezentrale Versorgungskonzepte und partielle Selbstversorgung
4. Integration ökologischer Begrenzungen in die täglichen Lebensformen	mit deutlich steigendem Gewicht ab 2050	Veränderung der Lebens- und Wirtschaftsformen im 2. Solaren Zeitalter	Optimierung der regional möglichen Energienutzung und -versorgung bei weiterhin internationalem Handel mit Energieträgern auf der Basis regenerativer Energiequellen

6. Technische Potentiale zur Veränderung des deutschen Energiesektors

6.1 Stellenwert neuer technischer Optionen

(1) Die Orientierung von Energiewirtschaft und -politik an den im 5. Kapitel abgeleiteten strategischen Ansatzpunkten mag vielen Unternehmen des Energiesektors auf den ersten Blick irreal und utopisch erscheinen:

- irreal, weil alle Maßnahmen zur Sensibilisierung der Öffentlichkeit gegenüber den Problemen des bisherigen Umgangs mit Energie und zur Steigerung der Energieeffizienz gegen die wirtschaftlichen Interessen der Verkäufer von Energie verstößt und Maschinen- wie Geräteanbieter (z.B. Automobilbau) zu teuren Innovationen zwingt;
- utopisch, weil die gegenwärtigen Tendenzen in Wirtschaft und Gesellschaft eher auf eine Schwächung kooperativer Formen und den Abbau verbindlicher Regelungen zugunsten einer Vergrößerung der Freiheitsspielräume in der Wirtschaft hinauslaufen.

(2) Gegen beide Einwände sprechen sowohl historische wie aktuelle Beobachtungen. Der Konflikt zwischen **kurzfristigem Geschäft** und **langfristigem Überleben** beschäftigt die Energiewirtschaft ebenso wie viele andere Unternehmen ständig und schlägt sich nicht zuletzt in der Produktbewertung nieder, die in der Innovationsstrategie durchaus zu unterscheiden weiß zwischen den „cash cows", d.h. den Produkten, von denen man heute (noch) gut lebt und den „stars", d.h. jenen Produkten, die einmal das Geschäft von morgen tragen sollen. Entsprechend befinden sich im Produktspektrum und in den Forschungsabteilungen vieler Unternehmen Entwicklungen, die das Überleben für die Firmen sichern können, wenn die heutigen „cash-cows" ihr Marktpotential einbüßen.

Ähnlich verhält es sich bei der Frage nach neuen Regelungen als Basis für einen anderen Umgang mit Energieformen: Die Diskussion um die an vielen Stellen offensichtlich gewordenen Problemen der Überreglementierung und ihrer innovationsfeindlichen Wirkung verschleiert auch im Energiebereich (z.B. bei Genehmigungen aller Art) leicht, daß sich die Energiewirtschaft im Zusammenhang mit Umweltfragen gegen nationale Alleingänge, nicht aber gegen Eingriffe wehrt mit denen die internationale Wettbewerbsneutralität gewahrt werden kann. Die Notwendigkeit kooperativer Regelungen unter Beteiligung möglichst vieler Industrienationen (vor allem USA) wird selten bestritten.

(3) Für die Frage, ob und in welchem Ausmaß sich die oben genannten strategischen Ansätze letztendlich durchsetzen können, ist sehr viel entscheidender, ob sich für eine solche Strategie in Deutschland technische und wirtschaftliche Potentiale finden und entwickeln lassen. Dabei sei hierfür von folgenden Begriffsabgrenzungen ausgegangen:[1)]

- Das **theoretische Potential** stellt eine theoretische Obergrenze des verfügbaren Energieangebotes für einen definierten Raum und eine definierte Zeit dar, z.B. bei erneuerbaren Energiequellen die von der Sonne auf die Erde eingestrahlte Energie, die potentielle Energie der Flüsse oder des Meeres, die kinetische Energie des Windes, die gesamte vorhandene Biomasse etc. Wegen der stets vorhandenen technischen Schranken bei der Nutzung ist dieses Potential auch bei einer noch so rationellen Energieverwendung niemals vollständig nutzbar.

- Das **technische Potential** beschreibt demgegenüber das Potential, das unter Berücksichtigung des derzeit technisch Möglichen auch „technisch nutzbar" ist. Bei den erneuerbaren Energiequellen gehen hier die verfügbaren Nutzungstechniken, die Wirkungsgrade, die Standortverfügbarkeit, konkurrierende Nutzungen, aber auch strukturelle, ökologische und sonstige produktionsseitige Randbedingungen oder bedarfsseitige Restriktionen ein. Bei der rationellen Energienutzung und -umwandlung werden die technischen Potentiale gleichfalls auf der Basis der derzeit verfügbaren Technik, aber ohne Berücksichtigung wirtschaftlicher Aspekte, jedoch unter Einbezug zwingend zu beachtender technischer, organisatorischer oder gesellschaftlicher Randbedingungen ermittelt.

- Das **wirtschaftliche Potential** ist der Teil des technischen Potentials, der im Vergleich der Energieträger bzw. Energienutzungsformen nach Ort, Zeit und gegebenen Bedingungen wirtschaftlich konkurrenzfähig ist. Die Rentabilität bzw. Wirtschaftlichkeit kann nach verschiedenen Kriterien definiert werden: einzel- oder gesamtwirtschaftlich, bei heutigen oder zukünftigen Preisen etc. Üblicherweise wird dabei das Wirtschaftlichkeitskriterium einzelwirtschaftlich (d.h. ohne Berücksichtigung externer Effekte) und dynamisch (d.h. unter Zugrundelegung der erwarteten Preis- und Kostenentwicklungen und der erwarteten Lebensdauer) berechnet.

(4) Die technischen und wirtschaftlichen Potentiale sind keine zeitstabilen Größen. Sie hängen von den jeweils gegebenen Rahmenbedingungen ab. Dazu gehören vor allem

---

1) Kaltschmitt (1993), I.S. 6 ff; BMWi (1994), S. 9 ff.

- der **technische Entwicklungsstand** und die bisherigen produktionstechnischen Erfahrungen,
- die jeweilige **Kostenstruktur**, die nicht nur über den Einsatz von Energie im Vergleich etwa zu menschlicher Arbeit oder zu Kapital für energieeffizientere Anlagen, sondern auch über Forschungsschwerpunkte bei der Suche nach Alternativen entscheidet,
- die **Beschaffungsbedingungen** für Energie (Preise und Verfügbarkeit) innerhalb des jeweiligen politischen und infrastrukturellen Rahmens.

Technische und/oder preisliche Veränderungen können relativ kurzfristig dafür sorgen, daß sich diese Potentiale merklich verändern: ehemals hoch eingeschätzte Potentiale (wie z.B. für die großtechnische Fernwärmeversorgung) schrumpfen im Zeitablauf deutlich (wenn die Heizenergiebedarfe/Wärmeleistungsbedarfe im Gebäudebestand deutlich sinken) oder umgekehrt steigen aktuell klein eingeschätzte Potentiale (wie das wirtschaftliche Potential der Photovoltaik) kurzfristig stark, wenn Innovationen und Produktionserfahrungen die Kosten/Ertragssituation deutlich verbessern (z.B. Wirkungsgradsprünge, Kosten der Zellen, billige Trägermaterialien, o.a.) und neue Absatzbereiche erschlossen werden.

(5) Im folgenden werden die technischen und verhaltensbezogenen Optionen aufgezeigt, die für einen Weg hin zu einer energetisch dauerhaft durchhaltbaren Entwicklung infrage kommen.

Im Vordergrund stehen dabei, wie bereits in Kapitel 5 dargelegt, die zunehmende **Nutzung der rationellen Energiewandlung** und der **Einsatz erneuerbarer Energien**. Diese Einschätzung basiert im wesentlichen auf den heute bekannten technischen Potentialen. Grundlegende energietechnische Innovationen ganz anderer Art, z.B. Marktreife und großtechnische Einsetzbarkeit der Kernfusion oder anderer neuartiger Reaktortechniken (z.B. „Energieverstärker“ nach C. Rubbia [eine Kombination aus Beschleuniger- und Reaktortechnik mit dem Brennstoff Thorium]), von CO_2-Rückhalte- und Entsorgungstechniken oder heute noch unerforschte neue Energieträger/-formen (z.B. abiogenes Erdgas; kristalline Gashydrate, sog. „Clarathene“) könnten zwar auf lange Frist auch Optionen für eine energetisch dauerhaft durchhaltbare Entwicklung darstellen. Aus heutiger Sicht und Kenntnis sollten diese Optionen zwar offengehalten werden, können jedoch noch nicht als eine mögliche und gesicherte Option betrachtet werden.

(6) Die rationelle Energiewandlung und die Nutzung erneuerbarer Energien sind **nicht unabhängig voneinander**. Je erfolgreicher in einer Wirtschaft die Bemühungen zur rationellen Energienutzung und -umwandlung sind, desto größer kann der Beitrag werden, den erneuerbare Energieträger innerhalb des gleichen Zeitraumes zur „Energiebedarfsdeckung“ leisten können. Dies hängt eng damit zusammen,

daß Konsumenten von Energie bzw. Energiedienstleistungen, Produzenten und Verteiler von Energie, politische Instanzen u.a. tagtäglich darüber entscheiden, ob und wie sie die vorhandenen technischen und wirtschaftlichen Möglichkeiten nutzen und inwieweit sie dabei auf nicht erneuerbare Energien zugreifen bzw. ihren Energiebedarf mit ihnen zu decken vermögen:

- Wie wird der Weg zum Einkauf oder zur Arbeitsstelle zurückgelegt? Mit einem kleinen oder großen Auto, dem öffentlichen Verkehr oder zu Fuß? Welchen Stellenwert hat Energiesparen in der Hierarchie der Bedürfnisse?
- Welche Wärme- und Warmwasserquellen versorgen den Haushalt? Die alte Ölheizung, eine effiziente Gasbrennwert- oder eine Wärmepumpenanlage mit entsprechender Wärmedämmung und architektonischer Ausrichtung des Hauses?
- Welchen Energieträger setzen Kraftwerksbetreiber ein? Bevorzugen sie Großkraftwerke oder dezentralere Anlagen?
- Dämmen Hauseigentümer ihre Wohnungen oder legen sie lieber die steigenden Energiekosten auf die Mieter um? Bauen Wohnbaugesellschaften und Häuslebauer energetisch besser als es die Wärmeschutzverordnung verlangt?
- Wie „scharf" formuliert die Politik die Wärmeschutzverordnung ? Bildet das einzelwirtschaftliche Rentabilitätskalkül den Maßstab für ihr Verhalten oder spielen „übergeordnete" Faktoren (externe Kosten, das Energiespar- und Umweltziel) eine zentrale Rolle ?

Die Liste von Ansatzpunkten zur Änderung des Energieverbrauchs ließe sich beliebig verlängern. Sie macht bereits an dieser Stelle die Vielfalt der Fragen deutlich, denen sich der Energiesektor in seiner ganzen Breite bei ganz unterschiedlicher Betroffenheit im einzelnen stellen muß, soll der langfristig notwendige Weg zu einer dauerhaft durchhaltbaren Entwicklung führen..

(7) Die Vielfalt der Ansatzpunkte zur Veränderung des Umgangs mit Energie ist nicht zuletzt der Grund dafür, daß sich der Zeitbedarf für die Anpassung im Sinne einer dauerhaft durchhaltbaren Entwicklung über 100 Jahre und mehr erstrecken wird. Da die Energienutzung sich auf alle Lebensbereiche erstreckt, werden auch die technisch-wirtschaftlichen Handlungsmöglichkeiten **in allen Lebensbereichen tangiert**, wenn sich Erzeugung und Nutzung von Energie verändern. Dies hat gerade für die Behandlung der technischen Optionen zur rationellen Energienutzung und zum (oft dezentralen) Einsatz erneuerbarer Energiequellen zwei wichtige Konsequenzen:

- Die Zahl und Notwendigkeit der technischen Veränderungen bei der Energiegewinnung, -wandlung und -nutzung ist außerordentlich groß, während gleichzeitig die damit einzusparenden Mengen an nicht erneuerbaren Primärenergieträgern vergleichsweise klein erscheinen.

– Die Adressaten für die Entwicklung, Realisierung und Nutzung lassen sich nicht immer leicht ausmachen. Die notwendigen Innovations-, Investitions-, Produktions- und Kaufentscheidungen betreffen nicht nur eine spezifische Gruppe von Haushalten oder Unternehmen (z.B. die „klassische" Energiewirtschaft), sondern können sich nur im Marktprozeß einer hoch vernetzten Volkswirtschaft durchsetzen.

(8) Vor diesem Hintergrund liegt es nahe, sich wirtschaftlich und politisch auf vermeintlich wirksamere, weil von wenigen mit großen energetischen Effekten durchsetzbare, technische Optionen zu konzentrieren. Typische Beispiele sind die Forderungen der „klassischen" Energiewirtschaft nach dem Ausbau der Kernkraftnutzung und deren generelle Präferenz für großtechnische Lösungsansätze (wie Fusionsenergie, Solarfarmen oder Gashydratnutzung o.ä.), deren Nutzung relativ leicht an die bisherigen Versorgungs- und -Bedarfsstrukturen anzuknüpfen erlaubt. Daß auch dies nicht ohne Rückwirkungen auf die wirtschaftlichen und politischen Strukturen bleibt, zeigt die bereits oben (Kapitel 2) diskutierte Problematik im Umgang mit den Risiken der Kernenergienutzung.

(9) Am interessantesten ist in diesem Zusammenhang der langfristig denkbare **Übergang zu einer Wasserstoffwirtschaft**, wie es vielen für die 2. Hälfte des kommenden Jahrtausends möglich erscheint. Sie würde einerseits erlauben, an die bisherigen Versorgungsstrukturen anzuknüpfen, und böte andererseits die Möglichkeit, die auf der Basis erneuerbarer Energiequellen gewonnene Energie zu speichern und zu transportieren. Obwohl die hier liegenden Potentiale eher noch den Charakter einer langfristigen Vision als den einer realisierbaren Option haben, sei an dieser Stelle kurz darauf eingegangen.

Wasserstoff kommt in der Natur in reiner Form nicht vor, doch läßt er sich schon heute auf verschiedene Weisen produzieren (z.B. in petrochemischen Prozessen, Reformierung aus Methan oder Methanol, elektrolytisch durch Wasserspaltung, in Form von Biogas). Wenn es gelingt, den für die Wasserelektrolyse notwendigen Strom mit Hilfe von erneuerbaren Energieformen (z.B. mittels Photovoltaik) herzustellen, könnte eine wasserstoffbasierte Energiestruktur geschaffen werden, die dauerhaft durchhaltbar Strom gewinnt und diesen durch Wasserspaltung in den speicherbaren Sekundärenergieträger Wasserstoff überführt. Da die Elemente einer solchen Option bereits teilweise realisiert sind (Solarzellen, Elektrolyse, Speicherformen und -medien, Transportsysteme etc.), und auch für fast alle Verwendungsbereiche und -zwecke Wasserstoff eingesetzt werden kann (von der Brennstoffzelle für die Strom- und Wärmeproduktion im Blockheizkraftwerk, Brennstoffzellenantriebe für Busse und Automobile oder Brennstoffzellen für die Hausenergieversorgung bis hin zu Wasserstofftriebwerken für die Raumfahrt oder den Flugverkehr) und darüber hinaus dieser Sekundärenergieträger die aus heutiger Sicht vergleichsweise geringsten Umweltbelastungen produziert - das Verbrennungsprodukt ergibt Wasser[2] - könnte dies Teil einer langfristig angelegten Energiestrategie sein.

(10) Der für eine Erzeugung von Wasserstoff notwendige Solarstrom wird nicht vollständig oder - im Vergleich zu Südeuropa oder noch äquatornäheren Ländern - nur mit geringerem Wirkungsgrad in Deutschland hergestellt werden können. Zurückgegriffen werden müßte voraussichtlich in großem Umfang auf **importierten Solarstrom**, für den die Übertragungsverluste durch effizientere Übertragungstechniken (Hochspannungsgleichstromnetze, Supraleiter o.ä.) reduziert bzw. in Grenzen gehalten werden. Denkbar ist auch, daß nicht der Strom, sondern der Wasserstoff transportiert wird. Auch hierfür sind erste Konzeptstudien erarbeitet worden und Teilkomponenten verfügbar.

Die hohe Importabhängigkeit ebenso wie die hohen Investitionskosten für den Aufbau einer geeigneten Infrastruktur kommen vergleichsweise weit den bisherigen Organisations- und Ordnungsstrukturen in der Energiewirtschaft entgegen. Sie könnten sogar für einen gewissen Zeitraum Erdgas als Primärenergieträger für die Gewinnung von Wasserstoff nutzen, um die notwendigen Anpassungs- und Übergangsprozesse zeitlich zu strecken und um den notwendigen Kapitalbedarf über einen längeren Zeitraum zu verteilen. Gleichzeitig kann an schon vorhandenen Erfahrungen angeknüpft werden; denn seit langem wird in der Industrie und auch im Energiesektor mit Wasserstoff gearbeitet. Es ist also kein neuer, sondern ein bekannter Energieträger, dessen Nutzungsintensität jetzt allerdings erheblich ausgeweitet werden müßte.

(11) Die Wasserstoffnutzung könnte sich auch anbieten, wenn in fernerer Zukunft vielleicht die **Fusionsenergie** umweltverträglich realisiert werden sollte.[3] In diesem Fall müßte die Stromerzeugungsseite noch deutlich zentralistischere Züge erhalten als selbst bei einer Option großer Solarkraftwerke zur Stromproduktion in

2) Wenn die Verbrennung mit reinem Sauerstoff oder „kalt“ in einer Brennstoffzelle erfolgt.

3) Weder die Variante Solar Power Satellite (Wirkungsgrad, Raumtransporte, Umweltbelastung der Atmosphäre) noch abiogenes Erdgas (falls Kohlenstoff enthalten ist) noch Gashydrate (Clarathene) sind aus u.S. geeignete Optionen einer dauerhaften und durchhaltbaren Entwicklung: Letztere sind zwar theoretisch „unbegrenzt“ vorhanden (der Energiegehalt der Gashydrate wird so groß eingeschätzt wie die Öl-, Gas- und Kohlevorkommen zusammen), doch ist deren Hauptbestandteil das Treibhausgas Methan. Daneben ist die Förderung nicht unproblematisch: ‘Würde sich nur ein geringer Teil davon zersetzen, dann käme eine gewaltige Menge Methan frei - und das ist ein potentes Treibhausgas. Jedes Molekül wirkt fast dreißigmal so stark wie eines des viel diskutierten Kohlendioxids“. Lausel (1997).

der Sahara oder der Option großer Solarkraftwerke mit angeschlossener Elektrolyse zur Wasserstoffgewinnung etwa in Nordafrika oder Saudi-Arabien:

„Der Kernfusionsreaktor hat das Lawson-Kriterium - stabiles thermonukleares Brennen positiver Energiebilanz - für Sekunden erreicht. Er ist im Verhältnis zum Kernspaltungsreaktor ("Meiler"), der sein gesamtes Inventar an Kernmaterial enthält, ein "Ofen", in dem nur der Teil an Kernmaterial enthalten ist, der temporär gebraucht wird. Das ist ein inhärenter Sicherheitsvorteil. Aber auch die Verschmelzung von Wasserstoffisotopen ist nicht radioaktivitätsfrei. Fragen des Containments stellen sich auch hier. In der Leistungskonzentration übertrifft der Fusionsreaktor den Kernspaltungsreaktor um Faktoren. Er wird folglich nur Bestandteil stark zentral organisierter Netze werden können. Im Nutzerbereich träfe er auf die durch die rationelle Energiewandlung verminderte, durch erneuerbare Energien lokal recht weitgehend gedeckte Stromnachfrage. Wie das zusammenpaßt, vermag heute niemand zu sagen."[4)]

(12) Für Wirtschaft und Politik ist die Verfolgung derartiger großtechnischer Lösungswege in aller Regel der zunächst einfachere, weil bequemere Weg, um drohende Engpässe in der Energieversorgung zu lösen. Für eine dauerhaft durchhaltbare Entwicklung erscheinen aber **derartige Lösungsansätze** nach den obigen Analysen auch unabhängig von den noch bestehenden technischen Problemen und den kaum überschaubaren Risiken als alleiniger Weg **wenig erfolgversprechend**: Selbst wenn alle diese Fragen wirtschaftlich und politisch lösbar wären, bliebe das grundlegende Problem der zunehmenden Wachstumsschäden, die mit steigendem Energieeinsatz, Materialumschlag und Bevölkerungswachstum verbunden sind.

Insofern ist mit der Suche nach technischen Wegen zur rationelleren Energienutzung und zum Einsatz erneuerbarer Energieträger auch zugleich die Option einer geistig kulturellen Besinnung auf die ökologischen Grenzen und Chancen im Sinne einer dauerhaft durchhaltbaren Entwicklung verbunden. Der Energiesektor wird sich mit seinen großtechnischen Lösungen diesem Wertewandel nicht entziehen können und wollen.

---

4) Vgl. Winter (1997), S. 41.

6.2 Potentiale der rationellen Energiewandlung beim Endenergieverbrauch

Grundgedanke

(1) "Rationelle Energiewandlung hat zum Ziel, die energetische wie exergetische Effizienz zu steigern, mehr Energiedienstleistungen aus weniger Primärenergie (Rohstoffen) zu machen, die offenen Enden der Energiewandlungsketten so gut es geht zu stopfen, schließlich sukzessive die involvierten Stoffkreisläufe zu schließen. Im Idealfall stünde ein vollständig geschlossener Stoffkreislauf da, wie er am Beispiel des solaren Wasserstoffs besteht... Im Kern geht es bei der rationellen Energiewandlung darum, der geläufigen Energieangebotswirtschaft eine Energiebedarfswirtschaft entgegenzusetzen. Die eine Frage lautet: Wieviele Tanker Öl sind zu ordern, wieviele Schichten unter Tage zu fahren, wieviele Milliarden m^3 Erdgas heranzuschaffen, wieviele Terawattstunden Strom zu generieren, um die Volkswirtschaft mit Energie zu versorgen? Die andere: Welches Verhalten der Nachfrager nach Energiedienstleistungen führt zu einer Reduzierung der Nachfrage nach Nutzenergie, die durch welche technischen Maßnahmen der rationellen Energieanwendung und rationellen Energiewandlung in jedem Wandlungsschritt ein Minimum an Endenergie, an Sekundärenergie, an Primärenergie schließlich an Primärenergierohstoffen vom Weltmarkt zur Folge hat?"[5)]

(2) Energiedienstleistungen lassen sich vielfach mit einem sehr geringen Einsatz von Primärenergie bereitstellen. Am stärksten zeigt der Energieumsatz biologischer Organismen, daß komplexe Prozesse mit minimalem Energieaufwand ablaufen können.

Bei der **rationellen Energiewandlung** geht es also darum, möglichst **ohne Verzicht auf Wohlstand**

- angenehme Raumtemperaturen, Warmwasser, Fernsehen, etc., mit möglichst niedrigem Primärenergieverbrauch zu erbringen,
- die Wirkungs- bzw. Nutzungsgrade von Energiewandlern möglichst bis zum technischen Maximum zu erhöhen und gleichzeitig hohe „Gütegrade" der Energiewandlung, d.h. geringe Qualitätsverluste (Exergieverluste) anzustreben,
- die eingesetzten Primär- und Sekundärenergieträger dem jeweiligen Verwendungszweck entsprechend anzupassen bzw. auszuwählen,

5) Winter (1997), S.17.

- die raumwirtschaftlichen, produktionstechnischen und organisatorischen Bedingungen so zu gestalten und unsere Lebensgewohnheiten so zu verändern, daß sie besser zum Prinzip einer optimalen Energie- und Exergienutzung passen.

(3) Die Realisierung einer solchen „optimalen" Energieeffizienz ist allerdings nicht nur eine Frage der im einzelnen eingesetzten technischen Prozesse, Geräte und Anlagen. Es geht darum, die **Barrieren zu beseitigen**, die in dem bestehenden Wirtschafts- und Gesellschaftssystem einer besseren Annäherung an die rationelle Energiewandlung im Wege stehen:

- Zum einen sind dies, wie oben erwähnt, die gewachsenen Organisations-, Produktions- und Siedlungsstrukturen einschließlich unserer Lebensgewohnheiten, die ihre Entstehung nicht zuletzt der reichlich zur Verfügung stehenden billigen Energie verdanken.
- Zum anderen ist dies der technische Aufwand für die Herstellung immer wirksamerer „Einspartechnologien", was sich im allgemeinen in steigenden Grenzkosten zusätzlicher Energiesparmaßnahmen niederschlägt.

Beide Aspekte müssen im folgenden immer mit im Blickfeld behalten werden, wenn über die technischen Potentiale der rationellen Energiewandlung berichtet wird.

(4) Die technischen Potentiale sind bei der rationellen Energiewandlung davon abhängig,

- welche Kombinationen von Techniken und Maßnahmen in den einzelnen Verwendungs- und Umwandlungssektoren angenommen werden sowie
- mit welchen technologischen Entwicklungen und strukturellen Veränderungen gerechnet wird.

So schätzte beispielsweise bereits die Enquete-Kommission das technische **Einsparpotential** auf 35 bis 45 % (bezogen auf 1987). Technologische Entwicklungen und strukturelle Veränderungen sind hier nicht eingeschlossen. Altner et al. kommen zu dem Schluß, daß "eine moderne Volkswirtschaft mitteleuropäischer Prägung ihre Bedürfnisse längerfristig (d.h. unter Beachtung von Anlagen- und Produktlebensdauern und Reinvestitionszyklen) aus energetischer Sicht auch mit einem **Viertel des heutigen spezifischen Pro-Kopf-Energieverbrauchs**, also mit 1,5 bis 2 kW, decken kann."[6)]

6) Altner et al. (1995), S. 41/42.

Ansatzpunkte für Techniken bzw. Maßnahmen zur rationellen Energiewandlung sind sowohl auf der Energieangebotsseite („klassische" Energiewirtschaft) als auch auf Seiten der Endenergienutzer (Private Haushalte, Dienstleistungen, Industrie und Verkehr) vorhanden. In den folgenden Abschnitten werden wir versuchen, die Einsparpotentiale zu quantifizieren, wobei wir uns im wesentlichen auf vorliegende Quellen stützen und keine detaillierten eigenen Berechnungen zugrunde legen.

(5) Nach den Ergebnissen der letzten Energieprognose[7] betrug der **Endenergieverbrauch Deutschlands** 1992 über alle Sektoren (Industrie, Kleinverbraucher, Haushalte, Verkehr und Militär) 9256 PJ (gradtagbereinigt, d.h. ohne Klimaeinfluß). Davon entfielen ca. 3116 PJ auf den Raumwärmeverbrauch, ca. 497 PJ auf den Warmwasserverbrauch, ca. 925 PJ auf Elektrogeräte, elektrische Kraft und Licht, ca. 2159 PJ auf Prozeßwärme und nichtelektrische Kraft und ca. 2558 PJ auf den Transport- und Verkehrssektor.

Tabelle 6-1: Endenergieverbrauch in Deutschland, 1992, gradtagbereinigt, in PJ

	Raumwärme	**Warmwasser**	**Elektrogeräte, Licht, Kraft**	**Prozeßwärme, nichtel. Kraft**	**Verkehr**	**Insgesamt**
Öl	1241	145		460	2503	4350
Gas	1057	165		847	0	2069
Kohle, übrige feste Brennstoffe	337	25		543	1	905
Fernwärme	311	44		17	0	372
Strom	169	119	925	292	54	1559
Insgesamt	3116	497	925	2159	2558	9256

Quelle: Eigene Berechnungen auf Basis der Energiebilanzen

Für die Abschätzung der technischen und wirtschaftlichen Potentiale folgen wir dabei der genannten Klassifizierung nach Verwendungszwecken, und gehen nur insoweit auf die Verwendungssektoren ein, wie dies im Rahmen der Potentialermittlung nötig erscheint.

Raumwärme

(6) Rund 1/3 des gesamten Endenergieverbrauchs wurde 1992 für Raumwärme verwendet. Daran waren Heizöl mit 40%, Gas (im wesentlichen Erdgas) mit 34 %, Kohle und Fernwärme mit je 10 %, Strom mit 5 % und Holz/Torf mit 1 % betei-

7) Vgl. Prognos (1996).

ligt. Nach Sektoren entfällt der Raumwärmeverbrauch zu 63 % auf die Privaten Haushalte, zu 28 % auf Kleinverbraucher einschl. militärischer Dienststellen und zu 9 % auf die Industrie.

Bezogen auf die beheizte Fläche wurden 1992 im Haushaltsbereich ca. 650 MJ Endenergie pro m^2*a Wohnfläche (180 kWh/m^2*a) benötigt. Bei einem Nutzungsgrad (Wirkungsgrad der technischen Umwandlung einschl. der Verteilungsverluste) von etwa h = 77 % (im Mittel über alle Energieträger bzw. eingesetzten Heizanlagen) entspricht dies einem Heiz- oder Nutzenergieverbrauch von rund 500 MJ/m^2*a (ca. 140 kWh/m^2*a). Altbauten liegen dabei deutlich höher (im Mittel bei 220-240 kWh/m^2*a), moderne Neubauten wesentlich niedriger (60-80 kWh/m^2*a). Ähnliche Größenordnungen gelten auch für den Heizenergieverbrauch bzw. Heizenergiebedarf in den Bereichen Kleinverbraucher und Industrie.

(7) **Technische Begrenzungen** für weitgehende Verbesserungen in der rationellen Energienutzung sind bei der Raumwärme **kaum gegeben**: Niedrigenergiehäuser (Heiz- bzw. Nutzenergieverbrauch von 30-50 kWh/ m^2*a), Niedrigstenergiehäuser (15-30 kWh/m^2*a) und sogar „Nullenergiehäuser" (außer aktiver und passiver Solarenergienutzung keine Zufuhr von Fremdenergie) sind technisch machbar. Deshalb kann das technische Potential der Nutzenergieeinsparung - ausreichend lange Zeithorizonte für den Umschlag des Wohnungsbestandes unterstellt - allein aufgrund bautechnischer Maßnahmen am Gebäudebestand (Gebäudeform und -hülle) auf 80 bis 90 % des mittleren spezifischen Nutzenergieverbrauchs kalkuliert werden. Dieses Potential ließe sich jedoch nur bei einem vollständigen Kapitalumschlag des gesamten Wohnungs- bzw. beheizten Gebäudebestandes realisieren.

(8) Daneben bestehen Einsparpotentiale durch die **Verbesserung der Umwandlungstechnik im Heizanlagenbereich**, die bereits heute technisch möglich und auch wirtschaftlich sind:

- Bei Erdgasbrennwertgeräten sind aus heutiger Sicht Wirkungsgrade von rund 105-108 % realisierbar (auf den unteren Heizwert H_u bezogen), so daß sich (unter Berücksichtigung von Verteilverlusten von ca. 3-5 %) gegenüber dem heutigen Anlagendurchschnitt Nutzungsgradverbesserungen von gut 30 % bei Erdgasheizungen ergeben.
- Bei Heizöl sind die technischen Probleme der Brennwertnutzung größer als bei Erdgas, denn Öl-Brennwertheizungen sind derzeit (zumindest für kleinere und mittlerer Heizanlagen im Wohnbereich) noch nicht „Stand der Technik". Infolgedessen muß das Potential bei Ölheizungen kleiner als bei Gasheizungen eingeschätzt werden.

– Bei Fernwärme ergeben sich nur noch geringe Verbesserungsmöglichkeiten, ähnlich wie bei allen Ohm'schen Elektroheizungen: hier liegen die Wirkungs- bzw. Nutzungsgrade bereits nahe an der Grenze von 100%.

Am größten sind die durch die **Wärmepumpentechnik** gegebenen Potentiale: mit Absorptionswärmepumpen auf Erdgasbasis läßt sich eine Nutzungsgrad bis etwa 135-145 %, mit monovalenten elektrischen Wärmepumpen ein solcher von über 400 %, bei besonders günstigen Bedingungen sogar von über 600% erzielen.[8] Bei einem Verstromungswirkungsgrad im GuD-Kraftwerk von rund 55 % (netto) und rund 5 % Verteilverlusten wird in einem solchen System (Strom aus Erdgas plus elektrische Wärmepumpen) der Energieträger Erdgas mit einem Nutzungsgrad von rund 200 % (0.55*0.95*4) in Raumwärme umgewandelt, eine Effizienz, die deutlich über der direkten Erdgasnutzung für Raumwärme (105-108 % bei Nutzung der Brennwerttechnik) liegt und das Anlagennutzungsgradpotential für Erdgas nochmals deutlich erhöht.

(9) Vor allem im gewerblichen, aber auch im privaten Bereich erlaubt die **Abwärmenutzung** bzw. Wärmerückgewinnung Sparpotentiale, die allerdings aus heutiger Sicht meist - vor allem im privaten Wohnbaualtbestand - noch nicht wirtschaftlich sind. Es ist die Maßnahme, bei der die Wirtschaftlichkeit - verglichen mit Dämm-Maßnahmen oder sogar dem Einbau von hocheffizienten Verglasungen - am allerwenigsten gegeben ist. Allerdings ist hierbei ganz entscheidend, welcher Anteil der Systemkosten der Energieeinsparung und welcher dem verbesserten Raumklima (bei Zwangsbelüftungsmaßnahmen) zugeschrieben wird.

Insgesamt ergeben sich bei der Raumwärme technische Sparpotentiale, die auf den spezifischen Raumwärme-Endenergieverbrauch von 1995/96 bezogen bei etwa 70-80 % liegen dürften, d.h. 1995/96 ein Volumen von 2200-2500 PJ umfaßt haben.

(10) Das **wirtschaftliche Potential** ist demgegenüber kleiner. Es bestimmt sich primär aus dem jeweiligen Energiepreisniveau und den Kosten bzw. Grenzkosten der Energievermeidung bzw. der rationellen Energienutzung und -umwandlung. Danach sind energiesparende Investitionen solange wirtschaftlich, wie die Grenzkosten der „Energieeinsparung“ pro Energieeinheit kleiner als oder gleich sind wie der Preis pro Energieeinheit.

Die Prognos-Energiestudie[9] von 1995/96 geht davon aus, daß der spezifische Energieverbrauch bis zum Jahr 2020 im Raumwärmemarkt von ca. 650 MJ/m^2*a

8) Hier werden weitere technische Verbesserungen erwartet.
9) Vgl. Prognos (1996).

(1992) auf ca. 430 MJ/m^2*a sinkt, mithin eine Einsparung von rund 1/3 über 28 Jahre, entsprechend rund -1.5 % p.a.. Davon sind rund 2/3, d.h. 1 % p.a. den gebäudetechnischen Einflüssen und der Rest den anlagentechnischen Verbesserungen zuzurechnen. Zugrunde gelegt wurden in diesen Berechnungen u.a. real steigende Energiepreise, eine erhebliche Neubautätigkeit [Wohnflächenzuwachs +43 %], verschärfte Wärmeschutzvorschriften, langfristig stark steigende Gebäudeabgänge, steigende Sanierungsraten (Häufigkeit energetischer Sanierungen) und Sanierungseffizienzen (Reduktion des Heiz-/Nutzenergiebedarfs pro Sanierungsfall) und strukturelle Verschiebungen in der Energieträgerstruktur der Heizanlagen zugunsten von Erdgas sowie der ständige Ersatz von ineffizienteren Altanlagen durch Neuanlagen mit stetig steigenden Nutzungsgraden.

Ein deutlich über diese Einsparungen hinausgehendes Sparpotential ist mit steigenden Grenzkosten verbunden und daher nur bei entsprechend steigenden Energiepreisen und/oder durch Schaffung günstigerer Rahmenbedingungen (z.B. Wärmeschutzvorschriften auf Altbauten ausdehnen, Wärmepumpen fördern, etc.) auszuschöpfen.

(11) Die Quantifizierung der zusätzlich wirtschaftlich erschließbaren Potentiale ist nicht einfach und nicht eindeutig, streuen doch die bislang ermittelten Grenz- bzw. Zusatzkosten der Energieeinsparung nicht nur für Altbauten, sondern auch für Neubauten über einen weiten Bereich. Die Ergebnisse diverser Untersuchungen[10)] zu diesem Problemkreis sind erheblich von den getroffenen Annahmen (Kosten, Zinssätze, Lebensdauern etc.) abhängig, wobei vor allem die Zurechnung der anteiligen Kosten für die (zusätzliche) Energieeinsparung gerade in dem besonders wichtigen Bereich „Kosten von energetischen Sanierungsmaßnahmen" entscheidenden Einfluß auf das Ergebnis ausübt. Trotz der im Einzelfall unterschiedlichen Berechnungsmethoden und -ansätze lassen sich folgende **Hypothesen zum Kostenverlauf** ableiten:

- Einsparungen im Gebäudebereich durch gebäudeseitige Maßnahmen (Dämmen, Fenster erneuern, Lüftungsverluste reduzieren, Oberflächen/Volumen- bzw. Oberflächen/Wohnflächenrelation verbessern o.ä.) sind bei Mehrfamilienhäusern i.allg. kostengünstiger als im Ein-/Zweifamilienhausbereich.
- Je niedriger der Heiz-/Nutzenergiebedarf bereits ist, desto technisch aufwendiger und damit teurer und tendenziell unwirtschaftlicher werden zusätzliche Maßnahmen. Nicht in jedem Fall sind die ältesten auch die energetisch schlechtesten und damit die am kostengünstigsten zu sanierenden Gebäude.
- Auch im Neubaubereich können erheblich niedrigere Heiz-/Nutzenergiebedarfe als heute (1995er WSVO) nur mit erheblichen Zusatzaufwendungen

10) Vgl. z.B: Enquete-Kommission (1994), Prognos (1992), Prognos (1996).

erreicht werden, die beim derzeitigen Preisniveau (Öl: rund 10 DM/GJ oder 3.5 Dpf/kWh; Gas: ca. 23 DM/ GJ oder 8 ½ Dpf/kWh im Haushaltsbereich) nicht rentabel sind.

- Einsparungen, die pro Sanierungsfall deutlich über 35-40 %, bezogen auf den Heiz-/Nutzenergieverbrauch von Altbauten (Baualtersklassen bis etwa 1970) hinausgehen, sind zu heutigen Energiepreisen nicht wirtschaftlich.
- Sowohl für Neubauten als auch für Altbauten verändern sich die Grenzkostenverläufe im Zeitablauf: das Niveau sinkt und die Steigung wird geringer, d.h. die Grenzkosten sinken, und gleichzeitig steigen sie mit zunehmender Einsparung weniger progressiv an (wegen des technischen und organisatorischen Fortschritts).
- Einsparungen durch einen vorzeitigen Austausch von Heizungsaltanlagen lohnen beim gegenwärtigen Preisniveau selten. Der Übergang auf kapitalintensivere Heizsysteme wie Gas- oder elektrische Wärmepumpensysteme ist in den meisten Fällen nur bei einem deutlich höheren Energiepreisniveau lohnend, es sei denn, es liegen besonders günstige Bedingungen vor.

(12) Neben diesen Potentialen durch Verbesserungen der Gebäudequalität und der Heizanlagentechnik gibt es **zusätzliche Potentiale**, deren Realisierung jedoch oft nur im Einzelfall quantifizierbar ist und in stärkerem Maße **Veränderungen in den Verhaltens- bzw. Wertorientierungen** erfordert:

- Ein- und Zweifamilienhäuser haben aufgrund der im Vergleich zu Mehrfamilienhäusern ungünstigeren Oberflächen/Nutzflächenverhältnisse pro m^2 Wohnfläche einen höheren spezifischen Heizenergiebedarf. Ein- und Zweifamilienhäuser verfügen im Mittel über größere Wohnungen als Mehrfamilienhäuser. Unter beiden Aspekten wären demnach Mehrfamilienhäuser bzw. Mehrfamilienhausformen Ein- und Zweifamilienhäusern vorzuziehen. Verdichtete Bauformen bieten sich als ein Mittelweg an.
- Der generelle Wohnflächenzuwachs kompensiert - zumindest nach den meisten Energieprognosen - die erschließbaren technischen und wirtschaftlichen Einsparpotentiale. Absolut läßt sich der Energieverbrauch deshalb umso stärker reduzieren, je langsamer die Pro-Kopf-Wohnflächen steigen.
- Als eine Alternative zur getrennten Produktion von Wärme (im Wohngebäude) und Strom (im Großkraftwerk) könnte die wärmegeführte gekoppelte Produktion von Strom und Wärme (in Form von BHKW, Klein-WKK, „Nahwärme“) ausgebaut werden, mit einem insgesamt besseren Wirkungs- und Gütegrad als bei getrennter Erzeugung.
- Der individuelle Anreiz, Energie zu sparen, ist umso größer, je unmittelbarer die Energiekosten spürbar werden. Individuelle, wohnungsbezogene Heizkostenabrechnungssysteme sind dafür ein unverzichtbares Instrument. Verhaltensbedingte Einsparungen (z.B. Senkung der Raumtemperaturen, Teilbe-

heizung, manuell oder per PC und Temperatursensoren gesteuert, richtiges Lüften etc.) lassen sich so am ehesten und am wirkungsvollsten erzielen.

(13) **Zusammenfassend** lassen sich die wichtigsten Ansatzpunkte wie folgt klassifizieren, ohne auf die Maßnahmen und Ansatzpunkte im Detail einzugehen:

Tabelle 6-2: Maßnahmen und Ansatzpunkte im Raumwärmebereich

Ansatzpunkt	**Energieträger**	**Nutz-energie**
Gebäudebestand		
Reduktion der Heiz-/Nutzenergiebedarfe		Wärme
- Neubau (Niedrig-/Niedrigst-/Nullenergiehäuser)	fossile/erneuerb.E-träger, Strom	Wärme
- Altbau (Sanierungsrate, Sanierungseffizienz)	fossile/erneuerb.E-träger, Strom	Wärme
- alle (Bauformen, passive Solarnutzung)	fossile/erneuerb.E-träger, Strom	Wärme
- Abwärmenutzung/Wärmerückgewinnung	alle	Wärme
Verbesserung der Heizanlagen		
- Brennwerttechnik (Gas und Öl)	Gas, Öl	Wärme
- Wärmepumpen (Gas und Strom)	Gas, Strom	Wärme
- BHKW, Klein-WKK (Nahwärme)	fossile/erneuerb.E-träger	Wärme
Organisation, Raumordnung, Gesellschaft		
- Verdichtetes Bauen	alle	Wärme
- Flächenwachstum begrenzen	alle	Wärme
- Verbrauchsbezogene Heizkostenabrechnungen	alle	Wärme

Warmwasser

(14) Rund 5 % des gesamten Endenergieverbrauchs wurde 1992 für die **Warmwasserbereitstellung** verwendet (ca. 500 PJ). Daran waren Heizöl mit 29 %, Gas (im wesentlichen Erdgas) mit 33 %, Strom mit 24 %, Fernwärme mit 9 % und Kohle mit 5 % beteiligt. Daneben wurden vernachlässigbare Mengen an Solarenergie genutzt. Nach Sektoren entfällt der Warmwasserverbrauch zu 50 % auf die Privaten Haushalte, zu 41 % auf Kleinverbraucher einschließlich militärischer Dienststellen und zu knapp 9-10 % auf die Industrie.

Bezogen auf die Bevölkerung von knapp 81 Millionen entsprach dies einem Pro-Kopf-Verbrauch von rund 6 GJ. Unterstellt man im Warmwasserbereich für Industrie und Kleinverbraucher ähnliche Nutzungsgrade wie im Haushaltsbereich, so wurde das Warmwasser 1992 im Durchschnitt mit einem Nutzungsgrad von rund 67 % bereitgestellt; entsprechend hätte der mittlere Nutzenergieverbrauch pro Einwohner und Jahr bei rund 4 GJ oder 75 Liter Warmwasser/Kopf und Tag (bei einer Temperaturdifferenz von 35 ° C und 365 Tagen/a) gelegen.

Das gesamthaft vorhandene **Potential** (einschließlich der verhaltensbezogenen Anteile) der Energieeinsparung im Warmwasserbereich läßt sich schwer quantifizieren. Das liegt daran, daß zum einen die genauen Verwendungszwecke vor allem in den Sektoren Industrie und Kleinverbraucher (zumindest unter energetischen Aspekten) im einzelnen nicht genau bekannt sind, zum anderen ist die Abschätzung dessen, was „suffizienzfrei" an Warmwassermengen eingespart werden kann, objektiv kaum beurteilbar (ist der Verzicht auf tägliches Duschen oder wöchentliches Wannenbaden bereits mit Wohlstandsverlusten verbunden?).

(15) Das **technische Potential** durch Verbesserung der Bereitstellungsanlagen ist dagegen einfacher abzuschätzen. Da die Warmwasserbereitstellung mehrheitlich zentral erfolgt (im Haushaltsbereich meist gekoppelt mit der Heizanlage), bei Großverbrauchern, in Teilbereichen des Kleinverbrauchs oder in der Industrie (Krankenhäuser, Hotel- und Gaststättengewerbe, Küchen und Kantinen u.ä.) auch über separate Warmwassersysteme, kommen alle Fortschritte der Heizanlagentechnik auch den zentralen Warmwassersystemen zugute. Dabei sind die Sparpotentiale in diesem Bereich eher noch größer als bei Heizanlagen, weil die heute noch erheblichen Bereitstellungs- und Verteilverluste durch besser isolierte Speicher und Leitungen eher größere Reserven bieten als die Feuerungsanlagen selbst.

Unterstellt man keine allzu gravierenden Unterschiede in der Struktur der Warmwasserbereitstellung, so dürfte dieses Potential in der Größenordnung von mindestens 20-30 % liegen. Dabei ist das Potential für öl- und gasgestützte Warmwassersysteme sicherlich größer als für Kohle oder Holz. Auch bei fernwärme- oder elektrizitätsbasierter Warmwasserbereitung ist das Potential deutlich kleiner, wenn nicht statt Ohm'scher Heizungen elektrische Luft-/Wasser-Brauchwasserwärmepumpen mit Leistungsziffern um 2 oder mehr, d.h. 200 % oder mehr „Nutzungsgrad" eingesetzt werden. Auf diese Weise läßt sich die Effizienz elektrischer Warmwasserbereitung gegenüber heute verdoppeln und gleichzeitig der Gütegrad der Exergienutzung verbessern. Ein deutlich intensivierter Einsatz von Wärmepumpen würde damit das technische und wirtschaftliche Potential wesentlich erhöhen.

Bei Großanlagen zur Warmwasserbereitung kann die Abwärmenutzung/Wärmerückgewinnung den Endenergiebedarf reduzieren. Allerdings ist dies heute nur bei erheblichen Abwärmemengen wirtschaftlich.

(16) Wenn auch die **solare Brauchwassererwärmung** in Deutschland kaum als Ganzjahresversorgungssystem infrage kommt - zumindest solange es keine wirtschaftlichen Speichertechniken gibt - so kann die solare Brauchwassererwärmung dennoch erhebliche Anteile an der Gesamtversorgung übernehmen. Bei deutlichen Verbesserungen in der Sonnenkollektor-Technik und/oder markanten Verbesserungen der Speichertechniken sind auch höhere Anteile denkbar. Solare Brauchwassersysteme und die intensivierte Nutzung von elektrischen Brauchwasserwärmepumpen helfen dabei vergleichsweise am ehesten, die Exergieverluste des

Systems zu verringern, qualitativ hochwertige Energieträger wie Öl oder Gas, aber auch konventionellen (Ohm'schen) Heizstrom einzusparen.

(17) Wie im Raumwärmebereich ist auch beim Warmwassersystem davon auszugehen, daß eine **haushaltsbezogene Warmwasserkostenabrechnung** für Mieter verhaltensbedingte Einsparungen in der Warmwasserverbrauchsmenge bewirken kann. Das Potential hierdurch wird auf 5-10 % der Warmwassermenge geschätzt. Sensorgesteuerte Armaturen können nicht nur im Haushaltsbereich, sondern in allen Verbrauchssektoren die Warmwassermenge reduzieren. Dieser Effekt läßt sich z.Zt. kaum exakt quantifizieren, sind doch Erfahrungswerte auf breiter Basis u.W. nicht vorhanden. Es scheint jedoch nicht ausgeschlossen, daß der Effekt 10 % oder mehr betragen kann. Dabei ist allerdings zu berücksichtigen, daß diese verhaltensbedingten Sparpotentiale nicht einfach addierbar sind, weil sie sich teilweise überlappen: so kann z.B. die Verbrauchsabrechnung dazu führen, daß energiesparende Armaturen gekauft werden.

(18) Für den Warmwasserbereich ist für die nächsten 20-30 Jahre insgesamt davon auszugehen, daß die **technischen Potentiale** bei deutlich über 30 % liegen, wenn keine einschneidenden Mengenreduktionen unterstellt werden. Von diesem Potential wird ein Teil quasi von selbst realisiert (im Rahmen der Heizanlagenerneuerung und der Ersatzbedarfe von Warmwassersystemen/-geräten, womit technisch immer effizientere Anlagen in Betrieb gehen). Für einen erheblichen Teil allerdings ist die Wirtschaftlichkeit heute nicht gegeben, z.B. für Solaranlagen, aber auch für Wärmepumpen. Das in der Energiestudie von 1996 langfristig (2020) unterstellte wirtschaftliche Potential wurde auf 15-20 % geschätzt (incl. veränderter Energieträgerstrukturen).

Zusammenfassend lassen sich damit die wichtigsten Ansatzpunkte wie folgt klassifizieren, ohne auf die Maßnahmen und Ansatzpunkte im Detail einzugehen:

Tabelle 6-3: Maßnahmen und Ansatzpunkte im Warmwasserbereich

Ansatzpunkt	**Energieträger**	**Nutzenergie**
Anlagenbestand		
Erhöhung der Nutzungsgrade		Wärme
- Reduktion der Umwandlungsverluste	alle	Wärme
- Reduktion Bereitschafts-/Verteilverluste	alle	Wärme
- Einsatz von Solaranlagen und Wärmepumpen	Solarenergie, Strom	Wärme
- Abwärmenutzung/Wärmerückgewinnung	alle	
Verhalten, Organisation, Vorschriften		
- energieeffizientes Verhalten	fossile/erneuerb.E-träger, Strom	Wärme
- Warmwasserkostenabrechnung	fossile/erneuerb.E-träger, Strom	Wärme
- Einsatz dezentraler Systeme	fossile E-träger, Strom	Wärme

Elektrogeräte, Kraft, Licht

(19) Für diesen Verwendungszweck werden derzeit ca. 10-11 % des gesamten Endenergieverbrauchs verwendet. Bezogen auf den Endenergieverbrauch von Strom insgesamt sind dies jedoch ca. 60 %. An diesem Verbrauch sind die einzelnen Sektoren wie folgt beteiligt: Private Haushalte ca. 24 %, Kleinverbraucher ca. 30 % und Industrie ca. 46 %.

Aufgrund der Heterogenität der Anwendungen im einzelnen - die Palette reicht von elektrischen Zahnbürsten im Haushaltsbereich bis hin zu riesigen Elektromotoren in der Industrie - ist auch das Potential rationeller Energienutzung und -umwandlung im Einzelfall sehr unterschiedlich.

Insgesamt sind die technischen Einsparpotentiale in diesem Verwendungsbereich sehr groß. Betrachtet man einmal die heute am Markt verfügbaren Geräte für Haushalte, Büro und Gewerbe, so stellt man beachtliche Streubreiten im spezifischen Energieverbrauch der einzelnen Geräte bzw. Hersteller bzw. zwischen einzelnen Nutzern fest.[11] Spannen zwischen den „marktbesten" und den „marktschlechtesten" Geräten bei vergleichbarem Gerätetyp von mehr als 100 u.m. % sind keine Seltenheit. Untersuchungen haben gezeigt, daß allerdings in den wenigsten Fällen eine signifikante Korrelation zwischen Gerätekosten und geringerem spezifischem Energieverbrauch besteht. Die Grenzkosten der Einsparung können deshalb teilweise sehr niedrig liegen.[12] Würden von den Nutzern jeweils nur die „marktbesten" Geräte gekauft, betrüge gegenwärtig das Sparpotential bei den Großgeräten im Haushaltsbereich, aber auch bei Bürogeräten (z.B. PC, Drucker, Bildschirm etc) etwa 30-40 %.

(20) Die technischen Sparpotentiale im **Haushaltsbereich** gehen jedoch aus heutiger Sicht noch darüber hinaus. Bei größeren Geräten können diese trotz ständiger Verbesserungen noch als erheblich bezeichnet werden, wenn man sie auf den mittleren Geräteverbrauch des Jahres 1995 bezieht:

- Kühlgeräte und Gefriergeräte 65-80 %
- Waschmaschinen und Wäschetrockner 60-70 %
- Geschirrspüler 60-70 %
- Farb-TV 50-80 %.

Wesentlich geringer sind die technischen Sparpotential für eine Vielzahl von allerdings weniger stromintensiven Kleingeräten.

11) z.B. Hessisches Ministerium für Umwelt, Energie und Bundesangelegenheiten (Besonders sparsame Haushaltsgeräte), (1992); (1996); INFEL Gerätedatenbank, (1997).

12) Prognos (1996), Energieperspektiven.

(21) Beim Verwendungszweck **Licht** ist das Sparpotential im Haushaltsbereich sehr groß: der Einsatz der allseits bekannten und zunehmend auch eingesetzten Energiesparlampen reduziert gegenüber der konventionellen Glühbirne den Verbrauch spezifisch um 75-80 %. Im gewerblichen und industriellen Bereich ist das Sparpotential bei der Lichttechnik kleiner, da der Einsatz energieextensiver Beleuchtungstechnik (z.B. Einsatz von hocheffizienten Natriumdampfniederdrucklampen) aus Kostengründen schon stärker verbreitet ist. Dennoch sind auch in der Industrie und im Gewerbebereich noch nicht ausgenutzte Potentiale vorhanden (ca. 40-60 %). Ein technischer Ansatzpunkt ist die bedarfsgerecht gesteuerte Beleuchtung.

(22) Weitere **Ansatzpunkte im Bereich Industrie und Gewerbe** sind:[13)]

- der Energiebedarf der Computer, Bildschirme, Drucker etc. sinkt aufgrund des technischen Fortschritts und der zunehmenden Miniaturisierung ständig. Hier ergeben sich von Gerätegeneration zu Generation (innerhalb kurzer Zeit) Einsparungen, die bis über eine Halbierung des spezifischen Energiebedarfs hinausgehen können (z.B. Prozessoren, Flachbildschirme, Drucker, etc.),
- der Bereich Elektromotoren bietet Reserven, vor allem bei kleineren und mittleren Motorengrößen (5-10 %),
- Querschnittstechnologien wie Drehzahlregulierung, Lastmanagement, Vermeidung von Teillastzuständen reduzieren die Verluste bei der Umwandlung von elektrischer in mechanische Energie (5-50 % Reduktionspotential),
- tribologische Maßnahmen reduzieren die Reibungsverluste von Kupplungen, Transmissionen, Getrieben (3-20 % Reduktionspotential) etc.,
- durch eine moderne Meß-, Regel- und Steuerungstechnik lassen sich viele industrielle und gewerbliche Produktionsprozesse energetisch effizienter gestalten (6-15 % Reduktionspotential),
- moderne und optimal dimensionierte Pumpen vermögen den Transport von Fluiden um 8-20 % effizienter abzuwickeln (auch im Hausbereich, z.B. Umwälzpumpen von Heiz- und Warmwasseranlagen; im Hausbereich ist das Potential deutlich größer: 20-40 %).

Die Liste ließe sich verlängern. Sie zeigt, daß nicht nur im Haushaltsbereich, sondern auch im industriellen, gewerblichen und Dienstleistungssektor noch Potentiale vorhanden sind, den Stromverbrauch für Licht, Kraft und Büro- und Haushaltsgeräte spezifisch deutlich zu reduzieren. Die Quantifizierung ist allerdings im

---

13) Vgl. Basics (1997).

Kleinverbrauchs- und Industriesektor wegen der im Vergleich zum Haushaltsbereich ungeheuren Vielfalt an Einzelprozessen ungleich schwieriger. Entsprechend stehen summierte Potentialangaben für diese Sektoren nach Verwendungskategorien nicht zur Verfügung.

Prozeßwärme, nichtelektrische Kraft und Antriebe

(23) Prozeßwärme wird im Haushaltsbereich für das Kochen, im Kleinverbrauchssektor in den Verbrauchssegmenten für Küchen und Kantinen (ohne Brauch-/Warmwasser), sonstige Anwendungen und nichtelektrische Kraftanwendungen sowie im industriellen Bereich für den Verbrauch von Hoch- und Niedertemperaturprozeßwärme (ohne denjenigen für Warm-/Brauchwasser) benötigt. Hinzu kommt der kleine Anteil fossiler Energieträger für nichtelektrische Antriebe.

Dieses Verbrauchssegment ist relativ groß, es entfallen darauf z.Zt. etwa 23 % des gesamten Endenergieverbrauchs (ca. 2100 PJ), davon der größte Teil (84 %) auf industrielle Prozesse, Hauptenergieträger sind Gas (40%), Ölprodukte und Kohle (je gut 20 %) sowie Strom (ca. 15%). Fernwärme spielt praktisch keine Rolle, ebensowenig erneuerbare Energieträger.

(24) Im **Haushaltsbereich** ist das technische Potential klein. Es beschränkt sich im wesentlichen auf Backöfen, deren Abwärme durch verbesserte Geräteisolation reduziert werden kann. Konventionelle Herdplatten bieten selbst wenig technische Einsparmöglichkeiten, lassen sich jedoch durch den Übergang auf - allerdings auch preislich teurere Lösungen wie - Keramikkochfelder oder Induktionskochstellen ersetzen. Das technische Potential dürfte hier nicht größer sein als 20-30 % bei noch immer wesentlich höheren Kosten (Herd und partiell neues Kochgeschirr). Häufig größer als die technischen gegebenen Einsparpotentiale sind im Haushaltsbereich die Sparpotentiale durch richtiges Verhalten (Nachwärmenutzung, Kochen mit Deckel, plane Böden beim Kochgeschirr, Dampfkochtopf nutzen, Mikrowelle statt Elektroherd, etc.).

(25) In den Bereichen **Kleingewerbe und Industrie** sind die technischen Ansatzpunkte bei etwa gleichen Verwendungszwecken ähnlich. Beispielhaft seien die wichtigsten Querschnittstechnologien und ihre spezifischen Potentiale, wie sie aus heutiger Sicht für den Bereich der Industrie gesehen werden, genannt:[14)]

- Erwärmung: Laser, Lichtbogen, Mikrowellen, Infrarotstrahlung, induktives Heizen (5-25 % Potential),

14) Vgl. Basics (1997); Jochem und Bradke (1996); Schaefer und Schäfer (1995) u.a.

- Heißwasser/Heißdampferzeugung: Wirbelschichttechnik, Brennwerttechnik (4-10 %),
- Trocknen: verbesserte Trocknungsprozesse (z.B. Mikrowellentrocknen; 6-13 %),
- Verbrennungsvorgänge: Brennerauslegung Öfen (4-10 %), Kondensationskessel (6-12 %),
- Wärmedämmung: Kessel (4-8 %), Rohre (5-20 %),
- Wärmerückgewinnung: Wärmetauscher (4-15 %), Kaskadennutzung (8-30 %),
- Elektrizitäts- und Wärmeproduktion: Wärmekraftkopplung (5-12 % Primärenergieeinsparung),
- Rohstoffe/Ausgangsstoffe: Recycling (Papier, Karton, Glas, Aluminium, Stahl etc.: 15-80 %), biotechnische Verfahren (0-95 %),
- Produktionsablauf: Roboterisierung (-10 bis -10%), CA-Techniken[15] (-2 bis 15 %), Automatisierung (-5 bis 18 %), Einsatz biotechnischer Prozesse (0.95 %),
- Messen, Steuern, Regeln: für alle Produktionsprozesse (6-15 %).

In dieser Liste sind branchenspezifische Techniken nicht genannt. Sie erhöhen jedoch das für die einzelnen Branchen/Prozesse gegebene technische Potential der Querschnittstechnologien zusätzlich. Zu berücksichtigen ist, daß ein Großteil der genannten querschnittstechnologischen Ansätze multiplikativ miteinander verknüpft werden kann (wie z.B. beim Transport von Fluiden Elektromotor-, Pumpen- und Verrohrungsgeometrie-Potential), andere in mehr oder weniger starker Substitutionsbeziehung zueinander stehen (z.B. Wärmekraftkopplung und Abwärmenutzung/Wärmerückgewinnung).

(26) Für die Industrie gibt Bradke das theoretische Potential insgesamt - über alle Anwendungen mit mindestens 80 % an.[16] Prognos rechnet in der Energiestudie[17] von 1992 bis 2020 mit einer Reduktion der spezifischen Brennstoffverbräuche in der westdeutschen Industrie um jährlich 1.3 % und der Stromverbräuche um 0.8 % - gemessen bei konstantem Produktionsvolumen (d.h. ohne interindustriellen Strukturwandel). Dies entspricht einer rund 18 %igen Reduktion der spezifische Stromverbräuche und einer etwa 28 %igen Reduktion der spezifischen Brennstoffverbräuche bis 2020, jeweils bezogen auf das Jahr 1995. Zwischen beiden Werten

15) Computergestütztes Zeichnen, Konstruieren, Test etc.
16) Vgl. Bradke 1993, zitiert nach Altner et al. (1995), S.40.
17) Vgl. Prognos (1996).

liegt das technische Potential der rationellen Energieverwendung in der Industrie, wobei das theoretische Potential weiter vom technischen entfernt sein dürfte als vom realisierten Potential (-25 % für Brennstoffe und Strom) nach der Energieprognose (wahrscheinlich in einer Größenordnung von 45-50 %). Aus den erwähnten Gründen dürfte das technische Potential im Bereich Kleinverbraucher eher etwas größer sein (Größenordnung 40-50 %). Die Erschließung des nicht ausgeschöpften, aber technisch wahrscheinlichen Potentials von 20-25 % wäre jedoch mit stark steigenden Grenzkosten verbunden.

Transport, Verkehr

(27) Der Transport- und Verkehrssektor (Sektor Verkehr einschließlich Verkehr militärischer Dienststellen), d.h. der gegenwärtige **Mobilitätsbedarf** der Gesellschaft, beansprucht rund 30 % des gesamten Endenergieverbrauchs. Der überwiegende Teil (98 %) entfällt auf Mineralölerzeugnisse, nur rund 2 % auf den Stromverbrauch der Bahnen.

Der Sektor umfaßt den Straßenverkehr (Pkw, Lkw, Busse, motorisierte Zweiräder, Sonderfahrzeuge; Güter- und Personenverkehr; privat und gewerblich genutzt), den Schienenverkehr (Eisenbahnen, Stadtbahnen u.ä.; Personen- und Güterverkehr), den Binnenschiffsverkehr und den Flugverkehr (privat, gewerblich, militärisch). Neben dem Verbrauchsbereich Elektrogeräte, Licht und elektrische Kraft/Antriebe ist dies der einzige Bereich, für den primär aufgrund auch zukünftig steigender Verkehrs- und Fahrleistungen (d.h. Mobilitätsansprüche) noch ein absolut steigender Endenergieverbrauch erwartet wird.

Mit einem Nutzungsgrad von unter 20 % ist die Effizienz der Energienutzung in diesem Verwendungsbereich deutlich geringer als in den übrigen Verwendungsbereichen bzw. Verbrauchssektoren (z. Vgl. Industrie 57 %; Haushalte 65 %; Kleinverbraucher 53 %; Verkehr 18 %).[18)]

(28) Eine ökologisch verträgliche Mobilität läßt sich unter drei Gesichtspunkten verbessern: vermeiden, verlagern, verbessern.

Die Ansatzpunkte für eine Verringerung des Energieverbrauchs im Verkehr zeigen gleichzeitig eine erhebliche Breite und Vielfalt in den technisch möglichen Potentialen für die rationelle Energienutzung im Transport- und Verkehrssektor:

- **Vermeidung** von zusätzlichen Verkehrs- und Fahrleistungen durch adäquate Raum-, Siedlungs- und Produktionsstrukturen, durch den Einsatz von Tele-

---

18) Analyseraster (1993), zitiert nach Altner et al. (1995), S.41.

matik und von immaterieller Transport- und Verkehrsleistungen (Telekommunikation),

- **Verlagerung** von energieintensiven Verkehren bzw. Verkehrsträgern auf weniger energieintensive Transportformen (individueller Straßenverkehr auf kollektive Verkehrssysteme wie Bus oder Eisenbahn, Straßengüterverkehr auf Schiene oder Binnenschiff, Kurzstreckenflugverkehr auf die Schiene),
- **Verbesserung** der Energieeffizienz bei allen Verkehrsträgern/Verkehrsmitteln, v.a. bei Personen- und Lastkraftwagen sowie im Flugverkehr.

(29) Bereits diese Aufzählung macht die **starke Verflechtung zwischen ökonomischen Abläufen und dem Energieverbrauch** deutlich: Dabei sind die technischen Potentiale für die Ansatzpunkte „Vermeiden und Verlagern" weit schwieriger abzuschätzen und zu quantifizieren als die der Effizienzverbesserung im Fahrzeugbereich selbst. Dies liegt vor allem daran, daß diese Ansatzpunkte kaum „objektiv" diskutiert werden (können): " Beim Verkehr stoßen sich in besonderer Weise wirtschaftliche und politische Interessen, etwa die Bewertung der Automobilindustrie für Wirtschaftswachstum, Außenhandelsbilanz und Beschäftigung, mit prinzipiellen Belastungsgrenzen der Natur und der Sozialsysteme sowohl im lokalen, regionalen und globalen Rahmen.... Der Verkehrssektor ist auch der Energieverbrauchssektor, der mit den höchsten emotionalen Aufladungen der Akteure, insbesondere der Autofahrer selbst, der Automobillobby, der Vertreter der Automobilindustrie sowie der einschlägigen Medien verbunden ist."[19]

Nachstehend wird versucht, die technisch und wirtschaftlich möglichen Potentiale aufzuzeigen und zu quantifizieren. Dabei stehen die Ansatzpunkte für die Steigerung der Energieeffizienz im Vordergrund.

(30) Die technischen Potentiale verbesserter Antriebs- und Fahrzeugtechniken erfordern eine Differenzierung nach Fahrzeugtypen bzw. Verkehrsteilsystemen.

Mit ca. 68 % des Energieverbrauchs im Straßenverkehr hat die Benutzung des **Personenkraftwagens** die größte Bedeutung. Der spezifische Energieverbrauch hängt von der spezifischen Ausstattung des Fahrzeugs (Größe, Gewicht, Leistung etc.), von der individuellen Fahrweise, äußeren Parametern (Verkehrssituation, Verkehrsfluß, Stauanteile etc.) und der Antriebstechnik selbst ab. Entsprechend vielfältig sind die Einsparpotentiale.

- Ohne jede technische Innovation kann der spezifische Verbrauch durch eine veränderte Zusammensetzung der Fahrzeugflotte gesenkt werden, da der Energieverbrauch gleicher Fahrzeugmodelle (Größe, Gewicht) bis zu einem

19) Kreibich u.a. (1994), zitiert nach Altner et al. (1995), S. 65.

Faktor von 2 variieren kann. Zusätzliche Potentiale ergeben sich durch den Umstieg auf kleinere, leistungsschwächere Fahrzeuge.[20)]

- Die individuelle Fahrweise kann bis zu 20 % Differenz im spezifischen Energieverbrauch erklären. Das tatsächliche Potential durch „sanfteres Fahren“ dürfte jedoch deutlich niedriger sein, solange sich die Einstellung zum Auto bzw. dessen Stellen- und Imagewert nicht wesentlich ändert.
- Das technische Potential hängt schließlich wesentlich davon ab, was man als akzeptable „Transportdienstleistung eines Personenkraftwagens“ noch toleriert. An sich ist es technisch möglich, Fahrzeuge mit einem Verbrauch von einem oder sogar unter 1 Liter pro 100 km zu bauen. „Das Dilemma besteht darin, zu definieren, welche Leistungsparameter ein solches Fahrzeug aufweist bzw. aufweisen muß, um im Markt zu bestehen. Eine entscheidende Stoßrichtung liegt in der Gewichtsreduktion und im Design der Fahrzeuge (Aerodynamik, Reifen), was gleichzeitig erlaubt, die Antriebe auf kleinere Leistungsanforderungen auszulegen. Das erleichtert die Anwendung der Innovationen in der Antriebstechnologie in Richtung höhere Effizienz (statt Leistungssteigerung) auszulegen. Beispiele solcher Fahrzeuge mit realen Verbrauchswerten von 2-3 l/100 km liegen vor (verschiedene Experimentalfahrzeuge der Industrie bis hin zum Greenpeace-Fahrzeug SMILE), andere legen das zukünftige Maß noch tiefer, z.B. bei 1-2 l/100 km (z.B. Armory Lovins Hypercar)“.[21)]

(31) Von der OECD wird das **längerfristige Sparpotential** auf 35-70 % geschätzt.[22)] Der untere Wert diese Schätzung scheint sehr niedrig, wird doch allein das Potential konventioneller Antriebe (Otto- bzw. Dieselmotor) von Fachleuten aus der Motorenbranche beim Dieselmotor auf 20-30% und beim Ottomotor auf 30 % geschätzt (Direkteinspritzung, variable Ventilsteuerung, Hochaufladung, Reibungsminimierung, verbesserte Werkstoffe, Leichtlauföle, elektronisch gesteuerte Abgasrückführung etc.).[23)] Hinzu kommen die Verbesserungen im Getriebebereich (z.B. stufenlose Getriebe), in der Aerodynamik und beim Fahrzeuggewicht und bei den Antrieben. So soll z.B. ein neues z.Zt. in der Erprobung befindliches (und in einem normalen 5-plätzigen Geländewagen untergebrachtes) Antriebssystem (100 kg BCC-[body centured cubic] Aluminium Granulat Speicher für 2 kg Wasserstoff - Brennstoffzelle - Elektromotoren) einen Wirkungsgrad von

---

20) Daß dies heute (noch) nicht genutzt wird, zeigt, daß der Nutzen (in Form größerer, leistungsstärkerer Fahrzeuge) offensichtlich größer eingeschätzt wird als der Ertrag (in Form geringerer Anschaffungs- und Betriebskosten) bzw. daß die mit kleineren und sparsameren Fahrzeugen verbundenen monetären Einsparungen nicht groß genug sind, um die dadurch möglichen Sparpotentiale auch zu nutzen.

21) Vgl. Infras (1997), S.7.

22) Vgl. OECD (1996).

23) Vgl. Pischinger (1996), S.47.

60% aufweisen (Ottomotor 20-30%). Auch der Elektroantrieb könnte mit der Marktfähigkeit (ab 2000 erwartet) neuartiger Lithium-Ionen-Speicher (mit anorganischem Elektrolyten; Speicherfähigkeit und Dauerleistung pro kg Faktor 4-6 gegenüber konventionellen Bleiakkus, Faktor 2 gegenüber der [theoretisch] besten Nickel-Metallhydrid-Zelle [Nickel-Wasserstoff]) deutlich an Bedeutung gewinnen.

(32) Berücksichtigt man diese Entwicklungen, so scheinen **technische Sparpotentiale** von 60-75 % - bezogen auf den mittleren heutigen Verbrauch von rund 7-7.5 kg/100 km, entsprechend ca. 85 kWh/100 km - wahrscheinlicher, wobei derzeit offen ist, welche Antriebskonzepte und -systeme (Verbrennungsmotoren für Otto-/ Dieselkraftstoff [oder das umweltfreundlichere Erdgas], Elektromotoren oder Brennstoffzellen ohne/mit Konverter für Wasserstoff, Erdgas, Methanol oder sogar Benzin) langfristig die Nase vorn haben werden, da alle prinzipbedingte Vor- und Nachteile haben. Eine vollständige Umstellung auf Elektrofahrzeuge würde sogar auf der Endenergieseite Einsparungen von fast 80 % erbringen (bei 18 kWh/100 km).

(33) Das bis 2020 realisierte Potential im Segment Personenverkehr wurde im Prognos Energiereport auf rund 35 %, von der SHELL AG sogar auf 45 % geschätzt[24) - allerdings einschließlich eines Teils nicht fahrzeugspezifischer Maßnahmen (verbesserte Verkehrsflußsteuerung o.ä.). Die Kosten für die Erschließung der zusätzlichen Potentiale lassen sich heute kaum zutreffend schätzen. Es scheint jedoch, daß die Ausschöpfung aus heutiger Sicht mit **stark steigenden Grenzkosten** verbunden ist, betragen doch - nach heutigen Schätzungen - die Kosten für den Brennstoffzellenantrieb mindestens das Doppelte bis Vierfache der Kosten für einen (in der Leistung) vergleichbaren Otto-/Dieselmotor. Darüberhinaus ist zu berücksichtigen, daß eine weitgehende Ausschöpfung der technischen Potentiale Fahrzeuge zur Folge hätte, die sich nicht nur hinsichtlich der Antriebe deutlich vom heutigen Pkw unterscheiden: Größe, Gewicht, Komfort, Leistung etc. wären wahrscheinlich geringer, wenn die Möglichkeiten der Treibstoffeinsparung vollständig ausgenutzt würden. Dies könnte erhebliche Nutzeneinbußen bedeuten, die dann den höheren Kosten zugeschlagen werden müßten.

(34) Auf den Einsatz von **Lastkraftwagen und Nutzfahrzeuge** entfallen gegenwärtig ca. 29 % des Energieverbrauchs im Straßenverkehr. Dieser Energieverbrauch konzentriert sich zu 95 % - mit steigender Tendenz - auf Dieselfahrzeuge. Nur ca. 5 % des Verbrauchs erfolgt durch - meist kleinere - Nutzfahrzeuge mit

---

24) Vgl. Prognos (1996), S.293 ff.

Ottomotor, für die ähnliche technische Potentiale wie für die Personenkraftwagen gelten.

Dieselgetriebene Nutzfahrzeuge der oberen Gewichtsklassen sind im Vergleich zum Personenkraftwagen bereits relativ effizient, einerseits, weil große Dieselmotoren prinzipbedingt höhere Wirkungsgrade aufweisen als Ottomotoren (oder kleinere Dieselmotoren), andererseits weil im Güterverkehr der Energieverbrauch bzw. die Energiekosten ein traditionell wichtiges Kosten- und Wettbewerbselement sind, was sich schon seit langem auf die Herstellerebene ausgewirkt hat.[25)]

(35) Insgesamt ist das **technische Verbesserungspotential daher geringer** als bei Personenkraftwagen einzuschätzen. In den letzten 25 Jahren hat sich nach Angaben des Umweltbundesamtes der spezifische Verbrauch schwerer Lastzüge um 30 % von 50 auf 35 l/100 km reduziert (-1.15 % p.a.),[26)] obwohl gleichzeitig die Leistungsfähigkeit (Motorleistung, mittlere Geschwindigkeit) zugenommen hat. Das zukünftige Potential wird allerdings geringer ausfallen: Zum einen ist die Zunahme der Umweltanforderungen (EURO 2,3,4,5,..) teilweise mit Konzessionen beim Energieverbrauch verbunden, zum andern werden die verbleibenden Potentiale prinzipbedingt immer kleiner, solange keine Innovationssprünge unterstellt werden. Dennoch scheinen in der „konventionellen" Dieselmotor-Technik aus heutiger Sicht noch technische Potentiale von 20-25 % bei den fahrzeugseitigen Maßnahmen bis 2020 möglich: verbesserte Einspritzsysteme, höhere Einspritzdrücke, optimiertes Motormanagement, SCR-Technologie etc. Dadurch lassen sich die emissionsseitigen Maßnahmen (Partikelfilter, Abgasrückführung, DENOx-Katalysatoren) mehr als kompensieren. Daneben sind konstruktive Maßnahmen wie reifentechnische Verbesserungen, Reduktion des Luftwiderstandes, optimierte Getriebe etc. zu nennen.

(36) Größere Potentiale ergeben sich erst, wenn **Brennstoffzellenantriebe** zum Zuge kommen. Vermutlich werden Brennstoffzellenantriebe zuerst in Lastkraftwagen eingesetzt, bevor sie den Personenkraftwagen „erobern". Da der Wirkungsgrad der schweren Dieselmotoren höher ist als derjenige leichter Pkw-Diesel, fällt der Effizienzgewinn im Vergleich zum Personenwagen-Diesel- oder Ottomotor geringer aus. Demgegenüber wird die Substitution von Diesel durch Erdgas weniger aus Gründen der Energieeinsparung, sondern eher wegen der geringeren Umweltbelastung vor allem im innerstädtischen Verkehr verfolgt. Hier könnten auch Hybridantriebe (Erdgas innerorts, Diesel außerorts und im Überlandbereich) eine Übergangslösung sein, wenngleich sie mit deutlichen Nachteilen (höherer

25) Vgl. Infras (1997).
26) Vgl. Umweltbundesamt (1996), HDV 2000, Workshop Unterlagen (1996).

technischer Aufwand: zwei Antriebssysteme, zwei Tanks und höheres Gewicht) verbunden sind.

Hinzu kommen Einsparpotentiale durch bessere betriebliche Logistik: Routenoptimierung, Vermeidung von Leerfahrten, verstärkter Einsatz von Anhängern, Verbesserung der Auslastungsgrade etc. Sie helfen, die Relation Verkehrsleistung/Fahrleistung zu verbessern und damit die Systemeffizienz zu erhöhen. Die durch verbesserte Logistik gegebenen Potentiale lassen sich jedoch von den durch ein „effizienteres Mobilitätsmanagement" gegebene Potentialen kaum isolieren.

(37) Auf den **übrigen Straßenverkehr** entfällt ca. 3 % der Energieverbrauchs. Hierzu zählen die Verbräuche von Bussen und von motorisierten Zweirädern.

Für den Bereich Busse gilt im wesentlichen dasselbe wie für die Nutzfahrzeuge, da hier überwiegend schwere Dieselmotoren zum Einsatz gelangen. Auch die alternativen Antriebskonzepte - Brennstoffzelle sowie der Hybrid-Antrieb oder der Erdgasantrieb als emissionsärmere, aber energetisch nicht günstigere Lösung - sind die gleichen. Infolgedessen dürften die Potentiale in einer ähnlichen Größenordnung liegen.

Der Energieverbrauch von motorisierten Zweirädern ist sehr gering, weist allerdings steigende Tendenz aus. Bislang wurden Effizienzverbesserungen zumeist durch Leistungssteigerungen kompensiert oder überkompensiert.

(38) Lediglich knapp 14 % des Energieverbrauchs im gesamten Verkehrssektor entfällt auf die **übrigen Verkehre** (Schiene: ca. 3,5 %, Binnenschiff: ca. 1 %, Luftverkehr: ca. 9 % des Verbrauchs im Verkehrssektor).

Im **Schienenverkehr** waren in den letzten 30 Jahren nur relativ geringe Effizienzsteigerungen zu verzeichnen. Die strategische Zielsetzung der Bahn AG für den spezifischen Energieverbrauch liegt bei 25 % Reduktion bis 2005 gegenüber 1990.

Das technische Potential übersteigt diese Zielsetzung längerfristig deutlich[27]:

- Maßnahmen an den Fahrzeugen wie Fahrzeuggewicht (Regionalverkehr bis 50 %, IC-Wagen bis 40 %), Fahrzeugkonzepte mit modularem (flexiblem) Aufbau, Reduktion der Komfortenergie (Heizung/Kühlung, Ventilation, Beleuchtung - Sparpotential bis zu 60 % bei einem Komfortenergieanteil von 15-20 % am Gesamtverbrauch), Wagenformen/Verschalungen zur Verbesserung der Aerodynamik, Optimierung von Wagenübergängen, Laufwerkoptimierung, Antriebstechnik, Optimierung der Rekuperation (Bremsenergierückgewinnung) senken den spezifischen Verbrauch ebenso wie

27) Vgl. Infras (1997), S.12.

- betriebliche Ansätze, z.B. optimierte Zugbildung, automatische Zugkupplungen, Triebwageneinsätze (der Nachfrage angepaßte Gefäßgrößen), Bündelung gleichartiger Züge mit homogenen Reise- und Transportgeschwindigkeiten bei gleichzeitiger Erhöhung der Streckenleistungsfähigkeiten etc.

Das dadurch erschließbare Potential kann längerfristig auf eine Größenordnung von 40-50 % geschätzt werden. Die unter Status-quo-Bedingungen ausgeschöpften Potentiale werden allerdings wegen der hohen Investitionskosten deutlich geringer eingeschätzt.

(39) Der **Flugverkehr** ist neben dem Straßengüterverkehr der am schnellsten wachsende Verkehrsbereich mit entsprechend hohen prognostizierten Zuwachsraten bei Verkehrsaufkommen, Verkehrsleistung und Energieverbrauch, sowohl national wie auch international. Entsprechend hoch sind die Einflüsse zukünftig realisierter Einsparbemühungen.

Das technische Potential in den nächsten 25-30 Jahren wird auf 50-70 % geschätzt.[28] Dieses Potential umfaßt den Bereich flugzeugtechnischer Maßnahmen wie (neue) leichtere Konstruktionsmaterialien, Maßnahmen zur Reduktion des Luftwiderstandes, verbesserte Tragflügelkonstruktionen, verbesserte Triebwerke etc. einschließlich neuartiger Antriebskonzepte (wie z.B. Wasserstoff, um die überaus hohe Umweltbelastung durch den internationalen Flugverkehr zu reduzieren). Hinzu kommen Potentiale, die sich aufgrund verbesserter Auslastungen und der Veränderung der Flottenzusammensetzung (tendenziell größere Maschinen, wenn die Auslastung es erlaubt; angepaßte Gefäßgrößen zur optimalen Auslastung, operationelle Verbesserungen). Diese Potentiale sind wahrscheinlich kleiner als die reinen technischen.

Die realisierbaren Potentiale unter Status-quo-Bedingungen sind wesentlich kleiner. Prognos rechnet mit einem ausgeschöpften Potential von etwas mehr als 1.5 % p.a. (bis 2020 gegenüber heute, einschließlich struktureller Effekte durch weniger Inlandsflüge, größere Maschinen und weniger Start-Lande-Zyklen, die im Vergleich zum Flug auf Reisehöhe selbst besonders energieintensiv sind).

(40) Die technischen Potentiale, die sich durch **„Vermeiden und Verlagern"** ergeben, sind kaum zuverlässig abzuschätzen. Zum einen, weil sie sich nicht oder nur mit großen Ungenauigkeiten aus Einzelfällen hochrechnen lassen, zum anderen, weil bei der Bestimmung der technischen Potentiale der Einbezug zwingend zu beachtender technischer, organisatorischer oder gesellschaftlicher Randbedingungen notwendig ist und es über diese Randbedingungen im Verkehrssektor kaum

28) Vgl. Infras (1997), S.23.

eine objektive oder zumindest weitgehend akzeptierte Ansicht gibt. Dennoch sind Potentiale vorhanden und vermutlich größer als durch die technische Effizienzsteigerung. Wir werden nachfolgend versuchen, die Bandbreite möglicher Maßnahmen zu benennen und Größenordnungen über deren Potentiale anzugeben.

(41) Die **internationale Arbeitsteilung** spielt in diesem Zusammenhang eine wichtige Rolle: Handels- und Liberalisierungsabkommen konzentrieren sich, wie bereits erwähnt, nahezu ausschließlich auf die Ordnung der internationalen Arbeitsteilung. Abgesehen von der Präambel, die auch den internationalen Handel auf das Ziel eines „sustainable development" verpflichtet, bleiben Umweltfragen und insbesondere Fragen des durch den weltweiten Handel induzierten Verkehrszuwachses bislang außer Betracht.

Auf der anderen Seite warnen Nicht-Regierungsorganisationen immer stärker sowohl vor den Folgen des anwachsenden internationalen Verkehrs als auch davor, daß durch die zusätzlichen Verkehrsleistungen eine internationale Arbeitsteilung vorangetrieben wird, die ihrerseits zur Ursache von einseitigen Produktionsstrukturen mit wachsendem Energiebedarf wird: „Die von den Industrieländern begrüßten GATT-Vereinbarungen von 1994 (Uruguay-Runde) zum Abbau von Handelsschranken und Handelsrestriktionen sind aus der Sicht der damit weltweit verbundenen Zunahmen an Verkehrsleistungen, Energieverbrauch und Umweltbelastungen in höchstem Maße alarmierend. Wie weit das GATT von der Einbeziehung der Mobilitäts-, Energie- und Umweltfolgen bei seinen Entscheidungen entfernt ist, zeigt die Tatsache, daß in den Abschlußdokumenten der Uruguay-Vereinbarungen diese Themen überhaupt nicht vorkommen. Bis heute herrscht in den führenden GATT-Kreisen die Auffassung vor, daß sich Freihandel, Transport, Energienutzung und Umwelt positiv bedingen."[29)]

(42) Indirekt werden solche **kritischen Überlegungen** auch durch folgende Beobachtungen **bestätigt**:

- Der Treibstoffverbrauch ist sowohl im Schiffs- wie im Flugverkehr auch für die verladende Wirtschaft ein wichtiger Kostenfaktor. Entsprechend setzt sich auch verladende Wirtschaft nach wie vor dafür ein, Treibstoffe für den Seeschiffsverkehr und den internationalen Flugverkehr nicht zu besteuern.
- Die ersten internationalen Umweltabkommen (London Dumping Konvention 1972, Marpol-Abkommen 1973/1973 vgl. Kapitel 5.2.2) bezogen sich auf die Umweltbelastung der Weltmeere durch Schiffsabfälle und Öleinleitungen. Angesichts des Aufwandes für derartige Vereinbarungen ist zu vermuten,

29) Kreibich u.a. (1994), zitiert nach Altner et al. (1995), S.64.

daß die dahinterstehenden Probleme keineswegs als unerheblich eingestuft werden können.

– Nicht zuletzt macht auch die nicht nur in Deutschland immer wieder aufflackernde Diskussion um eine Auflockerung des Nachtflugverbots, die ökologischen Belastungen in Flughafennähe oder den Ausbau von Flughäfen oder die Schäden durch den Flugtourismus in manchen Ländern deutlich, daß die Flugentwicklung unter ökologischen Gesichtspunkten nicht mehr nur als marginal eingestuft werden kann.

Die bereits in den 70er Jahren aufgeworfene Frage nach dem relativen Gewicht des Außenhandels im Verhältnis zu den internen Faktoren für das Wachstum von Entwicklungsländern muß bis heute als unbeantwortet angesehen werden. Das durch veränderte internationale Arbeitsteilung gegebene Vermeidungspotential wurde unseres Wissens noch nicht geschätzt. Es ist jedoch, bezogen auf den nationalen wie den weltweiten Außenhandel sicherlich erheblich.

(43) Lediglich im kleinen Rahmen der **Raum-, Siedlungs- und Produktionsstrukturen** lassen sich Anhaltspunkte über die potentielle energetische Bedeutung anderer Formen der regionalen Arbeitsteilung gewinnen. Eine Basis bietet hier das „Konzept der kurzen Wege" in der Raum- und Siedlungsplanung. In ihr werden langfristige Veränderungen in den Siedlungsstrukturen angestrebt: Re-Konzentration statt Zersiedelung, Siedlungsverdichtung statt Siedlungsverdünnung, Funktionsdurchmischung statt Funktionstrennung sind die Stichworte für eine Strategie der kurzen Wege und damit für weniger (energieintensive) Verkehre.

Die Erschließung der hier liegenden technischen Potentiale erfordert sehr lange Zeiträume. Sie sind jedoch erheblich, da im Individualverkehr mit den Pkw ca. 90 % des Verbrauchs im Straßenverkehr allein auf den Kurzstreckenverkehr entfällt (bis 20 km durchschnittliche Entfernung pro Fahrt) und im Kurzstreckenverkehr die spezifischen Verbräuche deutlich höher sind als im Langstreckenverkehr (Warmlaufphase, stop-and-go-Verkehre innerorts). Kurze Wege bedeuten daher weniger Berufs-, Freizeit- und Einkaufsverkehre, eine (zumindest) teilweise Verlagerung von motorisierten (Individual-) Verkehrsleistungen auf den nicht motorisierten Fuß- und Fahrradverkehr oder den (energetisch günstigeren) öffentlichen Straßenpersonennahverkehr.

In dieselbe Richtung wirkt die Re-Regionalisierung der Produktionsstrukturen: „Ein bekanntes Beispiel für die „Verkehrslastigkeit" der heutigen Produktionsstrukturen ist die Untersuchung eines Erdbeerjoghurts (Böge 1993), für dessen Herstellung rund 3500 Lkw-km zurückgelegt wurden.[30)]" „Durch eine Re-Regio-

30) Ähnliches gilt für (einen Teil der) Südfrüchte, deren Verkaufspreis bis zu einem Drittel mit Energiekosten (Flugtransport) belastet ist.

nalisierung ließen sich rund drei Viertel der Lkw-km sparen."[31] Auch just-in-time-Produktionsformen, wie sie heute zunehmend eingesetzt werden, führen zu höheren Fahrleistungen (Schätzungen gehen von 10-30 % aus).

(44) In diesem Zusammenhang wird die **Telematik**, eine ursprünglich auf die Verbesserung der Verkehrssicherheit, der Leistungsfähigkeit und der Umweltverträglichkeit des Straßenverkehrs von Personen- und Lastkraftwagen entwickelte Technik (Leitsysteme), zunehmend zu einer Querschnittstechnologie (Vermittlung Verkehrsträger-übergreifender Informationen). Technisch stehen Systeme unterschiedlicher Komplexität zur Diskussion: unabhängige Navigationshilfen, „einseitige" dynamische Systeme (wie RDS oder TMC, die bessere Verkehrs- und Zusatzinformationen (aktuelle, selektiver) liefern oder aber dynamische Systeme mit Zwei-Weg-Kommunikation (zwischen Fahrer und Leitzentrale, wie sie heute schon im internationalen Speditions- und Transportgewerbe mit Hilfe des globalen Positionierungssystems und der Satellitenkommunikation eingesetzt werden.

Selbst wenn man berücksichtigt, daß es sich bei diesen Entwicklungen überwiegend um Optimierungs-, nicht aber um Vermeidungsoptionen handelt, können einige Anwendungen im Rahmen von Mobilitätsmanagement durchaus bedeutend sein:

- Flottenmanagement Straße - bessere Auslastung von Lastkraftwagen infolge automatisierter Positionsermittlung und permanenter direkter Kommunikationsmöglichkeit mit der Fahrerzentrale;
- Leerfahrtenbörsen - Vermeidung von Leerfahrten;
- Flottenmanagement Schiene - analog zum Straßenverkehr wesentlich verbesserter Informationsfluß im Güter- (Ort, Zeit, Zustand der Sendungen) und Personenverkehr (Fahrtmöglichkeiten, on-line-Information über Anschlüsse, Verspätungen etc.);
- Systeme zum Road-Pricing.

(45) Andererseits können auch Maßnahmen zur **Verkehrsflußsteuerung** Mehrverkehr produzieren. Gleichzeitig haben sie jedoch auch erheblichen Einfluß auf den spezifischen Energieverbrauch: "So wurde bei einem Versuch in Berlin nachgewiesen, daß die Einführung einer fuzzy-gestützten Parkleitstrategie den sogenannten Suchverkehr, der den Verkehrsfluß besonders hemmt, um ein Drittel senken kann. Anfahrvorgänge sind kraftstoffintensiv, eine Beschleunigung des Verkehrs erschließt hier Potentiale zwischen 10 und 15 %. Ähnliches auf Autobahnen:

---

31) Infras (1997), S. 15.

Die Spritmenge, mit der ein Lkw mit 80 km/h rund 3,5 Kilometer zurücklegt, reicht im Stau gerade einmal dazu, viermal auf Tempo 50 zu beschleunigen. Fährt ein 40-t-Zug konstant 50 km/h, braucht er 28 l Diesel auf 100 km. Muß er einmal pro km anhalten, erhöht sich der Verbrauch auf 52 l, bei zwei Stops auf 84 l. Von den Emissionen ganz zu schweigen: Beim Stop-and-go-Verkehr mit 15 km/h sind die Stickoxidemissionen dreimal so hoch wie im fließenden Verkehr."[32)]

(46) Die These, daß **Telekommunikation** (immaterieller Verkehr) physischen Verkehr ersetzen kann, ist zwar alt, konnte allerdings bisher noch nicht nachgewiesen werden: „Plausiblerweise kann man annehmen, daß eine Reihe von Reisen durch moderne Kommunikationsmittel ersetzt werden kann (Bildtelefon, Videokonferenzen, Telearbeitsplätze u.a.m.). Strittig ist, ob bzw. in welchem Umfang die neuen Mittel nicht gleichzeitig eine neue Nachfrage schaffen, indem die neuen medienbedingten Kontakte zusätzliche Fahrtenwünsche nach sich ziehen, da letztlich auf soziale Kontakte nicht verzichtet werden wird."[33)]

(47) Gerade im Nahbereich wird viel davon abhängen, in welchem Maße sich die modernen Kommunikationsformen mit den **neuen Mobilitätsformen** werden verbinden lassen. Vor allem zwei Ansätze sind hier bemerkenswert:

- City-Logistik: Bündelung der Gütertransporte verschiedener Zulieferer im städtischen Bereich, um den Auslieferungsverkehr zu reduzieren.
- Car-sharing/Car-pooling: diese Mobilitätsformen sind im allgemeinen mit spezifisch geringeren Pkw-Fahrleistungen pro „Besitzer" verbunden, weil im Vergleich zum „normalen" Pkw-Besitzer deutlich stärker auch der (energieeffizientere) öffentliche Verkehr genutzt wird.

Da diese Konzepte erst entstehen bzw. erprobt werden, lassen sich derzeit keine Potentiale schätzen.

(48) Die Energieeffizienz des Straßenverkehrs ist - gemessen an Kennziffern wie Endenergieverbrauch pro Tonnenkilometer oder pro Personenkilometer - heute deutlich geringer als die des Schienenverkehrs (Personen und Güterverkehr) bzw. des Binnenschiffs (Güterverkehr) oder Flugzeugs (Personenverkehr). Alle Verkehrsträger/-mittel verwenden höchstwertige Energieträger (Mineralölprodukte, Strom). Unter dem Gesichtspunkt rationeller Energieverwendung führen damit alle organisatorischen, institutionellen oder strukturellen Maßnahmen, die geeignet sind, Verkehr von energetisch ineffizienteren Verkehrsträger/-mitteln auf **energe-**

---

32) Scharzburger (1996).
33) Infras (1997), S.19.

tisch effizientere Verkehrsträger-/-mittel zu verlagern, zu einer Steigerung der Energieeffizienz und damit zu einer rationelleren Energienutzung und -umwandlung:

- Durch eine Belastung des (nationalen und internationalen) Flugverkehrs mit dem Straßenverkehr vergleichbaren Steuerbelastungen würden die Inlandsflüge deutlich weniger attraktiv und die Attraktivität der Schiene erhöht, vor allem dann, wenn Umweltaspekte (Energie- und Umweltbelastungsintensität während der Start-Lande-Zyklen) bei der Besteuerung berücksichtigt würden. International würde dies Flüge verteuern und so unattraktiver machen.
- Einzelne steuer-, subventions- und zollrechtliche Regelungen haben verkehrserzeugende Wirkungen (z.B. Agrarmarktordnung, subventionsbedingter „Veredelungsverkehr").
- Die Verbesserung der Konkurrenzfähigkeit des Schienenverkehrs und der Attraktivität des öffentlichen Personennahverkehrs (z.B. höhere Transport- und Umschlaggeschwindigkeit im Güterverkehr, variable Tarifsysteme im Personenverkehr, Komfortverbesserungen im Geschäfts- und Privatreiseverkehr, zeitliche und räumliche Verfügbarkeit im öffentlichen Personennahverkehr) kann Verlagerungen von Personen- und Güterverkehrsleistungen von der Straße auf die Schiene bewirken.
- Eine Umlegung der (nutzungsunabhängigen) Kraftfahrzeugsteuer auf die Mineralölsteuer würde - bei aufkommensneutraler Ausgestaltung - die direkte Kostenempfindlichkeit der Fahrzeugnutzung erhöhen: Der Anreiz für die Hersteller, den Verbrauch zu reduzieren, steigt ebenso wie der Anreiz für den Nutzer, weniger und energieeffizienter zu fahren.

(49) Die Potentiale einer solchen Verkehrsverlagerung und -vermeidung sind beträchtlich, vor allem dann, wenn ein längerer Zeitraum (2020/2030) betrachtet wird. Allerdings muß berücksichtigt werden, daß die Vermeidungs- und Verlagerungspotentiale eine **lange „Ausreifungszeit"** benötigen:

- Der Rückgang der gewachsenen Strukturen in den Siedlungs- und Raumordnungsstrukturen (Zersiedelung) läßt sich - bautechnisch und finanziell - nicht in 20-30 Jahren bewältigen. Eine spürbare Vermeidung von motorisierten Individualverkehren über raum- und siedlungsstrukturelle Ansätze wird deshalb nur in Zeiträumen von 30-50 Jahren zu erwarten sein. Demgegenüber sind Verlagerungen (z.B. auf den ÖPNV) eher zu realisieren, vor allem dann, wenn sie durch preisliche Maßnahmen forciert oder induziert werden.
- Eine Vermeidung von 10 oder 20 % des derzeitigen (und vermutlich weiter steigenden) motorisierten Individualverkehrs (d.h. 75-150 Mrd. Personenkilometer Verkehrsleistung) erfordert massive Anreize (z.B. Preiserhöhun-

gen) und/oder ein deutlich verändertes „automobiles Verhalten“, das sich nur mittel- und langfristig entwickeln kann.

- Eine Verlagerung von 10 oder 20 % des derzeitigen (und vermutlich weiter steigenden) motorisierten Individualverkehrs, selbst wenn davon die Hälfte auf Zu-Fuß- oder Fahrradverkehre verlagert werden sollte, bedeutet für den Schienen- und ÖPNV-Verkehr eine kräftige Erhöhung ihrer Verkehrsleistungen, deren kapazitätsmäßige Bewältigung erhebliche (personelle und finanzielle) Aufwendungen in Infrastruktur, Fahrzeuge und Logistik erfordert.
- Eine Verlagerung von 20 % der Straßengüterfernverkehrsleistung (d.h. derzeit rund 30 Mrd Tonnenkilometer auf Schiene und Bahn) bedeutet erhebliche Mehrleistungen (derzeitige Leistung Schiene: ca. 65-70 Mrd tkm, Binnenschiff: ca. 60 Mio tkm), die einen entsprechenden Zeitbedarf erfordern, vor allem, wenn man berücksichtigt, daß die Schiene Personen- und Güterverkehrsleistungen gleichzeitig massiv erhöhen müßte. Dies bedeutet erhebliche organisatorische und strukturelle Eingriffe in das System Schiene.

Diese Anmerkungen stellen die technischen Potential nicht in Frage. Ihre Realisierung setzt jedoch voraus, daß die Energiepreise kräftig steigen, um die Vermeidungs- und Verlagerungspotentiale rentabel zu machen und erfordert erhebliche Ausreifungszeiten und rechtzeitige Weichenstellungen.

Schlußfolgerung

(50) Die große Zahl und die Heterogenität der potentiellen Einsparmöglichkeiten beim Endenergieeinsatz macht deutlich, mit welcher **Breitenwirkung** jede Umorientierung im Umgang mit Energie verbunden sein müsste. Die hierfür relevanten Energiesektoren sind letztendlich alle Haushalte und Unternehmen sowie die Produktions- und Dienstleistungsbereiche, die fernab von der „klassischen Energiewirtschaft“ für Entwicklung und Einsatz von Anlagen und Geräten sowie für die Rahmenbedingungen in der Infrastruktur und in den Organisationsabläufen (Produktionsprozesse, Anwesenheitspflichten, Nutzung von Kommunikationsformen) verantwortlich sind.

(51) Die wirtschafts- und gesellschaftsinternen Abhängigkeiten und Verflechtungen machen eine Schätzung des gesamten Einsparpotentials einerseits unmöglich. Sie zeigen andererseits aber auch die Grenzen, die jeder auf einzelne Effizienzgewinne ausgerichteten Politik zur Energieeinsparung gesetzt sind: Wer die Realisierung aller hier genannten Einsparpotentiale mit Hilfe von ordnungsrechtlichen Vorschriften erzwingen wollte, stößt schnell an die Grenzen der politischen und verwaltungstechnischen Realisierbarkeit.

Dies schließt zwar ein entsprechendes politisches Engagement nicht aus und macht auch die Verabschiedung von entsprechenden Regelungen im einen oder anderen Fall nicht überflüssig. Die Erfahrungen in der Vergangenheit aber zeigen, wie wichtig gerade hierfür die **Sensibilisierung der Öffentlichkeit**, die Entwicklung breit wirkender Instrumente (wie z.B. einer Energiesteuer) und eine Anpassung des wirtschaftlichen Ordnungsrahmens zur künftigen Optimierung von Energieangebot und -nachfrage unter den Bedingungen einer dauerhaft durchhaltbaren Entwicklung für Deutschland (und Europa) werden kann.

6.3 Potentiale rationeller Energiewandlung in der klassischen Energiewirtschaft

Modernisierung des Bestands

(1) Die „klassische Energiewirtschaft" ist selbst eingebunden in das gesamtwirtschaftliche System. Sie liefert die Energie in der von den eigentlichen Endnutzern benötigten Menge und Art und wird damit selbst zu einem Energieverbraucher und zwar vor allem bei der Umwandlung der Primärenergieträger in Elektrizität und Wärme. Obwohl die Effizienz der Energieumwandlung in den letzten Jahren in allen Umwandlungsbereichen erhebliche Fortschritte gemacht hat, sind die **Umwandlungsverluste** nach wie vor beträchtlich und betragen mit 3300 bis 3400 PJ noch fast ein Viertel des Primärenergieverbrauchs.

Die Energieverluste im Umwandlungsbereich entstehen zum weitaus größten Teil bei der Stromerzeugung in Kraftwerken (einschließlich Heizwerken und Heizkraftwerken fast 90 % aller Verluste). Da alle vorliegenden Energieprognosen mit einer weiteren Zunahme des Stromverbrauchs und der Stromproduktion rechnen und somit die „Stromintensivierung" in Wirtschaft und Gesellschaft anhalten wird, sind mit einer effizienten Strom- (und Wärme)produktion erhebliche Einsparungen an Umwandlungsverlusten und damit Einsparungen an Energie möglich.

(2) Zur Ausschöpfung dieser Potentiale ist in erster Linie an folgende Optionen zu denken:

- **Modernisierung des bestehenden Kraftwerkparks** (im Rahmen mehr oder weniger umfangreicher Maßnahmen), Ersatz von Altanlagen durch die neueste verfügbare Technik, ggf. verbunden mit einer Substitution des jeweiligen Energieträgers.
- Verstärkter **Einsatz der Kraft-Wärme-Kopplung** zur energieeffizienten gekoppelten Produktion von Strom und Wärme anstelle getrennter Prozesse für die Strom- und Wärmebereitstellung.
- **Einsatz neuer**, heute noch nicht verfügbarer **Techniken und Technologien** mit spezifisch höheren Wirkungsgraden der Umwandlung (z.B. Brennstoffzellen).

Hinzu kommen noch Einsparpotentiale durch die Stromgewinnung aus erneuerbaren Energieträgern. Auf diese wird im anschließenden Kapitel eingegangen.

(3) Durch eine **Modernisierung bestehender fossil-thermischer Kraftwerke**, vor allem der im Grundlastbereich arbeitenden Braun- und der überwiegend im Mittellastbereich arbeitenden Steinkohlekraftwerke lassen sich die Umwand-

lungswirkungsgrade im Vergleich zum bestehenden Anlagendurchschnitt je nach Kraftwerkstyp und Intensität der Maßnahmen steigern, so daß der Primärenergieverbrauch bei gleicher Stromproduktion sinkt. Technisch läßt sich dies durch die Wirkungsgradverbesserungen bei den Dampfturbinen, am „kalten Ende" des Dampfkraftprozesses (z.B. Reduktion der Turbinenaustrittstemperatur durch Vergrößerung der Kondensatorfläche oder eine Erhöhung der Kühlwassermenge) oder durch die Vorschaltung einer Gasturbine bewirken. Die damit erzielbaren Nettowirkungsgradverbesserungen werden mit bis zu 11 %-Punkten, entsprechend einer Primärenergieverbrauchsreduktion von 20-25 % angegeben.[34)]

(4) Erheblich größer sind die Einsparpotentiale, wenn konventionelle Kohlekraftwerke (mittlere Anlagennutzungsgrade des Bestandes heute: Braunkohle ca. 36 %, Steinkohle ca. 40 %) durch **moderne Kraftwerke** ersetzt werden: Aufgrund der höheren Wirkungsgrade moderner Anlagen (Braunkohle um 40-42 %, Steinkohle um 42-45 %) sind gegenüber Altanlagen Einsparungen von 20-30 %, gegenüber dem heutigen Bestandsdurchschnitt von ca. 10-15 % erzielbar.

Wird darüberhinaus auch der Energieträger gewechselt, so können die Verbesserungen der Wirkungsgrade und damit die Einsparung an Primärenergie noch größer ausfallen: moderne GuD - Erdgaskraftwerke erreichen z.Zt. Nettowirkungsgrade von bis zu 58 %, bis 2000 soll ein Wirkungsgrad von 60 % im normalen Betrieb erreicht werden. Dieser auch gegenüber modernen Kohlekraftwerken signifikant höhere Wirkungsgrad ermöglicht damit gegenüber der reinen Stromerzeugung in modernen Kohlekraftwerken Primärenergieeinsparungen von 20-30 % und gegenüber dem Bestandsdurchschnitt der Kohlekraftwerke Einsparungen von rund 35 %.

(5) Durch **neue Kraftwerkskonzepte** und die Ausnutzung von Verbund- oder Kombiprozessen lassen sich die Wirkungsgrade weiter steigern. Die bei Erdgas bereits realisierten GuD - Prozesse können dann dank der Technik der Kohlevergasung auch bei dem Einsatz von Stein- und Braunkohle realisiert werden. Allerdings werden die Umwandlungswirkungsgrade auch bei modernster Technologie voraussichtlich unter denen von Erdgas liegen.

Erwartet wird, daß die neuen Gas-/Dampfturbinen-Kombiprozesse bei der Kohle mit integrierter Kohlevergasung Wirkungsgraderhöhungen auf etwa 50 % bei Frischdampftemperaturen von 650° und auf über 50 % erlaubt, wenn die Frischdampftemperaturen auf 700°C gesteigert werden können. Allerdings erfordert dies zunächst die Bewältigung erheblicher Material- und Werkstoffprobleme sowie die

34) Vgl. Fischedick (1994).

technische Bewältigung der Heißgasreinigung. Derzeit erreichen Prototypen Wirkungsgrade um 45 %. Verbundprozesse ohne integrierte Kohlevergasung (z.B. Wirbelschicht(druck)feuerung, Kohlenstaubdruckfeuerung) sollen Anlagenwirkungsgrade von 42 bis 48 % erbringen.[35)]

(6) Bis heute ungeklärt erscheint die Realisierung von Kraftwerkskonzepten auf Basis der **MHD-**(magnetohydrodynamischen)**Energiewandlung**. Hier können entsprechend derzeit noch keine technischen Potentiale angegeben werden. Der mögliche Wirkungsgrad einer solchen Direktumwandlung von Wärme („eines mit Schallgeschwindigkeit durch ein Magnetfeld hoher Feldflußdichte transversal strömendes Verbrennungsgases mit einer Temperatur von 2500°C“[36)]) in Elektrizität mit nachgeschaltetem konventionellen Kraftwerk wird auf 65 % veranschlagt.

Kraft-Wärme-Kopplung

(7) Wird Strom und Wärme in einem gekoppelten Prozeß gleichzeitig erzeugt, so lassen sich im Vergleich zur getrennten Erzeugung erhebliche Energiemengen einsparen, weil die bei der Produktion elektrischer Energie in thermischen Carnot-Prozessen anfallende Wärme systematisch genutzt wird. Dabei spielt es im Prinzip keine Rolle, ob die Heizwärme als Abfall- oder Nebenprodukt der Stromerzeugung (stromgeführte WKK) oder der Strom als (wichtiges und höchstwertiges) Nebenprodukt der Wärmeproduktion (wärmegeführte WKK) betrachtet wird.

Diese Technik ist bekannt und seit langem großtechnisch im Einsatz. Allerdings hat die Nutzung der „**Kraft-Wärme-Kopplung**“ in der Bundesrepublik in den 70er und 80er Jahren an Bedeutung verloren: „In der Gesamtbilanz hat sich der Kraft-Wärme-Kopplungsanteil an der Bruttostromerzeugung von 18 % im Jahr 1970 auf rund 10 % im Jahr 1990 verringert, die installierte Leistung ging von 25 % auf 16 % zurück... Der Ausbau der öffentlichen KWK konnte mit dem wachsenden Strombedarf nicht Schritt halten; vielmehr wurde der prozentuale Rückgang durch die bis in die jüngste Zeit anhaltende Stagnation der industriellen KWK verstärkt“.[37)]

(8) Seit Ende der 80er, Anfang der 90er Jahre treten neben die traditionellen KWK-Anwendungen zunehmend **Blockheizkraftwerke** der verschiedensten Art hinzu. Diese haben bezüglich ihrer Auslegungsmöglichkeiten (Energieträger, Antriebsart, Einsatzbereich zur Raumheizungs- und Warmwassererzeugung oder zur Bereitstellung von Nieder- und Mitteltemperaturprozeßwärme unterhalb von

35) Vgl. Hlubek (1996); Fischedick (1994), S. 27 ff.
36) Ebenda.
37) Enquete-Kommission (1994).

500°C) gegenüber großen Anlagen den Vorteil breiterer Einsatzflexibilität und geringerer Netzkosten. Die Verteilung der Wärme erfolgt in „Nahwärmesystemen" mit entsprechend geringeren Verlusten und Investitionskosten als in großen Fernwärmesystemen.

Durch die Entwicklung immer kleinerer Anlagengrößen (derzeit 5 kW elektrische und 11,5 kW thermische Leistung) lassen sich die technischen Potentiale für den KWK-Einsatz beträchtlich vergrößern, bis hin zur Anwendung in kleineren Mehrfamilienhäusern oder gar Einfamilienhäusern. Günstige Bedingungen entstehen dadurch vor allem dann, wenn Strom- und Wärmebedarf relativ zeitgleich auftreten und der Wärmebedarf so groß ist, daß interne Anlagen (Objekt-BHKWs) eingesetzt werden können. Dadurch können gebäudeexterne Verteilnetze sogar entbehrlich werden (z.B. für Raumwärme, Prozeßwärme und Warmwasserbereitstellung für Kleinverbraucher oder Industrie, Raumwärme und Warmwasserbedarf in großen Mehrfamilienhäusern etc.). Der Gesamtnutzungsgrad liegt, abhängig vom eingesetzten Energieträger (Erdgas, Dieselöl, Klär-, Deponie- oder Biogas) bei 80 - 90 % mit mittleren Stromkennziffern von 0.5 bis 0.7.

(9) Die Höhe der technischen Potentiale durch den verstärkten Einsatz der KWK wurde im Rahmen der Untersuchungen für die Enquete-Kommission „Schutz der Erdatmosphäre" des Deutschen Bundestages für das Jahr 2010 auf 160 bis 242 TWh bei Strom und auf rund 1025 bis 1200 PJ bei Wärme geschätzt.[38)] Prognos ermittelte, daß - für die neuen Bundesländer - bei ausgewählten Maßnahmen zur CO_2-Reduktion der Ausbau der gekoppelten Erzeugung von Strom und Wärme am günstigsten sei.[39)] Durch die erwähnten technischen Entwicklungen zu immer geringeren BHKW-Anlagengrößen müßten diese Potentialschätzungen in der Tendenz noch „nach oben" korrigiert werden.

(10) Die Höhe der KWK-Potentiale, die zu wirtschaftlichen Bedingungen erschlossen werden können, ist nur schwer zu quantifizieren, da die **Stromgestehungskosten der KWK-Anlagen**, je nach den vorhandenen Rahmenbedingungen relativ **stark streuen**. Wesentliche Einflußfaktoren sind die Stromkennziffer, die Höhe der Vollbenutzungsstunden, der Gesamtwirkungsgrad der KWK-Anlage, die Höhe der Wärmegutschrift, die spezifischen Investitionskosten (inkl. Wärmeverteilung) und die Höhe der Brennstoffpreise. Gemessen an den sogenannten Differenzkosten, d.h. den Mehrkosten pro kWh im Vergleich zu den durchschnittlichen Stromgestehungskosten eines Referenzsystems (Basis GuD-Erdgaskraftwerke: 6-8

---

38) Vgl. z.B. Schulz, Traube, Salmen (1994); z.B. Pruschek, et al. (1994); z.B. Nitsch (1994).
39) Vgl. Eckerle, et al. (1994).

Pf/kWh) lassen sich unter den heutigen Bedingungen verschiedene Kostenbereiche für KWK-Anlagen angeben:

- industrielle KWK-Anwendungen: Hier sind in der Regel günstige Voraussetzungen vorhanden, die Differenzkosten dürften zwischen -2 und +3 Pf/kWh schwanken, zum Einsatz kommen sowohl Gasturbinen, GuD-Kraftwerke und BHKW's;
- Siedlungs-KWK: Hier kommen insbesondere in den neuen Bundesländern, wo schon Wärmeverteilnetze vorhanden sind, GuD-Heizkraftwerke mittlerer Größe zum Zuge; die Gestehungskosten liegen hier nahe beim Referenzsystem, die Differenzkosten dürften zwischen -2 und +2 Pf/kWh schwanken;
- bei externen BHKW's die als Nahwärmesystem konzipiert sind, liegen die Differenzkosten etwas höher, zwischen 2 und 6 Pf/kWh;
- bei Objekt-BHKW's (interne Anlagen), die keine Wärmeverteilkosten benötigen, können als Differenzkosten zwischen 5 und 10 Pf/kWh veranschlagt werden. Noch etwas höher dürften gegenwärtig die Differenzkosten bei den Mini-BHKW's liegen. Niedrigere Stromkennziffern und damit Stromwirkungsgrade sowie geringere Vollbenutzungsstunden sind die wichtigsten Ursachen dafür. Die Differenzkosten im Vergleich zum Referenzsystem dürften hier zwischen 8-16 Pf/kWh betragen.

Inwieweit sich auf längere Frist die Differenzkosten vermindern werden, um von den technischen KWK-Potentialen so viel wie möglich auszuschöpfen, ist unsicher. Die realen Stromerzeugungskosten dieser Anlagen werden sich durch technologische Fortschritte und steigenden Wettbewerb wohl weiter senken lassen, allerdings werden eben auch die Kosten der Referenzanlagen zurückgehen. Somit bleiben die relativen Wettbewerbspositionen zwischen den Anlagen unbestimmt.

(11) Aufgrund der neuesten Entwicklungen im Bereich der **Brennstoffzellen-Technologie** ist es denkbar und vielleicht wahrscheinlich, daß in Zukunft Technologien eingesetzt werden, die beträchtliche Wirkungsgradverbesserungen bei der Stromerzeugung in Aussicht stellen und zugleich eine große Einsatzbreite von dezentralen bis hin zu großen und zentralen Anlagen aufweisen.

„Die Brennstoffzelle ist ein Energiewandler, der die chemische Energie direkt in Elektrizität (Gleichstrom) umwandelt, ohne daß eine Verbrennung stattfindet. Reaktionspartner in diesem Prozeß sind in der Regel Wasserstoff und Sauerstoff, als Produkt entsteht Wasser."[40)]

40) Wagner, König (1997), S. 15 ff.

Dieser Prozeß läuft ohne Verbrennung ab. Dadurch besteht keine Abhängigkeit vom Carnot-Prozeß, d.h. thermodynamische Grenzen in der Energiewandlung kommen nicht zum Tragen. Deshalb sind theoretisch Umwandlungswirkungsgrade von 95 % machbar; im Labor erreichte Wirkungsgrade liegen bei den Hochtemperaturzellen bereits bei 70 %.

(12) Während **Nieder- und Mitteltemperaturzellen** im allgemeinen auf Wasserstoff und Luftsauerstoff angewiesen sind (eine allfällige Reformierung muß zellenextern erfolgen und verschlechtert deshalb den Nettowirkungsgrad dieser Typen um 15-20 %-Punkte), vermögen **Hochtemperaturbrennstoffzellen** die Reformierung von Wasserstoff - reiner Wasserstoff kommt als Energieträger in der Natur nicht vor und muß deshalb erst produziert werden, z.B. über Biogas, aus Methan oder Methanol - zellenintern zu produzieren. Das eingesetzte Erdgas (Methan) oder Methanol kann hier direkt „kalt verbrannt" werden, so daß der Wirkungsgradverlust geringer ausfällt als bei Nieder- bzw. Mitteltemperaturbrennstoffzellen.

Während bisher Hochtemperaturbrennstoffzellen bei Temperaturen um 850 bis 1000°C arbeiteten und entsprechend hohe Anforderungen an Material und Werkstoffe stellen, arbeiten neuere Entwicklungen schon erfolgreich bei Temperaturen um 650°C. Dies bringt technische und ökonomische Vorteile und erhöht damit deren Konkurrenzfähigkeit. Niedertemperaturzellen und auch Mitteltemperaturzellen sind relativ weit fortgeschritten (die phosphorsaure PAFC-Zelle mit konzentrierter Phosphorsäure als Elektrolyt im Leistungsbereich 200 kW ist serienmäßig bereits zu kaufen) und werden für Spezialanwendungen seit langem verwendet (Raumfahrt, U-Boote). Außerhalb dieser Spezialeinsatzgebiete wie z.B. bei Personen- und Nutzfahrzeugen als Antriebskonzept sind sie jedoch wegen der relativ hohen Kosten noch nicht marktreif. Das Gleiche gilt für Hochtemperaturbrennstoffzellen.

(13) Ähnlich wie bei den Blockheizkraftwerken sind Brennstoffzellen für die unterschiedlichsten Leistungsklassen und Anwendungsgebiete auslegbar. Da die Brennstoffzellenabwärme genutzt werden kann, erhöht sich der Gesamtwirkungsgrad solcher „Brennstoffzellen-Blockheizkraftwerke" (auf bislang gemessene 85 %). Das Einsatzgebiet zukünftiger **Brennstoffzellentechnologie** ist damit **sehr vielseitig**. Da die Anlagen modular aufgebaut werden, lassen sie sich für ein sehr breites Leistungsspektrum realisieren: Das Leistungsband reicht von wenigen kW bis weit über 100 MW, so daß sie für zentrale wie auch für dezentrale stationäre Versorgungskonzepte einsetzbar sind (durch nachgeschaltete Dampf- bzw. Gasturbinenprozesse sind selbst große Heizkraftwerksanwendungen machbar). Auch für den mobilen Einsatz im Transport- und Verkehrssektor werden Brennstoffzellen-Elektromotoren-Antriebskonzepte z.Zt. erprobt (Busse und Personenkraftwagen, auch als Bootsantrieb).

(14) Über die **Kosten von Brennstoffzellenanwendungen** lassen sich derzeit nur wenige Aussagen machen. So liegen nach Angaben der HEAG[41)] die Kosten/kWh einer als Heizkraftwerk konzipierten und mit Erdgas betriebenen Pilotanlage nach über 25'000 Betriebsstunden bei 31 Pf/kWh. Darin sind allerdings hohe Instandhaltungskosten von 9 Pf/kWh enthalten, die aus dem Umbau des Rohrleitungssystems für den Primärkühlkreislauf des Brennstoffzellenstapels resultieren. Die Vergleichskosten eines Heizkraftwerkes mit Kolbenmotor betrügen rund 22 Pf/kWh. Wenn es gelingt, die Lebensdauer der Zellen von 40'000 auf 70'000 h zu steigern, ließen sich die Kosten um 2 Pf/kWh senken. Damit lägen die Kosten der Pilotanlage ohne die (in Serienanlagen nicht auftretenden) Umbaukosten in etwa auf dem Niveau von Verbrennungsmotor-BHKWs.

Schlußfolgerung

(15) Festzuhalten bleibt, daß allein bei der Erzeugung von Elektrizität die technischen Einsparpotentiale aufgrund neuer Kraftwerkskonzepte eine Größenordnung von 30 % und mehr (spezifisch) erreichen können, wenn lediglich die heute technisch zur Verfügung stehenden Effizienzsteigerungspotentiale bei der Kraftwerkstechnologie genutzt werden. Nimmt man die Potentiale an KWK hinzu, so erhöhen sich diese nochmals erheblich.

Die Einsparungen können dazu helfen, die Entwicklung des Primärenergieeinsatzes für einen gewissen Zeitraum von der Bereitstellung an Nutzenergie in der Elektrizitätsversorgung abzukoppeln. Damit verlängerten sich zunächst einmal weltweit die Anpassungszeiträume für Neuorientierungen in der Energienutzung vor dem Hintergrund knapper werdender Ressourcen und steigender energiebedingter Umweltbelastungen.

Auf der anderen Seite darf aber nicht vergessen werden, daß ein Teil der Probleme für eine dauerhaft durchhaltbare Entwicklung stärker mit den Folgen des allgemeinen wirtschaftlichen Wachstums und seinen ökologischen Begrenzungen zusammenhängt. Für die Lösung dieser Fragen können die grundsätzlich notwendigen und wünschenswerten Effizienzsteigerungen in der „klassischen Energiewirtschaft" wenig helfen.

41) Die HEAG [Hessische Elektrizitäts-AG] ist zufrieden mit der Brennstoffzelle. Vgl. E&M 15.01.1997.

6.4 Potentiale der regenerativen Energien

Regenerative Energiequellen

(1) Die Nutzung der regenerativen Energiequellen knüpft unmittelbar an die **Energieflüsse in der Natur** selbst an. Unter diesem Begriff werden „solche Energieträger zusammengefaßt, die gemessen an menschlichen Dimensionen als unerschöpflich angesehen werden; strenggenommen sind es damit keine Energieträger, sondern Energieströme. Sie resultieren im wesentlichen aus drei grundsätzlich unterschiedlichen Energieformen bzw. -quellen. Neben der eingestrahlten Energie von der Sonne, die für eine Vielzahl anderer erneuerbarer Energieträger verantwortlich ist (u.a. Windenergie, Wasserkraft, Biomasse), ist dies die Massenanziehungskraft zwischen den Planeten (z.B. Gezeitenenergie) und die Energie aus der Erde (Geothermie).“[42)]

Das theoretische Potential der erneuerbaren Energien wird weltweit auf 2,6 Mio EJ/a geschätzt. Von diesen werden nur 0,04 % als technisch gewinnbares Potential angesehen. Dies allerdings reicht aus, den weltweiten anthropogenen Energieverbrauch 30-fach zu decken.[43)]

(2) Die erneuerbaren Energiequellen schonen die Umwelt weitgehend, haben aber den Nachteil **geringer Energiedichte** (Energie pro Flächen-, Volumen oder Gewichtseinheit) sowie räumlich und zeitlich (stark) **schwankender Verfügbarkeit**. Dies erschwert zumindest für einige Energiequellen ihren Einsatz als kalkulierbare Kapazitätsgröße und damit besonders ihren Beitrag zu einer gesicherten elektrischen Kapazitätsbereitstellung: Die Sonne scheint in Europa allenfalls stundenweise, der Wind weht nicht immer gleich.

Speicher oder Zusatzsysteme sind notwendig, um eine lückenlose Versorgung zu garantieren. Bei der Potentialbestimmung werden diese jährlichen Schwankungen durch die Annahme längerfristiger Mittelwerte (Sonnenscheindauer, Windverhältnisse, Flußwasserverhältnisse, sog. „Regelarbeitsvermögen der Wasserkraft“ o.ä.) berücksichtigt, so daß die berechneten Potentiale von diesen jahreszeitlichen Schwankungen unabhängig sind, nicht jedoch ihre jeweilige Verfügbarkeit.

(3) Im einzelnen lassen sich die **technischen Potentiale erneuerbarer Energien** nur in **Bandbreiten** angeben:

---

42) Kaltschmitt (1993), S. 4.
43) Kaltschmitt (1993).

- Einerseits sind die technischen Potentiale **nicht zwangsläufig konstant**: So ändert sich zum Beispiel das Angebot an den Biomassen Gülle oder Mist mit dem vorhandenen Nutzviehbestand, das Potential an Windenergie oder photovoltaischer Solarenergie mit den Wirkungsgraden der Umsetzung. Da mit dem „technischen Potential" bei weitem nicht das theoretische Angebot an Energie (kinetischer Windenergiegehalt oder effektiv eingestrahlter Solarenergie) erfaßt wird, bestimmt auch der jeweilige Stand der Technik die Höhe des technisch gewinnbaren Potentials. Der Stand der Technik ändert sich jedoch im Zeitablauf und entsprechend ist davon auszugehen, daß auch die Potentiale für wichtige erneuerbare Energieformen durch technischen Fortschritt im Zeitablauf ansteigen.

- Andererseits hängt die Potentialschätzung davon ab, welche **spezifischen „Randbedingungen"** im einzelnen der Potentialermittlung zugrundeliegen. Werden z.B. in Deutschland alle Dach- oder Fassadenflächen zur Schätzung herangezogen oder nur die (besser geeigneten) südöstlich, südlich und südwestlich ausgerichteten Dach-/Fassadenflächen; welche Windgeschwindigkeiten werden als Untergrenze technisch nutzbarer Potentiale angenommen, welche Restholzmengen stehen für die energetische Verwertung zur Verfügung oder in Konkurrenz zu (technisch und wirtschaftlich vielleicht einfacheren bzw. lohnenderen) anderen Nutzungsformen. Auch diese Randbedingungen müssen im Zeitablauf nicht stabil sein: Eine Solarzelle, die neben der direkten auch die diffuse Strahlung effizient umsetzt, kann die „geeignete" Fläche und damit die technischen Potentiale kräftig erhöhen; neue Erkenntnisse über Klima- und Wetterverläufe können die Nutzung von Windpotentialen deutlich steigern.

(4) Von den weltweit verfügbaren erneuerbaren Energien - Solarstrahlung, Wasserkraft, Windenergie, Biomasse, Geothermie, Gezeitenenergie, Wellenenergie, Meeresströmung und Meereswärme - stehen in Deutschland aufgrund seiner geografischen Situation nicht alle Formen zur Verfügung (z.B. Gezeitenenergie oder Meereswärmeenergie).

Demgemäß werden im folgenden nur die einzelnen in Deutschland vorhandenen technischen Potentiale kurz diskutiert, die bisherige Nutzungsintensität genannt und, soweit möglich, ihre Wirtschaftlichkeit im Vergleich zu bestimmten Referenzsystemen diskutiert. Folgende erneuerbare Energiequellen werden betrachtet:

- Wasserkraft,
- Windenergie,
- direkte Sonnenenergie (Solarthermische und photovoltaische Energiegewinnung),
- Geothermie und Umgebungswärme,
- Biomassen.

Wasserkraft

(5) Das technische Potential, das Regelarbeitsvermögen, der **Wasserkraft** in der Bundesrepublik wird auf 22-36 TWh/a geschätzt, wobei mehrheitlich ein Potential von knapp 25 TWh/a genannt wird[44]. Bei Berücksichtigung von Kleinwasserkraftwerken im Leistungsbereich zwischen 10-100 KW gilt der höhere Wert von 35-36 TWh/a.[45] Dabei ist nur der Teil der Wasserkrafterzeugung als erneuerbar anzusehen, der aus Laufwasser- und Speicherwasserkraftwerken gewonnen wird. Pumpspeicherkraftwerke dienen der Speicherung von zu Schwachlastzeiten überschüssigem Strom bzw. zur Abdeckung von kurzfristigen Nachfragespitzen und stellen keine erneuerbare Energiequelle dar. Das derzeitig genutzte Potential an Wasserkraft liegt bei rund 18-19 TWh/a.

(6) Eine Erhöhung des Regelarbeitsvermögens kann erreicht werden durch Modernisierung und Ersatz bestehender Anlagen, durch Wiederinbetriebnahme alter Anlagen oder durch einen vollständigen Neubau. Die **zusätzlich erschließbaren** Potentiale liegen vornehmlich in der Effizienzverbesserung bestehender Anlagen bzw. im Neubau von kleineren Wasserkraftwerken, weniger dagegen im Neubau von großen Wasserkraftwerken, da dieser aus wirtschaftlichen und ökologischen Gründen an Grenzen stößt.

Ein erschließbares Potential für kleinere Wasserkraftanlagen (ca. 10 TWh/a) ist vorhanden, weist allerdings im Vergleich zu den Großkraftwerken deutlich höhere Gestehungs- und damit Differenzkosten aus:

- Neu zu bauende Anlagen weisen Stromgestehungskosten von 10-30 Pf/kWh auf (niedrigere Werte stehen für größere Anlagen), eine Aktivierung alter oder eine Modernisierung bestehender Kraftwerke ist wesentlich günstiger (7 bis 14 Pf/kWh inkl. baulicher Maßnahmen), vor allem dann, wenn nur die Maschinensätze ausgetauscht werden müssen (<7-14 Pf/kWh)[46].
- Die DLR kommt zu niedrigeren Werten für Kleinkraftwerke: danach variieren deren Stromgestehungskosten zwischen 12 (1 MW Leistung) und 27 Pf/kWh (70 kW Leistung) bei Neubau, zwischen 9 und 16 Pf/kWh bei Modernisierung und zwischen 4 und 9 Pf/kWh, wenn nur die Maschinensätze ausgetauscht werden.[47] Andere Quellen nennen Spannbreiten zwischen 2 und 80 Pf/kWh.[48]

---

44) Vgl. BMWi (1994), S. 13.
45) Vgl. Meliß (1997).
46) Vgl. BMWi (1994), S. 14/15.
47) Zitiert nach Altner et al. (1995), S.91.
48) Vgl. Meliß (1996), S. 15 f.

– Nimmt man die BMWi-Angaben (1994) als Basis, so errechnen sich Differenzkosten gegenüber einem modernen GuD-Kraftwerk mittlerer Größe (Gestehungskosten 8-9 Pf/kWh) von ca. 2 bis gut 20 Pf/kWh bei Neubauten und von -1 bis 6 Pf/kWh bei Modernisierung/Wiederinbetriebnahme. Wenn lediglich die Maschinensätze ausgetauscht werden und keine wesentlichen baulichen Maßnahmen notwendig sind, wären keine oder nur sehr geringe Mehrkosten vorhanden (Größenordnung: -4 bis +4 Pf/kWh).

Windkraft

(7) Das technische Potential der **Windkraftnutzung** wird auf eine Größenordnung von 14 - 280 TWh/a beziffert.[49] Diese Bandbreite der Einschätzung resultiert aus unterschiedlichen Abgrenzungen: Meist wird das Potential ohne die küstennahen und/oder küstenferneren offshore-Anlagen angegeben. Dazu zählen Anlagen auf dem Wasser küstennah (bei Wassertiefen <10 m) und/oder küstenfern (bei Wassertiefen >10 m) wobei in Deutschland nur die küstenferneren Anlagen zum technischen Potential zu zählen wären. Alle küstennahen Standorte liegen in Naturschutzgebieten und sind als solche einer Nutzung nicht zugänglich. Dieses offshore-Potential wird auf rund 155 TWh/a beziffert.[50]

(8) Rechnet man das offshore-Potential heraus, so liegt die Spannweite der Schätzungen für **Festland-Anlagen** bei 14 bis etwa 125 TWh/a, davon rd. 90 % in den Küstenländern. Die große Spannweite hängt damit zusammen, daß die Potentialschätzung stark von der Groß- bzw. Kleinräumigkeit der zugrundegelegten Windkarten und von den Annahmen zur Zusammensetzung des Anlagenparks nach Größenklassen bestimmt wird: Werden von den geeigneten Flächen die nicht nutzbaren Anteile berücksichtigt, zur Minimierung der Abschattungsverluste Mindestabstände eingehalten und die jeweils typisch geeigneten Anlagengrößen ausgewählt, kann die installierbare Anlagenzahl abgeschätzt werden. Die Anlagengröße und -zahl ergibt damit in Verbindung mit der mittleren Vollbenutzungsstundenzahl die gewinnbare Arbeit. „...Einflüsse der regionalen Topologie und Oberflächenbeschaffenheit...können jedoch die mittleren Windgeschwindigkeiten - vor allem im Binnenland - z.T. erheblich beeinflussen.“[51]

Ende 1996 waren in Deutschland ca. 4300 Windkraftanlagen mit einer Gesamtleistung von über 1500 MW installiert. Diese haben nach Berechnungen des DEWI

49) Vgl. BMWi (1994), S. 16 ff. 104-128 TWh/a onshore und 155 TWh/a offshore.; Albrecht/Räde (1995), 35-150 TWh/a; Meliß (1995), S. 135, 14-83 TWh/a.
50) Vgl. BMWi (1994), S. 16 ff.
51) BMWi (1994), S.16.

rd. 3 TWh[52] Strom ans Netz geliefert, was einer mittleren Vollbenutzungsstundenzahl von ca. 1950 h entspricht.

(9) Die weitere Entwicklung in diesem Bereich hängt stark von den politischen/gesetzlichen Rahmenbedingungen (Einspeisegesetz, Novellierung des Energiewirtschaftsgesetzes, § 35 Baugesetzbuch) ab. Dies hängt unmittelbar mit den **Stromgestehungskosten** zusammen. Auch hier gibt es unterschiedliche Schätzungen:

- Vom BMWi (1994) werden die Stromgestehungskosten mit 15-27 Pf/kWh bei mittleren Windgeschwindigkeiten von 4-5 m/s, mit 10 bis 18 Pf/kWh bei mittleren Windgeschwindigkeiten von 5-6 m/s und mit 7-13 Pf/kWh bei Windgeschwindigkeiten über 6 m/s angegeben (Zinssatz 4%, Lebensdauer 20 Jahre).
- Hoffmann nennt ein Spanne von 12-25 Pf/kWh bei guten Küstenstandorten, ideale Standorte erreichen Stromgestehungskosten von unter 10 Pf/kWh.[53]
- Die DLR beziffert die Stromgestehungskosten auf 7 Pf/kWh (750 kW Leistung) bis 12 Pf/kWh (250 kW Leistung) bei Windgeschwindigkeiten von 6 m/s, und auf 20 bzw. 34 Pf/kWh bei Windgeschwindigkeiten von 4 m/s.[54] Daraus ergeben sich Differenzkosten zu einem modernen GuD-Kraftwerk von -2 bis etwa 20 Pf/kWh.

(10) Insgesamt zeigt sich, daß die Gestehungskosten von Großanlagen (derzeitige Großanlagen-Neubaugröße: ca. 1 MW) günstiger liegen als die von kleineren und mittleren Anlagen. Nach Meliß[55] kann derzeit eine Windkraftanlage an sehr windgünstigen Standorten bereits kostendeckend Strom produzieren. Dazu sind bei einer Nutzungsdauer von 10 Jahren bei Kleinanlagen Standorte mit mittleren Jahreswindgeschwindigkeiten in 30 m Höhe von über 7 m/s, bei mittelgroßen Anlagen von 6.5 m/s und bei Großanlagen von 5.7 m/s erforderlich.

Neuere Konzepte von Windkraftanlagen (mit „Trichtern zur Erhöhung der Windgeschwindigkeit vor dem Rotorblatt"; Northrop Grumman Corp.) sollen eine deutliche Effizienzverbesserung erbringen und die Stromgestehungskosten an guten Küstenstandorten auf unter 5 Pf/kWh reduzieren. Prototypen sind im Bau, allerdings außerhalb Europas.[56]

---

52) DEWI-Magazin, Nr. 10, Februar 1997.
53) Vgl. Hoffmann (1997), S. 396 ff.
54) Zitiert nach Altner et al. (1995), S.91.
55) Vgl. Meliß (1997), S. 68 ff.
56) In: Stromthemen 7/1997.

Sonnenenergie

(10) Die **direkte Sonnenenergienutzung** umfaßt die passive und aktive Solarenergienutzung zur Strom- und Wärmegewinnung:

- Die **passive Solarenergienutzung** beinhaltet ein Maßnahmenset, das als Teil der Gebäudekonzeption zusammen mit anderen Dämm-Maßnahmen helfen soll, den Energieverbrauch des Gebäudes durch eine möglichst günstige Ausnutzung der Solarstrahlung zu reduzieren. Die Nutzung der Solarenergie hängt entsprechend eng mit der rationellen Energienutzung zusammen, so daß Kosten und Nutzungspotentiale in aller Regel auch nur der rationellen Energienutzung zugerechnet werden.
- Wenn heute von Solarenergienutzung gesprochen wird, so meint man damit in aller Regel nur die direkte Nutzung der Solarstrahlung zur Wärme- oder Stromgewinnung (**aktive Solarenergienutzung**).

Die Potentialbestimmung ist bei der aktiven Solarenergienutzung von vielen Unsicherheiten bestimmt.

(11) Das **technische Potential der Photovoltaik**, d.h. der direkten Nutzung der Solarstrahlung zur Stromgewinnung ergibt sich aus den für eine Installation von Solarmodulen verfügbaren Flächen, dem regional unterschiedlichen Strahlungsangebot und der jeweiligen Anlagentechnik. Das Flächenpotential ermittelt sich aus existierenden Dachflächen und dem Teil der landwirtschaftlichen Nutzflächen, der für die Nahrungsmittelproduktion nicht benötigt wird. Darüber hinausgehende potentiell nutzbare Flächen (z.B. an Fassaden, Gleisüberdachungen, an Parkplatzüberdachungen, über Arkaden; Vorgärten, über Hauseingängen) werden hier als für eine Energieerzeugung nicht verfügbar angesehen und damit auch nicht abgeschätzt".[57)]

Betrachtet man aber nur die Dachflächen und die landwirtschaftlich nicht genutzten freien Flächen, so bleiben noch erhebliche Flächen, die unter anderen technischen Bedingungen künftig vielleicht doch für eine Solarnutzung infrage kommen: z.B. Fassaden, Verkehrsflächen (z.B. Lärmschutzwände mit „Solarzellen" an Autobahnen), Fensterflächen (wenn quasi transparente Dünnschichtzellen per „Aufdampfung auf Fensterscheiben" machbar werden) etc. Der Phantasie und der zunehmenden technischen Entwicklung sind keine Grenzen gesetzt.

(12) Darüberhinaus ist die Ausschöpfung des Potentials selbst technikabhängig. Unklar etwa ist, wie sehr der technische Fortschritt noch zu einer Steigerung der Wirkungsgrade führen kann. Legt man z.B. den technischen Fortschritt im Bereich

57) BMWi (1994), S. 21.

der Kernenergie zugrunde, die seit über 30 Jahren mit hohen staatlichen Zuschüssen gefördert wird, so sind in der Solartechnik, für die nennenswerte Beträge erst seit wenigen Jahren eingesetzt werden, noch **ganz erhebliche technische Verbesserungen** zu erwarten:

- Die heutigen Wirkungsgrade von in Serie produzierten Solarzellen liegen bei 15-17 % (monokristallines Silizium) bzw. 12-14 % bei multi-/polykristallinem Silizium.
- Heutige Laborwerte, die noch nicht das theoretische Maximum darstellen, erreichen sogar schon 23-24 % (bzw. bei 18 % bei polykristallinem Silizium).[58)]

Allein die Annahme einer signifikanten Erhöhung der Wirkungsgradfortschritte in den nächsten 20-30 Jahren (oder darüber hinaus) erhöht das Potential um 40-50 %, wenn die heutigen Laborwerte in der Produktion erreicht werden können. Darüber hinaus ist zu berücksichtigen, daß - nach den vorliegenden Prognosen über die Bevölkerungs-, Haushalts-, Wirtschafts- und Wohnflächenentwicklung - die verfügbaren Flächen allein bis 2020 um über ein Drittel steigen. Beides zusammen würde eine Verdoppelung der heute ausgewiesenen technischen Potentiale bedeuten.

(13) Die Höhe des technischen Potentials schwankt entsprechend der oben genannten objektiven Probleme bei der Potentialbestimmung in einer großen Spannbreite. Diese Bandbreite beträgt 18-628 TWh/a: bezogen auf den Bruttostromverbrauch variiert damit das geschätzte Potential von wenigen Prozent bis weit über den heutigen Stromverbrauch hinaus.[59)] Meist werden dabei Dach- und Fassadenflächen sowie Freiflächen [teilweise auch nur die südlich geneigten] betrachtet, wobei mehr oder weniger stark auch restriktive Elemente berücksichtigt werden. Das beispielsweise vom BMWi (1994) genannte Potential von 18-302 TWh/a basiert auf einer Flächenannahme von 3530 Mio m^2 mit einem technischen Produktionspotential von 410 TWh/a (ca. 12 % Wirkungsgrad), das dann unter Berücksichtigung von „netz- und bedarfsseitigen Restriktionen" auf 18-302 TWh/a reduziert wird.

(14) 1995 wurden aus photovoltaischen Anlagen in Deutschland rund 6 GWh Strom ins öffentliche Netz eingespeist. Durch das 2250-Dächer-Programm und die Einspeisevergütung - deren Zukunft allerdings ungewiß ist - wurden in den letzten

58) Vgl. Meliß; Sandtner (1996), S. 16.
59) Vgl. Altner et al. (1995), S. 86, 145 TWh/a; BMWi (1994), S. 21/22, 18-302 TWh/a („unter Berücksichtigung netz- und bedarfsseitiger Restriktionen"); Albrecht; Räde (1995), S.141, 363-628 TWh/a; Weinrich (1996), S. 31, 166 TWh/a.

Jahren erhebliche Kapazitäten zugebaut. Dennoch ist das **Volumen** der heutigen Anwendung sehr **gering**.

Geht man von dem im 2250-Dächer-Programm erzielten Stromertrag pro installierte Peakleistung [maximale Stromlieferfähigkeit der Zellen] aus, d.h. rund 700 kWh/kW_p (Bandbreite 400 bis über 1000 kWh/a),[60] so bedeutet dies eine mittlere Vollbenutzungsstundenzahl von 700 h oder, daß pro TWh/a im Mittel (bei heutiger Technik) 1430 MW Kapazität geschaffen werden müssen. Dies unterstreicht, daß diese Energie - zumindest bei ausschließlicher Produktion in Deutschland - nur einen sehr geringen gesicherten Leistungsbeitrag liefern kann. Nach BMWi (1994) liegt „die für das vollständige Jahr als repräsentativ geltende sichere photovoltaische Leistung bei etwa 2-3 %", wenn Photovoltaikkraftwerke in das derzeitige Elektrizitätsversorgungssystem integriert werden.

(15) Die **Kosten für die photovoltaische Stromerzeugung** liegen heute in Mitteleuropa sehr hoch (z.Zt. ca. 1,50 bis 2,-- DM/kWh). Dafür sind im wesentlichen drei Faktoren ursächlich: die hohen Kapitalkosten der Solarzellen und der notwendigen Wechselrichter (10-18.000 DM/kW_P je nach Anlagengröße), das begrenzte Solarstrahlungsangebot in Deutschland mit ca. 1060 kWh/m^2*a durchschnittliche Sonneneinstrahlung, sowie der bislang vergleichsweise niedrige Wirkungsgrad der Umwandlung (z.Zt. ca. 12 %).

Es wird jedoch erwartet, daß zumindest bei zwei Faktoren auf mittlere/lange Frist mit einer günstigen Kostenentwicklung gerechnet werden kann:

- Erstens lassen sich die Kosten für die Zellen und Wechselrichter erheblich senken, einmal als Folge zunehmender Massenproduktion[61] bei Herstellung und Montage, zum anderen als Folge neuer Zellentypen (z.B. Tandemzellen, Gas - Substrate, Dünnschichtzellen, nach dem Photosyntheseprinzip arbeitende [Graetzel-]Zellen u.a.).
- Zweitens kann der Wirkungsgrad der in Serienproduktion hergestellten Zellen wesentlich näher an die im Labor erreichten Spitzenwerte herangeführt werden und zwar sowohl bei den „konventionellen" Siliziumzellen als auch mit Hilfe neuer Zellen(materialien).

Dieses Kostensenkungspotential ist heute realistisch kaum abzuschätzen. Sehr optimistische Schätzungen sprechen von Stromgestehungskosten von 25-30 Pf/ kWh in Deutschland bis etwa bis zum Jahr 2030.[62]

60) Vgl. Melíß; Sandtner (1996), S. 15 ff.

61) So sollen sich nach Angaben des Instituts für Solare Energiesysteme allein durch systematisches Verbessern heute gängiger Produktionsverfahren 40 % der Fertigungskosten von Solarzellen sparen lassen (VDI-Nachrichten vom 18.4.1997)

62) Vgl. Weinreich (1996), S. 30; die DLR in Altner et al. (1995), S.91, nennt für 2010 Stromgestehungskosten in Deutschland von 64-76 Pf/kWh.

(16) Das Solarstromangebot ist in vielen Ländern wesentlich höher als in Deutschland. Schon in Süditalien, Südspanien oder Portugal werden Werte von 1700 kWh/m^2*a und mehr erreicht, in äquatornäheren Gebieten ist das Angebot sogar dreimal so hoch wie hierzulande: In den Vereinigten Arabischen Emiraten beispielsweise liegt die mittlere Sonnenscheindauer im Jahresdurchschnitt bei 5,5 Stunden (Deutschland: knapp 2 h), die Leistungsdichte im Juni bei 7,9 kWh/m^2, im Dezember bei 4 kWh/m^2. Entsprechend liegen die Produktionskosten in den südlichen Ländern schon heute erheblich niedriger als hierzulande (Sonnenkraftwerk Toledo: 60 Pf/kWh).

Dieser aufgrund des höheren Strahlungsangebotes vorhandene **Vorteil** wird zukünftig voll **erhalten bleiben**. Das bedeutet, daß unabhängig von der Einschätzung der zu erwartenden Kostenentwicklung (die ja nicht unabhängig von politischen, wirtschaftlichen und gesellschaftlichen Entwicklungen ist) die Stromgestehungskosten in der Bundesrepublik aufgrund natürlicher Bedingungen dauerhaft höher sein werden als in den südlicheren Ländern, so daß Solarstrom auf Dauer kostengünstiger importiert als im Inland produziert werden kann.

(17) Neben der photovoltaischen Stromerzeugung kann Strom auch über **Hochtemperatur-Solarkraftwerke** erzeugt werden. Diese kommen jedoch nur für die südlichen Länder mit intensiverer Sonneneinstrahlung infrage. Am weitesten vorangeschritten sind dabei in Europa die Planungen für das Kraftwerk Theseus in Frangokastello, Kreta. Dieses Kraftwerk soll bei 50 MW elektrischer Leistung und 3880 Vollaststunden eine Jahresnettoproduktion von 203 GWh mit einem Solaranteil von 55 % erbringen. Bei Anlagekosten von 3.323 US$/kW entspräche dies 0.11 US$/kWh oder 18 bis 19 Pf/kWh (zum Vergleich: 6-8 Pf/kWh bei einem modernen gasgetriebenen GuD-Kraftwerk). Im Testzentrum Almeria soll die direkte Dampferzeugung in Parabolrinnen-Solarkraftwerken erprobt werden.[63)]

(18) Die **Umwandlung von Solarstrahlung in Wärme** ist sowohl als Hochtemperaturprozeß als auch als Niedertemperaturprozeß machbar. In Deutschland ist die Hochtemperaturtechnologie wegen fehlender natürlicher Bedingungen nicht einsetzbar, wird aber wegen des Einsatzes in den südlichen Ländern dennoch gefördert.

Das technische Potential der solarthermischen Nutzung, d.h. der Umwandlung von Solarstrahlung in Niedertemperaturwärme weist fast ebenso hohe Schwankungsbreiten auf wie die Potentialschätzung für die Photovoltaik, bei beiden Systemen liegen entsprechend unterschiedliche Dach- und/oder Freiflächenschätzungen zugrunde. Wie die Photovoltaik basiert die Solarthermienutzung technisch auf

---

63) Vgl. Meliß (1997), S. 68 ff.

Kollektoren (ähnlich den zu Modulen zusammengeschalteten Solarzellen), die auf Dächern oder Freiflächen aufgestellt werden. Die Flächen können folglich nur einmal genutzt werden und die Potentiale lassen sich nicht addieren, es sei denn, es wird einmal technisch möglich, aus einer Zelle sowohl Strom wie auch Wärme zu gewinnen.

(19) Die wesentlichen **Systemkomponenten einer solargestützten Niedertemperaturwärmeversorgung** sind:

- das Kollektorfeld, das die Solarstrahlung absorbiert und in Wärme überführt,
- ein Wärmespeicher, der das zeitlich variierende Strahlungsangebot und die ebenfalls zeitvariable Nachfrage zum Ausgleich bringt,
- ein konventioneller Heizkessel oder eine Wärmepumpe, der/die die Wärme zu sonnenarmen Zeiten erzeugt,
- das Wärmeverteilungs- und Endnutzungssystem und eine Steuer- und Regeleinheit.

Ideal geeignet sind Bedarfsbereiche, in denen der Bedarf gerade dann anfällt, wenn die Solarstrahlung verfügbar ist. Erste Einsätze waren deshalb bei der Freibadbeheizung zu verzeichnen, in denen kein konventionelles Zusatzsystem erforderlich war. Zunehmend wird jedoch die Solarthermie zur Brauchwassererzeugung (vor allem im Sommer bei zentralen Heizungssystemen auf fossiler Basis) und in jüngerer Zeit auch zur Heizwärmegewinnung („solare Nahwärme") bzw. zur Unterstützung konventioneller Heizanlagen eingesetzt.

(20) Die Höhe des technischen Potentials ist abhängig davon, welche **Einsatzgebiete** betrachtet werden. Bezogen auf den gesamten Niedertemperaturwärmebedarf (Heizung, Brauchwassererwärmung, Niedertemperaturprozeßwärme) wird das Potential auf über 5000 PJ/a geschätzt, an dem die Dachflächen (ca. 800 Mio m^2) mit einem Potential von 700 bis 834 PJ/a und die Freiflächen mit einem Potential von 3430 bis 4040 PJ/a beteiligt sind.[64)] „Damit übersteigt das technische Potential den Bedarf an Niedertemperaturwärme erheblich".[65)]

„Werden bedarfsseitige Restriktionen berücksichtigt, liegen die Potentiale einer solaren Wärmegewinnung - je nachdem, ob solarthermische, dezentrale Systeme oder solare Nahwärmekonzepte zur Deckung des Raum- und Prozeßwärmebedarfs einschließlich des Warmwasserbedarfs vorgesehen werden - zwischen 88 und 967 PJ/a bei den Haushalten und zwischen 200 und 1003 PJ/a bei den Kleinver-

64) Vgl. Kaltschmitt (1993), S. 81.
65) BMWi (1994), S.25.

brauchern und bei der Industrie. Die untere Grenze ergibt sich unter der Annahme, daß solarthermische Anlagen lediglich zur teilweisen Deckung des Warmwasserbedarfs installiert werden. Die obere Grenze berücksichtigt, daß auch in größerem Umfang solarthermische Nahwärmesysteme installiert und damit nennenswerte Anteile des Raumwärmeverbrauchs durch solarthermisch erwärmtes Wasser gedeckt werden".[66)]

(21) Gegenwärtig dürften in Deutschland 1,3 bis 1,5 Mio m^2 Kollektorfläche mit einem Wärmeertrag von 1,6 bis 2,4 PJ (bei 350 bis 450 kWh/m^2 Kollektorfläche) installiert sein. Die Ausnutzung des Potentials läge damit bei maximal 0.8 %, wenn als Untergrenze das Potential von 288 PJ/a zugrundegelegt wird.

Die **Differenzkosten** zu einer ölgestützten konventionellen Wärmeerzeugung bei kleinen dezentralen Anlagen werden nach BMWi (1994) mit 13 Pfennig/kWh im Falle der Warmwasserbereitung und mit 15 Pf/kWh im Falle Heizung und Warmwasser im Ein- oder Zweifamilienhaus angegeben. Beim Mehrfamilienhaus wurden Differenzkosten von 7 bzw. 10 Pf/kWh ermittelt (Stand 1993).

Diese Differenzkosten ändern sich mit den Energiepreisen für die konventionellen Energieträger und mit den Anlagenpreisen sowie Wirkungs- bzw. Nutzungsgraden der Warmwasser- bzw. Heizsysteme. In aktuelleren Untersuchungen werden die Differenzkosten auf 3 bis 30 Pf/kWh geschätzt.[67)]

Geothermie und Umgebungswärme

(22) Zur Nutzung geothermischer Energie sind in Deutschland 21 größere zentrale **geothermische Wärmeversorgungsanlagen** mit 38,4 MW thermischer Leistung in Betrieb. Darüber hinaus nutzen Erdreich- und Grundwasserwärmepumpen in gewissem Umfang Erdwärme. Letztere werden jedoch nicht der Geothermie, sondern - zumindest wenn sie oberflächennah (untiefe Geothermie bis etwa 400 m) die Erdwärme nutzen - der „Nutzung von Umgebungswärme" zugeordnet.

Das **technische Potential der Geothermie** wird auf bis zu 1600 PJ/a geschätzt.[68)] In BMWi (1994, S. 30) werden folgende Potentiale genannt: „Die technischen Reserven für die dezentrale Wärmegewinnung aus dem flachen Untergrund liegen bei 120 PJ (= 0,12 EJ) und für die hydrogeothermischen Heizzentralen bei ca. 38,5 EJ. Vor allem die tiefen Sedimentstrukturen des Süddeutschen Molassebeckens, des Oberrheingrabens und des Norddeutschen Beckens bieten hier günstige Voraussetzungen. Die aus den heißes Wasser führenden Aquiferen gewinnbare Ener-

66) BMWi (1994), S.26.
67) Vgl. EBP (1997). Diese für die Schweiz ermittelten Werte sind annähernd auf die Bundesrepublik übertragbar, wenn 1 CHF = 1 DEM gesetzt wird.
68) Vgl. Bußmann (1996), S. 26 ff.

giemenge liegt bei etwa 385 PJ/a." „Weitere Energieressourcen sind im heißen Tiefengestein selbst enthalten; sie dürften weit über denen der hydrogeothermalen Vorräte liegen. Eine genaue Abschätzung dieser Energievorräte ist aber momentan noch nicht möglich, da das „Hot-Dry-Rock"-Verfahren zum Abbau dieser Reserven noch nicht zur Serienreife entwickelt ist." Das Hot-Dry-Rock-Verfahren wird derzeit u.a. in Soultz-Sous-Fôrets in Frankreich erprobt.

Nach Kaltschmitt liegen die deutschen Ressourcen (die theoretischen Potentiale) bei ca. 650'000 EJ (bis 7 km Tiefe) bzw. bei ca. 120.000 EJ (bis 3 km Tiefe). Von diesen Ressourcen ist jedoch nur ein kleiner Teil als technisch gewinnbare Reserven anzusehen, da einerseits ein erheblicher Teil aus heutiger Sicht technisch nicht genutzt werden kann, zum anderen auch deshalb, weil die Entnahme von Erdwärme die Regenerationsfähigkeit des Systems nicht überfordern darf.

(23) **Neuere Verfahren mit Einrohr-Bohrungen** in Tiefen zwischen 300 und 1000 m bieten für monovalente Wärmepumpen ideale Voraussetzungen zur Erreichung sehr hoher Leistungsziffern im Ganzjahresbetrieb (inkl. der Warmwassererzeugung) von über 4,[69] so daß dieses Heiz-/Warmwassersystem für sehr große Gebäude schon heute in die Nähe betriebswirtschaftlicher Rentabilität kommt.[70] Bei geologisch besonders günstigen Bedingungen kann dabei sogar auf die Wärmepumpe verzichtet werden. Ein Beispiel mag die Größenordnungen veranschaulichen: Wenn 10 % des Raumwärme- und Warmwasserverbrauchs von ca. 3500 PJ (h=80%) über solche Systeme gedeckt würden, können ca. 350 PJ fossile Energieträger durch 70 PJ Strom und 210 PJ geothermischer Energie ersetzt werden.

Die Differenzkosten der geothermischen Energienutzung gegenüber heutigen Öl- bzw. Gasheiz- und -warmwasseranlagen liegen nach schweizerischen Untersuchungen bei etwa 5-10 Rp/kWh, entsprechend etwa 5-10 Pf/kWh[71] (zum Vergleich: der heutige Ölpreis unter Berücksichtigung der Nutzungsgrade liegt bei 3,5-4 Pf/kWh, derjenige für Gas ist deutlich höher).

(24) Unter **Umgebungswärme** wird die in Boden, Wasser und Luft gespeicherte Energie verstanden. Bis zu einer Tiefe von rund 20 m wird die Bodentemperatur fast nur durch die Solarstrahlung determiniert, darunter sinkt der Einfluß der

---

69) Leistungsziffer = Relation „abgegebene Energie/aufgenommene Energie"; Leistungsziffer von 4 bedeutet, daß mit 1 aufgenommener Energieeinheit und 3 Einheiten Abwärme 4 Nutzenergieeinheiten bereitgehalten werden.

70) Vgl. Prognos (1994), Wirtschaftlichkeit von Heizsystemen, ein Vergleich zwischen einer Ölzentralheizung und dem GEOHIHL-Erdenergiesystem.

71) EBP (1997). Diese für die Schweiz ermittelten Werte sind annähernd auf die Bundesrepublik übertragbar, wenn 1 CHF = 1 DEM gesetzt wird.

Solarstrahlung drastisch ab.[72] Unter Nutzung von Umgebungswärme werden üblicherweise die Einsatzpotentiale der Wärmepumpen verstanden, wobei die Abgrenzung zur Erdwärmenutzung (in größeren Tiefen) über Wärmepumpen fließend ist.

Wärmepumpen nehmen Wärme auf niedrigem Temperaturniveau (z.B. Grundwasser: ca. 8 °C, Umgebungsluft: 3 bis 30 °C oder mehr; See- oder Flußwasser: 10-25°C etc.) auf und geben diese unter Zufuhr hochwertiger Energie (im allgemeinen Strom oder Gas) auf einem höheren Temperaturniveau wieder ab (z.B. in Form von Heißwasser für Prozeßwärme, Raumwärme oder Warmwasser). Auf diese Weise wird es möglich, sonst nicht nutzbare Energie (Umgebungswärme, aber auch Abwärme) in Nutzenergie „umzuwandeln". Wärmepumpen lassen sich nach Antriebsarten (Kompressionswärmepumpen, Absorptionswärmepumpen), Antriebsenergien (elektro-, gas- oder dieselmotorisch), nach der genutzten Wärmequelle (Umgebungsluft, Grund- und Oberflächenwasser, Erdreich, Abluft, Abwärme etc.), nach dem verwendeten Energieträger (Gas, Öl, Strom) und der Betriebsform (monovalenter, d.h. ausschließlicher Wärmepumpeneinsatz, oder bivalenter Betrieb, d.h. mit ergänzendem „konventionellen" Heizsystem) differenzieren.[73]

(25) Die **Energieeffizienz von Wärmepumpen** läßt sich mit Hilfe der Leistungsziffer beurteilen: Diese gibt an, in welchem Verhältnis die abgegebene Wärmemenge zur eingesetzten Antriebsenergie steht. Gasbetriebene Absorptionswärmepumpen kommen auf endenergiebezogene Leistungsziffern von 1.3 bis 1.5, elektromotorisch betriebene Kompressionswärmepumpen können bei besonders günstigen Einsatzbedingungen Leistungsziffern von 6 und mehr erreichen. Berücksichtigt man die Umwandlungswirkungsgrade der eingesetzten Energieträger, so resultieren hieraus Primärenergienutzungsgrade von 1.2 bis 1.4 bei Gasabsorptionswärmepumpen und von 1.2 bis etwa 4 bei elektromotorisch betriebenen monovalenten Wasser/Wasser-Wärmepumpen [Wärmequelle Wasser, Wärmeabgabe als Heiz-/Warmwasser], wenn der Strom z.B. in einem modernen GuD-Kraftwerk erzeugt wird.

(26) Die technisch möglichen Potentiale sind beachtlich. Mit **Umgebungswärme** steht eine **praktisch unerschöpfliche** (und mit dem Treibhauseffekt potentiell wachsende) Energiemenge zur Verfügung. Exakte Potentialschätzungen gibt es nicht. In der Enquete-Kommission des 11. Deutschen Bundestages „Vorsorge zum Schutz der Erdatmosphäre" wurde das technische Potential für den Wärmepumpeneinsatz auf 295-370 PJ (Endenergie) veranschlagt. Unter Hinzurechnung der neuen Bundesländer würde sich daraus ein Potential von rund 400-500 PJ/a für

72) Vgl. Kaltschmitt (1993), S. 294.
73) Wobei die bivalente Betriebsweise noch in bivalent-parallel (beide Systeme gleichzeitig im Einsatz) und bivalent-alternativ (beide Systeme nicht gleichzeitig im Einsatz) differenziert werden kann.

Deutschland errechnen,[74] wobei als Abgrenzung zur Erdwärme eine Tiefe von 15 m angegeben wird. Bezogen auf den Endenergieverbrauch für Raumwärme und Warmwasser entspräche dies einem Anteil von rund 11-14 %. Zieht man die Abgrenzung zur Erdwärme weniger stringent, oder addiert das Potential der Erdwärme-Wärmepumpennutzung, so erhöht sich das technische Potential stark.

(27) Gegenwärtig ist die **Ausschöpfung** des Potentials noch **sehr klein**. Obwohl derzeit (wieder) verstärkt Wärmepumpen installiert werden, stagniert oder sinkt die Zahl der genutzten Heizwärmepumpen, weil der Abgang bis 1995 größer war als der jetzige Zugang. Die genutzte Umgebungsenergie dürfte jedoch einen Anteil von 0.15 % am Endenergieverbrauch für Heizung und Warmwasser nicht überstiegen haben.

Die Differenzkosten für Wärmepumpenanlagen (gegenüber konventionellen Öl-/Gasheizungen) können auf etwa 3-9 Pf/kWh geschätzt werden,[75] wenn als Energiequelle ausschließlich Luft, Oberflächenwasser/Grundwasser oder oberflächennahes Erdreich und nicht tiefe Erdsonden oder Ein-/Zweiloch-Tiefbohrungen verwendet werden. Die Differenzkosten sind im Einzelfall sehr unterschiedlich, je nachdem, welches Wärmepumpensystem bzw. welcher Wärmepumpensystem-Mix unterstellt wird und auf welche Referenzanlage (Öl oder Gas bei den z.Zt. recht unterschiedlichen Preisniveaus für Öl bzw. Gas) die Differenzkosten bezogen werden. Die Differenzkosten „untiefer"Nutzung sind etwas geringer, dagegen sind die Potentiale „tiefer" Nutzung wahrscheinlich größer.

Biomasse

(28) „Weltweit liegt das **Potential der Biomasse** in der Größenordnung des zehnfachen des derzeitigen Weltprimärenergieverbrauchs. Allein aus Forstwirtschaft und Strohverwertung wäre ein Gesamtpotential zu gewinnen, das das 4,4-fache des derzeitigen Primärenergieverbrauchs darstellt."[76] Die Biomasse trägt z.Zt. weltweit etwa mit 12 % zur Deckung des gesamten Energieverbrauch bei, in Deutschland mit weniger als 1 %. Die Nutzung von Biomasse umfaßt im wesentlichen

- die energetische Verwertung von Wald- und sonstigen Restholz sowie von Holzabfällen,
- die energetische Verwertung von Neben- oder Abfallprodukten der Landwirtschaft (Getreidestroh, Mist und Gülle aus der Tierhaltung),

---

74) Vgl. BMWi (1994), S.35.

75) Vgl. EBP (1997). Diese für die Schweiz ermittelten Werte sind annähernd auf die Bundesrepublik übertragbar, wenn 1 CHF = 1 DEM gesetzt wird.

76) Meliß (1995), S. 134 ff.

- die energetische Nutzung von nicht anderweitig benötigten (ehemaligen) landwirtschaftlichen Nutzflächen zum Anbau von auch energetisch zu verwertenden landwirtschaftlichen Produkten oder zum Anbau von Energiepflanzen in Energieplantagen.

(29) Die bislang wichtigste Biomasse in Deutschland ist **Holz**. Die Erzeugung von Wärme aus der Verbrennung von Restholz steht bislang im Vordergrund der deutschen Restholznutzung. Erst in den letzten Jahren wurde Restholz teilweise auch in KWK-Prozessen zur Wärme- und Stromgewinnung in Heizkraftwerken verfeuert.

Das technische Potential der energetischen Waldrestholznutzung wird von Kaltschmitt auf 141 PJ/a beziffert.[77)] Hartmann und Strehler schätzen 142 PJ für das energetisch zur Verfügung stehende Potential aus Waldrestholz (Durchforstungsholz, Astholz, Rinde, Stockholz); hinzu kommen ein technisches Potential von 72 PJ/a an Be- und Verarbeitungsrestholz sowie rund 4 PJ/a Landschaftspflegerestholz, so daß sich hiernach ein Restholz- und Abfallholzenergieäquivalent von rd. 218 PJ/a ergibt, von dem ca. 97 PJ heute energetisch verwertet werden.[78)] In BMWi (1994) werden als Potential für das Segment Industrierestholz, Altholz, Verpackungsaltholz und Landschaftspflegerestholz rund 99 PJ/a Potential genannt.[79)]

(30) Die Bemühungen für eine verbesserte Ausnutzung der verfügbaren Potentiale konzentrieren sich derzeit darauf, die Kosten für die Rest- und Abfallholzbereitstellung zu reduzieren (Sammlung, Transport, Trocknung und Aufbereitung), weil Biobrennstoffe der hohen Anlagenkosten und der niedrigeren Wirkungsgrade wegen nur dann konkurrenzfähig sind, wenn sie erheblich preiswerter zur Verfügung stehen als die fossilen Alternativen (oder wenn die fossilen Alternativen deutlich teurer werden). Bei den zu erwartenden Fortschritten in den Anlagentechniken ist mit sinkenden spezifischen Anlagenkosten und mit höheren Wirkungsgraden aufgrund fortschrittlicher Vergasungstechniken zu rechnen.

Für Anlagen im 1 MW-Bereich haben Hartmann und Strehler **Wärmegestehungskosten** von rund 6 Pf/kWh (Waldhackschnitzel) errechnet. Die künftigen Einsatzchancen in der Verstromung hängen im wesentlichen davon ab, daß es gelingt, durch die Verbesserung der Verbrennungstechnik (fortschrittliche Vergasungstechniken) die Wirkungsgrade bei der Biomasse-Verstromung massiv auf 40 % zu steigern. In diesem Fall blieben die Differenzkosten zu den konventionellen Anla-

---

77) Vgl. Kaltschmitt (1993).
78) Vgl. Hartmann; Strehler (1995); in BMWi (1994) werden gleichfalls 142 PJ/a als Potential genannt.
79) Vgl. BMWi (1994), S. 41.

gen begrenzt. EBP[80)] geht in einer Untersuchung bei diesen Voraussetzungen von einer Bandbreite von Differenzkosten in Höhe von -2 bis +10 Rp/kWh (je nach Holzbereitstellung) aus.

(31) Die energetische Verwertung des landwirtschaftlichen Abfallproduktes **Stroh** (vor allem Getreidestroh von Winter- und Sommerweizen, von Roggen/Hafer/ Mengengetreide, Winter- und Sommergerste) spielt in der Bundesrepublik - anders als in vielen Ländern der dritten Welt - bislang keine Rolle, obwohl das Potential relativ groß ist: Es wird von Kaltschmitt[81)] auf rund 75 PJ/a veranschlagt. Hinzu kommen Nebenprodukte aus dem Mais-, Raps- und Rübenanbau mit zusammen rund 9 PJ/a, so daß für diese Kategorie ein Potential von rund 84 PJ/a genannt wird. In BMWi (1994) wird für Stroh ein energetisch nutzbares Potential von 104 PJ/a aufgeführt (S.46). Hartmann/Strehler nennen 108 PJ/a als Strohpotential.[82)]

Die derzeitige energetische Nutzung wird auf weniger als 2 % des Potentials geschätzt.[83)]

(32) Die **Wärmegestehungskosten** werden in BMWi (1994) mit 14-30 Pf/kWh für Ein -bzw. Zweifamilienhäuser und mit 9 bis 24 Pf/kWh bei größeren Anlagen angegeben. Meliß/Sandtner geben die Wärmekosten mit 8 bis 13 Pf/kWh und die Stromkosten mit 12 bis 16 Pf/kWh für Holz und Stroh an.[84)] Diese Berechnungen stimmen in der Größenordnung mit den Differenzkosten von EBP für die Schweiz überein: Stroh für die Wärmeproduktion +1 bis +5 Rp/kWh gegenüber vergleichbaren fossilen Heizsystemen, Stroh für die Stromproduktion mit +3 bis +15 Rp/kWh.

Nach Sontow/Siegle/Spliethoff/Kaltschmitt[85)] sind feste Biomassen wie Holz/ Stroh sehr gut geeignet als Zufeuerungen bestehender Kohlekraftwerke: sie ist technisch einfach und relativ kostengünstig (die Differenzkosten gegenüber Importsteinkohle werden mit 7,5 Pf/kWh angegeben, verglichen mit Differenzkosten von rund 20 Pf/kWh bei einem reinen Biomasseheizkraftwerk).

(33) Das technische Potential für die **Biogaserzeugung**, das sowohl für die Wärme- als auch für die Stromproduktion (z.B. der kombinierten Wärme-/Strom-

---

80) Vgl. EBP (1997). Diese für die Schweiz ermittelten Werte sind annähernd auf die Bundesrepublik übertragbar, wenn 1 CHF = 1 DEM gesetzt wird.
81) Vgl. Kaltschmitt (1993), S. 215.
82) Vgl. Hartmann; Strehler (1995); in BMWi (1994) werden gleichfalls 142 PJ/a als Potential genannt.
83) Vgl. Meliß (1995), S.134 ff.
84) Vgl. Meliß; Sandtner (1996), S. 15 ff.
85) Vgl. Sontow; Siegle; Spliethoff; Kaltschmitt (1997), S. 338 ff.

produktion in Blockheizkraftwerken) eingesetzt werden kann, wird von Kaltschmitt[86)] auf rund 81 PJ/a geschätzt, wenn nur das Potential aus Mist und Gülle betrachtet wird: „Bei der anaeroben Fermentation des Aufkommens an organischen Stoffen aus der Nutztierhaltung entsteht ein wasserdampfgesättigtes Biogas, das weitgehend aus Methan (ca. 50-75 %) und Kohlendioxid (ca. 25-50 %) besteht."[87)] Meliß[88)] gibt darüber hinaus ein Potential von 11 PJ/a aus dem Aufkommen von „Biomüll" an. Albrecht/Räde[89)] nennen ein Potential zur Stromerzeugung aus Biogas von 2-3 TWh/a (7-11 PJ/a). Bei Altner et al.[90)] wird ein Potential von 41 TWh/a, entsprechend 148 PJ/a, aus der Vergärung organischer Reststoffe genannt, wobei hier der Anfall von Klär- und Deponiegas mit (nach Meliß[91)]) zusammen rund 43 PJ/a enthalten sind. Die derzeitige Nutzung dürfte bei unter 1 PJ/a. liegen.[92)]

(34) Die **Wärmegestehungskosten** werden bei BMWi[93)] mit 11 bis 86 Pfg./kWh angegeben, wobei reine Energiekosten von 10-15 Pf/kWh bei kleineren und 10 Pf/kWh bei Großanlagen veranschlagt werden. Die Stromerzeugungskosten liegen nach dieser Quelle bei 16 bis 172 Pf/kWh, wenn der Strom über Gasmotoren erzeugt wird. Die DLR[94)] beziffert die Energiekosten von Biogasanlagen auf 8 bis 12 Pf/kWh (Leistung 65 bzw. 13 kW) bei Einzelanlagen und auf 4 bis 11 Pf/kWh (Leistung 4 MW bzw. 0,4 MW) bei Großanlagen [Stand 1993]. Bei einer Serienproduktion wären Preise von 4 bis 6 bzw. von 3 bis 6 Pf/kWh denkbar. Bei einer Stromproduktion in Blockheizkraftwerken werden bei Biogaskosten von 4,5 Pf/kWh und einer Wärmegutschrift von rund 6 ½ Pf/kWh Stromgestehungskosten von ca. 13 Pf/kWh bei einer Anlagengröße von 0,5 MW Leistung angegeben.

Wegen der im Vergleich zu Öl- oder Gasheizungen niedrigen Wirkungsgrade bei der Umwandlung von Biogas in Wärme und wegen der im Mittel höheren Anlagenkosten ist die Biogaswärmeproduktion derzeit nicht wirtschaftlich. In EBP werden die Differenzkosten auf 5 bis 25 Rp/kWh für die Wärmeproduktion beziffert.[95)] Für die Stromgestehungskosten in Blockheizkraftwerken sind die Bezugskosten für das Biogas entscheidend. Die Differenz der Bezugskosten gegenüber Erdgas schlagen sich fast unmittelbar in Differenzkosten zur Vergleichsproduktion

86) Vgl. Kaltschmitt (1993), S. 245.
87) Vgl. Kaltschmitt, Wiese (1993), S. 82.
88) Vgl. Meliß (1995), S. 134 ff.
89) Vgl. Albrecht; Räde (1995), S. 140 ff.
90) Vgl. Altner et al. (1995), S. 86.
91) Vgl. Meliß (1995), S.134 ff.
92) Vgl. Hartmann; Strehler (1995), S.30 ff. Siehe auch Kaltschmitt; Wiese (1993), S. 134.
93) Vgl. BMWi (1994), S. 49 ff.
94) Zitiert nach Altner et al. (1995), S.89 ff.
95) Vgl. EBP (1997). Diese für die Schweiz ermittelten Werte sind annähernd auf die Bundesrepublik übertragbar, wenn 1 CHF = 1 DEM gesetzt wird.

aus Erdgas nieder. Gegenüber der Stromproduktion in modernen GuD-Erdgaskraftwerken sind die Stromgestehungskosten in jedem Fall deutlich höher.

(35) Die größten Potentiale innerhalb der Biomassen werden den **Energiepflanzen** zugeschrieben. Unter Energiepflanzen werden ein- oder mehrjährige Nutzpflanzen verstanden, die speziell für die energetische Nutzung gezüchtet bzw. angebaut werden. Hierbei können unterschieden werden: Getreideganzpflanzen (Winterweizen, Wintergerste, Winterroggen/Tricatale), Gräser (Chinaschilf/-gras, Schilfrohr, Hirse) und schnellwachsende Baumarten (Pappeln, Weiden). Diese Biomassen liefern Festbrennstoffe, die relativ leicht in Nutzform (z.B. Hackschnitzel) gebracht und zur Wärme- und Stromproduktion verwendet werden können. Alternativ können auf den zur Verfügung stehenden bzw. bereitgestellten Anbauflächen auch Nutzpflanzen für die Pflanzenölproduktion (z.B. Raps, Sonnenblumen, Öllein) und/oder die Alkoholgewinnung (z.B. aus Winterweizen oder Zuckerrüben) herangezogen werden.

Die technischen Potentiale errechnen sich aus den verfügbaren Flächen, den Erfahrungswerten mittlerer Erträge pro Hektar und den spezifischen Energiegehalten der verschiedenen Biomassen. Die Schwankungsbreiten der in der Literatur veröffentlichten Potentiale resultieren dabei weitgehend aus den unterschiedlichen Annahmen über die energetisch nutzbaren Flächen, wobei im allgemeinen eher von steigenden Flächen (Stillegungen von Agrarflächen als Folge der EG-Agrarmarktordnung) und damit größeren Potentialen als von abnehmenden Flächenverfügbarkeiten ausgegangen wird.

(36) Die landwirtschaftliche Nutzfläche in Deutschland liegt bei ca. 17 Mio ha (entsprechend 170.000 km^2 oder 48 % der Fläche der Bundesrepublik), von denen derzeit über 1 Mio ha (mit wachsender Tendenz) für den **Anbau nachwachsende Rohstoffe** verfügbar wären. Da pro Mio ha ein technische Potential von rund 162 bis 182 PJ/a beim Getreidepflanzenanbau, 200 bis 217 PJ/a beim Anbau mehrjähriger Gräser und 201 PJ/a bei der Produktion mehrjähriger schnellwachsender Bäume in Kurzumtriebsplantagen[96)] geerntet werden können, resultiert ein kurzfristig verfügbares technisches Potential von rund 200 bis 250 PJ/a, wenn die derzeit brachliegende Fläche energetisch für den Anbau von Biomasse zu Festbrennstoffgewinnung genutzt würde. Da mittel- und längerfristig mit einer deutlichen Zunahme der verfügbaren Flächen gerechnet wird (bis zu 5 Mio ha), erhöht sich das Potential langfristig auf über 1000 PJ/a. Bei den in der Literatur meist genannten Flächen von rund 4 Mio ha läge das Potential entsprechend bei 800-850 PJ/a, bei 2 Mio ha bei 400-430 PJ/a.

---

96) Vgl. BMWi (1994), S. 55.

Werden diese Flächen alternativ zur Gewinnung von flüssigen Energieträgern (Pflanzenöl oder Alkohol) herangezogen, so können daraus pro Mio ha bei der Pflanzenölproduktion rund 150,5 PJ/a Energie (46 PJ/a Öl; 29,2 PJ/a Schrot; 75,3 PJ/a Stroh) oder bei der Alkoholerzeugung rund 106 bis 147 PJ/a Energie (Alkoholertrag aus Winterweizen 63,1 PJ/a, aus Zuckerrüben 105,9 PJ/a; hinzu kommen 84,3 PJ/a Biomasse im Falle der Winterweizen-Vergärung) gewonnen werden. Bei langfristig gleicher Fläche (maximal 5 Mio ha) ergäbe dies ein Potential von bis zu 750 PJ/a bei der Gewinnung von Flüssigenergieträgern, wovon aber von maximal 230 PJ/a Ölprodukten bzw. maximal 5360 PJ/a Alkohol auszugehen ist.

(37) Die **Kosten für die Energiepflanzennutzung** werden mit ca. 13-15 DM/GJ (4-6 Pf/kWh) im Falle von Getreideganzpflanzen, mit 8 bis 21 DM/GJ (3-7,5 Pf/kWh) im Falle der Energiegräser und von 10-16 bzw. 14-23 DM/GJ (3-6 bzw. 5-8 Pf/kWh) für schnell wachsende Hölzer angegeben, je nachdem, ob die Kurzumtriebsplantagen eingezäunt werden oder nicht. Damit lägen die reinen Brennstoffkosten zumindest für einzelne Anbauformen schon recht nahe an den heutigen (sehr niedrigen) Ölpreisen (derzeit ca. 2,5-3 Pf/kWh) und bei oder unter den derzeitigen Gaspreisen für den Privathaushalt (ca. 5,5-6,5 Pf/kWh). Allerdings sind die Wärmegestehungskosten bzw. die Stromgestehungskosten aufgrund der geringeren Nutzungs- bzw. Wirkungsgrade und der höheren Anlagekosten heute nicht konkurrenzfähig. Härtlein et al. ermittelten Wärmegestehungs-Differenzkosten von 3-12 Pf/kWh bei Kurzumtriebsplantagen, von 5-16 Pf/kWh bei Chinaschilf und von 6-19 Pf/kWh gegenüber Öl.[97)]

Die Kosten der Gewinnung von Pflanzenöl resp. Alkohol aus Energiepflanzen sind - verglichen mit konventionellen Treibstoffen (Dieselöl oder Benzin) - noch weit von der Wirtschaftlichkeit entfernt, selbst dann, wenn man Kostengutschriften für das Stroh, den Schrot und den Preßkuchen ansetzt und berücksichtigt, daß die Produktion von Rapsöl auf stillgelegten Flächen unter besonderen Kostenbedingungen geschieht.[98)] Insgesamt errechnen sich die Produktionskosten auf rund 1 DM/l (10-11,5 Pf/kWh) und damit rund dreimal so hoch wie heute steuerlich unbelasteter Dieselkraftstoff. Eher noch ungünstiger sind derzeit die Produktionskosten für Alkohol aus Biomasse.

(38) Die in der Literatur teilweise zu den erneuerbaren bzw. regenerativen Energieträgern gezählten technischen Potentiale an **Deponiegas, Klärgas oder Müll** werde hier nicht näher betrachtet. Die Aufkommen an Deponie- und Klärgas wer-

97) Härtlein; Kaltschmitt (1996).
98) Vgl. BMWi (1994), S. 60.

den schon heute zu einem großen Teil energetisch genutzt (Deponiegas 30 bis 60 %, Klärgas 60 bis 90 %). Es verbleiben damit zusätzlich zur Verfügung stehende Potentiale in einer Größenordnung von 10 bis 20 PJ/a, die u.E. allerdings unter dem Aspekt einer dauerhaften und durchhaltbaren Entwicklung nicht den erneuerbaren Energien zuzuordnen sind. Gleiches gilt für die (energetische) Müllverwertung. Hier wären nur geringe Mengen wirklich den erneuerbaren Energien zuzurechnen: die Holzabfälle und die Bioabfälle. Letztere wurden dem Biogas-Potential zugerechnet. Die wesentlichen Altholz- bzw. Abfallholzaufkommen wurden gleichfalls bereits betrachtet (außer Alt- bzw. Abfallholz aus Haushalten). Unter dem Aspekt einer dauerhaften und durchhaltbaren Entwicklung muß es Ziel sein, möglichst wenig Müll zu produzieren, d.h. die Stoffkreisläufe möglichst zu schliessen. Damit verliert Müll seine Eignung als erneuerbare Energiequelle.

Schlußfolgerung

(39) Die nachstehende Übersicht 6-1 faßt die technischen Potentiale, die gegenwärtig genutzten Anteile und die Differenzkosten zu den derzeitigen Alternativen zusammen. Wichtig ist dabei, daß die Potentiale nicht in jedem Fall addiert werden dürfen, da die Nutzung der vorhandenen Flächen nur einmal möglich ist, entweder für die Photovoltaik, für die Solarthermie oder für Energieplantagen zur Gewinnung fester oder flüssiger Energieträger. Dagegen lassen sich die Potentiale von Wasserkraft, Wind, Geothermie u.a. summieren. Bei der Biomasse ist zu berücksichtigen, daß sowohl Wärme als auch Strom produziert werden kann.

Die Differenzkosten zeigen, daß ein Teil der erneuerbaren Energieträger schon heute wirtschaftlich einsetzbar ist (dann sind die Differenzkosten negativ oder Null), daß die wesentlich größeren Potentiale aber erst bei einem im Vergleich zu heute doppelt bis viermal so hohen Energiepreisniveau von Öl bzw. Gas wirtschaftlich werden.

(40) Die Unterschiedlichkeit der Ansatzpunkte zur Nutzung der erneuerbaren Energiequellen macht aber zugleich auch die **Konsequenzen** deutlich, die die Erschließung dieser Potentiale **für die Entwicklung des Energiesektors** in Deutschland haben muß. Besonders wichtig erscheinen uns dabei die folgenden Beobachtungen:

- Mit der intensiveren Nutzung von regenerativen Energiequellen werden plötzlich Wirtschaftsbereiche zu potentiell Energie produzierenden Sektoren, die heute lediglich als Energienutzer gezählt werden, z.B. private Haushalte (aktive Nutzung der Solarenergie, Umgebungswärme) oder die Landwirtschaft (Energiepflanzen, Biomasse).
- Mit wenigen Ausnahmen (z.B. Hochtemperatur-Solarkraftwerke) erfolgt die Energiegewinnung dezentral und oft sogar in unmittelbarer Verbindung mit

den Energienutzern (z.B. private Haushalte), so daß der direkte Einfluß der Energienutzer auf die Energiebereitstellung deutlich anwächst, die Versorgungswege sich ebenso wie die Energieverluste drastisch reduzieren und zugleich ganz neue Anforderungen an die Netzgestaltung (bei Strom) bzw. die Versorgungsstrukturen gestellt werden.

– Die Marktstruktur auf dem Energiemarkt kann sich bei verstärktem Einsatz von regenerativen Energiequellen entsprechend drastisch verändern: An die Stelle von Strom- und Energielieferungen mag die Hilfe zur Optimierung der Energienutzung treten und im kommerziellen Energiemarkt gewinnt die Optimierung und Ordnung von regionalen und zentralen Versorgungsformen ein neues Gewicht.

Übersicht 6-1: Potentiale, Nutzung und Differenzkosten von erneuerbaren Energien

Energiequellen	**Technisches Potential**		**Genutztes Potential**		**Differenz-kosten**
	TWh/a	**PJ/a**	**TWh/a %**	**PJ/a %**	**Pf/kWh**
Wasserkraft	25 bis 36		50 bis 75		-4 bis +20
Windkraft	169 bis 280				
onshore	14 bis 125		1,6 bis 14		-2 bis +20
offshore	155		-		
Photovoltaik	18 bis 628		< 0,05		140 bis 190 [6)]
Solarthermie					
Dächer/Fassaden [1)]		700 bis 834		0,2 bis 0,3	3 bis 30
Freiflächen [1)]		3430 bis 4040		0	2 bis 20
Insgesamt [2)]		288 bis 1970		0,1 bis 0,8	2 bis 30
Geothermie		505 bis >1500		< 0,5	
untiefe G.		120			5 bis 10 [3)]
Aquifere		385			5 bis 10 [3)]
Tiefengestein		>>1000		0	
Umgebungswärme		400 bis 500		ca. 2	3 bis 9
Biomasse					
Holz		218 bis 241		40 bis 45	-3 bis 10 [4)]
Stroh		84 bis 108		ca. 2	5 bis 25 [4)]
Biogas		81 bis 105		< 1	3 bis 25 [4)]
Energiepflanzen feste Energieträger		400 bis >1000		0	3 bis 25 [4)]
Energiepflanzen flüssige Energieträger		max. 750 [5)]		0	10 bis 25

1) ohne bedarfsseitige Restriktionen
2) mit bedarfsseitigen Restriktionen
3) über Wärmepumpen/Heizzentralen
4) Die Differenzkosten der Stromerzeugung sind i.allg. höher als die Differenzkosten der Wärmeerzeugung
5) dar: max. 230 PJ/a Pflanzenöl oder maximal 536 PJ/a Alkohol.
6) in Südeuropa und in den äquatornahen sonnenreichen Ländern liegt die Differenz heute bei ca. 40 bis 80 Pfg./kWh.

Erste Anhaltspunkte für derartige Rückwirkungen zeigen sich bei den unterschiedlichen Diskussionen über Arbeitsteilung zwischen Stadtwerken und Energieversorgungsunternehmen, über die Einspeisungsmöglichkeiten und deren Preise sowie die Fragen von Anschlußpflichten und -rechten der Energieverbraucher bis hin zum einzelnen Haushalt.

7. Zeitbedarf und Bedingungen der Strukturanpassung

7.1 Zeitbedarf für eine friktionsarme Neuorientierung

(1) Aufgrund der technischen Bedingungen bestehen auf der Nachfrageseite erhebliche Einsparpotentiale, die schon heute erschlossen werden könnten. Gleichzeitig vermögen auf der Angebotsseite erneuerbare Energien auf der Basis der heutigen Technik schon wesentlich höhere Beiträge zur Energieversorgung zu liefern als bisher.

Sicherlich kann im einzelnen über die Höhe der ausgewiesenen Potentiale und die Differenzkosten der rationellen Energienutzung und -umwandlung bzw. eines verstärkten Einsatzes erneuerbarer Energien diskutiert werden. Festgehalten werden kann dennoch: die **Technik** wird sicher **nicht zum Engpaß** bei der Anpassung des deutschen Energiesektors im Sinne einer dauerhaft durchhaltbaren Entwicklung.[1)]

(2) Der eigentliche **Engpaß** für eine breite Neuorientierung liegt im Umgang mit Energie in Deutschland bei der **Wirtschaftlichkeit**. Die Einsparinvestitionen und die verstärkte Nutzung der erneuerbaren Energien zur Strom- und Wärmeerzeugung sind im Vergleich zu konventionellen Maßnahmen gegenwärtig nicht rentabel. Dabei berücksichtigen allerdings die ermittelten Mehrkosten nur die vom Markt bewerteten Kosten und Preise. Externe Kosten sind nicht enthalten. Bei Einbeziehung dieser Kosten lägen die Differenzkosten schon heute oft wesentlich niedriger - ein wichtiges Faktum gerade unter dem Aspekt einer dauerhaft durchhaltbaren Entwicklung in Deutschland.

(3) Die Wirtschaftlichkeit von Maßnahmen zur rationellen Energiewandlung wie die von erneuerbaren Energieträgern hängt vor allem ab

- von den natürlichen oder anthropogen geschaffenen **Umgebungsbedingungen**, die sich nicht (Sonnenstrahlung, Wind, etc.) oder nur langfristig ändern lassen (Raum- und Siedlungsstruktur, Gebäudebestände etc.),
- vom **Stand der Technik** und der Veränderungsgeschwindigkeit des Technikstandes (technischer Fortschritt) in den verschiedenen energetisch relevanten Produktions- und Verbrauchssektoren,
- von den **Preisen** für die einzusparenden bzw. zu ersetzenden konventionellen (fossilen) Energieträger.

---

1) Vgl. auch die Ergebnisse des 1. Workshops zu diesem Projekt in: Prognos AG (1997).

Preise und Preissignale - wie die Ölpreisexplosionen in den 70 und 80er Jahren oder die jüngst diskutierten Energiesteuern/-abgaben - können daher die Wirtschaftlichkeitsrechnungen verändern. Sie beeinflussen gleichzeitig Ausmaß und Richtung, in der sich die Technik, die raum- und siedlungsstrukturellen Umgebungsbedingungen und nicht zuletzt auch das Verhalten im Umgang mit Energie verändern: Je höher die Energiepreise, desto größer ist das wirtschaftliche Potential und desto stärker der Anreiz, Energie rationell zu nutzen und erneuerbare Energieträger einzusetzen.

(4) Alle derzeit verfügbaren Energieprognosen zeigen, daß bei den unter Status-quo-Bedingungen zu erwartenden Energiepreisen und den gegenwärtigen energiepolitischen Rahmenbedingungen zwar beachtliche Erfolge bei der Verbesserung der Energieeffizienz zu erwarten sind und auch der Einsatz der erneuerbaren Energien signifikant steigt, daß aber dennoch der Energieverbrauch nicht nachhaltig gesenkt werden kann und die CO_2-Emissionen nur leicht abnehmen werden.[2)]

Die Status-quo-Bedingungen sind gegenwärtig nicht ausreichend, um den Energieverbrauch absolut deutlich zu senken und den Anteil der erneuerbaren Energien am Energieverbrauch spürbar zu erhöhen. Alle Effizienzverbesserungen werden durch eine Expansion der benötigten Energiemengen kompensiert oder sogar überkompensiert wie etwa wachsende zu beheizende Wohnflächen, steigende Gesamtfahrleistungen von Pkws und Lkws, wachsende Produktionsmengen in der Industrie etc. Aus diesem Grund sind nicht nur die Technik (mit den durch sie möglichen Optionen), sondern auch die individuellen und gesellschaftlichen **Verhaltensweisen** und Einstellungen entscheidend für den Erfolg zur kontinuierlichen Einhaltung der Bedingungen für eine dauerhaft durchhaltbare Entwicklung.

(5) Vor diesem Hintergrund können **preispolitische Maßnahmen** erheblichen Einfluß auf die Entwicklung des wirtschaftlich realisierbaren Potentials an Energieeinsparungen und am Einsatz erneuerbarer Energien haben.

- Je eher der langfristig zu erwartende Preisanstieg bei den nicht erneuerbaren Energieträgern eintritt oder durch vorzeitig eingeleitete, die Energienutzung verteuernde Maßnahmen vorweggenommen werden kann, desto kontinuierlicher kann der Prozeß der Anpassung an eine dauerhaft durchhaltbare Entwicklung ablaufen und die nächsten 20 bis 30 Jahre genutzt werden, um spürbare Veränderungen im Umgang mit Energie zu realisieren.
- Je weniger und je länger andererseits die heutigen Kosten der Energienutzung auf die langfristig entstehende Verknappung bei allen nicht regenerier-

---

2) Energieprognose Prognos - Energiereport II (1996).

baren Primärenergieträgern sowie die Probleme in Zusammenhang mit dem wachsenden Energieeinsatz reagieren, mit umso größeren Friktionen sind die dann zu erwartenden Anpassungsreaktionen verbunden.

In jedem Fall bleibt auch bei Ausnutzung aller vertretbaren Preiserhöhungsspielräume zumindest in den nächsten 20 bis 30 Jahren eine erhebliche Abhängigkeit von fossilen Energieträgern bestehen.

(6) Die im deutschen Energiesektor notwendigen Anpassungen bzw. Strukturveränderungen liegen im wesentlichen im Einflußbereich deutscher Energiepolitik. Insofern ist der Hauptansatzpunkt zur Vermeidung interner Anpassungskrisen bei einer Veränderung der Energiebeschaffungs-, -wandlungs- und -nutzungsstrukturen im direkten nationalen Einflußbereich. Dabei darf aber nicht vergessen werden, daß besonders der Energiesektor durch eine **große internationale Vernetzung** gekennzeichnet ist:

- Für die Primärenergiebeschaffung, besonders bei Öl und Gas sind die Entwicklungen auf den **Weltmärkten** ausschlaggebend. Fast 40 % des Weltenergiebedarfs werden bereits heute auf dem Weltmarkt beschafft.
- Nationale Energiesysteme wachsen immer mehr zu **großräumigen Gesamtsystemen** zusammen. Ziel ist die Nutzung der auf diese Weise entstehenden Optimierungsvorteile. Europäische Beispiele sind die großen Strom- und Gasverbundnetze.
- **Die Strom- und Gasmärkte** in der europäischen Union werden **liberalisiert**. Durch die am 20. Juni 1996 verabschiedete Richtlinie über den Binnenmarkt für Elektrizität sind die ersten Schritte zur Öffnung der Strommärkte in der EU beschritten worden. Eine entsprechende Richtlinie für die Gasmärkte der europäischen Union ist vorgesehen.

Folglich wird die Entwicklung nationaler Energiemärkte bzw. -wirtschaften zunehmend durch internationale Entwicklungen mitbestimmt. Eine deutsche Energiepolitik mit dem Ziel einer energetisch dauerhaft durchhaltbaren Entwicklung läßt sich aufgrund dieser starken internationalen Vernetzung umso leichter durchhalten, je mehr **Staaten eine ähnliche Strategie verfolgen**. Damit steigt zugleich die Wahrscheinlichkeit, daß interne Anpassungskrisen vermieden werden können. Insofern liegt es wie bereits in Kapitel 5 dargelegt, durchaus im deutschen Interesse, wenn es zu internationalen Vereinbarungen mit derartigen Wirkungen kommt.

(7) Gleichwohl kann ein gewisses **zeitliches Vorangehen Deutschlands** durchaus mit gesamtwirtschaftlichen Wettbewerbsvorteilen für die deutsche Wirtschaft auf dem Weltmarkt verbunden sein:[3)]

3) Zur näheren Begründung vgl. die entsprechenden Ausführungen in Kapitel 5.2 dieser Untersuchung.

- Mit einer Steigerung der rationellen Energiewandlung und der zunehmenden Nutzung erneuerbarer Energiequellen entsteht ein technisches und organisatorisches Know-how, das sich in Produkt- und Prozeßinnovationen niederschlägt und deren Export in Deutschland Arbeitsplätze sichern kann.
- Der Know-how-, Technologie- und Erfahrungsvorsprung stärkt zugleich die deutsche Position bei internationalen Verhandlungen, sobald Deutschland auf konkrete praktische Erfahrungen u.U. sogar in erfolgreichen bilateralen Kooperationsprojekten verweisen kann.

Insofern kann eine erfolgreiche energiepolitische Strategie, die bereits heute mit der Einleitung der notwendigen nationalen Veräderungen im deutschen Energiesektor beginnt, sogar direkt zu einer mittel- und langfristigen Sicherung und evtl. Verbesserung der internationalen Handlungs- und Konkurrenzfähigkeit wichtiger Teile des Energiesektors beitragen.

(8) Die Erschließung der in Kapitel 6.2 gezeigten Potentiale hängt, wie gesagt, sehr stark von der Wirtschaftlichkeit der vielfältigen Ansätze zur Steigerung der rationellen Energiewandlung und zur zunehmenden Nutzung erneuerbarer Energien ab. Hierbei können in gewissem Rahmen finanzwirtschaftliche Instrumente und der Abbau von zur Zeit bestehenden Hemmnissen helfen.

Kaum weniger wichtig ist aber die **generelle Umstellungsbereitschaft** in Wirtschaft und Bevölkerung. Viele der oben geschätzten Potentiale basieren schon heute auf konkreten Erfahrungen, die von besonders engagierten Haushalten und Unternehmen unter Zurückstellung strenger Wirtschaftlichkeitsüberlegungen gemacht wurden. Auch die öffentliche Förderung hatte oft mehr eine psychologische als eine betriebswirtschaftlich durchhaltbare Anstoßwirkung. Dabei lassen sich oft sogar Verstärkungseffekte beobachten: Je stärker und je mehr Energieverbraucher die Notwendigkeit zu einem sparsameren Umgang mit Energie anerkennen und bereits sind, auch und trotz gewisser Kostennachteile nach alternativen Wegen zu suchen, umso eher lösen sie weitere Innovationsanreize aus, die schließlich wieder zu einer besseren Wirtschaftlichkeit beitragen.

(9) Die Bedingungen für eine Anpassung des energiewirtschaftlichen Systems in Deutschland durch Maßnahmen zur rationellen Energiewandlung und Nutzung erneuerbarer Energien sind allerdings in den einzelnen Bereichen des Energiesektors außerordentlich unterschiedlich. Dies hängt nicht nur mit ihrer **Position im Energiewandlungsprozeß** (z.B. Nutzer oder Anbieter) sondern auch mit den unterschiedlichen **Organisationsformen** zusammen. Die Frage, wie interne Anpassungskrisen bei Veränderungen der Energiebeschaffungs-, -wandlungs- und -nutzungsstrukuren vermieden werden können, kann nur akteursgruppenspezifisch, technologiebezogen und vor allem zeitbedarfsbezogen beantwortet werden. Dabei

gehen wir von der oben festgelegten breiten Definition des deutschen Energiesektors aus, nämlich

1. die „klassische" Energiewirtschaft,
2. die privaten Energienutzer,
3. die gewerblichen Energieverbraucher (Industrie, Verkehr, Dienstleistungen, Handel),
4. die Industrie als Entwickler und Anbieter energieeffizienter Energiewandler,
5. Handwerk und Dienstleistungsunternehmen als Anbieter energieorientierter Dienstleistungen (Beratung, Wartung, Installation).

(10) Der wichtigste Engpaß für alle Veränderungen im wirtschaftlichen und sozialen Raum ist der **Zeitbedarf**, den die einzelnen Akteursgruppen benötigen, um **das bisher Gewohnte aufzugeben** und sich an neue Geräte, Verhaltensweisen und Arbeitsabläufe zu gewöhnen. Dabei ist der Zeitbedarf selbst abhängig von dem Ausmaß der erhofften wirtschaftlichen und sonstigen Vorteile (z.B. Sozialprestige) sowie den spezifischen Ausgangsbedingungen.

Besonders im Energiesektor erfordern grundlegende, strukturelle Veränderungen relativ viel Zeit: Aufgrund der langen Kapitalbindungszeiten für Kraftwerke, Strom- und Gasnetze, aber auch für Heizungsanlagen oder Fahrzeuge, die in den letzten Jahren oft sogar noch langlebiger und kapitalintensiver geworden sind, lassen sich die gewachsenen Strukturen nur über relativ lange Zeiträume hinweg verändern. Die technische Lebensdauer der eingesetzten Anlagen, Maschinen und Geräte wird dadurch ebenso sehr zu Zeitkonstanten wie deren Durchschnittsalter, beide müssen bei den Umstellungsprozessen berücksichtigt werden.

(11) Die Umstrukturierungen lassen sich entsprechend leichter realisieren, wenn die **Zeitkonstanten** berücksichtigt werden. Dafür ist vor allem der ohnehin zu beobachtende Trend zur Steigerung der rationellen Energiewandlung und zur Nutzung erneuerbarer Energien systematisch zu unterstützen, so daß bereits vorzeitig größere Potentiale ausgeschöpft werden, als es bei einer Fortschreibung der gegenwärtigen Entwicklung absehbar ist.

Allerdings gibt die technische Lebensdauer und das Durchschnittsalter der zur Zeit eingesetzten Anlagen, Maschinen und Geräte in aller Regel lediglich den kürzesten Zeitraum für einen Austausch an. Hinzu kommen in aller Regel die Zeiträume, die für die jeweiligen Entscheidungsträger nötig sind,

– um die bisherigen Abläufe an die veränderten Geräte anzupassen - nicht nur ein Kostenproblem für alle arbeitsteilig organisierten Betriebsabläufe,

– um die Bereitschaft und die Fähigkeit der Nutzer der bisherigen Anlagen- und Gerätekonstellationen auf die veränderten Strukturen umzustellen - auch dies ist nicht nur ein Kosten-, sondern auch ein mentales Problem.

In dem Maße, in dem es daher gelingt, die effektiven Umstellungszeiträume den durch Durchschnittsalter und Lebensdauer determinierten Kapitalbindungszeiträumen anzupassen oder gar aufgrund wirtschaftlicher Kalkulation oder sozialer Anstöße zu verkürzen, lassen sich auch die bestehenden Einsparungs- und Substitutionspotentiale schneller realisieren. Doch dieser Umstellungsprozeß sollte soweit wie möglich **im Rahmen der bestehenden Produktionsabläufe** geschehen, so daß bei der kontinuierlichen Umstellung auf energieeffizientere Technologien wirtschaftliche und soziale Friktionen weitestgehend vermieden werden.

(12) In Übersicht 7-1 sind die **technische Lebensdauer und das Durchschnittsalter** der wichtigsten energieerzeugenden und energieumwandelnden Anlagen, Maschinen und Geräte sowie des Gebäudebestandes zusammengestellt. Dabei zeigt sich die erwartete große Streubreite der Lebensdauern für die energieerzeugenden und energieumwandelnden Anlagen von 5 bis etwa 80 Jahren:

Übersicht 7-1: Technische Lebensdauer und Durchschnittsalter

	Techn. Lebensdauer	Durchschnittsalter
Bereich Private Haushalte		
Raumwärmetechnik	etwa 15 - 20 Jahre	etwa 10 - 12 Jahre
Gebäude	etwa 50 - 80 Jahre	etwa 35 - 45 Jahre
Anlagen und Einrichtungen	etwa 10 - 15 Jahre	etwa 7 - 10 Jahre
Bereich Industrie		
Raumwärmetechnik	etwa 10 - 15 Jahre	etwa 10 - 12 Jahre
Gebäude	etwa 20 - 40 Jahre	etwa 10 - 30 Jahre
Anlagen und Einrichtungen	etwa 4 - 8 Jahre	etwa 3 - 7 Jahre
Bereich Gewerbe/Dienstleistungen		
Raumwärmetechnik	etwa 15 Jahre	etwa 10 - 12 Jahre
Gebäude	etwa 50 - 80 Jahre	etwa 35 - 45 Jahre
Anlagen und Einrichtungen	etwa 10 - 15 Jahre	etwa 10 - 12 Jahre
Bereich Kraftwerke		
Anlagen und Einrichtungen	etwa 20 - 40 Jahre	etwa 15 - 25 Jahre
Bereich Verkehr		
Gewerblicher Fahrzeugpark	etwa 5 - 10 Jahre	etwa 5 - 7 Jahre
Privater Fahrzeugpark	etwa 10 Jahre	etwa 5 - 7 Jahre
Schienenverkehr (Fahrzeuge, Infrastruktur)	etwa 30 bis 50 Jahre	etwa 20 - 30 Jahre

- Für die Mehrheit der Anlagen ist eine relativ langfristige Kapitalbindung charakteristisch. Am längsten liegt sie im Gebäudebereich, erreicht aber auch bei Kraftwerken und (Schienen-)Verkehr Zeiträume von 25 Jahren und mehr. Lediglich bei „normalen" maschinellen Anlagen der Industrie oder beim Fahrzeugpark liegen die Zeiträume unter 10 Jahren.
- Gerade bei den Anlagen, die mit hohem Energieverbrauch verbunden sind und für die beträchtliche Einspar- bzw. Substitutionspotentiale bestehen, wie im Gebäudebereich und bei Kraftwerken, bestehen die höchsten Lebensdauern bzw. das höchste Durchschnittsalter.

Angesichts dieser Fristen kann der gesamte Bestand an Geräten und Anlagen frühesten innerhalb von etwa 30 Jahren in Richtung energieeffizientere Anlagen umgeschichtet sein. Bei trendmäßigen Investitionen wird die Realisierung der möglichen Einspar- und Substitutionseffekte noch wesentlich länger brauchen.

(13) Viele der Einspar- bzw. Substitutionspotentiale stehen in einer sehr engen Beziehung zueinander, so daß auch ihre Realisierung nicht nur den Austausch von einzelnen Geräten, sondern von **Systeminnovationen** erfordert. Daran sind Energieanbieter und -nutzer gleichermaßen beteiligt. Dies wird besonders deutlich bei der dezentralen Verknüpfung von Energiegewinnung und -nutzung im Gebäudebereich, wenn Energieeinsparungen mit der Nutzung erneuerbarer Energien verbunden und gleichzeitig die Kontinuität der Versorgung durch einen Lastausgleich über ein dezentrales selbst wieder vernetztes Versorgungssystem sichergestellt werden soll.

Derartige energetische und energiewirtschaftliche Umstellungsprozesse erfordern erhebliche infrastrukturelle und organisatorische Veränderungen innerhalb des deutschen Energiesektors, deren Realisierung das Ineinandergreifen von Innovationen in vielen Teilen voraussetzt, die praktisch nur über entsprechende Markt- und Suchprozesse koordinierbar sind. Entsprechend groß ist der Zeitbedarf ihrer Diffusion.

(14) Ein Ansatzpunkt für die Abschätzung des Zeitbedarfs könnten Analogieschlüsse aus **Diffusionsverläufen von Innovationen** in der Vergangenheit sein. Wie bereits erwähnt, erfordert die vollständige Umsteuerung in Richtung (dezentral genutzter) erneuerbarer Energie bei gleichzeitiger Steigerung der rationellen Energienutzung die Anpassung der bisherigen und die Entwicklung neuer Infrastrukturen. Der hierfür nötige Aufwand wird noch größer, wenn es erforderlich wird, Solarstrom oder Wasserstoff z.B. aus dem Mittelmeerraum zu importieren, weil das heimische Potential aus erneuerbaren Energiequellen trotz der Einsparungen nicht ausreicht. In diesem Fall wird auch der Aufbau von Erzeugungskapazitäten und Infrastrukturanlagen in den entsprechenden Erzeugerländern notwendig.

Dabei wird die rein technische Anpassung noch am schnellsten vorgenommen werden können. Einen wesentlich höheren Zeitbedarf werden hingegen die Veränderungen der organisatorischen Strukturen innerhalb des Energiesektors und im Verhalten aller beteiligten Akteure aufweisen. Dies zeigen alle Untersuchungen zur Abschätzung des Zeitbedarfs erfolgreicher Diffusionsverläufe von technischen Innovationen, die ebenfalls einen hohen Infrastrukturbedarf aufgewiesen und eine breite Akzeptanz erfordert haben. Derartige Untersuchungen wurden am WZB, Berlin, an den Beispielen Dieselmotor, Schreibmaschine und Mobiltelefon durchgeführt.[4] Auf die entsprechenden Ergebnisse wird hier zurückgegriffen.

(15) Im Unterschied zur Untersuchung vom WZB betrachten wir nicht die Zeitphase von der ersten wissenschaftlichen innovativen Idee bis zur Serienreife einer technischen Innovation, sondern die Zeitphase von der technischen, aber noch unwirtschaftlichen Serienreife bis zur vollständigen Diffusion der Innovation. Denn diese Zeitspanne entspricht in etwa dem Zeitbedarf, der bis zur vollständigen Diffusion der oben genannten Potentiale bis hin zu Nutzung der Wasserstofftechnik benötigt wird. Dabei hat selbst die Wasserstofftechnik z.Zt. das Stadium der wissenschaftlich-theoretischen Diskussion und das Stadium der labortechnischen Machbarkeit sowie die unwirtschaftliche Serienreife hinter sich. Unwirtschaftliche Serienreife bedeutet, daß die Technik zwar soweit ausgereift ist, daß auf der einen Seite eine Massenfertigung prinzipiell möglich ist, aber das Produkt noch einen relativ hohen FuE-Bedarf aufweist, bis alle Optimierungsmöglichkeiten technisch gefunden und umgesetzt worden sind.

(16) Als historisches Beispiel für Analogieschlüsse erscheint uns der **Diffusionsprozeß des Mobiltelefons** am geeignetsten. Charakteristisch für diese Technik ist einerseits ihr hoher Infrastrukturbedarf und, betrachtet vom Zeitpunkt der unwirtschaftlichen Serienreife, ihr hoher Forschungsbedarf für diese Infrastruktur. Andererseits erfordert ihre Diffusion gravierende organisatorische Veränderungen und eine breite Akzeptanz. Die nachfolgende Übersicht 7-2 zeigt den Zeitbedarf, die für die Realisierung des Systems „Mobiltelefon" von der unwirtschaftlichen Serienreife bis zur heutigen Diffusion benötigt(e):

4) Vgl. Dierkes (1992), S. 59-80.

Übersicht 7-2: Zeitbedarf für Systeminnovationen am Beispiel Mobiltelefon

Phase 0:	**(1907 - 1914)**	**Vorbedingungen**
	ab 1907	– Die Bell Company widmet sich dem Marktfeld drahtlose Telephonie, da sie fürchtet, daß andere Anbieter innerhalb kürzester Zeit in die von AT+T beherrschten Langstrekkenübertragung eindringen könnten. – Populärwissenschaftliche Magazine verbreiten das Bild eines drahtlosen Funkgerätes in Taschenformat. – Bell Ingenieure "erinnern sich" an die Experimente mit der Elektronenröhre als Verstärkertechnik und beginnen, darin den Schlüssel für ein mögliches landesweites Funktelefonnetz zu sehen.
Phase 1	1914 - 1945	**Unwirtschaftliche Serienreife bis Entstehung eines allgemeinen Mobiltelefonservices**
	ab 1914	– Nach konzentrierten Entwicklungsanstrengungen gelang es Bell-Ingenieuren, durch den Einsatz der Elektronenröhre den damaligen Engpass der Radiotelephonie zu lösen. – Erste erfolgreiche Tests mit drahtlosen Telefonverbindungen - auch über den Atlantik hinweg - finden statt. – Die Radiotelephonie innerhalb des Bell Systems wird als Ergänzung und Erweiterung des bestehenden, drahtgebundenen Telefonnetzes ausgebaut und eingesetzt. – Auf regionale Funktelefonnetze folgen Verbindungen zu Schiffen, Zügen, Autos und Flugzeugen.
	1945	Ein allgemeiner Mobiltelefonservice entsteht
Phase 2	**(1947 - 1950)**	**Entscheidende technische Verbesserungen**
	ab 1947	Bell-Ingenieure entwickeln die Zellulartechnik. Damit können die letzten technischen Engpässe, die der Verwirklichung universeller Telekommunikation entgegengestanden haben, behoben werden.
Phase 3	**(1950 - 2000)**	**Vollständige Diffusion**
	ca. 1990	Alternative Mobiltelefonübertragungsnetze werden errichtet. Mobiles Telefonieren dringt punktuell in breite Bevölkerungsschichten ein.
	1995 - 2000	Aufgrund drastischer Preissenkungen für Mobiltelefone und deren Nutzung sowie der Verfügbarkeit von (mehreren) Netzen diffundiert diese Technik vollständig.

Quelle: Dierkes 1992, Seite 80 f. und eigene Angaben.

(17) Verglichen mit anderen Produktinnovationen war der Diffusionsprozeß beim Mobiltelefon sogar eher kurz.

- Der Diffusionsprozeß des **Dieselmotors** von der ersten unwirtschaftlichen Serienreife benötigte im Lkw-Bereich etwa 100 Jahre (Patentanmeldung: 1882; Beginn der wirtschaftlichen Nutzung: ca. 1900; Beginn der Serienproduktion: 1903; Diffusion im Lkw-Bereich auf breiter Basis: Mitte der 80er Jahre dieses Jahrhunderts).[5)]
- Der Diffusionsprozeß der **Schreibmaschine** erforderte hingegen etwa "nur" 60 Jahre (unwirtschaftliche Serienreife ungefähr 1870; 1. Serienproduktion 1874; standardisierte Serienproduktion 1893; Beginn der industriellen Karriere der Schreibmaschine ca. 1918; Diffusion auf breiter Basis etwa 1930).[6)]

Von diesen historischen Beispielen lassen sich, darauf weist auch Dierkes hin, keine direkten Rückschlüsse auf die technische Entwicklungs- und Diffusionsgeschwindigkeit anderer Innovationen ziehen.[7)] Gleichwohl zeigen diese Beispiele, daß der Prozess der Genese der technischen Artefakte, die Generierung, Selektion, Konsolidierung, Ökonomisierung des technischen Wissens und breite Diffusion des in den Produkten inkorperierten technischen Wissens ein sehr langwieriger Prozess ist. Insbesondere zeigen sie die zeitlichen Dimensionen, mit denen gerechnet werden muß. Bei der Entwicklung und Einführung neuer Energietechniken handelt es sich um einen vergleichbaren Prozeß.

(18) Andererseits sind schon wesentliche technische Grundlagen für einen breiten Diffusionsprozeß gelegt. Das gilt selbst für einen tendenziellen Übergang in Richtung einer **Wasserstoffwirtschaft**, da mit der Erdgasnutzung bereits umfassende Erfahrungen mit der energetischen Nutzung von gasförmigen Stoffen gesammelt werden konnten. Möglicherweise wird sogar einmal ein Teil der Infrastruktur für Erdgas (Leitungen, Speicher, Verteilnetze) für die Wasserstoffnutzung umgerüstet und genutzt werden können.

Basierend auf diesen Überlegungen halten wir es für plausibel, daß der für die Systeminnovation und Diffusion mit allen Komponenten von Energieeinsparung, Nutzung erneuerbarer Energieträger und ersten Formen einer Wasserstoffwirtschaft erforderliche Zeitbedarf etwa 60 bis 80 Jahre beträgt. Dies entspricht von der Dimension her einer Zeitspanne von mehr als zwei Generationen. Wird die Entwicklung und Implementierung solcher Umstellungen staatlicherseits gefördert und beginnt diese Förderung in der Gegenwart, dann wäre eine Umstellung vielleicht schneller, z.B. bis 2050, zu erreichen. Diese Zeitspanne scheint notwendig,

---

5) Vgl. Dierkes (1992), S. 60-68 und eigene Angaben.
6) Vgl. Dierkes (1992), S. 69-75 und eigene Angaben.
7) Vgl. Dierkes (1992), S. 86.

um sowohl die technischen Voraussetzungen für die Nutzung der Innovation, für den erfolgreichen (Teil-)Aufbau der Infrastruktur als auch die Diffusion der Innovation auf breiter Basis zu ermöglichen. Dabei werden sich zwar die organisatorischen Strukturen im Energiesektor stark verändern, doch reicht der Zeitraum im Prinzip aus, um die Umstellung ohne spezifische ökonomische und soziale Umbrüche möglich zu machen.

(19) Bereits die Realisierung der Einsparpotentiale und die verstärkte Nutzung der regenerativen Energiequellen erfolgt im Rahmen eines **kontinuierlichen Wertewandels**, der die bisherigen Wirtschafts- und Lebenskonzepte allmählich verändert. Eine langfristig tragende geistig-kulturelle Neuorientierung, die (siehe Kapitel 5) zur Basis einer dauerhaft durchhaltbaren Entwicklung werden muß, braucht dagegen noch sehr viel größere Zeiträume. Eine Abschätzung des dafür erforderlichen Zeitbedarfs ist außerordentlich schwierig, denn:

- "Eine Prognose des Wertewandels" muß von einer unauflöslichen Interdependenz zwischen Erkenntnisfortschritt, Wertewandel und Umweltgestaltung ausgehen (vgl. Abbildung 7-1).

Abbildung 7-1: Entwicklung neuer Wertstrukturen

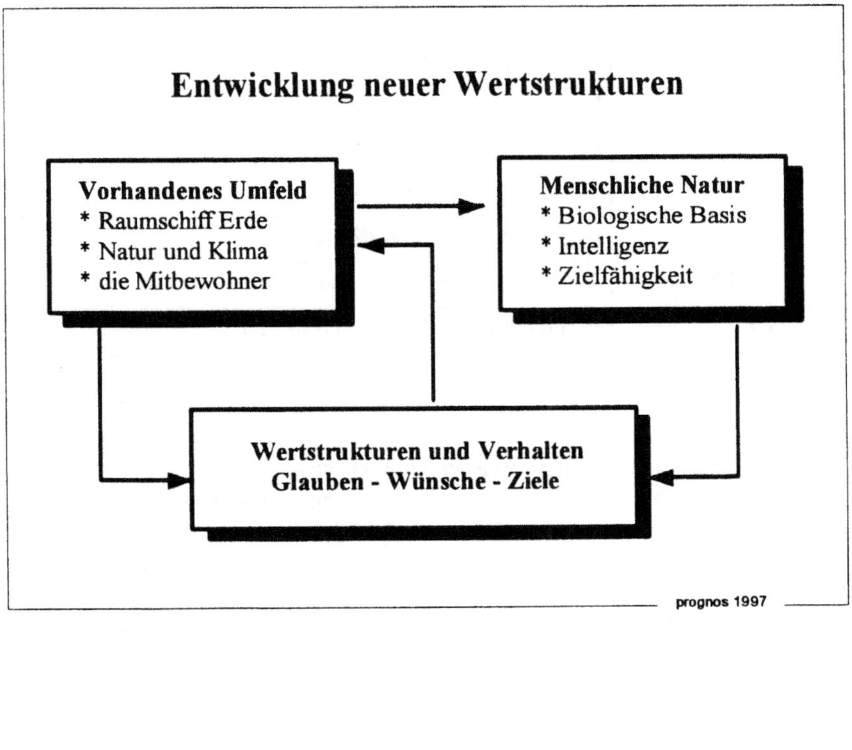

- "Die Gesetzmäßigkeiten der sozialen Entwicklung und mit ihr des Wertewandels sind den naturwissenschaftlichen Gesetzen nicht vergleichbar und erlauben keine Prognosen im Sinne von "Gewißheit" oder "Sicherheit", sondern gelten nur bedingt im Sinne mehr oder weniger großer "Eintreffenswahrscheinlichkeiten".
- Der Wertewandel folgt, ebenso wie der Erkenntnisfortschritt und die Umgestaltung, nicht in hektischen revolutionsartigen Sprüngen, sondern sehr viel mehr in außerordentlich langfristigen evolutorischen Lernprozessen, die jedoch von kurz- und mittelfristigen dialektischen Entwicklungen überlagert sind."[8)]

(20) Gewisse Anhaltspunkte für den Zeitbedarf hierfür bieten **evolutorische Prozesse**, wie etwa die Ausbreitung von Wertvorstellungen in den Weltreligionen des Christentums oder des Buddhismus (vgl. Übersicht 7-3) oder auch die Diffusion der Gedanken der Aufklärung, auf denen unsere heutigen Wertvorstellungen noch in erheblichem Maße beruhen.

Übersicht 7-3: Geschichtliche Entwicklung der Verbreitung des Christentums und des Buddhismus

ca. 30 n. Ch.	**Begründung des Christentums**
ca. 200/250 n.Ch.	Entwicklung der christlichen Theologie
ca. 300 n. Ch.	Der erste römische Kaiser ist christlich geworden
ca. 313 n. Ch.	Edikt von Mailand. Gleichberechtigung des Christentums im gesamten römischen Reich.
ca. 480 v. Ch.	**Begründung des Buddhismus**
ca. 250 v. Ch.	Ausdehnung des Buddhismus in Nordindien
100 n. Ch.	Verbreitung des Buddhismus in China
500 n. Ch.	Verbreitung des Buddhismus über Korea nach Japan

(21) Die **Analogie zu Religionsentwicklungen** mag dabei auf den ersten Blick überraschen. Wir halten sie aber für angebracht, weil dort sehr tiefgreifende Änderungen der sozialen Integrationsformen mit Wirkungen auf die politischen und ökonomischen Systeme stattgefunden haben. Eine ähnliche Dimension sieht auch Posner-Landsch: "Wir werden Bedeutung in rituellen Handlungen verpacken müssen, und sie an Institutionen binden, die sich durch den aktiven Vollzug dieser

8) Prognos AG (1982), S. 114 (4. Kapitel).

Rituale definieren. Das alles kann aber nur gelingen, wenn wir endlich daran gehen, uns von einem rein funktionalen Wissenschaftsverständnis zu verabschieden, und uns auf Werte besinnen, die auch wissenschaftlichen Erkenntnissen einen Sinn verleihen."[9]

Es ist nicht unrealistisch anzunehmen, daß derartige Prozesse gut 200 und mehr Jahre benötigen, bis langfristige evolutorische Lernprozesse mit entsprechenden Rückwirkungen auf den Umgang mit Energie nachhaltig wirksam werden.

(22) Mit dieser Zeitbedarfsabschätzung befinden wir uns in Übereinstimmung mit Winter, der das Ende des Kohlenstoffzeitalters auf der nachfolgenden Abbildung auf ca. 2500 n.Ch. datiert. Der auf der Abbildung gezeigte Scheitel oder Wendepunkt um 2200 n.Chr. gibt den möglichen bzw. erforderlichen Zeitpunkt für die definitiv notwendige Umsteuerung in Richtung einer dauerhaft durchhaltbaren Entwicklung allein unter dem Gesichtspunkt der Verfügbarkeit der nicht regenerativen Energieressourcen an. Dabei ist das vermutlich schon kurzfristig sehr viel drängendere Problem des Umgang mit den externen Effekten einer anhaltenden Energienutzung sowie dasjenige der Folgen einer weiter wachsenden Weltbevölkerung und Weltwirtschaft noch nicht berücksichtigt.

Abbildung 7-2: Ende des Kohlenstoffzeitalters

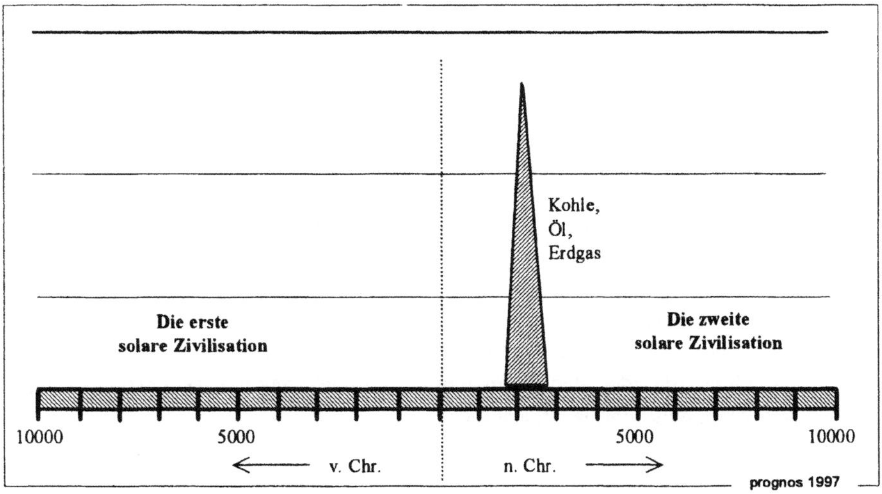

Quelle: Winter (1997)

9) Posner-Landsch (1997), S. 50.

7.2 Ansätze zur Strukturanpassung

(1) Unabhängig von der Frage des Zeitbedarfs und der Lebensdauern von Anlagen, Geräten und Gebäuden gibt es eine Vielzahl unterschiedlichster **Hemmnisse**, die die Ausschöpfung der Potentiale zur Verringerung des Einsatzes nicht regenerierbarer Energieträger und energiebedingter Umweltbelastungen behindern und verzögern können.

Auf diese Hemmnisse ist bereits in der Literatur vielfach eingegangen worden,[10] so daß sich die Darstellung hier auf eine kurze Skizzierung beschränken kann. Insgesamt werden **sieben Hemmnisgruppen** unterschieden:

- fehlende Wirtschaftlichkeit,
- Finanzierungshemmnisse,
- Informationsmängel,
- Motivationsmängel,
- (Ordnungs-)rechtliche Hemmnisse,
- Hemmnisse bei der Förderung und
- Technische Hemmnisse.

(2) Auf das wichtigste Hemmnis, die zur Zeit noch nicht gegebene **Wirtschaftlichkeit** der meisten Techniken und Maßnahmen wurde bereits mehrfach hingewiesen. Hauptgrund dafür ist das gegenwärtig wieder niedrige Preisniveau für nichterneuerbare Energien. Dies begrenzt die Marktchancen von Techniken und Maßnahmen zur Verringerung des Energieverbrauchs und energiebedingter Umweltbelastungen und mindert die Bereitschaft, in diese Techniken zu investieren. Da externe Kosten nicht in die Energiepreise einbezogen sind, sind konventionelle Energieträger gegenüber erneuerbaren Energien und neuen Energien bevorteilt. Entsprechend niedrig ist der Investitionsanreiz zur Substitution konventioneller Energieträger und/oder -techniken durch energieeffizientere Techniken, erneuerbare Energien und/oder neuen Energien.

(3) Selbst bei gegebener Wirtschaftlichkeit scheitern aber unter heutigen Bedingungen Investitionen in energieeffizientere Lösungen oft auch aufgrund von **Finanzierungshemmnissen** und **Informationsmängeln**.

---

10) Vgl. z. B. Gruber et al. (1993) oder Enquete-Kommission (1995).

So entstehen **Finanzierungshemmnisse** besonders aus der Diskrepanz zwischen subjektiven und objektiven Armortisationszeiten bzw. Ertragserwartungen („Pay-Back-Gap"). Energieanbieter operieren in der Regel mit langen Planungs- und Bauzeiten, Amortisationszeiten von 15 - 25 Jahren sind normal. Die Industrie kalkuliert dagegen selten mit mehr als 3 - 5 Jahren und private Haushalte erwarten manchmal sogar, daß sich ihre Investitionen schon nach einem Jahr rechnen sollen. Derartig kurze Refinanzierungszeiten lassen sich aber bei Einsparinvestitionen nicht erwirtschaften. Dies behindert Investitionen auf der Nutzerseite von Energie.

Im Raumwärmebereich kommt noch die spezifische Investor/Nutzerproblematik bei Mietwohnungen hinzu. Hier sind Investoren in energieeffizientere Techniken und Nutzer dieser Techniken oft nicht identisch mit denjenigen, die die Erträge aus solchen Investitionen erhalten, nämlich den Mietern, deren jährliche Heizkostenabrechnungen dadurch niedriger ausfallen.

(4) In weiten Kreisen der Bevölkerung, der Industrie und der Politik ist auch das Interesse an energie- und emissionseinsparenden Maßnahmen noch gering. Die Ursachen liegen in einem **mangelnden Problembewußtsein** hinsichtlich Energie- und Umweltfragen und oft in einem mangelnden Kenntnisstand hinsichtlich der Wirkungen des eigenen Verhaltens. Energiekosten gehören - mit Ausnahme der Benzinpreise - für viele privaten Haushalte und Endverbraucher nicht zu den direkt zahlbaren Beträgen, so daß ihre Höhe vielen Haushalten und industriellen Nutzern nicht unmittelbar bewußt ist.

Dies schlägt sich oft in erheblichen **Informationsmängeln** hinsichtlich der Einsatzmöglichkeiten sowie der Wirtschaftlichkeit von Techniken und Maßnahmen der rationellen Energiewandlung sowie zur Nutzung erneuerbarer Energien bei den potentiellen Anwendern nieder. „Die Energieeinsparpotentiale einer modernen integrierten Gebäudeautomation für große Gebäude werden oft nicht ausgenutzt, da die Steuerung und Regelung der Haustechnikanlagen mangelhaft ist, ungeeignete Software zur Automation verwendet wird und das Betriebspersonal nur mangelhaft ausgebildet ist und keine Anreize zur Energieeinsparung bestehen. Die fehlende Transparenz von gerätespezifischen Energieverbräuchen - vor allem an Strom - verhindert eine am Energieverbrauch orientierte Beschaffung von Geräten in allen Verbrauchsbereichen."[11)]

(5) **(Ordnungs-)Rechtliche Hemmnisse** resultieren „einerseits aus der historischen Überbetonung der Energie*versorgung* (Energiewirtschaftsgesetz) im Vergleich zur Effizienzverbesserung und Ressourcenschonung beim Energienutzer;

---

11) Enquete-Kommission (1995), S. 554.

andererseits betreffen sie insbesondere die (neuen)"[12] Techniken zur Nutzung erneuerbarer Energien. Erstgenanntes wird auch im Rahmen der Novellierung des Energiewirtschaftsgesetzes im Hinblick auf die Liberalisierung der Energiemärkte nur unzureichend behoben. Bei letztgenanntem entstehen Hemmnisse in der Regel aufgrund einer unzureichenden Berücksichtigung der spezifischen Eigenarten bzw. Eigenschaften dieser Technologien im Rechtssystem. Beispiele hierzu finden sich etwa im BNatSchG und in den Landesgesetzen, in denen Unklarheit über ökologische Ausgleichsabgaben herrscht, im Baurecht, in den Bebauungsplänen sowie in der Handwerksordnung.

(6) Selbst die Forschungsprogramme zur Unterstützung einer effizienteren Energienutzung können indirekt zu einem Hemmnis werden: die zur Verfügung gestellten Mittel fließen unregelmäßig, die Programme sind zeitlich begrenzt und nach Ansicht der Interessenten auch vom Mittelumfang oft unzureichend. Hinzu kommt, daß sich viele Programme - insbesondere auf Länderebene - zwar in der Zielsetzung an Haushalte und kleinere Betriebe richten, damit aber Gruppen anzusprechen versuchen, die den Aufwand für die komplizierte Antragstellung sowie langwierige Bewilligungsverfahren scheuen oder lieber günstigere Förderbedingungen abwarten. Gleichzeitig steigt mit der Breite des Adressatenkreisen von Förderprogrammen das Problem möglicher Mitnahmeeffekte.

(7) **Technische Hemmnisse** bestehen beim Einsatz erneuerbarer Energien z.T. darin, daß selbst für technisch weitgehend ausreifte Verfahren die konkrete Erfahrung für die tägliche Nutzung vielfach noch nicht ausreicht, um gegenüber den fossilen Energieträgern konkurrenzfähig zu sein. Dabei sind zwei Aspekte wichtig:

- Zum einen ist die Nutzung erneuerbarer Energieträger (mit Ausnahme von Holz) „technologisches Neuland". Entsprechend gehören die meisten Anwender noch zu den Pionieren, die mit jeder Art von Anfangsproblemen, im Sinne von „Kinderkrankheiten", zu kämpfen haben.
- Zum anderen besteht das Problem darin, daß technisch (und wirtschaftlich) auch heute standardisierte Serienanlagen nicht wirklich verfügbar sind. Dies aber überfordert bei der überwiegend dezentralen Nutzung nicht nur die Anwender selber, sondern auch das Wartungs- und Installationspersonal, das in aller Regel nur für den Einsatz traditioneller Systeme ausgebildet wurde.

Demgegenüber stellen die natürlichen Umgebungsbedingungen der Nutzung erneuerbarer Energien an sich kein technisches Hemmnis dar. Die niedrige Energiedichte pro Flächeneinheit, das vergleichsweise bescheidene Strahlungsangebot, die räum-

12) Altner et al. (1995), S. 130 f. Hervorhebung im Original.

liche und zeitliche Begrenztheit der Potentiale (Sommer-/Winter-, Tag-/Nachtproblematik etc.) begrenzen jedoch das Potential und führen zu höheren Gestehungskosten.

(8) Zur Überwindung der verschiedenen Hemmnisse werden von Wissenschaft, Wirtschaft und Politik zahlreiche Instrumente vorgeschlagen, die sich etwa nach den folgenden Gruppen zusammenfassen lassen:

- **Marktwirtschaftliche Instrumente**, mit denen die Wirtschaftlichkeit der Techniken unterstützt und beschleunigt werden soll. Ansatzpunkte hierfür sind preispolitische Maßnahmen. Denkbar wäre z.B. eine kontinuierlich steigende Energieabgabe. Mittelfristig, wenn sich eine entsprechende Akzeptanz (die uns zur Zeit nicht gegeben erscheint) entwickelt hat, könnten auch handelbare Zertifikate zur Anwendung kommen.
- **Technologieförderung und -transfer**, um die Entwicklung energieeffizienter Technologien, die Wettbewerbsfähigkeit erneuerbarer Energien und/ oder die Anwendung neuer Energietechniken zu fördern. Hierzu könnten Beihilfen und/oder Anstoßfinanzierungen bei FuE-Vorhaben gewährt werden.
- **Staatliche Modellvorhaben** und **Pilotanlagen** könnten im Bereich dezentraler Energieerzeugung auf Basis erneuerbarer Energien durchgeführt werden, um deren Diffusion zu unterstützen.
- **Ordnungsrechtliche Maßnahmen** könnten die Diffusion energieeffizienter Techniken auf breiter Basis fördern. Hierzu gehören: Emissionsvorschriften, Vorschriften zur Energieträgersubstitution, eine (weitere) Verschärfung der Wärmeschutzverordnung, Verbrauchsstandards gemäß Normen und Standards, Verbrauchszielwerte, Labeling u.ä.
- Kontinuierliche **Information, Schulung und Beratung** können dazu beitragen, die Informations- und Finanzierungshemmnisse abzubauen und auf diese Weise bestehende Diffusionshemmnisse energieeffizienterer Techniken und Maßnahmen zu beseitigen sowie die Bereitschaft zum Engagement in diesen Fragen zu steigern.

Zusätzlich wird vorgeschlagen, einen im Zeitverlauf veränderbaren Instrumentenmix einzusetzen, der die Wirkungen der Instrumente optimal verbindet.[13)]

(9) Das Problem bei all diesen sehr differenzierten Instrumentenvorschlägen ist, daß jedes dieser Instrumente an ganz spezifische Hemmnisse anzuknüpfen ver-

13) Vgl. Majer (1997), S.11.

sucht, die Interaktion der Wirkungen aber leicht aus den Augen verloren wird. Dies schließt zwar eine gewisse Wirkung der Einzelinstrumente nicht aus, doch bleibt sie angesichts der Gesamtproblematik meist beschränkt. Die wachsende Zahl von unterschiedlichen Einzelmaßnahmen, Programmen und Instrumenten macht die Gesamtstrategie unübersichtlich, läßt Widersprüchlichkeiten oder Ungereimtheiten entstehen und begünstigt dadurch Durchführungsdefizite, die ihrerseits wieder Verwirrungen auslösen und zu Umgehungsversuchen verleiten.

Diese Situation ist typisch für alle politischen Maßnahmen nicht nur in der Energie- und Umweltpolitik, mit deren Hilfe die Ergebnisse der allgemein geltenden Anreizstrukturen in speziellen Fällen korrigiert werden sollen. Hier treten zwangsläufig schon in der politischen Beschlußfassung, stärker noch in der Umsetzung Widersprüche auf, es sei denn, die Maßnahmen selber können sich auf eine breite Zustimmung in der Bevölkerung auch jenseits der spezifischen öffentlichen Umsetzungsbemühungen stützen. In diesen Fällen ändern sich durch die breite Akzeptanz auch die faktisch geltenden Rahmenbedingungen.

(10) Vor diesem Hintergrund ist es notwendig, die aufgeführten Einzelmaßnahmen **ordnungspolitisch** durch einen Rahmen zu ergänzen, durch den sowohl auf der Angebots- wie auf der Nutzerseite von Energie die Ausschöpfung der technischen Potentiale im Sinne eines veränderten Umgangs mit Energie gestützt wird. Diese ordnungspolitische Anreizstruktur bietet gleichzeitig einen Bezugsrahmen für die einzelnen Vorschriften und Regelungen.

Mit der geplanten und in Teilen bereits rechtlich verankerten **Liberalisierung der Strom- und Gasmärkte** sind wichtige Schritte in Richtung eines neuen energiewirtschaftlichen Ordnungsrahmens unternommen worden.

(11) Mit dieser ordnungspolitischen Reform werden die Handlungsmöglichkeiten der **Energieverbraucher deutlich gestärkt**. Dies wird zwar dadurch eingeschränkt, daß die Liberalisierung - zumindest in der ersten Stufe - nur den sogenannten „marktzugangsberechtigten Kunden" die Wahl zwischen verschiedenen Anbietern eröffnet. „Marktzugangsberechtigte Kunden" können in der 1. Stufe große industrielle Nachfrager und/oder Stadtwerke sein. Wer unter die Bezeichnung „marktzugangsberechtigter Kunde" fallen wird, ist zur Zeit sowohl im Rahmen der Novellierung des Energiewirtschaftsgesetzes wie auch in den übrigen EU-Staaten umstritten. Bei einer weiteren wettbewerblichen Öffnung sollte sich die Auslegung aber auf mittlere Frist kontinuierlich erweitern.

(12) Sobald bereits ein Teil der „marktzugangsberechtigten Kunden" ihre Stromlieferanten frei wählen können, **erhöht sich der Wettbewerbsdruck** auf die bisherigen Versorgungsunternehmen. Die „marktzugangsberechtigten Kunden" kön-

nen jetzt nach ihren eigenen Kriterien den für sie günstigsten Anbieter wählen und sind dadurch nicht mehr unbedingt auf das bisher örtlich zuständige Versorgungsunternehmen angewiesen. Ausschlaggebend wird unter den bestehenden Bedingungen zunächst der Strompreis sein.

Zumindest auf längere Sicht ist aber für den Kunden weniger der Einzelpreis je kWh ausschlaggebend, als vielmehr die Entwicklung der gesamten Energiekosten. Entsprechend wird auch mit verstärkten Tendenzen zur industriellen Eigenproduktion und zur Kooperation der „marktfähigen Nachfrager" mit unabhängigen Stromerzeugern gerechnet.[14] Damit aber verlagert sich der Wettbewerb: Ein Strom-(oder Energie-)anbieter, der seinen Kunden bei der Senkung der Energiekosten insgesamt zu helfen vermag (z.B. durch Übernahme von Stromüberschüssen aus Kundenproduktionen in Verbindung mit dem Ausgleich von Spitzenbedarf), wird nicht nur an den Einzelpreisen, sondern auch an seinen Möglichkeiten gemessen, den Kunden in seinen spezifischen Interessen zu unterstützen.

(13) Die Energieversorgungsunternehmen können auf den höheren Wettbewerbsdruck auf drei verschiedene Arten reagieren:

1. Sie bieten den **„marktzugangsberechtigten Kunden"** ihrerseits einen **geringeren Preis** an. Aufgrund der Kostenverläufe und der langen Amortisationszeiten bestehender Anlagen zur Stromerzeugung ist es betriebswirtschaftlich günstiger, die Kapazitäten zur Stromerzeugung bei niedrigen Preisen voll auszulasten, als Nachfrager zu verlieren.
2. Um Ihre Erlössituation nicht zu beeinträchtigen, werden die Versorgungsunternehmen versuchen, **interne Rationalisierungspotentiale** auszuschöpfen und Maßnahmen zur **Kostensenkung** einleiten.
3. Sie **verstärken** ihre **Bemühungen um ihre Kunden** und helfen ihnen, ihre Energiekosten insgesamt zu senken. Dazu ergänzen und erweitern sie ihr Angebot, um nicht mehr allein vom Energieverkauf abhängig zu sein.

Alle drei Arten werden im Zuge der Liberalisierung der Energiemärkte an Bedeutung gewinnen. Dabei könnte im Laufe der Zeit die dritte Form der Reaktion allmählich an Bedeutung gewinnen; denn Preissenkungsspielräume und Rationalisierungsmöglichkeiten - selbst wo sie dank der bisherigen Monopolsituation der Versorgungsunternehmen noch bestehen - sind schnell ausgereizt. Dies gilt besonders dann, wenn sich die bisherige Entwicklung im deutschen Stromabsatz bestätigt, der durch ein abflachendes Wachstum gekennzeichnet ist. Es gilt umso mehr, wenn sich Überlegungen zur rationellen Energiewandlung und zum Einsatz regenerativer Energiequellen weiter Bahn brechen.

---

14) Vgl. Schürmann (1996), S. 27.

(14) Bereits jetzt zeichnet sich im Stromerzeugungsbereich eine verschärfte Auslese der mit unterschiedlichen Primärenergien gefahrenen Kraftwerke ab. Dabei dürfte Erdgas aufgrund der relativ niedrigen Investitionskosten für den Bau von Gasturbinen und kleiner GuD-Kraftwerke zukünftig erheblich an Bedeutung gewinnen. Insgesamt könnte mit der absehbaren Umorientierung, die in Großbritannien und Italien schon zu markanten Anteilsverschiebungen geführt hat, tendenziell eine **Verdrängung kapitalintensiver Erzeugungssysteme** verbunden sein. Bereits diese Neuorientierung führt zu günstigeren Emissionswerten, senkt allerdings noch nicht den Energieverbrauch.

(15) Einen Schritt weiter in Richtung mehr Kundennähe und Marktsicherung kann die **zunehmende horizontale und vertikale Integration** bei Versorgungsunternehmen durch Kapitalverflechtung zwischen überregionalen Anbietern und mit Stadtwerken führen. Sie erlaubt es den Unternehmen, Größenvorteile zu realisieren und hilft zugleich den überregionalen Anbietern, ihre Absatzwege zu stabilisieren. Somit ist zukünftig im Zuge der Liberalisierung mit Konzentrationsprozessen auf der Anbieterseite von Elektrizität zu rechnen.

Wie solche Prozesse aussehen könnten, zeigen die Beispiele Kalifornien, Massachusetts und Rhode Island, in denen Konkurrenz um die Kunden erlaubt ist. Die noch zersplitterte Branche (über 3300 Versorgungsbetriebe teilen sich den US-Strom- und Gasmarkt) verändert gegenwärtig durch zunehmende Fusionen ihre Struktur. Allein in 1996 fanden 52 Fusionen unter den Strom- und Erdgasversorgern statt. Das war im Vergleich zu 1995 etwa die doppelte Zahl von Zusammenschlüssen.[15] Parallel dazu ist ein Rückgang von Kapazitätserweiterungen (Kraftwerkszubau) zu verzeichnen. Weiterhin ist eine Tendenz zu Rationalisierungen und Kostensenkungen erkennbar.

(16) Alle diese Reaktionen auf die Energiemarktliberalisierung stehen zunächst allein unter dem Gesichtspunkt der Strompreissenkung im Interesse des Kunden. Doch schon diese Entwicklungen leisten einen **Beitrag** zur Ausschöpfung der Potentiale zur rationellen Energiewandlung auf der Energie**angebotsseite**. Sie werden allerdings nicht ausreichen und gerade dort versagen, wo die Kunden dank der billigeren Verfügbarkeit von Strom und Energie das Kostenbewußtsein verlieren. Gleichzeitig verschlechtert sich im verschärften Wettbewerb die Konkurrenzfähigkeit der Stromerzeugung auf Basis erneuerbarer Energieträger tendenziell weiter und bei niedrigeren Strompreisen sinkt der wirtschaftliche Anreiz zu stromsparenden Investitionen. Die Liberalisierung der Energiemärkte - so wichtig sie für

---

15) Vgl. Eckhardt (1997), S.18.

die Neuorientierung ist - kann nur ein erster ordnungspolitischer Schritt in Richtung einer dauerhaft durchhaltbaren Entwicklung sein.

(17) Die insgesamt wichtigere ordnungspolitische Herausforderung für die Zukunft wird darin bestehen, die **Stärkung der Energienutzer** durch die Liberalisierung der Märkte auch für die Erschließung der Rationalisierungspotentiale im Energieeinsatz auf Nutzerseite und für die Diffusion erneuerbarer Energien nutzbar zu machen. Dies ist langfristig nur möglich, wenn sich der Energieverbraucher zunehmend der volkswirtschaftlichen Belastungen bewußt wird, die mit dem weltweiten Anstieg des Energieverbrauchs aus nicht regenerierbaren Primärenergieträgern verbunden sind.

(18) Hierfür erscheinen uns preispolitische Maßnahmen, wie die Einführung einer Energieverbrauchsabgabe auf nicht regenerierbare Energieträger am geeignetsten. Eine solche Abgabe erhöht die Energienutzungskosten und schafft damit **ökonomische Anreize** zum **sparsamen Umgang mit Energie**.

Aus der Schätzung der Potentiale und der Differenzkosten der Energieeinsparung und der erneuerbaren Energieträger geht hervor, daß die Rentabilität vieler Investitionen bei den Energienutzern noch deutlich unter der Wirtschaftlichkeitsgrenze liegt. Steigen die Kosten für den Einsatz von Energie auf Basis der nicht erneuerbaren Energieträger, so steigt auch die Rentabilität der Einspartechniken und die Einsatzmöglichkeiten für erneuerbare Energien und regt Energienutzer wie -anbieter zu technologischen Fortschritten an. Um die Anpassungsprobleme so gering wie möglich zu halten, wären kontinuierlich steigende Abgabesätze sinnvoll. Dadurch sind z.B. antizipierende Planungen in energiesparende Anlagen möglich.

(20) In einem liberalisierten Umfeld, in dem sich die Energieanbieter verstärkt um den Kunden bemühen müssen, hat eine Verteuerung des Energieeinsatzes aus nicht regenerativen Primärenergieträgern den Vorteil, daß **Energiedienstleistungskonzepte** und die Erschließung nicht regenerativer Energieträger auch für die Energieanbieter **ökonomisch attraktiver** werden. Aus ihrer Sicht behindert die Verteuerung des Verbrauchs von Energie aus nicht erneuerbaren Quellen den Absatz und zwingt sie, nach alternativen Entwicklungsmöglichkeiten für das Unternehmen zu suchen. Gleichzeitig brauchen die Energienutzer selbst Hilfe zur Senkung der eigenen Energiekosten und sind damit aufgeschlossener gegenüber entsprechenden Hilfs- und Kooperationsangeboten.

(17) Je nach Ausgestaltung der Energieverbrauchsabgabe und ihrer Verwendung, kann es sogar für Versorgungsunternehmen unter dem Gesichtspunkt einer optima-

len Kundenversorgung nützlich sein, privat erzeugten Strom aus erneuerbaren Energiequellen zu übernehmen und anzubieten. Dazu müssen mit der Liberalisierung der Energiemärkte und ihrer Ergänzung um eine Energieabgabe auch die Regelungen im **Einspeisegesetz** für privat erzeugten Strom aus erneuerbaren Energien den veränderten Rahmenbedingungen **angepasst** werden.

Einen interessanten Weg in diese Richtung zeigt das sogenannte **dänische Modell**: Die Kopenhagener Regierung hat in ihrem neuen Energiegesetz von 1996 einen Netzzuschlag eingeführt, mit dem gezielt Wind-, Solar- und Biomasse-Projekte gefördert werden. Das dänische Modell hätte auf Deutschland übertragen noch einen weiteren Vorteil: Da die Netzgebühr gleichermaßen auf alle Verbraucher umgelegt wird, entfallen die zur Zeit bestehenden regionalen Ungleichgewichte im Rahmen der bestehenden Einspeiseregelung, nach der die norddeutschen Versorgungsunternehmen überproportional die finanziellen Belastungen für die steigende Windstromeinspeisung tragen.

8. Die dauerhaft durchhaltbare Entwicklung im Energiesektor - eine zusammenfassende Bewertung

8.1 Der Rahmen

(1) Die bisherige Untersuchung hat zu folgenden **Ergebnissen** geführt:

1. Eine dauerhaft durchhaltbare Entwicklung für Deutschland ist möglich.
2. Die für eine dauerhaft durchhaltbare Entwicklung in Deutschland notwendige Energie läßt sich auf Dauer bereitstellen.
3. Der Umgang mit Energie muß sich weltweit erheblich verändern.
4. Der deutsche Energiesektor kann dazu aufgrund seines Innovationspotentials einen erheblichen Beitrag leisten.

(2) Eine dauerhaft durchhaltbare Entwicklung in Deutschland ist jedoch nur denkbar, wenn sich der **Umgang mit Energie** in Deutschland selbst **nachhaltig verändert**. Typische Elemente werden dafür sind:

- Der Rückgang des spezifischen und absoluten Energieverbrauchs auf der Basis der Möglichkeiten einer rationellen Energiewandlung (Mengeneffekt).
- Verschiebung bei den Energieträgern zu Lasten der bisher dominierenden nicht erneuerbaren Primärenergieträger und zu Gunsten erneuerbarer Energien (Struktureffekt).
- Tendenzielle Verlagerungen der Investitionen und entsprechende Veränderungen bei der Nachfrage nach energieverbrauchenden Geräten, Maschinen und Anlagen zugunsten energieeffizienterer Energiewandler.
- Tendenz zu dezentraleren Strukturen in Energieerzeugung und -nutzung aufgrund einer Verkürzung der Energiewandlungsketten und der zunehmenden Nutzung dezentral verfügbarer regenerativer Energieträger bei relativ wachsender Bedeutung der Netze.

Diese Veränderungen betreffen alle Teile des deutschen Energiesektors, jedoch in sehr unterschiedlichem Maße.

(3) Das folgende Kapitel versucht, die bisherigen Ergebnisse der Untersuchung unter dem Blickwinkel der verschiedenen Bereiche innerhalb des deutschen Energiesektors **zusammenzufassen**. Dabei wird auf die bisher erarbeiteten Ergebnisse zurückgegriffen, und diese im Hinblick auf ihre tendenzielle Wirkung für die unterschiedlichen Akteursgruppen des Energiesektors zusammengestellt. Detaillierte Branchenentwicklungen oder gar Marktanalysen sind in diesem Rahmen nicht

möglich. Dazu ist das Feld des Energiesektors zu breit und die jeweiligen Einflußfaktoren zu heterogen.

(4) Der Zeithorizont der Betrachtung beschränkt sich im wesentlichen auf die mittlere Frist und reicht etwa **bis zum Jahr 2030**. Diese Zeitspanne umfaßt die Phase, die auch aufgrund der Verfügbarkeit der wichtigsten nicht erneuerbaren Primärenergieträger für eine Neuorientierung der Energienutzung in Deutschland zur Verfügung steht. Sie muß zur Suche nach ordnungspolitischen Weichenstellungen zur Einbeziehung erneuerbarer Energien und zur Steigerung der rationellen Energiewandlung genutzt werden, wobei im selben Zeitraum tendenziell die Probleme aus einem international weiter wachsenden Energieverbrauch zunehmen könnten.

Dabei ist zu beachten, daß das Problem der dauerhaft durchhaltbaren Entwicklung selbst ein Problem langfristiger Entwicklungsprozesse ist, deren Zeithorizont weit über diesen Zeitrahmen hinausreicht. Hier gelten, wie gezeigt, keine eindeutig deterministischen Entwicklungsverläufe, sondern es stehen Interaktionen zwischen kulturellen, ökonomischen, ökologischen oder technischen Entwicklungen im Vordergrund, die sich gegenseitig bedingen oder hemmen. Entsprechend sind Energienutzer und -versorger einerseits Akteure im Spiel dieser Entwicklung und beeinflussen durch ihr Verhalten die Zukunft. Andererseits sind sie aber auch abhängig von den Rahmenbedingungen, die sich durch diese Prozesse ergeben haben und an die sie sich immer wieder anpassen müssen. Dies macht Aussagen über die künftige Entwicklung des Energiesektors und seine Struktur mit wachsendem Zeithorizont zwangsläufig unsicher.

(5) Gleichwohl läßt sich für den Ablauf der notwendigen Prozesse ein gewisser **„Entwicklungsplan"** skizzieren. Er ergibt sich aus der technischen Reife und gegenwärtigen Wirtschaftlichkeit der heute verfügbaren technischen und organisatorische Optionen sowie aus der Zielsetzung, die oben abgeleiteten Bedingungen für eine dauerhaft durchhaltbare Entwicklung in Deutschland kontinuierlich zu erfüllen. Entsprechend geht der Zeitplan von der langfristigen Notwendigkeit zum Verzicht auf den Einsatz tendenziell knapper werdender, nicht erneuerbarer Energieträger und zur Vermeidung der mit der Energienutzung verbundenen Externalitäten und Wachstumsfolgen aus.

Dies schlägt sich in den folgenden **drei Stufen** nieder:

1. Ausschöpfung der derzeit gegebenen technischen und wirtschaftlichen Möglichkeiten zur rationellen Energiewandlung bei zunehmendem Einsatz erneuerbarer Energieträger. Hierbei wird von den bestehenden Energieversorgungs- und -nutzungsstrukturen ausgegangen.

2. Mittelfristige Überwindung der Energienutzungs- und -versorgungsstrukturen und Verbesserung der Rahmenbedingungen zur Stärkung des Interesses der Energienutzer an der Optimierung der rationellen Energiewandlung und der Nutzung regenerativer Energie infolge einer wachsenden Anlastung energiebedingter Externalitäten.

3. Langfristige Entwicklung von Techniken zur vollständigen Substitution der nicht erneuerbaren Primärenergieträger durch Erschließung bisher noch nicht genutzter Potentiale an erneuerbaren Energien auch in Verbindung mit neuen Energien, etwa über eine solarthermische Wasserstoffwirtschaft oder durch die Ausnutzung der Fusionsenergie.

Je länger der Betrachtungshorizont wird, umso mehr gewinnen die Aussagen den **Charakter von Szenarien**.

(6) In relativ ferner Zukunft liegen bisher noch die Möglichkeiten einer **großtechnischen Nutzung** von erneuerbaren Energiequellen im Wege der solarthermischen Wasserstoffwirtschaft oder die Nutzung von Fusionsenergie. Beide Ansätze könnten sich auf lange Frist als kompatibel mit den Bedingungen für eine dauerhaft durchhaltbare Entwicklung erweisen, wenn ihr Einsatz weltweit parallel zu einer Begrenzung oder gar Verringerung von generellen Wachstumsschäden (z.B. durch Überbevölkerung oder Flächenerosion) möglich wird.

Andererseits ist die Realisierung dieser großtechnischen Optionen aus heutiger Sicht noch mit vielen Fragezeichen versehen. Zwar ließe sich mit ihrer Hilfe vergleichsweise leicht an die in der Vergangenheit gewachsenen zentralisierten Versorgungsstrukturen anknüpfen, gleichzeitig aber müssen auf dem Weg zu einer großflächigen Anwendung noch viele technische und organisatorische Probleme gelöst, Schnittstellen zu den Verbrauchern definiert und ausreichend sichere und leistungsfähige Infrastrukturen geschaffen werden. Vor 2050 ist kaum mit einer ausreichenden Klarheit zu rechnen, die den Einsatz wirtschaftlich kalkulierbarer Investitionen zur Nutzung neuer Energien im großen Maßstab rechtfertigen würde. Auch hier hängt viel von den Verhaltensweisen der Entscheidungen der Akteure selbst ab (z.B. im Hinblick auf die Investitionen in Forschung und Entwicklung).

8.2 Grenzen und Chancen für die Energieverbraucher

Private Haushalte und Endverbraucher

(1) Die gesamtwirtschaftliche Entwicklung in Deutschland kann sich auf lange Frist nur als durchhaltbar bewähren, wenn dies von den Energieverbrauchern und insbesondere **von der Bevölkerung** in ihrer Eigenschaft als Endverbraucher von Energie **getragen** wird. Sie bildet letztendlich die Bezugsgruppe,

- die einerseits durch ihr Verhalten als Endenergienachfrager und Wähler jede Veränderung in der Energienutzung und Energieversorgung bewußt oder unbewußt mitbestimmt und
- die andererseits unter den Risiken und Folgen zu leiden hat, die sich aus einer weiterhin expansiven Energienutzung weltweit ergeben und im schlimmsten Fall existenzbedrohend werden können.

Die Grenzen und Chancen für die privaten Haushalte bei der Erfüllung der Bedingungen einer dauerhaft durchhaltbaren Entwicklung in Deutschland lassen sich angesichts dieser zweifachen Betroffenheit nur begrenzt durch Abwägung materieller Vor- und Nachteile beschreiben (vgl. Übersicht 8-1).

(2) Vordergründig und kurzfristig führt jede Veränderung im Umgang mit Energie bei den Endverbrauchern dazu, daß sich die bisherigen Lebensformen nicht mehr ohne weiteres aufrechterhalten lassen. Jeder freiwillige oder durch staatliche Maßnahmen bzw. Preisentwicklungen auf den Weltenergiemärkten erzwungene Verzicht auf den Einsatz bisher genutzter Energieträger bewirkt eine **Veränderung der bisherigen Verbrauchsstrukturen** und zwar entweder über eine höhere Budgetbelastung bei steigenden Kosten der Energienutzung oder durch Einschränkungen bei bisher gewohnten Bequemlichkeiten. Dabei hängt es nicht zuletzt von den Präferenz- und Kostenstrukturen sowie den künftigen technischen Entwicklungen ab, in welchem Ausmaß die bisherigen Bequemlichkeiten durch eine andere Form der Energienutzung beibehalten oder durch Einschränkungen an anderer Stelle kompensiert werden können.

So läßt sich z.B. der Raumwärmebedarf aufgrund einer besseren Wärmedämmung senken und damit die gleiche Raumwärme mit weniger Energie erzielen, während der Verzicht auf die Benutzung des eigenen Pkw zur Befriedigung des Mobilitätsbedürfnisses über energiesparsamere Varianten mindestens gegenwärtig vielen noch schwer vorstellbar erscheint.

(3) Doch selbst dort, wo die alten Standards gehalten werden können, wird die Ausschöpfung der vorhandenen technischen Optimierungspotentiale durch eine

rationellere Energiewandlung und unter Einbeziehung von regenerativen Energien aus heutiger Sicht mit Einbußen verbunden sein, solange diese Alternativen gemessen an den bisherigen Energiekosten unwirtschaftlich sind.

Die systematische Neuorientierung der Energienutzung im Sinne einer kontinuierlichen Erfüllung der Bedingungen zur dauerhaft durchhaltbaren Entwicklung in Deutschland wird entsprechend mit gewissen Verzichten etwa im Zusammenhang mit der genutzten und beheizten Wohnfläche, der Mobilität, dem Einsatz energieverbrauchender Geräte einschließlich von Einschränkungen bei Produkten verbunden sein, die in Folge ihrer hohen Energie- und Materialintensität teurer werden.

Übersicht 8-1: Anpassungsbedarf der privaten Haushalte und sonstigen nicht gewerblichen Endenergieverbraucher zur Erfüllung der Bedingungen einer dauerhaft durchhaltbaren Entwicklung

Grenzen für die künftige Entwicklung	⇒ Tendenziell ansteigende existentielle Bedrohungen durch internationale Rückwirkungen ⇒ Wachsende Risiken durch gesundheitliche Belastungen ⇒ Budgetbelastung durch steigende Kosten der Energienutzung ⇒ Einschränkungen bei gewohnten Bequemlichkeiten
Chancen im Zuge der Veränderung	⇒ Stabilisierung von Zukunftsvisionen und Verringerung von Zukunftsängsten ⇒ Verringerung energiebedingter Externalitäten ⇒ Entwicklung durchhaltbarer Lebens- und Wirtschaftsformen
Spezifischer Anpassungsbedarf	⇒ Investitionen zur Optimierung von Energiebedarf, rationeller Energiewandlung und Nutzung erneuerbarer Energie im Lebensumfeld ⇒ Neuausrichtung der Gewohnheiten im Umgang mit Energie, energieverbrauchenden Geräten und Anlagen sowie energieintensiven Produkten ⇒ Anpassung der organisatorischen Abläufe und des individuellen Verhaltens
Bewertung	keine wissenschaftliche Bewertung möglich, Einschätzung abhängig von der Bedeutung der Zukunft Deutschlands im Rahmen der politischen und individuellen Wertvorstellungen und ihrer Veränderungen im Zeitablauf

(4) In welchem Maße derartige Veränderungen jedoch als eine Einschränkung und als ein Verlust an Lebensqualität empfunden oder aber im Gegenteil sogar als eine grundsätzlich erwünschte, individuell aber praktisch bisher nicht durchsetzbare Anpassung an sich verändernde Lebensbedingungen akzeptiert und positiv bewertet werden, hängt von den **Wertvorstellungen** und ihren **Veränderungen im Zeitablauf** ab.

Bereits heute wächst die Zahl derjenigen in der Bevölkerung, die ihren Zweifel über die Richtigkeit des bisherigen Wirtschafts- und Wohlstandsmodells äußern, auch wenn sie es sehr viel seltener schon zur Grundlage eines veränderten Kauf-, Wohn- und Mobilitätsverhaltens machen. Diese Zweifel schlagen sich dennoch in politischen Strömungen und in einer tendenziell wachsenden Bereitschaft nieder, sich veränderten Regeln in der Nutzung von Energie zu unterwerfen.

Ohne derartige Strömungen wären die in der Vergangenheit erfolgten Maßnahmen zur Begrenzung der externen Effekte der Energienutzung weder politisch noch praktisch durchsetzbar gewesen. Auch in den Ländern, deren Regierungen durch Einführung von spezifischen Abgaben die Energienutzung im eigenen Lande bewußt zu verteuern vermögen, können diese sich auf eine breite Zustimmung in der Bevölkerung stützen.

(5) Nach den bisherigen Analysen ist zu erwarten, daß die Veränderungen in den Wertvorstellungen, die schließlich in einem neuen Umgang mit Energie ihren Ausdruck finden, nur **sehr langsam** und **in großen Zeiträumen** erfolgen. Ganz entscheidend sind dabei die jeweils vorherrschenden Zukunftsvisionen in der Bevölkerung: je stärker die Zukunftsorientierung und das individuelle und politische Interesse an einer dauerhaft durchhaltbaren Entwicklung Einfluß auf das Verhalten der privaten Haushalte gewinnt, umso leichter werden sich auch die notwendigen Schritte zur Anpassung des bisherigen Umgangs mit Energie realisieren lassen.

(6) Im Zuge eines solchen Prozesses wird der Verbrauch an fremdbezogener Energie auf der Basis nicht erneuerbarer Primärenergieträger kontinuierlich sinken. Gleichzeitig wächst die relative und absolute Bedeutung der Nutzung erneuerbarer Energien. Eine solche Umschichtung setzt entsprechende **Investitionen und Verhaltensänderungen im privaten Bereich** voraus, die sich besonders in den folgenden Entwicklungen niederschlagen könnten:

- Im Raumwärmebereich lassen sich die Altbauten durch umfangreiche Dämm- und Isoliermaßnahmen, die Substitution der eingesetzten Heiztechniken und den verstärkten Einsatz solarthermischer Anlagen energetisch kontinuierlich verbessern, bei Neu- und Ersatzbauten werden sich Niedrig- und Nullenergiehäuser tendenziell durchsetzen.

- Im Verkehr wird es in Zukunft immer weniger reichen, nur den leistungsspezifischen Energieverbrauch bei den Fahrzeugen zu verringern oder durch Verkehrslenkung, Routenoptimierung und ähnlichen Maßnahmen zur Senkung des Energieverbrauchs beizutragen. Mittel- und langfristig müssen auch Wege zur Vermeidung von Verkehrsströmen bei gleichzeitiger Veränderung der Arbeits- und Lebensformen gesucht werden.
- Der spezifische Energiebedarf bei elektrischen Haushaltsgeräten im weitesten Sinne hat sich bereits in der Vergangenheit bei gleichzeitig hoher Geräteausstattung stark reduziert. Auch hier sind noch Einsparpotentiale vorstellbar, insbesondere dann, wenn sich langfristig der bisherige Trend zur Vergrößerung der bewohnten Flächen wieder umkehren sollte.
- In wachsendem Ausmaß können private Haushalte schließlich auf erneuerbare Energien für die Eigenenergieversorgung zurückgreifen. Das Ausmaß wird stark von der künftigen Wirtschaftlichkeit und den technischen Fortschritten, aber auch den organisatorischen Möglichkeiten des Anschlusses und des Ausgleichs von Produktions- und Nutzungsdifferenzen abhängen.

Industrie und gewerbliche Energienutzer

(7) Für die industriellen und gewerblichen Energienutzer lassen sich die Grenzen und Chancen unter den Bedingungen einer dauerhaft durchhaltbaren Entwicklung viel leichter skizzieren als für die privaten Haushalte und Energieverbraucher (vgl. Übersicht 8-2): für Industrie und Gewerbe ist die Energienutzung in erster Linie ein **Kosten- und Leistungsfaktor**. Über seinen Einsatz entscheidet vor allem das Verhältnis der Energiekosten zu den anderen Faktorkosten wie Arbeit und Kapital. Jede Verteuerung dieses Energieeinsatzes wirkt sich entsprechend grundsätzlich in einer Kostenerhöhung aus.

(8) Die Kostenerhöhung wird sich jedoch in denjenigen Wirtschaftszweigen in erster Linie durch Rationalisierungsmaßnahmen und einen kritischeren Umgang mit Energie auffangen lassen, für die die Energiekostenbelastung bereits heute nur sehr gering ist. Ihr Umsatz und Beschäftigungspotential wird von anderen Faktoren dominiert und für viele Betriebe in wenig energieintensiven Industrie- und Dienstleistungszweigen gehören die Energiekosten zu den kaum beachteten, weil absolut niedrigen Kostenfaktoren. Entsprechend liegen hier erfahrungsgemäß noch **unerschlossene Rationalisierungspotentiale** vor.

In solchen Wirtschaftszweigen finden sich bereits heute Unternehmen, die unter Mißachtung der engen Wirtschaftlichkeitsberechnungen auch im Hinblick auf ihr Image in der Öffentlichkeit und bei ihren Kunden bereit sind, neue Formen der Energienutzung unter Einbeziehung erneuerbarer Energiequellen bei der Gestaltung und Architektur ihrer Bauten und Anlagen auszuprobieren. Mit nennenswerten Rückwirkungen auf die Umsatz- und Beschäftigungsentwicklung in diesen Wirtschaftszweigen ist kaum zu rechnen.

Übersicht 8-2: Anpassungsbedarf der industriellen und gewerblichen Endenergieverbraucher zur Erfüllung der Bedingungen einer dauerhaft durchhaltbaren Entwicklung

Grenzen für die künftige Entwicklung	⇒ Veränderung der Kostenstruktur durch Verteuerung von Energie und energieintensiven Produktionsmethoden ⇒ Absatzeinbußen besonders bei energieintensiven Produkten ⇒ Verringerung der Wachstums- und Beschäftigungsmöglichkeiten durch steigende Energiepreise ⇒ Hohe Anfälligkeit gegenüber Veränderungen in der energie- und umweltpolitischen Diskussion (z.B. Änderungen in der Rechtslage)
Chancen im Zuge der Veränderung	⇒ Entwicklung neuer Produkte und Produktionsformen; Ausschöpfung bisher unerkannter Rationalisierungsmöglichkeiten ⇒ Abnehmende Abhängigkeit gegenüber potentiellen Kostensteigerungen der Energienutzung (z.B. durch Preissteigerungen oder Auflagen) sowie ökologischen Strömungen in Politik, Bevölkerung und Belegschaft ⇒ Verringerung der Risiken aus schwer vorhersehbaren energie- oder umweltbedingten Geschäftseinbrüchen im In- und Ausland ⇒ Entwicklung längerfristig durchhaltbarer Unternehmensstrukturen
Spezifischer Anpassungsbedarf	⇒ Änderung des Produktionsspektrums zu Gunsten weniger energieintensiver und umweltverträglicherer Produkte ⇒ Verbesserung und Substitution bisheriger Produktionsverfahren, -techniken und -abläufe durch Entwicklung energieeffizienterer Strukturen ⇒ Investitionen in Techniken der rationellen Energiewandlung, insb. der Kraft-Wärme-Kopplung, und evtl. Nutzung erneuerbarer Energiequellen ⇒ Verhaltensänderungen im Umgang mit Energie auch in Randbereichen der Produktion (z.B. Heizung, Beleuchtung)
Bewertung	tendenzielle Erhöhung der Produktionskosten, die bei energieintensiven Produktionsbereichen nicht durch Rationalisierungsgewinne und Innovationen ausgeglichen werden können; dort Gefahr von Verlusten der Konkurrenzfähigkeit u. Beschäftigung

(9) Bei der verstärkten Orientierung der Energiepolitik an den Bedingungen einer dauerhaft durchhaltbaren Entwicklung sind dagegen die Sektoren besonders betroffen, deren Produktion in Deutschland mit hohen Energieeinsätzen verbunden ist, wie z.B. in der gesamten Grundstoffindustrie (z.B. Papiererzeugung, Chemie, Steine Erden, Metallerzeugung) oder auch der Straßen- und Luftverkehr. Diese Wirtschaftszweige sind außerordentlich empfindlich gegenüber Veränderungen der Energiekosten. Sie stehen in einem erheblichen internationalen Wettbewerb, so daß alle regional (z.B. auf Deutschland oder die EU) begrenzte Maßnahmen zur Verringerung des Einsatzes der heute billigen nicht regenerativen Energieträger sehr schnell zu Umsatzeinbußen oder Standortverlagerungen bei entsprechend anwachsenden Außenhandelsströmen führen können.

Derartige Rückwirkungen sind umso wahrscheinlicher, je stärker diese Wirtschaftszweige bereits in der Vergangenheit auf die erheblichen Preisschwankungen im Energiebereich bis Mitte der 80er Jahre und die umweltpolitischen Maßnahmen durch gezielte Rationalisierungs- und Umstellungsmaßnahmen reagiert haben.

(10) Auch in Zukunft werden diese Unternehmen versuchen, Kostensteigerungen für Energie durch Anpassungen in den Anlagenstrukturen und durch technischen Fortschritt auszugleichen. Dies wird allerdings bei **energieintensiven Produkten** nur sehr begrenzt möglich sein, so daß **Preissteigerungen** bei ansteigenden Energiekosten unvermeidbar sind. Wie groß dadurch Absatz- und Beschäftigungseinbrüche werden, hängt entscheidend von der Nachfrageelastizität ab: Je elastischer die Nachfrage ist, umso eher wird es zu einer Verringerung der Produktionsmengen, zu dem Versuch der Unternehmen zur Diversifikation ihres Angebots, aber auch bei national unterschiedlichen Kostensteigerungen im Energiebereich zu Standortverlagerungen kommen.

8.3 Grenzen und Chancen für die Energieanbieter

(1) Die kontinuierliche Erfüllung der Bedingungen einer dauerhaft durchhaltbaren Entwicklung wird am stärksten die Strukturen bei den bisherigen **Energieanbietern** verändern. In dem Maße, in dem die Energienutzung auf den Einsatz nicht regenerierbarer Primärenergieträger zu verzichten vermag, verliert auch die „klassische“ Energiewirtschaft, d.h. die Strom- und Wärmeanbieter aber auch die Importeure und Händler von Kohle, Gas und Öl oder der Bergbau an Produktionspotentialen.

Selbst wenn sich die Umorientierung über einen Zeitraum von 25 bis 40 Jahren (der gegenwärtig geschätzten dynamischen Reichweite von Öl- und Gasvorkommen) erstreckt, müssen im Laufe dieser Zeit Kraftwerke, Raffinerien oder Bergwerksanlagen stillgelegt werden (vgl. Übersicht 8-3).

(2) Alle in diesen Bereichen tätigen Unternehmen werden sich daher früher oder später mit **neuen betriebswirtschaftlichen Strategien** auseinandersetzen müssen, wenn sie ihre Unternehmen langfristig sichern wollen. Bereits gegenwärtig lassen sich bei vielen Unternehmen der „klassischen“ Energiewirtschaft Ansätze zu derartigen Strategien beobachten, nachdem nicht zuletzt dank der seit Mitte der 70er Jahre laufenden Bemühungen zur Steigerung der Energieproduktivität die Nachfrage nach Energie bei weitem nicht mehr so stark gestiegen ist, wie dies ursprünglich erwartet wurde. Typisch sind hierfür etwa die zunehmend erfolgreichen Bemühungen zur Diversifikation bei der Ruhrkohle AG (vgl. Kasten).

Die **Ruhrkohle AG** entwickelt sich bereits im Jahr 1997 sukzessive vom Bergwerksunternehmen zum Mischkonzern. Zwar verabschiedet sich das Unternehmen (noch) nicht vom Bergbau, sieht seine Zukunft aber in anderen Branchen, wie z.B. in der Stromerzeugung, Gebäudemanagement und Prozeßtechnik (Tochtergesellschaft Steag AG), in der Entsorgung verseuchter Böden und in der Zerlegung von Altautos (Ruhrkohle Umwelt GmbH) und in der Chemie sowie der Produktion von Kunststoffen (Tochtergesellschaft Rütgers AG). Dies zeigt sich auch an der Umsatzentwicklung nach Bereichen. „1995 war der Umsatz des Beteiligungsbereiches mit 12,5 Mrd. DM zum ersten Mal höher als der des Bergbaus mit 12,1 Mrd. DM. Dieser Trend hat sich in 1996 fortgesetzt: 11,7 Mrd. Umsatz der Kohle standen 13,5 Mrd. in den übrigen Bereichen des Konzerns gegenüber."[1) Diese Entwicklung offenbart sich auch bei den Beschäftigtenzahlen nach Bereichen: "Im Bergbau wurden Ende 1996 noch 68.000 Beschäftigte gezählt - rund

1) Vgl. Kemmer (1997), S. 27.

1.000 weniger als ein Jahr zuvor. In den anderen Bereichen stieg die Zahl der Mitarbeiter von 26.000 auf 32.000,"[2] wobei sich die Mitarbeiterzahl auch durch Firmenkäufe erhöht hat.

(3) Der Nachfragerückgang bei Energie auf der Basis nicht erneuerbarer Primärenergieträger wie er als Folge einer stärker an den Bedingungen der dauerhaft durchhaltbaren Entwicklung ausgerichteten Entwicklung zu erwarten ist, bedeutet jedoch **keineswegs** den **Ausstieg** für diese Unternehmen aus dem **Geschäft mit Energie**. Denn Energie ist und bleibt auch unter veränderten Rahmenbedingungen unverzichtbar für die künftige Entwicklung. Entsprechend wird auch das Know-how dieser Unternehmen im Umgang mit Energie dringend benötigt, wenngleich sich die Akzente deutlich verschieben, und zwar in Richtung

- einer Optimierung der bisherigen Energienutzung bei allen Energieverbrauchern,
- einer immer besseren Erschließung der erneuerbaren Energiequellen sowie
- der Entwicklung von langfristigen Optionen für die Energieversorgung für den Zeitraum, in dem die Reserven der nicht erneuerbaren Energiequellen Öl und Gas erschöpft sind oder auf ihren Einsatz systematisch verzichtet werden muß und kann.

(4) Bisher dominiert im Geschäft der Unternehmen der „klassischen" Energiewirtschaft die Bereitstellung und Lieferung von Energie an Kunden, d.h. die Energieversorgung. Der Energieverbraucher, d.h. der Kunde der Energiewirtschaft ist aber im eigentlichen Sinne nicht an Energie selbst interessiert. Er benötigt sie jedoch für die Dienst- und Nutzleistung, die er mit ihrer Hilfe selber erzeugen kann, d.h. die Raum- und Prozeßwärme, Licht und Kraft für den Betrieb von Geräten und Maschinen und die Mobilität.

Wenn es den Unternehmen der Energiewirtschaft gelingt, ihr Leistungsspektrum stärker von der Sachleistung, d.h. der Bereitstellung von Energie hin zu einer Dienstleistung im Sinne der Bereitstellung der benötigten Wärme, Beleuchtung oder Kraft zu entwickeln, so könnte dies für die Energiewirtschaft zu einem **„Geschäft nach dem Zähler"**[3] werden: die Unternehmen der Energiewirtschaft erweitern dadurch ihre Wertschöpfungskette und können gleichzeitig ihr im Vergleich zum Kunden in der Regel besseres Know-how im Umgang mit Energie

---

2) Vgl. Kemmer (1997), S. 27.
3) Vgl. Vortrag von Prof. Dr. E. Seidel anläßlich des 2. Workshops zum Projekt am 14.2.1997 in Bad Honnef.

Übersicht 8-3: Anpassungsbedarf in der „klassischen" Energiewirtschaft (inkl. Import und Handel von nicht erneuerbaren Primärenergieträgern und Bergbau) zur Erfüllung der Bedingungen einer dauerhaft durchhaltbaren Entwicklung

Grenzen für die künftige Entwicklung	⇒ kontinuierlicher Rückgang der bisherigen Produktions- und Absatzmöglichkeiten bei Strom und Wärme aus nicht erneuerbaren Primärenergieträgern ⇒ Verzicht auf Neuerrichtung und kontinuierliche Stillegung bisheriger Produktionsanlagen, soweit sie auf der Nutzung nicht erneuerbarer Primärenergieträger aufbauen ⇒ Risiken durch politisch bedingte Instabilitäten auf den Weltenergiemärkten oder in Folge von Umwelt- oder Wachstumsschäden
Chancen im Zuge der Veränderung	⇒ Kurz- und mittelfristiger Anstieg der Nachfrage nach Gas und Gasnetzen ⇒ Systementwicklungen zur nutzerorientierten Optimierung von rationeller Energiewandlung, (zentraler oder dezentraler) Gewinnung erneuerbarer Energie und herkömmlichen Energieträgern ⇒ Erschließung neuer Geschäftsfelder in größerer Nähe der Energienutzer: Beratungs-, Wartungs- und Finanzierungsleistungen ⇒ internationale Wettbewerbsvorteile beim Export energetischer Systementwicklungen ⇒ Verringerung der Abhängigkeit von politischen Interventionen auf den Weltenergiemärkten und umweltpolitischen Maßnahmen ⇒ Entwicklung langfristig durchhaltbarer Unternehmensstrukturen, Sicherung der Existenz der Unternehmen
Spezifischer Anpassungsbedarf	⇒ Investitionen in Techniken und Maßnahmen zur rationellen Energiewandlung und zur Nutzung regenerativer Energie für die Energieversorgung unter Einbeziehung dezentraler und kundennaher Erzeugungsmöglichkeiten ⇒ kontinuierliche Umstellung des Angebotsspektrums zu Gunsten kundenorientierter Energiedienstleistungen ⇒ Entwicklung bzw. Ausbau eines kundennahen Beratungs- und Servicenetzes in Zusammenarbeit mit regionalen Betrieben (z.B. des Handels, Handwerks und vorhandener Stadtwerke) ⇒ Nutzung und Entwicklung von zusätzlichen Absatzmöglichkeiten ggf. in Kooperation mit Herstellern von Energiewandlern ⇒ Entwicklung neuer Formen zur optimalen Nutzung der vorhandenen Strom- und Gasnetze unter sich ändernden Bedingungen
Bewertung	Umsatz- und Beschäftigungsverluste im Bergbau und in der bisherigen Strom- und Fernwärmeproduktion; bei erfolgreicher kontinuierlicher Umstellung Ausgleichsmöglichkeiten durch arbeitsintensivere und kundenorientierte (Dienstleistungs-) Angebote im In- und Ausland. Beschäftigungsbilanz insgesamt unsicher.

auch zum eigenen Vorteil und zur Verbesserung ihrer Marktstellung nutzen. Nicht mehr der Kunde entscheidet jetzt über die Optimierung von Investitionen, Prozeß- und Ablaufsteuerungen oder den Einsatz von Energie, sondern der Anbieter der Energiedienstleistungen selbst.

Erste Erfahrungen mit einem solchen Angebot an Energiedienstleistungen (in der Literatur oft als Contracting oder Demand-Side-Management bezeichnet) liegen auch in Deutschland bereits vor. Kunden sind bisher überwiegend staatliche Einrichtungen (Verwaltungen, Schulen) und gewerbliche Energieverbraucher (oft Dienstleistungsunternehmen), die auf diesem Wege ihre Energiekosten zu senken versuchen.

(5) Die Entwicklung des „Geschäfts nach dem Zähler" d.h. des Verkaufs von Energiedienstleistungen, setzt eine sehr viel **stärkere Kundenorientierung** in den Unternehmen der Energiewirtschaft voraus, als dies bisher der Fall ist. Sie kommt insoweit den Bemühungen der Liberalisierung der Energiemärkte entgegen, die tendenziell den Einfluß der Energienachfrager gegenüber den Energieanbietern stärkt.

Während die Liberalisierung in der bisher vorliegenden Form zunächst lediglich den Preiswettbewerb erhöht, würde sich unter dem Gesichtspunkt einer dauerhaft durchhaltbaren Entwicklung und der zu erwartenden Verteuerung der Energie zwischen den Energieanbietern zugleich ein neuer Produkt- d.h. Dienstleistungswettbewerb um die Kunden ergeben.

Notwendig werden jetzt dezentrale Beratungs- und Wartungsnetze, wie sie sich bereits früher in anderen Wirtschaftszweigen, insbesondere in der Versicherungswirtschaft durch Kombination von regionalen Versicherungsvertretern und zentralen überregional agierenden Großunternehmen oder im Automobilbereich in der gegenseitigen Ergänzung zwischen dem Kraftfahrzeughandwerk und den Herstellern entwickelt haben: In beiden Feldern erfolgt die Kundenbetreuung und Kundenbindung durch eine Vertriebs- und Wartungsstruktur, in die selbständige Unternehmen eingebunden sind und die von den dahinterstehenden Großunternehmen entwickelt, betreut und unterstützt werden. In eine solche dezentrale und kundenorientierte Angebotsstruktur für Energiedienstleistungen wären auch die regionalen und lokalen Strom- und Wärmeanbieter z.B. auf Stadtwerksebene einbeziehbar.

(6) Die stärkere **Nutzung erneuerbarer Energien** kann das Konzept einer stärkeren Dienstleistungs- und Kundenorientierung in der Energiewirtschaft zusätzlich unterstützen. Bereits heute haben vor allem einige Stadtwerke aus politischen Gründen versucht, im Rahmen ihrer Zuständigkeiten Konzepte der rationellen Energiewandlung mit den Möglichkeiten des Einsatzes erneuerbarer Energien zu

verbinden und damit eine Richtung in der Energienutzung zu verfolgen, die den Bedingungen einer dauerhaft durchhaltbaren Entwicklung entgegenkommt.

Die Erschließung erneuerbarer Energien (Sonneneinstrahlung, Windenergie, Biomasse, Erdwärme) hat starke regionale und dezentrale Komponenten, deren Beitrag zur Energieversorgung in Deutschland nur gesteigert werden kann, wenn sich auch die Energieanbieter stärker dezentral organisieren.

(7) Die dezentrale Erzeugung von Energie auf der Basis regenerativer Energieträger macht allerdings ein nationales und internationales **Versorgungsnetz** keineswegs überflüssig. Dies hängt eng damit zusammen, daß gerade bei regenerativen Energieträgern Angebot und Nutzung oft stark auseinanderfallen, so daß regionale und überregionale Ausgleichsmechanismen unverzichtbar werden.

Je kürzer dabei die Energiewandlungskette ist, d.h. je näher die Energiegewinnung bei dem Energienutzer liegt und je mehr Wandlungsverluste vermieden werden können, umso größer werden die technischen und organisatorischen Vernetzungs- und Speicherungsprobleme, wenn regionale oder zeitliche Versorgungsengpässe bei den Energienutzern vermieden werden sollen. Gerade hier besteht noch ein erheblicher **Bedarf an technischen und Systeminnovationen**, die nicht nur in Deutschland, sondern weltweit an Bedeutung und damit Markt- und Absatzchancen gewinnen werden.

(8) Das **Geschäftsfeld** für Unternehmen der „klassischen" Energiewirtschaft wird sich unter den Bedingungen einer dauerhaft durchhaltbaren Entwicklung in Deutschland **zunehmend verändern**. Am erfolgreichsten werden die Unternehmen sein,

- denen es am besten gelingt, die Möglichkeiten der rationellen Energiewandlung, der Nutzung erneuerbarer Energien und ihre Verknüpfung mit den herkömmlichen Formen der Energiebereitstellung zu organisieren (Systemangebot),
- die sich neue Geschäftsfelder in Kundennähe durch die Aufnahme von Beratungs-, Wartungs- und Finanzierungsdienstleistungen ggf. in Kooperation mit örtlichen Anbietern zu erschließen vermögen und
- sich dadurch ein Know-how erarbeiten, das sie auch für die Entwicklung von Energienutzungs- und -versorgungssystemen in das Ausland zu exportieren vermögen.

Angesichts des oben diskutierten Zeitbedarfs einer solchen Neustrukturierung der „klassischen" Energiewirtschaft wird sich der Einsatz der nicht regenerierbaren Primärenergieträger im Zeitraum von 30 und mehr Jahren kontinuierlich reduzieren, während gleichzeitig die Umstrukturierung in den Unternehmen der Energiewirtschaft vorangetrieben werden muß. Dabei wird es kurz- und mittelfristig zunächst zu einer stärkeren Substitution zugunsten des Primärenergieträgers Gas kommen, der unter energetischen und Umweltgesichtspunkten Vorteile gegenüber anderen nicht erneuerbaren Primärenergieträgern aufweist.

(9) Wie sich vor diesem Hintergrund die Unternehmensstruktur der „klassischen" Energiewirtschaft einschließlich des Imports und Handels mit nicht erneuerbaren Energieträgern und des Bergbaus entwickeln wird, läßt sich nur in Teilen skizzieren. Sie hängt sehr stark davon ab, welche konkreten Schritte die Energiewirtschaft und -politik zur kontinuierlichen Erfüllung der Bedingungen für eine dauerhaft durchhaltbare Entwicklung künftig einleiten und wie sich die Unternehmen selbst darauf einstellen werden.

Verhältnismäßig sicher erscheint dabei, daß der Kohlebergbau und die Importeure und **Händler von Kohle mit wachsenden Absatzproblemen in Deutschland** rechnen müssen. Auch die Kernkraftnutzung wird weiterhin mit politischen, wirtschaftlichen und sicherheitstechnischen Problemen kämpfen müssen und ist daher auf längere Sicht nicht als eine dauerhaft durchhaltbare Energiequelle anzusehen.

(10) Auf **Öl und Gas** einschließlich der dazu gehörenden Vertriebsstrukturnetze wird dagegen nur in dem Maße verzichtet werden können, wie sich Alternativen durchsetzen bzw. aufgrund von neuen Knappheiten auf den Öl- und Gasmärkten etwa ab 2020 bis 2030 notwendig werden.

Offen bleibt, inwieweit sich neue Möglichkeiten ggf. auch unter teilweiser Nutzung der Netz- und Vertriebsstrukturen im Gas- und Ölgeschäft ergeben, wenn es gelingt, eine Wasserstoffwirtschaft auf der Basis erneuerbarer Energien in Ergänzung zu den Möglichkeiten der rationellen Energiewandlung und der verstärkten Nutzung erneuerbarer Energien zu entwickeln. Ähnliches gilt für die Erschließung heute noch kaum absehbarer Energiequellen wie etwa der Fusionsenergie zur Elekrizitätsgewinnung.

(11) Angesichts sinkender Absatzmengen im „klassischen" Energiegeschäft liegt es nahe, daß sich die betroffenen Unternehmen zunächst um Marktfelder bemühen, die unmittelbar an ihr bisheriges Tätigkeitsfeld angrenzen. Dies schließt nicht aus, daß sie sich auch in andere Marktfelder und umgekehrt **Unternehmen aus anderen Wirtschaftszweigen** sich in den Markt der Energiedienstleistungen oder erneuerbarer Energien hineinbewegen:

- Eine solche Verflechtung könnte insbesondere für Finanzdienstleister interessant sein, da die Realisierung von Einsparungen nicht erneuerbarer Energie auf seiten der Energieverbraucher fast regelmäßig mit Investitionen verbunden ist, die sich im Laufe einer längeren Zeit erst zu amortisieren vermögen.

- Da Energiedienstleister einen unmittelbaren Kundenkontakt besitzen, bietet es sich an, das Finanzierungsangebot auch über den Energiesektor hinaus auszudehnen und in den Bereich der Objektfinanzierung hineinzugehen.

Insbesondere regionale Finanzinstitute können so ihr Dienstleistungsangebot um die Vermittlung und Vermarktung von Energiedienstleistungen erweitern und den etablierten Energieversorgungsunternehmen Konkurrenz machen. Diese werden plötzlich zu Zulieferern von Unternehmen, deren eigentliches Geschäftsziel nicht mehr der Verkauf von Energie sondern die optimale Bedienung der Kunden ist.[4] Auch hierfür sind bereits erste Ansätze vorhanden, in denen ein Energieversorgungsunternehmen zusammen mit einer Bank eine gemeinsame Tochter zum Angebot von Energiedienstleistungen gründete.

(12) Angesichts des Umfangs der notwendigen Anpassungen in der „klassischen" Energiewirtschaft und der unterschiedlichen Möglichkeiten der Unternehmen, sich im Rahmen der überkommenen Unternehmensstrukturen zu diversifizieren, ist es schwer, Aussagen über die **künftige Absatz- und Beschäftigungssituation** der Unternehmen dieses Bereichs zu machen. Zwar ist mit deutlichen Umsatz- und Beschäftigungsverlusten in den traditionellen Angebotsbereichen und im Bergbau zu rechnen. Ihnen stehen aber bei einem erfolgreichen Wechsel in Richtung verstärkter dezentraler und kundenorientierter Dienstleistungen Tätigkeitsfelder gegenüber, die in ihrer Tendenz eher arbeits-, weil beratungsintensiver sind. Außerdem werden sich die Unternehmensstrukturen selber verschieben, da dezentrale Dienstleistungen oft von selbständig organisierten, mehr oder minder kapitalmäßig verknüpften Unternehmen erbracht werden.

(13) Vor diesem Hintergrund ist es durchaus vorstellbar, daß sich in der „klassischen" Energiewirtschaft ähnlich wie bereits früher in der Versicherungswirtschaft **Konzentrations- und Dezentralisierungstendenzen ergänzen**:

- Mit der Verkleinerung der Umsatzpotentiale aus dem direkten Energieverkauf und den wachsenden Anforderungen an die Organisation eines funktionierenden Netzes steigt die Wahrscheinlichkeit zur Konzentration der wichtigsten Energieversorger, ohne die sich ein Netzbetrieb und die Bereitstellung der netzgebundenen Energien bei insgesamt tendenziell kleiner werdenden Mengen kaum wirtschaftlich und organisatorisch bewältigen läßt.

---

4) Vgl. World Energy Council (1995), S. 12.

- Auf der anderen Seite gewinnen kleinere Unternehmen oder Betriebe größeres Gewicht, die kundenorientiert vor Ort den Endverbrauchern bei der möglichst optimalen Nutzung von Energie helfen. Sie greifen auf das Know-how und auf die Ausgleichsmöglichkeiten der Großanbieter zurück, ohne deren Leistungen sie ihr eigenes Angebot nicht gestalten könnten.

In welchem Maße dabei die vielen kleinen regionalen und lokalen Händler von Ölprodukten und Flüssiggas wie etwa Brennstoffhändler und Tankstellen in das Gesamtsystem integriert werden, hängt sehr stark von dem Verhalten der Großunternehmen und der langfristigen Entwicklung selber ab. Insbesondere bei den Tankstellen ist es durchaus denkbar, daß sie auf lange Frist anstelle der bisherigen flüssigen Treibstoffe andere Treibstoffe (z.B. auf der Basis von solarem Wasserstoff) zu liefern vermögen, während die schon heute oftmals konzerngebundenen Brennstoffhändler ihr Angebot und ihre Dienstleistungen im Rahmen der Neuorientierung des Mutterkonzerns anpassen müssen.

8.4 Chancen für die Hersteller von Energiewandlern und Dienstleister

Hersteller und Händler

(1) Die Chancen für die kontinuierliche Erfüllung der Bedingungen einer dauerhaften Durchhaltbarkeit hängen entscheidend davon ab, in welchem Maße es gelingt, Geräte, Maschinen und Anlagen zu entwickeln, mit deren Hilfe die Energieeffizienz deutlich gegenüber heute gesteigert bzw. erneuerbare Energien besser genutzt werden können. Neben der Umstellungsbereitschaft der Energieverbraucher kommt es daher auf die **Innovationskraft und Innovationsbereitschaft** der Hersteller und Händler von energieverbrauchenden Geräten, Maschinen und Anlagen sowie die Hersteller von Bau- und ähnlichen Materialien an, die für die optimale rationelle Energiewandlung und die Nutzung von erneuerbaren Energieträgern benötigt werden (vgl. Übersicht 8-4).

Gelingt diesen Unternehmen die Herstellung der entsprechenden Werkstoffe und Produkte sowie die Entwicklung wirtschaftlich einsetzbarer Systeme zur Nutzung erneuerbarer Energien, so können sie sich damit neue Marktfelder erschließen, die sich einmal durch die Erneuerung der bisherigen Geräte ergeben (Ersatzinvestitionen), zum anderen aus den notwendigen Umstellungsinvestitionen bei allen Energieverbrauchern folgen und schließlich für die Substitution der bisher genutzten Anlagen auf der Basis von nicht erneuerbaren Primärenergieträgern notwendig sind.

(2) Im Gerätebereich ist die **Verbindung von rationeller Energiewandlung mit dem Einsatz erneuerbarer Energien** für dezentrale und mobile Einrichtungen von großem Interesse, die aus Kostengründen bereits heute schon möglich, aber nur im High-Tech-Bereich und für dezentrale Insellösungen (z.B. im Weltraum, in der Energieversorgung auf Inseln oder in schwer vernetzbaren Gebieten) zum Tragen kommen. In dem Maße, in dem derartige Lösungsmodelle wirtschaftlicher werden, können sie auch in dichter besiedelten und hochvernetzten Regionen der Industrieländer wie Deutschland zu einem wachsenden Element in der Energienutzung werden. In einem bisher gemessen am Energiebedarf absolut verschwindend kleinen Rahmen ersetzen auch heute schon Solarmodule den Kauf von Batterien oder Netzenergien.

Gleichzeitig ist damit zu rechnen, daß sich solche Geräte und Anlagen bzw. Systemlösungen auch international einen wachsenden Markt erschließen können.

(3) Die sich für die hier begünstigten Wirtschaftszweige ergebenen **Innovations- und Entwicklungspotentiale** dürften insgesamt bei einer zunehmenden Ausrich-

tung der Energiepolitik auf die Bedingungen einer dauerhaft durchhaltbaren Entwicklung größer sein als die damit zwangsläufig verbundenen Absatzrückgänge bei herkömmlichen Produkten oder den Umsatzausfällen bei den vergleichsweise wenigen Haushaltsgeräten, die gegenwärtig eher nur eine Bequemlichkeitsfunktion erfüllen und auf die bei steigenden Kosten der Energienutzung möglicherweise stärker verzichtet wird (z.B. Küchenmaschinen, elektrische Zahnbürsten u.ä.).

Übersicht 8-4: Anpassungsbedarf der Hersteller und Händler von energieverbrauchenden Geräten, Maschinen und Anlagen zur Erfüllung der Bedingungen einer dauerhaft durchhaltbaren Entwicklung

Grenzen für die künftige Entwicklung	⇒ Absatzrückgang bei herkömmlichen Produkten und Materialien mit hohen spezifischen Energieverbräuchen ⇒ Absatzrückgang für Anlagen und Systeme der traditionellen Energieförderung, -erzeugung und -verteilung ⇒ Absatzrückgang bei Bau- und ähnlichen Materialien, die durch funktional gleichwertige, aber energetisch rationellere ersetzt werden ⇒ Absatzrückgang bei „Bequemlichkeitsartikel", die durch funktional gleichwertige, aber manuell betriebene Artikel ersetzt werden
Chancen im Zuge der Veränderung	⇒ Entwicklung neuer energieeffizienterer Geräte und Anlagen ⇒ Entwicklung neuer Bau- und ähnlicher Materialien, die zur Optimierung von rationeller Energiewandlung und erneuerbaren Energieträgern benötigt werden ⇒ Entwicklung von Geräten und Anlagen zur verstärkten Nutzung regenerativer Energiequellen sowie zur Optimierung der Netzstrukturen unter veränderten Bedingungen ⇒ internationale Wettbewerbsvorteile bei energiesparenden Geräten und Anlagen bzw. (zentralen oder dezentralen) Systemlösungen
Spezifischer Anpassungsbedarf	⇒ Gezielte Entwicklungen und Innovationen zur Herstellung energieeffizienter Geräte und Anlagen ⇒ Gezielte Entwicklungen wirtschaftlich einsetzbarer Systeme zur Nutzung erneuerbarer Energien ⇒ Entwicklung von Optimierungsmöglichkeiten der rationellen Energiewandlung in Verbindung mit der Nutzung erneuerbarer Energien
Bewertung	Mittel und langfristig positive Entwicklungschancen durch wachsenden weltweiten Bedarf an intelligenten Lösungen zur Steigerung der Energieeffizienz und Nutzung erneuerbarer Energie

Handwerk und Dienstleister

(4) Die im Vergleich zur bisherigen Energieversorgung zunehmende Kundenorientierung in Verbindung mit einer Verkürzung der Energiewandlungsketten wirkt sich tendenziell auch zugunsten der Berufsgruppen aus, deren Aufgabe die unmittelbare Betreuung der Kunden bei der **Optimierung ihrer Energienutzung** und Senkung der damit zusammenhängenden Kosten ist. Da der Einsatz von Energie stark von den spezifischen Bedarfskonstellationen (individuelle Bedürfnisse, Produktionsanforderungen, regionale und klimatische Bedingungen, Arbeits- und Lebensgewohnheiten u.ä.) abhängt, ist auch die Optimierung der Energienutzung stark dienstleistungsbezogen und benötigt den Einsatz entsprechend qualifizierter Mitarbeiter in räumlicher Nähe.

(5) Bereits heute gewinnen Fragen der Energieversorgung und -kosten zunehmendes Gewicht bei **Handwerkern, Architekten und beratenden Ingenieuren** im Rahmen ihrer Entwicklungs-, Beratungs- oder Wartungsaufgaben. Diese Aufgaben werden deutlich zunehmen, wenn in der Energiepolitik generell die Weichen stärker in Richtung einer dauerhaft durchhaltbaren Entwicklung gestellt werden und deswegen auch die Energieverbraucher zunehmend Interesse an einer Optimierung von rationeller Energiewandlung und Einbeziehung regenerativer Energien gewinnen. Insbesondere im Dienstleistungsbereich kann der Aufgabenzuwachs auch deutlich über die Beratung der Endenergieverbraucher selbst hinaussehen, wenn etwa Fragen der Infrastruktur, Verkehrs- und Stadtplanung neu gestellt und beantwortet werden müssen. Gerade hier bieten sich auch zusätzliche Möglichkeiten des Dienstleistungsexportes.

(6) Die größte Anpassungsschwierigkeit zur Erschließung derartiger Märkte liegt in der Tatsache, daß es sich bei Handwerkern und energieorientierten Anbietern von Dienstleistungen in aller Regel um vergleichsweise kleine und regional begrenzt agierende Unternehmen handelt, deren eigene Kapazität selten ausreicht, um sich ständig über das neueste **Know-how** und die notwendige **Marktübersicht** ausreichend zu informieren.

So verzögerte sich in der Vergangenheit z.B. die Diffusion der Brennwerttechnik um viele Jahre, weil es der Gaswirtschaft trotz Unterstützung durch die öffentliche Diskussion und Förderung nur mühsam gelang, Planer und Handwerker von der Zweckmäßigkeit derartiger Heizsysteme zu überzeugen und ihre Bereitschaft für entsprechende Schulungen zu wecken. Erst als diese Hürden überwunden wurden und sich auch die Hersteller der Kessel und Heizanlagen systematisch um die Information der regionalen Installateure bemühten, wuchs der Absatz der entsprechenden Geräte.[5] Ähnliche Phänomene lassen sich auch bei dem Einsatz von Wärmedämm-Material oder der Nutzung erneuerbarer Energiequellen beobachten.

(7) Die bereits oben skizzierte **stärkere vertikale Zusammenarbeit** zwischen zentral organisierten Unternehmen der Energiewirtschaft und dezentral agierenden Handwerks- und Dienstleistungsfirmen könnten zu einer wirksamen Überwindung derartiger Diffusionshemmnisse für neue Techniken und Maßnahmen zur Optimierung der Energienutzung beitragen. Dies gilt besonders dann, wenn die Energienutzer selbst nur für die tatsächlich in Anspruch genommenen Energiedienste (Wärme, Licht und Kraft) zahlen, so daß Optimierungsgewinne in der Bereitstellung dieser Dienste bei den Anbietern anfallen und sich deren Ertragssituation entweder direkt oder indirekt aufgrund eines wachsenden Marktanteils verbessert.

Auf längere Sicht könnten sich im Energiebereich ähnliche Strukturen herausbilden, wie sie traditionell bereits in der Zusammenarbeit zwischen dem Kfz-Handwerk und der Automobilindustrie erprobt und eingeführt ist und wie sie in der jüngsten Vergangenheit immer mehr große Computerhersteller zur Diffusion der Mikroelektronik mit Hilfe regionaler Beratungs- und Wartungsstellen aufgebaut haben. In all diesen Fällen übernimmt das Großunternehmen die zentralen Entwicklungs- und Markterschließungsaufgaben ebenso wie die kontinuierliche Schulung seiner Kooperationspartner oder Betriebe vor Ort.

(8) Im Energiesektor ist ein solches Kooperationsmodell zwischen zentral organisierten Unternehmen und dezentralen kundenorientierten Verkaufs- und Angebotsstrukturen nur im Tankstellennetz und im Brennstoffhandel der großen Mineralölkonzerne geläufig. Bei allen anderen energieorientierten Planungs-, Beratungs- Wartungs- und Reparaturdienstleistungen herrscht dagegen bisher auf der regionalen Ebene eine vergleichsweise **starke Zersplitterung** der Tätigkeiten zwischen unterschiedlichen Dienstleistern (z.B. Architekten und Ingenieuren) und Handwerksunternehmen vor.

Oft bestehen auch gewachsene kaum überwindbare **institutionelle Abgrenzungen**. So geraten etwa Systemanbieter für Altbausanierungen sehr leicht in Schwierigkeiten mit den geltenden Zuständigkeitsregelungen in den Architekten- oder Handwerksordnungen. Ihre Überwindung ist daher nicht mehr nur eine Frage für die Unternehmen selbst und deren Innovationskraft, sondern sie erfordert gleichzeitig die Anpassung der vorherrschenden ordnungspolitischen Strukturen und Institutionen sowie die Überwindung der sich in ihnen verfestigten Einkommens- und Abgrenzungsinteresssen.

---

5) Vgl. Masuhr et al. (1995), S. 105.

Übersicht 8-5: Anpassungsbedarf im Handwerk und bei energieorientierten Anbietern von Dienstleistungen zur Erfüllung der Bedingungen einer dauerhaft durchhaltbaren Entwicklung

Grenzen für die künftige Entwicklung	⇒ keine erkennbar
Chancen im Zuge der Veränderung	⇒ Planungs- und Beratungsaufgaben zur Optimierung von rationeller Energiewandlung und dem Einsatz erneuerbarer Energie in Systemen unterschiedlicher Größe ⇒ Energetische Sanierung von Altbauten ⇒ Beratung, Installation, Wartung und Reparatur von energieverbrauchenden Geräten, Maschinen, Anlagen und Einrichtungen ⇒ Planungs- und Beratungsaufgaben in der Infrastruktur-, Verkehrs- und Stadtplanung ⇒ Internationale Wettbewerbsvorteile im energieorientierten Planungs- und Beratungssektor
Spezifischer Anpassungsbedarf	⇒ Entwicklung von Know-how für die kundenspezifische Nutzung und Optimierung einer wirtschaftlichen und zukunftsfähigen Energienutzung ⇒ Entwicklung von Kooperationsbeziehungen zu Systemanbietern in der Energieversorgung ⇒ Überwindung der fachlich organisatorischen Struktur im Handwerksbereich zu Gunsten kundenorientierter Problemlösungs- und Systemangebote ⇒ Organisation der laufenden Qualifizierung der Mitarbeiter
Bewertung	Mittel- und langfristige günstige Beschäftigungschancen im Zuge der Neuorientierung des Umgangs mit Energie

9. Schlußfolgerungen

(1) Die durchgeführte Untersuchung zu den „Grenzen und Chancen einer dauerhaft durchhaltbaren Entwicklung im Energiesektor Deutschlands“ stand von Anfang an vor einem methodisch-analytisch kaum zu bewältigenden Problem, nämlich der Transformation der weltweiten Forderung nach einer dauerhaft durchhaltbaren Entwicklung in ein möglichst wirklichkeitsnahes Entwicklungsszenario für den deutschen Energiesektor. Bei einem solchen Versuch prallen nicht nur Fragen nach der biologisch-naturwissenschaftlichen Tragfähigkeit des ökologischen Systems Erde auf solche nach der Stellung und Verantwortung des Menschen im Ökosystem oder Fragen nach weltweiten Entwicklungstendenzen auf solche nach dem Handlungsrahmen im begrenzten Raum Deutschlands bzw. Europas. Es sind auch Fragen nach der Vereinbarkeit von gesamtwirtschaftlichen und sozialen Erfolgskriterien mit solchen für spezifische Wirtschaftszweige im deutschen Energiesektor zu beantworten.

Leistungsfähige methodische Instrumente zur Bearbeitung von derart breit gefächerten Fragestellungen fehlen, Erkenntnisse aus ganz unterschiedlichen Disziplinen bedürfen der Verknüpfung, langfristige Entwicklungstendenzen werden von kurzfristigen Abhängigkeiten überlagert. Der heuristische Ansatz gerät zwangsläufig in den Vordergrund.

(2) Dies mindert nicht die Aussagekraft der Ergebnisse - Aussagen über künftige Entwicklungen haben stets heuristischen Charakter -, es charakterisiert aber die Aussagen als eine besondere Art von wissenschaftlichen Hypothesen. Ihre Bestätigung oder Falsifizierung muß letztendlich der Geschichte überlassen bleiben.

Entsprechend wäre es sicher vermessen zu glauben, mit dieser Untersuchung könnten bereits alle oben angeschnittenen Fragen schlüssig beantwortet werden. Sie wirft vermutlich viel mehr neue Fragen auf, die sich nicht nur der Energiepolitik, sondern auch den unterschiedlichen Akteuren im deutschen Energiesektor stellen, wenn sie ihre eigenen Wege in die Zukunft planen und sich dabei der jeweils vorhandenen Abhängigkeiten und Handlungsmöglichkeiten bewußt werden wollen. Die vorliegende Untersuchung hat ihr Ziel daher schon dann erreicht, wenn sie diesen Akteuren bei ihrer Planung zu helfen vermag und sie vor zu kurzatmigem Handeln bewahrt.

(3) Gleichwohl sei zum Schluß versucht, wenigstens die Fragen noch einmal aufzugreifen und thesenartig zu beantworten, die Ausgangspunkt dieser Untersuchung waren (vgl. Kapitel 1):

1. Die Entwicklung des Energiesektors hängt nicht primär von umweltpolitischen Normen und technischen Möglichkeiten sondern vor allem von den wirtschaftlichen und sozialen Bedingungen in Deutschland ab. Welche Weichenstellungen könnten in dem marktwirtschaftlichen Ordnungssystem gestellt werden und wie könnte sich der deutsche Energiesektor entwickeln?
2. Die Ableitung von umwelt- und entwicklungspolitischen Normen fällt bereits schwer. Inwieweit lassen sich Fragen nach technischen Möglichkeiten und politisch sinnvollen Initiativen beantworten, wenn die Ziele selbst widersprüchlich sind?
3. Die Ursachen für die Veränderungen in der Umwelt reichen nach allen bisherigen Erkenntnissen bis in die Zeit der frühen Industrialisierung zurück. Welchen Einfluß haben vor diesem Zeithorizont die heutigen Aktivitäten im Energiesektor angesichts der dort geltenden Entscheidungs- und Planungsanforderungen?
4. Die beobachteten oder befürchteten Umweltveränderungen sind ein weltweites Phänomen, dessen Lösung auch nur weltweit möglich erscheint. Welchen Beitrag kann unter diesen Bedingungen der deutsche Energiesektor leisten?

Zu Frage 1: Welche Weichenstellungen könnten in dem marktwirtschaftlichen Ordnungssystem gestellt werden und wie könnte sich der deutsche Energiesektor entwickeln?

(4) Die **marktwirtschaftliche Ordnung** in Deutschland ist selbst das Ergebnis einer über Jahrhunderte reichenden wirtschaftlichen und sozialen Entwicklung. Seine Wurzeln reichen weit in die kulturelle Vergangenheit zurück und sind sehr stark durch den Prozeß der Aufklärung in Europa geprägt. Es ist insoweit selbst **eine Erscheinungsform** im „Wettbewerb der Ordnungen als Entdeckungsverfahren", in dem es sich auch zukünftig unter den sich ändernden Bedingungen in der Weltwirtschaft und in der Ressourcennutzung wird bewähren müssen.

(5) Der Einsatz von Energie und die **Entwicklung des Energiesektors** war einerseits Voraussetzung für die Entwicklung dieses Ordnungsmodells und das damit mögliche Wachstum, wurde andererseits aber in seiner Struktur und in seinem historischen Wachstum **von eben diesem Ordnungsmodell** geprägt. Diese Situation wird auch in Zukunft gelten:

- Der Einsatz von Energie wird auch in Zukunft unverzichtbar sein, wenn sich Deutschland in Richtung einer dauerhaft durchhaltbaren Entwicklung bewegen soll.

- Die Art des Energieeinsatzes wird sich allerdings mittel- und langfristig vor dem Hintergrund weltweit knapper werdender Ressourcen, stark wachsender Ansprüche und damit verbundener Wachstums- und Umweltfolgen verändern müssen.
- Bei dieser Veränderung wird es immer mehr darauf ankommen, die Potentiale einer rationellen Energiewandlung auszuschöpfen sowie regenerative Energien zu wirtschaftlich und sozial akzeptablen Bedingungen in die Energieversorgung einzubeziehen.
- Die technischen Möglichkeiten dafür sind vorhanden bzw. absehbar. Ihre Nutzung scheitert jedoch an den bisher herrschenden Anreiz- und Ordnungsstrukturen. Notwendig sind daher Veränderungen in der marktwirtschaftlichen Ordnung im Umgang mit Energie. Ein erster Schritt dazu ist die beabsichtigte Liberalisierung der Energiemärkte, ihm muß aber möglichst in enger internationaler Zusammenarbeit ein zweiter Schritt zur Anrechnung der Externalitäten der Energienutzung folgen.
- Der deutsche Energiesektor wird sich im Zuge dieser Veränderungen umstrukturieren: Die nutzernahen und für die Effizienz der Energienutzung primär verantwortlichen Teilbereiche gewinnen an wirtschaftlichem Gewicht gegenüber den traditionellen Anbietern von Energie.

Zu Frage 2: Die Ableitung von umwelt- und entwicklungspolitischen Normen fällt bereits schwer. Inwieweit lassen sich Fragen nach technischen Möglichkeiten und politisch sinnvollen Initiativen beantworten, wenn die Ziele selbst widersprüchlich sind?

(6) Das Problem unterschiedlicher umwelt- und wachstumspolitischer Vorstellungen entsteht vor allem aus **dem unterschiedlichen Zeithorizont**, mit dem sich die verschiedenen Akteure der Frage nach den Möglichkeiten einer dauerhaft durchhaltbaren Entwicklung nähern: Je stärker sich Wirtschaft und Politik an den kurzfristigen Wachstums- und Entwicklungsmöglichkeiten orientieren, umso grösser wird das Risiko, daß dadurch Grenzen für die langfristige Entwicklung aufgrund neuer Ressourcenverknappungen und zunehmender Umweltbelastungen entstehen, mögliche Chancen aber ungenutzt bleiben. Auf der anderen Seite lassen sich langfristige Ziele nur schwer verfolgen, wenn im Konkurrenzkampf der Unternehmen und Staaten die kurzfristige Existenz bedroht erscheint.

(7) Das aus der Managementlehre bekannte Phänomen potentieller **Widersprüche zwischen kurzfristig hohen Gewinnen und Ausgaben für die langfristig nötige Entwicklung** (z.B. für FuE) charakterisiert in besonderem Maße den

Umgang des Menschen mit natürlichen Ressourcen und Energie. Solange Energie in ausreichendem Maße zur Verfügung steht und Rückwirkungen über externe Kosten der Energienutzung oder die Probleme des Wachstums vernachlässigt werden können, gibt es wenig Anlaß zu Zweifeln an der Realisierung kurzfristiger Wachstums- und Beschäftigungsziele. Im Wettbewerb zwischen Unternehmen und Staaten würde sogar jedes Ordnungssystem verlieren, das sich nicht diesen eher kurzfristigen Überlebenszielen unterwirft.

Werden dagegen Grenzen sichtbar - für das Wachstum einzelner Unternehmen ebenso wie für den Wohlstand der Gesellschaft - so werden auch potentielle Konflikte und Widersprüche sichtbar.

(8) Die **Entwicklung von Technik** folgt den jeweils vorherrschenden Zielen: in der Vergangenheit und über lange Zeiträume hinweg also den Wünschen zur Energiebeschaffung und -bereitstellung. Erst seit Grenzen der wachsenden Energienutzung sichtbar werden, treten Technikentwicklungen zur Änderung des Energieeinsatzes und zur Einsparung von nicht erneuerbaren Primärenergieträgern neben die in der Vergangenheit verfolgten Schwerpunkte.

Auch hier sind die **Widersprüche eine Konsequenz des Betrachtungshorizonts**:

- Wer sich an kurzfristigen Erträgen oder Beschäftigungsmöglichkeiten im Energiesektor orientieren muß, erlebt jeden Erfolg in der Energieeinsparung als Nachfrage- und Absatzeinbruch bei traditionellen Energieverkäufen, die kostengünstige Erschließung von neuen Energiequellen dagegen als Gewinn.
- Wer sich dagegen an langfristigen Entwicklungen für Wirtschaft und Beschäftigung orientiert, sieht die wachsenden Grenzen für die Umsatzentwicklung bei nicht erneuerbaren Energieträgern und sucht neue Umsatz- und Beschäftigungschancen durch alternative technische Möglichkeiten.

Es ist gerade die **Stärke der marktwirtschaftlichen Ordnung**, daß sie widersprüchliche Ziele und Technikentwicklungen zuläßt und daß sie **den kurzfristigen Gewinner zum langfristigen Verlierer im Wettbewerb zu machen vermag**. Dies gilt für Unternehmen ebenso wie für Staaten oder Politiker.

Zu Frage 3: Welchen Einfluß haben vor diesem Zeithorizont die heutigen Aktivitäten im Energiesektor angesichts der dort geltenden Entscheidungs- und Planungsanforderungen?

(9) Die heutigen Aktivitäten im Energiesektor stehen selbst in der Tradition der vergangenen wirtschaftlichen Entwicklung. Gleichzeitig sind sie die Ausgangsbasis für künftige Entwicklungen. Aus organisatorischen und technischen Gründen aber

lassen sich tiefgreifende **Veränderungen im Energiesektor nur über lange Zeiträume hinweg** realisieren, wenn umfangreiche Anpassungskrisen vermieden werden sollen.

Vor diesem Hintergrund können alle heutigen Entscheidungen als Weichenstellungen für die künftige Entwicklung angesehen werden. Die überwiegend politisch bedingten Preissprünge auf den Weltenergiemärkten in den 70er und 80er Jahren haben sich bereits in der Erschließung von erheblichen Einsparpotentialen und in der Suche nach zusätzlichen Energiereserven niedergeschlagen. Diesen Entwicklungen verdankt Deutschland die mindestens zeitweise Entkoppelung von Wirtschaftswachstum und Verbrauch an Primärenergieträgern. Ähnliche Signale zur Erfüllung der Bedingungen einer dauerhaft durchhaltbaren Entwicklung in Deutschland gehen von den gegenwärtigen Entwicklungen auf den Weltenergiemärkten jedoch noch nicht aus.

(10) Die **fehlenden Preissignale** auf den Energiemärkten **vergrößern die Widersprüche** zwischen kurzfristigen Erträgen und langfristigen Erfolgschancen für Wachstum und Beschäftigung im Energiesektor. Alle bisher bekannten Zukunftsanalysen lassen Wachstumsgrenzen im Umgang mit Energie durch Engpässe bei nicht erneuerbaren Energieträgern, Umweltveränderungen und Wachstumsfolgen erkennen. Unterschiede liegen im Ausmaß und im Zeitraum, der für eine Veränderung im Umgang mit Energie noch zur Verfügung steht und zur Neuorientierung genutzt werden kann. Dabei gilt im Wettbewerb der Ordnungen ähnlich wie im Wettbewerb der Unternehmen: Die Anpassung wird umso teurer und umso schwerer, je später der Veränderungsprozeß eingeleitet und Handlungsspielräume für Weichenstellungen genutzt werden.

Zu Frage 4: Welchen Beitrag kann unter diesen Bedingungen der kleine deutsche Energiesektor leisten?

(11) Eine dauerhaft durchhaltbare Entwicklung für Deutschland ist nur vorstellbar, wenn es gelingt, den Umgang mit Energie **weltweit auf eine andere Basis** zu stellen. Dabei legen Größe und unmittelbarer Einfluß des deutschen Energiesektors auf den ersten Blick eine kurzfristig orientierte resignative Haltung nahe: Veränderungen im Umgang mit Energie in Deutschland werden leicht durch den expansiven Energieeinsatz und exponentiales Wachstum in anderen Ländern überkompensiert. Der deutsche Beitrag ist nur durch marginale Erträge, aber hohe Kosten in Form von Umsatz- und Beschäftigungseinbußen gekennzeichnet.

(12) Eine solche kurzfristige und auf den engen Raum Deutschlands fokussierte Betrachtungsweise vergißt jedoch, daß die Probleme des wachsenden Energieeinsatzes und die Bewältigung von Wachstumsfolgen auch in anderen Ländern zu einem Engpaß der eigenen Entwicklung geworden sind und werden.

Angesichts der wachsenden internationalen Verflechtungen strahlen solche **Engpässe im Ausland** aber auf Deutschland zurück und bieten zugleich **Chancen für den Export** deutscher Güter und Dienste, also Beschäftigung und Wachstum in Deutschland. Entsprechend bemühen sich bereits andere Industriestaaten darum, zunächst im eigenen Land Entwicklungen voranzutreiben und zu erproben, die den Zugang zu den Weltmärkten gerade dort öffnen, wo künftig zunehmend Innovationen und Systemlösungen gefordert werden.

(13) Der deutsche Energiesektor verfügt bereits dank der hohen Umwelt- und Sicherheitsauflagen in Deutschland über eine vergleichsweise **gute internationale Wettbewerbsposition** bei der umweltfreundlichen Nutzung der nicht regenerierbaren Energieressourcen. Doch diese Entwicklungen bieten nur vorübergehende Lösungen und sind besonders für Länder mit niedrigem Wohlstandsniveau wenig attraktiv.

Die langfristige Entwicklung wird daher nicht nur in Deutschland, sondern in immer mehr Ländern davon abhängen, wie sie ihren Energiebedarf und Energieeinsatz so zu gestalten vermögen, daß sie langfristig von Verknappungstendenzen auf den Weltenergiemärkten unabhängiger werden sowie Umwelt- und Wachstumsschäden verringern oder vermeiden können. Positive Erfahrungen mit **Systemen** zur Anwendung von rationeller Energiewandlung und erneuerbaren Energien werden unter diesen Bedingungen nicht nur zur Voraussetzung einer dauerhaft durchhaltbaren Entwicklung in Deutschland, sondern auch zu einem zukünftigen Exportartikel.

Literatur

Afheldt, H.: Der lange Weg zur Sustainability, in: Prognos AG (Hrsg.) Sustainability - eine Illusion? Sinzheim 1997, S. 7ff

Albrecht; Räde: 35-150 TWh/a, in: Potentiale und Kosten erneuerbarer Energien in Deutschland, in: Energiewirtschaftliche Tagesfragen, 45. Jg. 1995, Heft 3, S. 141

Altner, G.; Dürr, H-P.; Michelsen, G.; Nitsch, J.: Zukünftige Energiepolitik, Vorrang für rationelle Energienutzung und regenerative Energiequellen, Potentiale und Handlungsfelder, Bonn 1995

Amelung: Sustainable Development - A Challenge for the World Economy, in: Zeitschrift für Umweltpolitik und Umweltrecht, Nr. 4, S. 415-431, Münster 1992

Antweiler, C.: Lokales Wissen: Grundlagen, Probleme, Bibliographie, in: Honerla, S.; Schröder, P.: Lokales Wissen und Entwicklung, Saarbrücken 1995

Ayres, R.U.; Simonis, U.E. (Hrsg.): Industrial metabolism: Restructuring for sustainable development, Tokio 1994

Bähr, J. (1995): Internationale Wanderungen in Vergangenheit und Gegenwart, in: Geographische Rundschau 47/1995, S. 398ff

Basics AG: Energieperspektiven für die Industrie - Szenario IV. Arbeitsbericht zu Handen der Arbeitsgruppe Energieperspektiven, Zürich, 25. Februar 1997

Baumert, M.: Innovationen für eine nachhaltig zukunftsverträgliche Entwicklung, in: Surfen auf der Modernisierungswelle? Marburg 1997

Beck, U.: Risikogesellschaft - Auf dem Weg in eine andere Moderne, Frankfurt 1996

Biervert, B.; Held, M.: Money matters - Überlegungen zum Zusammenhang von Geld, Wachstum und Natur, in: Biervert, B.; Held, M. (Hrsg.): Die Dynamik des Geldes, Frankfurt/New York 1996

Binswanger, H.C.: Geld und Wachstumszwang in: Binswanger, H.C.; von Flotow, P. (Hrsg.): Geld & Wachstum, Stuttgart, Wien 1994

Binswanger, H.C.: Sustainability - realistisches Ziel oder gefährliche Illusion? in: Prognos AG (Hrsg.) Sustainability - eine Illusion? Sinzheim 1997, S. 17ff

Binswanger, H.C.: Perspektiven einer nachhaltigen und umweltgerechten Wirtschaft, in: CO_2 - eine Herausforderung für die Menschheit, Berlin 1997, S. 112-119

BP (Switzerland): BP Statistical Review of World Energy 1997

Bradke, D.: Potentiale und Kosten der Treibhausgasminderung im Industrie- und Kleinverbrauchsbereich. Teilstudie B. 3 im Auftrag der Enquete-Kommission "Vorsorge zum Schutz der Erdatmosphäre" des Deutschen Bundestages, ISI Karlsruhe 1993

Brenck, A.: Moderne umweltpolitische Konzepte: Sustainable Development und ökologisch-soziale Marktwirtschaft, Diskussionspapier Nr. 3 des Instituts für Verkehrswirtschaft, Münster 1991

BUND und Misereor (1996): Zukunftsfähiges Deutschland, ein Beitrag zu einer global nachhaltigen Entwicklung. Studie des Wuppertaler Instituts für Klima, Umwelt, Energie, 1996

Bundesamt für Konjunkturfragen (Hrsg.): Strom rationell nutzen, Bern 1992

Bundesanstalt für Geowissenschaften und Rohstoffe: Reserven, Ressourcen und Verfügbarkeit von Energierohstoffen, Hannover 1995

Bundesregierung (1995): Schutz und Bewirtschaftung der Tropenwälder - Tropenwaldbericht der Bundesregierung - 4. Bericht, Bundestagsdrucksache 13/ 1859, Bonn 1995

Bundesregierung (1995): Waldzustandsbericht der Bundesregierung 1995, Bundestagsdrucksache 13/3208, Bonn 1995

Bundesregierung (1997): Bericht der Bundesregierung anläßlich der UN-Sondergeneralversammlung über Umwelt und Entwicklung 1997 in New York Bundestagsdrucksache 13/7054, Bonn 1997

Bundesumweltministerium (1992): Umweltpolitik - Bericht der Bundesregierung über die Konferenz der Vereinten Nationen für Umwelt und Entwicklung im Juni 1992 in Rio de Janeiro. Bonn o.J.

Bundeswirtschaftsministerium (1994): Energieeinsparung und erneuerbare Energien - Berichte aus den energiepolitischen Gesprächszirkeln beim Bundesministerium für Wirtschaft, Bonn 1994

Burdick, B.: Klimaänderung und Landbau, die Agrarwirtschaft als Täter und Opfer, Schriftenreihe der Stiftung Ökologie und Landbau, Verlag C.F. Müller 1994

Busch-Luety, Ch.: Nachhaltigkeit als komplexes Lebensprinzip: eine notwendige Erweiterung der „sustainability"-Debatte, in: Ökonomie weiterdenken! S. 121-138, Frankfurt am Main, 1997

Bußmann: Geothermie als Teil kommunaler Energiekonzepte, in: BWK Bd. 48, 1996, Nr. 10, S. 26ff

Cansier, D.: Volkswirtschaftliche Grundlagen der Nachhaltigkeit, Tübingen 1997

Casimir, M.J.: Mitwelt und Umwelt, in: Info-Magazin 1, 1993, S. 22

Cazzavillan, G.; Musu, I.: A Simple Model of Optimal Sustainable Growth, Mailand 1997

Claußen, M. (1996): Grenzen des ökologischen Systems, in: Prognos AG (Hrsg.), Sustainability - eine Illusion?, Sinzheim 1997, S. 71-81

Clayton, A.M.H.; Radcliffe N.J.: Sustainability: A systems approach, in: Westview Press XIV, Boulder, Colorado 1996

Cohn, J.P.: Chlorofluorocarbons and the incredible shrinking ozone, in: FDA Consumer, 1987, volume 21, No 10, page 32ff

Conference on Trade and Development: Promoting growth and sustainable development in a globalizing and liberalizing world economy, Genf 1996

Conrad: Überlegungen zu (Optionen) einer nachhaltigen Energieversorgung, Berlin 1993

Czakainski, M.: Globale Energieversorgung: Was kann die Zukunft von uns erwarten? - Erkenntnisse der 16. Weltenergiekonferenz 1995 in Tokio, in: Energiewirtschaftliche Tagesfragen, Heft 11/1995, S. 690-696

Daly, H.E.: Allocation, distribution, and scale: towards an economics that is efficient, just, and sustainable, in: Ecological economics, 1992

Daly, H.E.: The economic growth debate, in: Journal of Environment, Economics and Management, 14/1987

Der Spiegel: Leben auf zwei Planeten, in: Der Spiegel 13/1997, S. 200 f.

Deutscher Bundestag: Antwort der Bundesregierung auf die große Anfrage zum Thema Umwelt und Entwicklung - Politik für eine „nachhaltige Entwicklung", Bundestagsdrucksache 12/2286, Bonn 1992

Deutscher Bundestag: Unterrichtung durch das Europäische Parlament. Entschliessung zu den Ergebnissen der Konferenz über Umwelt und Entwicklung der Vereinten Nationen (UNCED), Bundestagsdrucksache 12/3133, Bonn 1992

Deutscher Bundestag: Große Anfrage zum Klimaschutz in Europa, Bundestagsdrucksache 12/5854, Bonn 1993

Deutsches Atomforum e.V.: Externe Kosten - was wissen wir heute? Am Beispiel der Elektrizitätserzeugung, Stellungnahme des Arbeitskreises I „Technik und Industrie, 1995

Diefenbacher, H. et al.: Nachhaltige Wirtschaftsentwicklung im regionalen Bereich. Ein System von ökologischen, ökonomischen und sozialen Indikatoren, Heidelberg 1997

Dierkes, M.: Leitbild und Technik: Zur Entstehung und Steuerung technischer Innovationen, Wissenschaftszentrum Berlin für Sozialforschung (Hrsg.), Berlin 1992

Dlugolecki, A.: An insurer's perspective, in: Legget, J. (Ed.): Climate change and the financial sector, München 1996, S. 64ff

Dopfer, K.: The global dimension of economic evolution: Knowledge variety and diffusion in economic growth and development, Heidelberg 1996

Drenner, T.E.; Kaiser, H.M.: Agricultural dimension of global climate change, in: Agricultural dimension of global climate change, Hrsg.: Drenner, T.H. und Kaiser, H.M.; St. Lucie Press 1993

Dykstra: Energy price scenarios and a sustainable society, in: Change, Juni 1995

EBP - Ernst Basler & Partner: Solarinitiative Schweiz, Bern 1997

ECE Energy Series No. 6: Sustainable energy developments in Europe and North America, 1991

Eckerle, K. et al.: Technisch wirtschaftliche Analysen der Potentiale zur Verminderung des Energieverbrauchs, der Nutzung fossiler Energieträger und der Emission energiebedingter klimarelevanter Spurengase für die neuen Bundesländer, im Auftrag der Enquete-Kommission „Vorsorge zum Schutz der Erdatmosphäre" des Deutschen Bundestages, Basel 1994

Eckhardt, J.: Liberalisierung verändert das Gesicht der Branche, in: Handelsblatt vom 18.2.1997, S. 18

Enquete-Kommission (1997) "Schutz des Menschen und der Umwelt" des Deutschen Bundestages (Hrsg.): Konzept Nachhaltigkeit, Drucksache 13/7400, Bonn 1997

Enquete-Kommission (1995) „Vorsorge zum Schutz der Erdatmosphäre" des Deutschen Bundestages (Hrsg.): Mehr Zukunft für die Erde. Nachhaltige Energiepolitik für dauerhaften Klimaschutz, Bonn 1995

Enquete-Kommission (1994) "Schutz des Menschen und der Umwelt" des Deutschen Bundestages (Hrsg.): Die Industriegesellschaft gestalten - Perspektiven für einen nachhaltigen Umgang mit Stoff- und Materialströmen, Bonn 1994

Enquete-Kommission, Energie und Klima, hrsg. von der Enquete-Kommission "Vorsorge zum Schutz der Erdatmosphäre" des Deutschen Bundestages, Karlsruhe 1990

Environment: Chronology of international cooperation to protect the ozone layer, in: Environment, 1995, volume 37, No 2, page 20 ff

Ewe, Th.: Bammel vor Chinas Schloten, in: Bild der Wissenschaft 5/1996, S. 16 ff

Ewers, H.-J.; Rennings, K.: Quantitative Ansätze einer rationalen umweltpolitischen Zielbestimmung, in: Zeitschrift für Umweltpolitik und Umweltrecht, Nr. 19, 1996, S. 413-439

Ewers, H.-J.; Hassel, Ch.: Handlungsfelder und Ordnungsrahmen einer Politik der dauerhaft-umweltgerechten Entwicklung, in: Ordnungspolitische Grundfragen einer Politik der Nachhaltigkeit, Baden-Baden 1996

Ferguson, R.B.: Introduction: Studying war, in: Ferguson, R.B. et al.: Warfare, culture, and environment, Orlando 1984, S. 1ff

Fischedick: Stand und Entwicklungsperspektiven fossiler Kraftwerkskonzepte, in: Strom- und wärmeerzeugende Anlagen auf fossiler und nuklearer Grundlage, Teil 1, Jülich 1994

Flessner, B. (1997): Der achte Tag der Schöpfung, in: natur 1/1997, S.12ff

Franke, A. (1996): Freier Welthandel und umweltverträgliche Entwicklung, in: ifo Schnelldienst 21/1996, S. 15ff

Fritsche, U.; Leprich, U.: Gegenüberstellung der institutionellen Rahmenbedingungen zur Internalisierung externer Kosten der Energiewirtschaft in der BRD und den USA sowie neuere Internalisierungsansätze in der amerikanischen Stromwirtschaft, Prognos-Schriftenreihe „Identifizierung und Internalisierung externer Kosten der Energieversorgung“ Band 7, Basel 1992

Gerken, L.; Renner, A.; Watrin, Ch.: Der Wettbewerb der Ordnungen als Entdeckungsverfahren für eine nachhaltige Entwicklung, in: Ordnungspolitische Fragen einer Politik der Nachhaltigkeit, Baden-Baden 1996

Gruhl, H.: Ein Planet wird geplündert, Frankfurt a.M. 1975

Gruppe Energie 2010: Zukünftige Energiepolitik, Endbericht, Hannover 1995

Guggenberger, B.: Fragen zur Sustainability - Was leistet dieses Konzept und wohin führt es uns? in: Prognos AG (Hrsg.) Sustainability - eine Illusion? Sinzheim 1997, S. 28ff

Haber, W.: Das Nachhaltigkeitsprinzip als ökologisches Konzept, in: Fritz, Huber, Levi (Hrsg.), Nachhaltigkeit, Stuttgart 1995

Haber, W.: Nachhaltige Entwicklung - aus ökologischer Sicht, in: Zeitschrift für angewandte Umweltforschung, 1994

Handelsblatt: Sachverständigenrat / Exkurs im Jahresgutachten 1996/97, Umweltökonomische Rechnungen benötigen politische Vorgaben, in: Handelsblatt Nr. 224 vom 19.11.1996, S.5

Harborth, H.-J.: Dauerhafte Entwicklung statt globaler Selbstzerstörung. Eine Einführung in das Konzept des "Sustainable Development", Berlin 1991

Härtlein; Kaltschmitt: Wann rechnen sich große Biomassefeuerungen? in: E&M, 1996

Hartmann; Strehler (Landtechnik Weihenstephan, TU München): in: Die Stellung der Biomasse im Vergleich zu anderen erneuerbaren Energieträgern aus ökologischer, ökonomischer und technischer Sicht, zitiert nach: BIO-Hickhack in: Energiespektrum 6/1995, S. 47

Hayek, F.A.v.: Der Wettbewerb als Entdeckungsverfahren, Kiel 1968

Helbling, J.: Die dauerhafte und durchhaltbare Gesellschaftsform - eine ethnologische Illusion? in: Prognos AG (Hrsg.) Sustainability - eine Illusion ? Sinzheim 1997, S. 82-93

Hennicke, P.: Klimaschutz durch Neuordnung der Märkte, in: Demokratische Gemeinde, Energie in Europa, Dokumentation der Bundes-SGU, November 1996, S. 8-34

Hensing, I. (1994): Kernenergie: Die Entsorgungssituation in Deutschland in: ZfE 4/94, S. 215 ff

Hessisches Ministerium für Umwelt, Energie und Bundesangelegenheiten: Besonders sparsame Haushaltsgeräte, 1992, 1996

Hirsch, G.: Beziehungen zwischen Umweltforschung und disziplinärer Forschung, in: Gaia 1995

Hlubeck: Das Spannungsfeld der energietechnischen Innovation, in: Energiewirtschaftliche Tagesfragen 46. Jg. (1996) Heft 1/2, S. 8 ff

Hockerts, K.: Strategien unternehmerischer Nachhaltigkeit, in: Wirtschaftsökologische Perspektiven, 5. Jahrgang, 1997

Hoffmann-Novotny, H.J. (1995): Soziologische Aspekte internationaler Migration, in: Geographische Rundschau 47/1995, S. 410 ff

Hoffmann: Regenerativ-Kraftwerke, in: Elektrizitätswirtschaft Jg. 96, 1997, S. 396 ff

Homann, K.: Sustainability: Politikvorgabe oder regulative Idee? in: Ordnungspolitische Grundfragen einer Politik der Nachhaltigkeit, Baden-Baden 1996

Huebner, S.: Im Blickpunkt: Lokale Agenda 21. Von Rio de Janeiro bis nach Bayreuth, in: Wirtschaftsökologische Perspektiven, 5. Jahrgang, 1997

IAEA: Risks from energy systems in the far future, discussion paper for a technical committee meeting on approaches for estimating and comparing risks from energy systems in the far future, Wien 1997

IIASA (International Institute for Applied System Analysis): Global energy perspectives to 2050 and beyond, Working Paper 95-127, Laxenburg (Österreich) 1995

Infras AG: Energieperspektiven Teil Verkehr - Szenario IV, Arbeitspapier für die Besprechung vom 4. März 1997, Bern 1997

Institut für Angewandte Wirtschaftsforschung: Ordnungspolitische Grundfragen einer Politik der Nachhaltigkeit, Gutachten im Auftrag des Bundeswirtschaftsministeriums, Tübingen 1995

Institut für ökologische Wirtschaftsforschung: Ordnungspolitische Grundfragen einer Politik für eine nachhaltige zukunftsverträgliche Entwicklung, Gutachten im Auftrag des Bundeswirtschaftsministeriums, Berlin 1995

Institut für sozialökologische Forschung (Hrsg.): Sustainable Netherlands - Aktionsplan für eine nachhaltige Entwicklung der Niederlande, Frankfurt, o.J.

Institut für Wirtschaft und Ökologie Hochschule St. Gallen: Nachhaltige Entwicklung - Inhaltliche Aspekte, St. Gallen 1993

IUCN, UNEP, WWF: World Conservation Strategy - Living Resource Conservation for Sustainable Development, 1980

Jänicke, M.; Weidner, H. (Hrsg.): National environmental policies - a comparative study of capacity building, Heidelberg 1997

Jansen, H.M.A., Kuik, O.J.; Spiegel, C.K.: Impacts of sea-level rise: An economic approach, in: Climate change: Evaluating the socio-economic impacts. OECD, Paris 1991

Jochem, E.; Bradke, H.: Energieeffizienz, Strukturwandel und Produktionsentwicklung der deutschen Industrie, Abschlußbericht Teilprojekt 6 „Industrie", Karlsruhe, 1996

Juedes, U.: Nachhaltige Sprachverwirrung: auf der Suche nach einer Theorie des Sustainable Development, in: Politische Ökologie Nr. 52, Juli/August 1997, S. 26-29

Kalkstein, L.S.; Tan, T.: Human Health, in: As climate changes, international impacts and implications. Hrsg: Strzepek, K.M. und Smith, J.B., Cambridge University Press 1995

Kaltschmitt, M.; Wiese, A.: Erneuerbare Energieträger in der Bundesrepublik Deutschland - Potentiale und Kosten, in: BWK Bd. 45 (1993), Nr. 3, S. 79-S. 85, Heidelberg 1993

Kastenholz, H.G. et al.: Nachhaltige Entwicklung: Zukunftschancen für Mensch und Umwelt, Berlin 1996

Kemmer, H.-G.: Abschied vom Schwarzen Gold, in: "Die Zeit" vom 14.3.1997, S. 27.

Klemmer, P.: Das Prinzip der Nachhaltigkeit - neuere stoffpolitische Ansätze in: List Forum 22/1996, S. 313

Klemmer, P. et al.: Mehr Nachhaltigkeit durch Marktwirtschaft: ein ordnungspolitischer Ansatz, in: Ordnungspolitische Grundfragen einer Politik der Nachhaltigkeit, Baden-Baden 1996

Klöpfer, M. (1995): Anfänge von Umweltrecht: Umweltrelevantes Recht in den frühen Hochkulturen und in der Antike, in: Gaia 5-6/1995, S. 315ff

Koch, K.F.: The anthropology of warfare, Addison Wesley Publ.Comp., 1974

Kreibich: Technologieentwicklung und Konsequenzen für Strukturwandel und Innovation, in: Kalmbach: Management im Umbruch - Wege aus der Krise, S. 51-76, Frankfurt am Main 1994

Krings, T. (1995): Internationale Migration nach Deutschland und Italien im Vergleich, in: Geographische Rundschau 47/1995, S. 437ff

Kruse-Graumann, L.: Psychologische Ansätze zur Entwicklung einer zukunftsfähigen Gesellschaft, in: Kastenholz, H.G.; Erdmann, K.H.; Wolff, M. (Hrsg.): Nachhaltige Entwicklung, Berlin, Heidelberg 1996

Kübler, K. (1995): Externe Kosten und Standortsicherung - eine energiepolitische Gestaltungsaufgabe, in: Energiewirtschaftliche Tagesfragen 45. Jg. 1995, S. 491ff

Kueger, A.; Wiesenfeld, J.; Cowen, R.: Geneva Meeting on ozone focuses efforts to set world standards, in: Christian Science Monitor (CHSM), vom 5.12.1986, S. 10

Kuig; Verbruggen (Hrsg.): In search of indicators of sustainable development, Dordrecht, Niederlande 1991

Kurth, H.: Forsteinrichtung. Nachhaltige Regelung des Waldes, Berlin 1994

Kurz, R.: Nachhaltige Entwicklung als ordnungspolitische Herausforderung, in: Mitteilungen/Institut für Angewandte Wirtschaftsforschung, 1997

Lausel: Wenn Eis brennt, in: Die Zeit vom 4.7.1997

Laux, H.D.; Thieme, G. (1995): Asiatische Einwanderer in den USA, in: Geographische Rundschau 47/1995, S. 429ff

Legget, J. (Ed.): Climate change and the financial sector, München 1996

Loske, R.: Heizt China den Planeten auf? in: Greenpeace Magazin 3/97, S. 26

Loske, R.: Klimapolitik, Marburg 1996

Majer, H.: Wirkungen der in der Literatur vorgeschlagenen Instrumente, die dazu beitragen sollen, um zu einer dauerhaften und durchhaltbaren Entwicklung zu gelangen und aus ihrer Einführung möglicherweise resultierender ordnungspolitischer und institutioneller Anpassungsbedarf, Unterauftrag im Rahmen des Projekts „Grenzen und Chancen einer dauerhaften und durchhaltbaren Entwicklung im Energiesektor", Basel 1997

Masuhr, K.P.; Schärer, S.; Wolff, H.: Energieverbrauch: Kostenwahrheit ohne Staat? Stuttgart 1995

Masuhr, K.P.; Wolff, H.; Keppler, J.: Die externen Kosten der Energieversorgung, Stuttgart 1992

McCarthy, J.J.: Key questions concerning ecosystems and the biosphere, in: Megascience: The OECD Forum, Global Change of Planet Earth, Paris 1994

May, P.H.; da Motta, R.S.: Pricing the planet: Economic analysis for sustainable development, Hrsg.: Columbia University Press, New York 1996

Meadows, D.H.; Meadows, D.L.; Randers, J.: Die neuen Grenzen des Wachstums, Stuttgart 1992

Meadows, D.L. et al.: Die Grenzen des Wachstums, Stuttgart 1972

Meier, A.: Bundesregierung bessert Energierechtsnovelle nach, in: Energie + Management, Zeitschrift für den Energiemarkt, 8/97, 15. April 1997, S. 1f

Meliß: Regenerative Energiequellen, in: BWK, Bd. 47, 1995, Nr. 4

Meliß: Der Forschungsstand bei den regenerativen Energiequellen, in: Energiewirtschaftliche Tagesfragen 46. Jg., 1996, Heft 1/2, S. 15f

Meliß: Regenerative Energiequellen, in: BWK Jg. 49, 1997, Heft 4, S. 68ff

Meliß; Sandtner: Der Forschungsstand bei den regenerativen Energiequellen, in: Energiewirtschaftliche Tagesfragen, 46. Jg. , 1996, Heft 1/2, S. 15ff

Meyerhoff, J. et al.: Nachhaltige Entwicklung als langfristiger Wandlungsprozeß: Konsequenzen für die Wirtschafts- und Umweltpolitik, in: Ordnungspolitische Grundfragen einer Politik der Nachhaltigkeit, Baden-Baden 1996

Münch, R.: Das Dilemma der Umweltpolitik, in: Aus Politik und Zeitgeschichte, Das Parlament B37/94 vom 16. September 1994

Munda, G.: Environmental economics, ecological economics, and the concept of sustainable development, in: Environmental Values, 6. 1997, S. 213-233

Nakicenovic, N.; Jefferson, J.M. : Global energy perspektives to 2050 and beyond, Working Paper des IIASA, Laxenburg (Österreich) 1995

Nichols, R.J.; Leatherman, S.P.: Global sea-level rise, in: As climate changes, international impacts and implications, Hrsg: Strzepek, K.M. und Smith, J.B., Cambridge University Press 1995

Nijkamp, P.; Ouwersloot, H.: A decision support system for regional sustainable development: the flag model, Amsterdam 1997

Nitsch: Wirtschaftliches und ausschöpfbares Potential der KWK in Baden-Württemberg, Stuttgart 1994

Norgaard, R.: Sustainable development: a co-evolutionary view, Futures 1988

Nutzinger, H.G.; Radke, V.: Das Konzept der nachhaltigen Wirtschaftsweise: Historische, theoretische und politische Aspekte; in: Nutzinger, H.G. (Hrsg.), Nachhaltige Wirtschaftsweise und Energieversorgung, Marburg 1995

OECD (1993/95): OECD Environmental Data Compendium 1993 und 1995

OECD: Global warming, economic dimensions and policy respones, Paris 1995

OECD: Policies and measures for common action, innovation for sustainable transport (first draft), 1996

OECD: World Energy Outlook, 1996 edition

Oerlemans, J.: Possible changes in the mass balance of the Greenland and Antarctic ice sheets and their effects on sea level, in: Climate and sea level change: observations, projections and implications, Hrsg: Warrick, R.A.; Barrow, E.M. und Wigley, T.M.L., Cambridge University Press 1993

Olson, M.: Aufstieg und Niedergang von Nationen, Tübingen 1968

Opschoor, H.: Sustainable development, the economic process and economic analysis, in: ders. (Hrsg.): Environment, economy and sustainable development, 1992

Ostrom, E.: Governing the commons - the evolution of institutions for collective action, New York 1990

Otto, K.W.: Was läßt sich realisieren? in: Prognos AG (Hrsg.) Sustainability - eine Illusion? Sinzheim 1997, S. 113 ff

Parker, G. (Hrsg.): Große illustrierte Weltgeschichte, Wien 1995

Pearce, D.W.: An economic perspective on sustainable development, in: Development, No. 2/3, Journal of SID, Italy 1989

Pearce, D. W. et al.: Sustainable development: economics and environment in the third world, London 1990

Pearce, D.W.; Turner, R.K.: Economics of natural resources and the environment, Baltimore 1990

Pearce, D.: Evaluating the socio-economic impacts of climate change: An introduction, in: Climate change, evaluating the socio-economic impacts, OECD, Paris 1991

Pfister, Ch.: Das 1950er Syndrom: Die wirtschaftliche Entwicklung der Schweiz nach 1945 und die Bewegung relativer Energiepreise, in: Das 1950er

Syndrom - der Weg in die Konsumgesellschaft, Hrsg.: Pfister, Ch. 2. Auflage, Bern 1996, S. 51-96

Pischinger, F.: TH Aachen, FEV Motorentechnik GmbH & Co. KG, in: bdw 6/1996

Pointner, J.: Im Schattenreich der Gefahren, Wien 1995

Pollmann, K.: Babylonische Bauten, in: Die Zeit vom 25.10.1996, S. 38

Posner-Landsch, M.: Grenzen unserer sprachlich-kulturellen Wahrnehmung, in: Sustainability - Eine Illusion? Ein interdisziplinärer Workshop, Prognos AG (Hrsg.), Sinzheim 1997, S. 38-50

Posner-Landsch, M.: Prozesse der Sprachbildung bei der Bewußtseinsschaffung für externe Effekte, in: Prognos AG, Externe Effekte der Energieversorgung, Baden-Baden 1991

Prognos AG (Hrsg.): Sustainability - eine Illusion? Sinzheim 1997

Prognos AG: Energieperspektiven für die Privaten Haushalte, Szenarien I bis III. Im Auftrag für das Bundesamt für Energiewirtschaft, Bern 1996

Prognos AG: Energiereport 2010. Die energiewirtschaftliche Entwicklung in Deutschland, Stuttgart 1992

Prognos AG: Energiereport II. Die Energiemärkte Deutschlands im zusammenwachsenden Europa - Perspektiven bis zum Jahr 2020, Stuttgart 1996

Prognos AG: Politik, Wertewandel, Technologie - Ansatzpunkte für eine Theorie der sozialen Entwicklung, Düsseldorf 1982

Prognos AG: Wirtschaftlichkeit von Heizsystemen - ein Vergleich zwischen einer Ölzentralheizung und dem GEOHIL-Erdenergiesystem, Basel 1994 (vertraulich)

Pruschek, R. et al.: Ermittlung und Verifizierung der Potentiale und Kosten der Treibhausgasminderung durch KWK in der Industrie, Bericht an die Enquete-Kommission "Vorsorge zum Schutz der Erdatmosphäre" des Deutschen Bundestages, Universität Gießen, GH Essen, Juli 1994

Radermacher, W.; Stahmer, C. (1994): Vom Umwelt-Satellitensystem zur Umweltökonomischen Gesamtrechnung: Umweltökonomische Gesamtrechnungen in Deutschland - Erster Teil, in: Zeitschrift für angewandte Umweltforschung 7/1994, S. 531ff

Radermacher, W.; Stahmer, C. (1995): Vom Umwelt-Satellitensystem zur Umweltökonomischen Gesamtrechnung: Umweltökonomische Gesamtrechnungen in Deutschland - Zweiter Teil, in: Zeitschrift für angewandte Umweltforschung 8/1995, S. 99ff

Radkau, J.: Beweist die Geschichte die Aussichtslosigkeit der Umweltpolitik? in: Kastenholz, H.G.; Erdmann, K.H.; Wolff, M. (Hrsg.): Nachhaltige Entwicklung. Berlin, Heidelberg 1996, S. 23ff

Radke, V.: Zur wirtschaftstheoretischen Fundierung von Indikatoren einer nachhaltigen Entwicklung, Manuskript eines Vortrags im Ausschuß für Umwelt- und Ressourcenökonomie des Vereins für Sozialpolitik, April 1997

Raper, S.C.B.: Climatic change and severe tropical storms, in: climate and sea level change: Observations, projections and implications, Hrsg: Warrick, R.A.; Barrow, E.M. und Wigley, T.M.L., Cambridge University Press 1993

Renn, O.: Ökologisch denken - sozial handeln: Die Realisierbarkeit einer nachhaltigen Entwicklung und die Rolle der Kultur- und Sozialwissenschaften, in: Kastenholz, H.G.; Erdmann, K.H.; Wolff, M. (Hrsg.): Nachhaltige Entwicklung, Berlin, Heidelberg 1996, S. 79ff

Rennings, K. et al.: Nachhaltigkeit, Ordnungspolitik und freiwillige Selbstverpflichtung: ordnungspolitische Grundregeln für eine Politik der Nachhaltigkeit und das Instrument der freiwilligen Selbstverpflichtung im Umweltschutz, Heidelberg 1996

Rennings, K.: A regulatory framework for a policy of sustainability: lessons from the neo-liberal school, Diskussionspapier, Mannheim 1997

Rennings, K.; Hohmeyer, O. (Hrsg.): Nachhaltigkeit, in: ZEW Wirtschaftsanalysen, Band 8, Mannheim 1997

Rheinisch-Westfälisches Institut für Wirtschaftsforschung: Ordnungspolitische Grundfragen einer Politik der Nachhaltigkeit, Gutachten im Auftrag des Bundeswirtschaftsministeriums, Essen 1995

Riebsame, W.E. et al.: Complex River Basins, in: As Climate Changes, International Impacts and Implications, Hrsg: Strzepek, K.M. und Smith, J.B., Cambridge University Press 1995

Rosenzweig, C.; Parry, M.L.: Potential impacts of climate change on world food supply: A summary of a recent international study, in: Agricultural dimension of global climate change, Hrsg: Drenner, T.H. und Kaiser, H.M., St. Lucie Press 1993

Rosenzweig, C.; Parry, M.L.; Fischer, G.: World Food Supply, in: As climate changes, international impacts and implications, Hrsg: Strzepek, K.M. und Smith, J.B., Cambridge University Press 1995

Sachs, W.: Von der Schwäche der Zahlen oder die Kraft des Erzählens, in: Wirtschaftsökologische Perspektiven, 5. Jahrgang, 1997

Sachverständigenrat für Umweltfragen: Umweltgutachten 1994. Für eine dauerhaft-umweltgerechte Entwicklung, Stuttgart 1994

Sachverständigenrat für Umweltfragen: Umweltgutachten 1996. Zur Umsetzung einer dauerhaft-umweltgerechten Entwicklung, Stuttgart 1996

Sassin, W. (1995): Die globale Dimension des Menschlichen - Strukturen für Milliarden? in: Gaia 4/1995, S. 282 ff

Schäfer, H.; Schäfer, V.: Querschnittstechniken - sektor- und branchenübergreifende Techniken zur Energieumwandlung, Abschlußbericht Teilprojekt 8 „Querschnittstechniken“, Forschungszentrum Jülich, Jülich 1995

Schäfer, L.: Das Bacon-Projekt: Von der Erkenntnis, Nutzung und Schonung der Natur, Frankfurt/M. 1993

Schlesinger, M.E.: Model projections of CO_2 -induced climate change, in: Climate and sea level change: Observations, projections and implications, Hrsg.: Warrick, R.A.; Barrow, E.M. und Wigley, T.M.L., Cambridge University Press 1993

Schmidheiny, S.: Kurswechsel, München 1992

Schmidheiny, S.; Zorraquín, F.: mit dem World Business Council for Sustainable Development, Finanzierung des Kurswechsels, Zürich 1996

Schmidt-Bleek, F.; Tischler, U.: Produktentwicklung, Schriftenreihe des Wirtschaftsförderungsinstituts Nr. 270, Wien 1995

Schneider, E.: Einführung in die Wirtschaftstheorie. Bd. 1, Tübingen 1963

Schöpf, A.: Krankheiten schreiben Menschheitsgeschichte in: Krczal, A. (Hrsg.) Beiträge zur Praxis des Krankenhausmanagements, Wien 1992

Schröder, D.; Wolff, H.: Politik im Spannungsfeld zwischen sozialen Prozessen, Wertewandel und technischer Entwicklung, in: Bundesminister für Forschung und Technologie, Politik Wertewandel Technologie, Düsseldorf/Wien 1982

Schulz, W.; Traube, R.; Salmen, H.-U.: Ermittlung und Verifizierung der Potentiale und Kosten der Treibhausgasminderung durch KWK zur Fern- und Nahwärmeversorgung im Bereich der Siedlungs-WKK, Bericht an die Enquete-Kommission "Vorsorge zum Schutz der Erdatmosphäre" des Deutschen Bundestages, Bremer Energie-Institut, September 1994

Schürmann, H.J.: Durch Wettbewerb höhere Effizienz und Flexibilität, in: Handelsblatt, 31.12.1996, Nr. 252, S. 27

Siebenhüner, B.: Umweltbewußtsein - weitergedacht, Arbeitspapier des Wissenschaftszentrums Berlin für Sozialforschung, Berlin 1996

Simonis, U.E.: Elemente einer globalen Umweltpolitik - Eine institutionell-ökonomische Perspektive, in: Kastenholz, H.G.; Erdmann, K.H.; Wolff, M. (Hrsg.): Nachhaltige Entwicklung, Berlin, Heidelberg 1996, S. 173

Smith, T.M.; Halpin; P.N.; Shugart, H.H.; Secrett, C.M.: Global forest, in: As climate changes, international impacts and implications, Hrsg.: Strzepek, K.M. und Smith, J.B., Cambridge University Press 1995

Soete, B.: Ecological economics: Zur Einführung IÖW/VÖW - Informationsdienst Nr. 5/6 1995

Sontow; Siegle, Spliethoff, Kaltschmitt: Biomassezuführungen in Kohlekraftwerken, in: Energiewirtschaftliche Tagesfragen, 47. Jg., 1997, Heft 6, S. 338 ff

Stanners, D.; Bourdeau, P.: Europe's Environment, Copenhagen 1995

Statistisches Bundesamt (1995): Statistisches Jahrbuch 1995 für die Bundesrepublik Deutschland

Steger, U. (1994): Am Ende der Debatte über Unternehmensethik: Plädoyer für eine Konzeption der „leistbaren Verantwortung“, in: Zimmerli, W.Ch.; Brennecke, V.M. (Hrsg.) Technikverantwortung in der Unternehmenskultur, S. 17 ff

Steger, U.: Nachhaltige und dauerhafte Entwicklung aus wirtschaftswissenschaftlicher Sicht in: Fritz, Huber, Levi (Hrsg.) Nachhaltigkeit in naturwissenschaftlicher und sozialwissenschaftlicher Perspektive, Stuttgart 1995

Steinitz, K.: Herausforderung Umwelt: Lösungsansätze für die Widersprüche von Ökonomie und Ökologie, Hamburg 1996

Straubhaar, Th.; Wolter, A. (1996): Aktuelle Brennpunkte der europäischen Migrationsdiskussion, in: Wirtschaftsdienst 1996/IX, S. 481 ff

Strzepek, K.M. et al.: Integrated impacts on egypt, in: As climate changes, international impacts and implications, Hrsg: Strzepek, K.M. und Smith, J.B., Cambridge University Press 1995

Summerer, S.: Schritte zu einem nachhaltigen Deutschland: zur Diskussion und Umsetzung eines Konzeptes im Umweltbundesamt, in: Nachhaltige Entwicklung, Berlin 1996, S. 37-51

The economist: A cool look at hot air: the environment is the new stuff of diplomacy (Green Diplomacy), in: The Economist, 1990, volume 315, no 7659, page 17 ff

Umweltbundesamt (1994): Daten zur Umwelt 92/93, Berlin

Umweltbundesamt (Hrsg.): Nachhaltiges Deutschland - Wege zu einer dauerhaft umweltgerechten Entwicklung, Berlin 1997

Vieser, H. (1997): So sehen Forscher unsere Zukunft, in: Bild der Wissenschaft 4/1997, S. 56 ff

von Weizsäcker, E.-U.; Lovins, A.B. und Lovins, L.H.: Faktor 4, Bericht an den Club of Rome, München 1996 von Weizsäcker, E.-U.: Grenzen-los? Jedes System braucht Grenzen - aber wie durchlässig müssen diese sein? Berlin 1997

Vorholz, F.: Der Absturz vom Erdgipfel, in: Die Zeit vom 13.06.1997, S. 11

Vorholz, F.: Papier mit Sprengkraft - utopischer Plan: Die Wärmedämmung sämtlicher Altbauten würde viele Milliarden verschlingen, in: Die Zeit vom 22.11.1996, S. 20

Vornholz, G.: Die ökologischen Ziele im sustainable development, Konzept, in: Nutzinger, H.G.: Nachhaltige Wirtschaftsweise und Energieversorgung, Marburg 1995

Voss (Hrsg.): Sustainable Development - Leitziel auf dem Weg ins 21. Jahrhundert, Köln

Voss, G.: Umweltpolitik fünf Jahre nach Rio, in: Thema Wirtschaft, Institut der Deutschen Wirtschaft Köln, 3/97

Wackernagel, M.; Rees, W.: Unser ökologischer Fußabdruck - Wie der Mensch Einfluß auf die Umwelt nimmt, Basel 1997

Wagner; König: Brennstoffzellen - Funktion, Entwicklungsstand, künftige Einsatzgebiete, in: Elektrizitätswirtschaft Jg. 96 (1997), Heft 1/2, S. 15 ff

Walter Eucken Institut: Ordnungspolitische Grundfragen einer Politik der Nachhaltigkeit, Gutachten im Auftrag des Bundeswirtschaftsministeriums, Freiburg 1995

Warrick, R.A.: Climate and sea level change: A synthesis, in: climate and sea level change: observations, projections and implications, Hrsg: Warrick, R.A.; Barrow, E.M. und Wigley, T.M.L., Cambridge University Press 1993

Warrick, R.A.; Oerlemans; J.: Sea-level rise, in: Climate change: The IPCC Scientific Assessment, Hrsg.: Houghton, J.T.; Jenkins, G.J. und Ephraums, J.J., Cambridge University Press 1990

WEC, IIASA (1995) World Energy Council: Global energy perspektives to 2050 and beyond, Report 1995

Weidner: Globalisierung - auch eine Chance für die Umwelt, in: Badische Zeitung vom 3. April 1997, S. 5

Weimann, J. (1997): Sustainability im Energiesektor - ein Prisoners Dilemma, Vortragsmanuskript von einem Vortrag am 13.2.1997 an einem Workshop der Prognos AG in Bad Honnef

Weinreich: Strom aus Sonnenlicht, in: EUmagazin 12/1996, S. 30

Weiss, J.: Nachhaltigkeit als Leitbild der Umweltpolitik?: Zum politisch-theoretischen Vakuum der Nachhaltigkeitsdiskussion, in: Wirtschaftspolitik im theoretischen Vakuum? Marburg 1996

Wendt, H. (1995): Asylbewerber in Deutschland, in: Geographische Rundschau 47/1995, S. 443 ff

Winter, C-J.: Technische und verhaltensbezogene Chancen und Grenzen einer dauerhaften und durchhaltbaren Entwicklung im Energiesektor, Unterauftrag im Rahmen dieses Projektes, Überlingen 1996

Wissenschaftlicher Beirat (1996) der Bundesregierung: Globale Umweltveränderungen. Welt im Wandel, Wege zur Lösung globaler Umweltprobleme, Jahresgutachten 1995, Berlin 1996

Wissenschaftlicher Beirat (1995) der Bundesregierung: Globale Umweltveränderungen. Welt im Wandel, Wege zur Lösung globaler Umweltprobleme, Jahresgutachten 1995

Wöhlcke, M. (1995): Umweltdegradierung und Wanderung: Das Phänomen der Umweltflüchtlinge, in: Geographische Rundschau 47/1995, S. 446 ff

Wolfe, D.W.; Erickson, J.D.: Carbon dioxid effects on plants: Uncertainty and implications for modelling crop response to climate change, in: Agricultural dimension of global climate change, Hrsg.: T.H. Drenner und H.M. Kaiser. St. Lucie Press 1993

Wolff, H.: Wirtschaftliche Dynamik und Sustainability - ein Widerspruch?, in: Sustainability - eine Illusion? - Ein interdisziplinärer Workshop, Prognos AG (Hrsg.), Sinzheim 1997, S. 55-70

World Commission (1987) on Environment and Development: Our common future, Oxford 1987

Worm, Th.: Klimaschutz hat in den Kommunen keine Konjunktur, in: Badische Zeitung vom 17.3.1997, S. 6.

WTO (1994): Präambel des Abkommens über die Gründung der Welthandelsorganisation, International Legal Materials, Bd. 33, Nr. 1

Zentrum für Europäische Wirtschaftsforschung: Ordnungspolitische Grundfragen einer Politik für eine nachhaltige zukunftsverträgliche Entwicklung, Gutachten im Auftrag des Bundeswirtschaftsministeriums, Mannheim 1995

Ziegler, A.: Nationale Umweltpolitik und Welthandelsordnung, in: Prognos AG, GATT-Verträge und ökologische Folgen für die Schweiz, Untersuchung zu Handen des Bundesamtes für Außenwirtschaft, Bern, Basel 1994

Zirnstein, G.: Das Verhalten des Menschen in Bezug auf die Umwelt sowie durch den Energiesektor hervorgerufene krisenhafte Entwicklung in der Geschichte, Unterauftrag im Rahmen der vorliegenden Untersuchung, Basel 1997

Zirnstein, G.: Ökologie und Umwelt in der Geschichte, Marburg 1996

Zwick, A. (1997): Welche potentiellen Auswirkungen werden die weltweiten Klimaveränderungen auf die menschliche Gesundheit haben? in: In The IPTS Report, No April/1997, S. 32

Zwick, A.; Soria A., (1996): Klimaforschung: Fakten, Ungewissheiten und Antworten, in: The IPTS Report, No 05/1996

Anhang

Inhaltsverzeichnis **Seite**

Executive Summary

Die deutsche Energiewirtschaft wird in den nächsten Jahrzehnten starken Veränderungen ausgesetzt sein. Viele Faktoren wirken hier zusammen: technischer Fortschritt, internationaler Wettbewerb, Veränderungen im Klima, Beschäftigungssicherheit u. a.

Die Agenda 21 der Weltklimakonferenz von Rio de Janeiro formuliert das Leitbild einer dauerhaft durchhaltbaren Entwicklung („sustainable development"). Im Rahmen dieser Grundsatzstudie war zu prüfen, welche Einschränkungen (Grenzen) und Anpassungsmöglichkeiten (Chancen) sich daraus für den deutschen Energiesektor ergeben. Eine solche branchenzentrierte Analyse ist bisher einmalig. Ihre Ergebnisse lassen sich wie folgt zusammenfassen:

1. **Das Leitbild einer dauerhaft durchhaltbaren Entwicklung ist weder Illusion noch Schicksal für die deutsche Energiewirtschaft**. Es erfordert eine neue Optimierung bei sich ändernden Knappheiten. Hierfür sind marktwirtschaftliche Ordnungformen grundsätzlich eher geeignet als planwirtschaftlich wirkende Zielvorgaben (Systemwettbewerb).

2. **Die Energiewirtschaft hat eine Schlüsselstellung für die dauerhaft durchhaltbare Entwicklung in Deutschland**. Die Realisierung verlangt aber eine enge Verzahnung mit der Gesamtwirtschaft, d.h. mit dem Energiesektor einschließlich aller Energienutzer, sowie mit dem Ausland.

3. **Die Realisierung einer dauerhaft durchhaltbaren Entwicklung ist in Deutschland aufgrund der vorhandenen technischen Potentiale bereits heute möglich**. Ihre Nutzung wird von unterschiedlichen wirtschaftlichen Interessen, sozialen Ansprüchen und überkommenen Konsumgewohnheiten begrenzt. Jede Veränderung ist ein langwieriger Prozeß.

4. **Die Anpassung wird dadurch erschwert, daß die Preise auf den Energiemärkten nicht die tatsächlichen Knappheitsrelationen wiedergeben**. Wettbewerber und Verbraucher richten ihr Energieangebot und ihre Energienutzung an Preisen aus, die durch Subventionen und fehlende Kostenanlastung nach dem Verursacherprinzip verfälscht sind.

5. **Eine energiewirtschaftliche Strukturstarre birgt für Deutschland erhebliche einzel- und gesamtwirtschaftliche Risiken**. Ökonomische Handlungsspielräume im Hinblick auf eine dauerhaft durchhaltbare Entwicklung werden nur ansatzweise ausgeschöpft. Bei Systemlösungen zur Energieeinsparung und zur Nutzung erneuerbarer Energie besteht Nachholbedarf. Die Zahl der Arbeitsplätze sinkt in der Energiewirtschaft bereits jetzt.

6. **Die Gestaltung des Rahmens für eine dauerhaft durchhaltbare Entwicklung ist vorrangig eine Aufgabe der Wirtschafts- und Ordnungspolitik, nicht der Umweltpolitik**. Die Entwicklung geeigneter Wettbewerbsbedingungen ist für die Erschließung der ökonomischen und ökologischen Potentiale ebenso wichtig wie für die Überwindung der weit verbreiteten Unsicherheit über das Leitbild einer dauerhaft durchhaltbare Entwicklung in Deutschland.

Übersicht über unterschiedliche Vorstellungen von Sustainable Development

Schwerpunkt	**Typische Definition**	**Wichtige Vertreter**
Erhaltung des natürlichen Kapitalstocks	Sustainable Development beschreibt eine gesellschaftliche Entwicklung unter der Bedingung nicht negativer Veränderungen des natürlichen Kapitalstocks wie Boden und Bodenqualität, Wasser und Wasserqualität, Land- und Wasserbiomasse sowie der Fähigkeit zur Regeneration und Assimilation von Abfällen in der jeweiligen Umwelt.	Pearce, et al. 1988 Stephan, 1990 Ayres, 1994
Erhaltung des Umweltraums	Ein Leben innerhalb des Umweltraums, d.h. der Menge an Energie, Rohstoffen, Wasser, landwirtschaftlichen Flächen usw., die von der Menschheit dauerhaft genutzt werden kann, ohne dabei die Grundlagen zukünftigen Lebens zu zerstören.	Sustainable Netherlands 1992 Wuppertal Institut 1996
Intergenerative Gerechtigkeit	Eine Entwicklung, die die Bedürfnisse der Gegenwart einlöst, ohne die Fähigkeit der künftigen Generationen, ihre Bedürfnisse zu erfüllen, zu beeinträchtigen.	Pearce, 1987 Enquete-Kommission 1994; Brundtland-Bericht 1987
Konstanter oder steigender Wohlstand	Ein optimales Ressourcen- und Umweltmanagement im Zeitablauf verlangt ein anhaltendes Wirtschaftswachstum unter der Bedingung, die Dienste und Qualität der natürlichen Ressourcen zu erhalten.	Brundtland-Bericht 1987; Barbier, 1989 Internationale Handelskammer 1991
Ökologisch-ökonomisch-soziale Vernetzung	Dauerhafte Entwicklung schließt ... eine umweltgerechte, an der Tragekapazität der ökologischen Systeme ausgerichtete Koordination der ökonomischen Prozesse ebenso ein, wie entsprechende soziale Ausgleichsprozesse zwischen den in ihrer Leistungskraft immer weiter divergierenden Volkswirtschaften.	SRU, 1994

Kurzfassung

1. Anlaß/Hintergrund

(1) Idee und Strategien einer **dauerhaft durchhaltbaren Entwicklung** (sustainable development) werden in der deutschen Öffentlichkeit bisher überwiegend unter Umweltgesichtspunkten diskutiert. Ökonomische, soziale sowie organisatorische und institutionelle Gesichtspunkte finden vergleichsweise geringe Beachtung. Entsprechend werden Anforderungen und Regeln einer dauerhaft durchhaltbaren Entwicklung häufig **theoretisch-normativ definiert** und seltener in Bezug auf ihre wirtschaftlichen Voraussetzungen und politischen Konsequenzen erörtert.

Auf den Strukturwandel des Energiesektors wirkt sich dies nachteilig aus. Der **Energiesektor** ist unter dem Gesichtspunkt der Nachhaltigkeit ein **Schlüsselbereich**:

1. Der Energiesektor ist für die Leistungsfähigkeit der Volkswirtschaft funktional von überragender Bedeutung.
2. Die Bereitstellung und Nutzung von Energie ist ein bedeutsamer Umweltfaktor.
3. Jede Forderung nach Veränderungen hat zwangsläufig Auswirkungen auf die wirtschaftliche und soziale Ordnung und umgekehrt.

Vor diesem Hintergrund hat das Bundesministerium für Wirtschaft 1995 die Prognos AG mit der Durchführung einer **Grundsatzstudie** zum Thema „Grenzen und Chancen einer dauerhaften und durchhaltbaren Entwicklung im Energiesektor" beauftragt.

2. Fragestellung

(2) Die Untersuchung sollte sich vor allem mit folgenden Fragen auseinandersetzen:

1. Welche **operationalen** Kriterien einer dauerhaft durchhaltbaren Entwicklung lassen sich im Hinblick auf den Energiesektor verwenden? Welche Zielkonflikte ergeben sich daraus, daß die in der allgemeinen Diskussion verwendeten **Begriffe** und Vorstellungen auf unterschiedlichen **Ebenen** (z.B. Klima/Kosten) angesiedelt sind bzw. an sehr divergente Wertvorstellungen (z.B. Wachstum/Rückbau) anknüpfen?
2. Ist das **Konzept** einer dauerhaft durchhaltbaren Entwicklung in sich **stimmig**? Vor allem: Wie weit läßt sich mit ihm erfolgreich ein **branchenspezifisches Handeln** organisieren? Welcher Ergänzungen bedürfte es? Von wel-

chem **Zeitbedarf** müßte für eine schrittweise Orientierung an einer dauerhaft durchhaltbaren Entwicklung im Energiesektor ausgegangen werden?

3. Was käme bei einer schrittweisen Implementierung des Leitbildes einer dauerhaft durchhaltbaren Entwicklung auf den Energiesektor zu? Auf welche **Grenzen** bzw. welchen **Anpassungsbedarf** müßte er sich einstellen?

4. Welche Reaktionsmöglichkeiten und **Chancen** hat der Energiesektor hierbei? Welche Vorbelastungen aus der bisherigen Industrialisierung müssen berücksichtigt werden und inwieweit stellt das System der **Marktwirtschaft** dafür die notwendigen institutionellen und rechtlichen Hilfen bereit? Wie könnte sich unter dem Leitbild einer dauerhaft durchhaltbaren Entwicklung **das Leistungsspektrum der deutschen Energiewirtschaft** verändern?

(3) Der anspruchsvolle Fragenkatalog der Grundsatzstudie machte von Anfang eine **breite und interdisziplinäre wissenschaftliche und empirische Basis** erforderlich. Ebenso wurde der für die Untersuchung relevante Energiesektor weit über den traditionellen Bereich des Wirtschaftszweiges Energiewirtschaft hinaus ausgedehnt. Es galt dem Umstand Rechnung zu tragen, daß **Energiebereitstellung und Energienutzung** im Hinblick auf eine dauerhaft durchhaltbare Entwicklung (insbesondere ökonomisch und sozial) **nicht voneinander isoliert** agieren können. Die Studie zählt deshalb zum Energiesektor neben den Unternehmen der Energiegewinnung, -umwandlung und -verteilung auch die privaten und gewerblichen Energienutzer (z.B. Verkehr, Industrie-, Handwerks- und Dienstleistungsunternehmen, private Haushalte).

Eine **Grundsatzstudie** wirft naturgemäß in diesem Zusammenhang **mehr neue Fragen auf als sie im Detail beantworten kann**. Vor allem muß sie Entwicklungszeiträume im Blick behalten, die nach allen methodisch-analytischen Ansätzen die Grenzen der quantitativen Prognostik überschreiten. Im Vordergrund stehen entsprechend qualitative Analysen und Entwicklungstendenzen.

(4) Der Untersuchung liegen folgende **Arbeitsschritte** zugrunde (vgl. Abbildung K-1):

Energienutzung und „Sustainable Development“ (Literaturanalyse)

Bedingungen für eine dauerhaft durchhaltbare Entwicklung (Kriterien/ Definition)

Grenzen für den Energiesektor (Restriktionen)

Reaktionsmöglichkeiten und Chancen (Strukturwandel)

Technische Spielräume (Potentiale)

Umstellungsbedingungen (Umfeld/Zeitbedarf)

Mögliche Entwicklungsverläufe in einzelnen Bereichen des Energiesektors (Ausblick)

(5) An dieser Grundsatzstudie haben viele Wissenschaftler aus unterschiedlichsten Disziplinen sowie Praktiker aus dem Energiesektor mitgewirkt. Dies geschah insbesondere im Rahmen von **zwei Workshops und drei Unteraufträgen**. Dabei standen die **geschichtlichen Erfahrungen**, die **technischen Möglichkeiten** und die **ordnungspolitischen Dimensionen** einer dauerhaft durchhaltbaren Entwicklung im Vordergrund. Die Ergebnisse sind in die Gesamtuntersuchung eingeflossen.

Abbildung K-1: Ablauf der Untersuchung

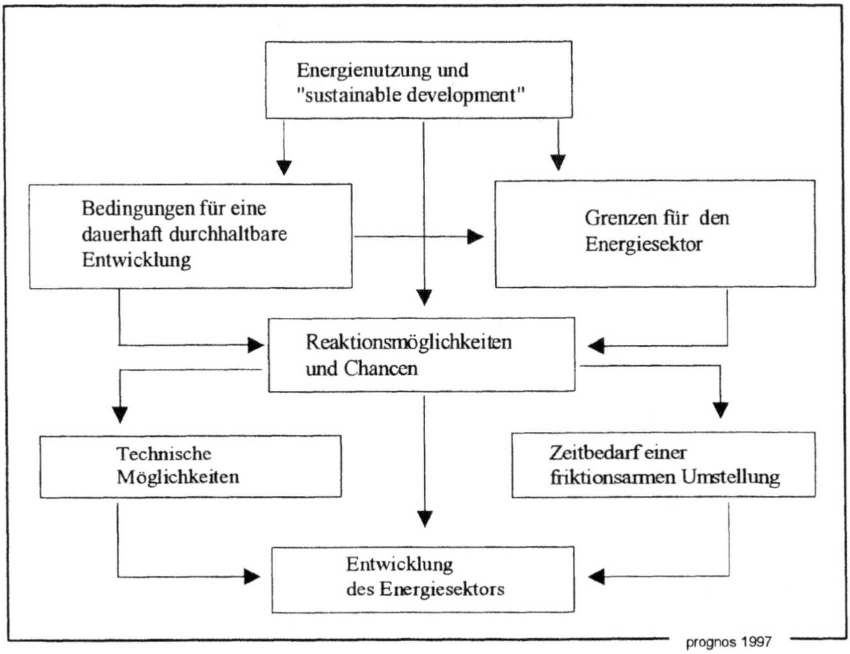

3. Energienutzung und „Sustainable Development"

(6) Energie ist ein **unverzichtbarer Produktionsfaktor** für die wirtschaftliche Entwicklung. Doch mit jeder Umwandlung und Nutzung von Energieträgern verändert sich das Umfeld: es entstehen Emissionen aller Art, neue Lebensformen und Produktionsprozesse werden möglich. Bevölkerung und Wohlstand wachsen.

Bis zum Ende des 18. Jahrhunderts hing die wirtschaftliche Entwicklung überwiegend von den regional verfügbaren natürlichen Energiequellen (Holz, Wind, Wasser, Sonne) und der Arbeitskraft von Mensch und Tier ab. Industrialisierung, Bevölkerungs- und Wohlstandswachstum traten mit der Nutzung fossiler Energieträger, wie Kohle und später Öl und Gas, sowie ihrer Umwandlung in Sekundärenergie (Strom und mechanische Arbeit) in ein neues Stadium.

(7) Mit wachsendem Einsatz der fossilen Energieträger wurden auch die **negativen Auswirkungen** dieser Entwicklungen erkennbar:

- **Emissionen** im Zuge des Energieeinsatzes etwa von Schwefeldioxid (SO_2), Stickoxiden (NO_X), flüchtigen organischen Verbindungen (NMVOC oder VOC) oder Staub- und Rußpartikeln belasten die Lebensbedingungen. Externe Kosten, die von der Allgemeinheit getragen werden, verfälschen die Preissignale und den Wettbewerb.

- Die wachsende Weltbevölkerung, das wachsende Produktionsvolumen und der dafür notwendige Einsatz von Primärenergieträgern führt zu einer ständigen Ausbreitung menschlicher Aktivitäten auf der Erde. Immer mehr Rohstoffe werden für die Versorgung der Bevölkerung und ihrer Wohlstandssicherung benötigt. Gleichzeitig wächst die Gefahr einer **globalen Überforderung der Tragfähigkeit** der Erde. Dies birgt große Risiken für die Menschen und ihr Zusammenleben.

- Auch die Suche nach Auswegen auf unterschiedlichster Ebene, z.B. die Nutzung der **Kernenergie** - zunächst als CO_2-freier Primärenergieträger und potentieller Garant einer wachsenden Stromversorgung begrüßt - ist **nicht ohne Risiken**. Probleme ergeben sich z.B. aus der kurz- wie langfristigen Beherrschbarkeit von Strahlungsrisiken.

(8) Die Risiken des Energieeinsatzes durch Emissionen und Wachstumsschäden haben bisher **kaum Einfluß** auf Angebot und Nachfrage nach Energieträgern gehabt. Die **Energiepreise**, die sich auf den Weltmärkten bilden, richten sich allein nach den aktuellen Knappheiten, bzw. deren geologischen, technischen oder politischen Determinanten.

Zwar ermunterte die in den frühen 70er Jahren beginnende Diskussion über die Grenzen des Wachstums die OPEC-Länder, ihre Fördermengen abzusprechen und so die Rohölabgabepreise drastisch zu erhöhen. Diese Verteuerung des Energieeinsatzes führte aber primär zur Erschließung und Förderung zusätzlicher Energieträger und verringerte nur wenig die internationalen Wachstumsraten im Energieverbrauch. Entsprechend gingen die Preise wieder zurück (vgl. Abbildung K-2).

(9) Die Warnungen des Club of Rome vor den „Grenzen des Wachstums“ lösten gleichwohl eine weltweite **Diskussion in Wissenschaft und Politik** über die Notwendigkeit einer dauerhaft durchhaltbaren Entwicklung aus. Diese Diskussion fand ihren vorläufigen Gipfelpunkt in der UN-Konferenz für Umwelt und Entwicklung in Rio de Janeiro im Jahre 1992. Hier beschlossen 159 Staaten eine Klimakonvention, die Konvention für biologische Vielfalt, die Walderklärung und die Agenda 21, die sich als ein umfassendes Aktionsprogramm mit detaillierten umwelt- und entwicklungspolitischen Handlungsanweisungen versteht.

Inzwischen wird auch die Welthandelsorganisation (WTO) in der Präambel der internationalen Handelsverträge im Rahmen des GATT 1994 auf die Forderung eines „sustainable development" verpflichtet.

Abbildung K-2: Entwicklung der realen Weltrohölpreise in US $ von 1990

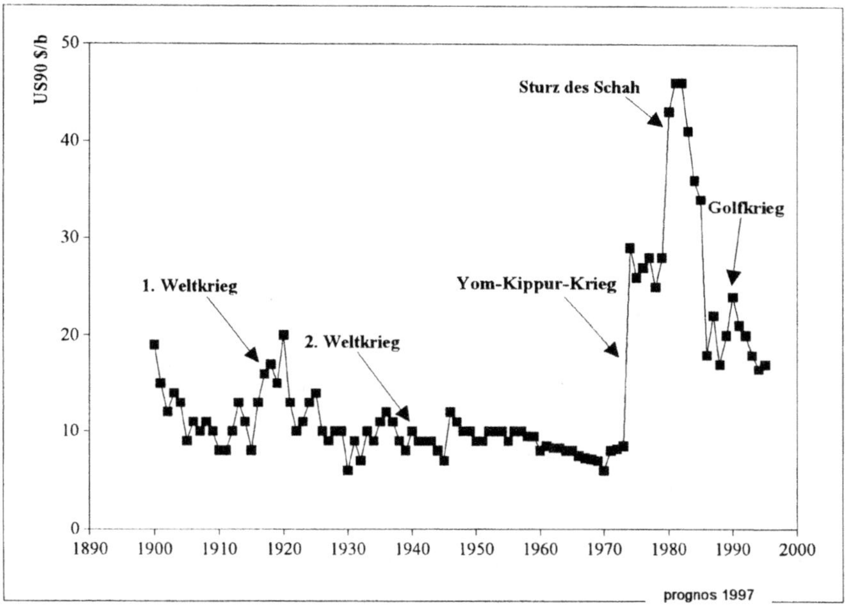

Quelle: BP, IEA, IMF

(10) Die Konkretisierung der Forderung nach „sustainable development" fällt schwer. Die zahlreichen Berechnungen und Festlegungen globaler und regionaler Nachhaltigkeitsmaße zeigen bisher keine Wirkung in Politik und Wirtschaft.

Der Grund dafür liegt in der **Vieldimensionalität** dessen, was unter dem Begriff des „sustainable development" verstanden (vgl. Abbildung K-3) wird: „Sustainable development" ist danach charakterisiert durch das Spannungsfeld zwischen den Wünschen der Menschen nach der Erhaltung der natürlichen Lebensgrundlagen, nach wirtschaftlicher Entwicklung, sozialer Gerechtigkeit und Zukunftssicherung.

Jede weitere Konkretisierung hängt stark von den spezifischen **Vorstellungen und Interessen** der unterschiedlichen Autoren ab. So wird etwa Wirtschafts- und Bevölkerungswachstum aus ökologischer Perspektive kritisch gesehen, doch gleichzeitig (oft nur implizit) angenommen, daß wirtschaftliches Wachstum nicht nur wünschenswert, sondern für die künftige Entwicklung auch unverzichtbar sei. Noch breiter als das Spektrum der Definitionen ist dasjenige von Vorschlägen zu ihrer politischen Implementation.

Abbildung K-3: Dimensionen des Sustainable Development[1)]

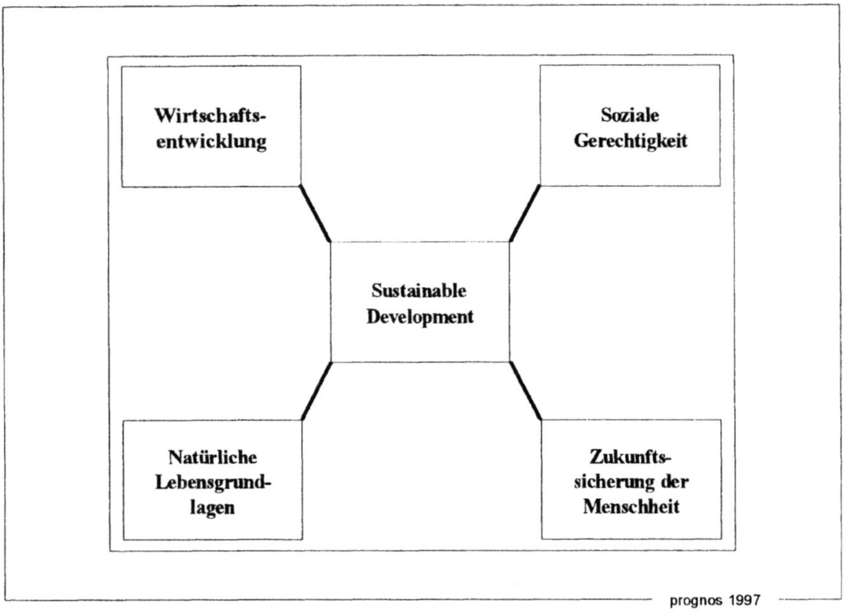

1) In Anlehung an Vornholz (1995)

(11) Für die Beantwortung der Frage nach Grenzen und Chancen im deutschen Energiesektor reichen die Ergebnisse der internationalen Diskussion zum Thema „sustainable development" bisher nicht aus. Dennoch lassen sich für seine künftige Entwicklung bereits **erste Feststellungen** machen, die in der wissenschaftlichen und politischen Diskussion weitgehend unumstritten sind:

1. Ökologische Grenzen des Wachstums werden heute grundsätzlich nicht mehr in Zweifel gezogen.

2. Prinzipiell wird auch politischer Handlungsbedarf akzeptiert. Offen bleibt nach wie vor die konkrete Umsetzung.

3. Die verstärkte Berücksichtigung ökologischer Grenzen beeinflußt die wirtschaftlichen und sozialen Entwicklungsmöglichkeiten.

4. Bisherige Lebens- und Organisationsformen von Wirtschaft und Gesellschaft geraten unter Veränderungsdruck.

5. Der Energiesektor und die für seine Entwicklung maßgebenden Rahmenbedingungen sind auf Dauer nicht mehr stabil.

4. Bedingungen für eine dauerhaft durchhaltbare Entwicklung

(12) Die Entwicklung des deutschen Energiesektors wird gegenwärtig höchstens am Rande durch die potentiellen Probleme der künftigen weltweiten Entwicklung und durch damit verknüpfte normative Zielvorstellungen gesteuert. Maßgeblich sind allein die ökonomischen und politischen Rahmenbedingungen.

Deren aktuelle Analyse führt zu einer eher **pessimistischen Einschätzung**: die heute in der Wirtschaft bestehenden Ordnungs- und Anreizstrukturen machen eine dauerhaft durchhaltbare Entwicklung nicht nur für Deutschland eher unwahrscheinlich.

(13) Der steigende **Energieeinsatz** und die damit verbundenen **Umwelt- und Wachstumsprobleme** sind geprägt durch die täglichen Verhaltensweisen, Handlungsspielräume und Reaktionsformen der Menschen und ihre Verstärkung durch die gegenwärtigen Ordnungs- und Anreizstrukturen. Dahinter stehen

1. **Wahrnehmungsbarrieren und Unsicherheiten**, die es allen Menschen schwer machen, kumulative Wirkungen ihres eigenen Verhaltens zu berücksichtigen;
2. die **Dominanz akut zu lösender Probleme** gegenüber langfristig relevanten Fragen;
3. **Verteilungskonflikte** zwischen Menschen und Menschengruppen, die mit Verlusten von Ressourcen, Rechten oder Ansprüchen allzu leicht verbunden sind.

Langfristige Entwicklungen und Gestaltungsspielräume, die sich nur durch gemeinsames Handeln und gegenseitige Rücksichtnahme erschließen lassen, geraten aus dem Blickfeld oder scheitern an Interessengegensätzen.

(14) Gegen eine solche pessimistische Einschätzung spricht die **„Ökonomie der Natur"**. Danach kann jedes natürliche Ökosystem als eine Art „Wirtschaftsbetrieb aufgefaßt werden, der die verfügbaren lebensnotwendigen Ressourcen nachhaltig, d.h. zugleich wirkungsvoll und sparsam verwenden muß, um längerfristig existieren zu können".[1] In der Natur sorgen Anpassungsmechanismen für die Abstimmung und den optimalen Einsatz der regional und zeitlich unterschiedlich verfügbaren Ressourcen.

---

1) Haber (1994), S. 19.

Jeweils **in sich funktionsfähige und dauerhafte Systeme** entstehen dabei durch

- Ausfall und Auslese,
- die evolutorische Anpassung und
- die Bildung und Veränderung biologischer Lebensgemeinschaften, die über gewisse Zeiträume stabil sind und dann in ein anderes Stadium übergehen.

(15) Der entscheidende Unterschied zwischen der „Ökonomie der Natur“ und der „Ökonomie des Menschen“ liegt in **Anpassungszeiträumen und -mechanismen**:

- an Stelle der menschlichen Planungszeiträume, die selten über ein Jahrzehnt hinausreichen, stehen **Generationen und Jahrhunderte** in der Evolution,
- an die Stelle der Anreizmechanismen innerhalb einer wirtschaftlichen und sozialen Ordnung tritt der **Wettbewerb alternativer Ordnungsformen**.

Gilt die „Ökonomie der Natur“ auch für die Entwicklung der menschlichen Gesellschaft, so gibt es jenseits des täglichen wirtschaftlichen und politischen Verhaltens noch übergreifende Abhängigkeiten und Regelmechanismen, die im „Wettbewerb der Ordnungsformen“ immer wieder die Bildung neuer Lebensgemeinschaften erlaubt, die - ähnlich wie die biologischen - über gewisse Zeiträume stabil sind und dann von anderen überholt werden.

(16) Tatsächlich zeigt die historische Analyse **langfristig wirksame Anpassungsmechanismen**, die jenseits der täglich wirksamen Anreizstrukturen liegen. Sie lassen sich in Form einer historischen Anpassungsspirale (vgl. Abbildung K-4) in vier Phasen darstellen, die sich jeweils überlagern und ablösen:

1. **Phasen relativer Nachhaltigkeit**, in denen die Wirtschafts- und Sozialstrukturen mit den ökologischen Rahmenbedingungen verträglich sind und Interessengegensätze durch gemeinsame Wertvorstellungen aufgefangen werden.
2. **Expansionsphasen**, in denen es der Gesellschaft gelingt, mit Hilfe neuer Entdeckungen, neuer Techniken und neuer Ordnungsformen zusätzliche Ressourcen zu erschließen, um ihren Wohlstand und ihre Bevölkerungszahl auszudehnen.
3. **Katastrophenphasen**, in denen eine Verknappung der natürlichen Ressourcen und wachsende Interessenkonflikte zu wirtschaftlicher, sozialer und politischer Instabilität führen, die mit einer Verelendung und Schrumpfung der Bevölkerung einhergeht.
4. **Orientierungsphasen**, in denen sich neue Wert- und Ordnungsstrukturen sowie neue Umgangsformen mit den verfügbaren natürlichen Ressourcen entwickeln.

Abbildung K-4: Anpassungsspirale zwischen ökologischen Grenzen und menschlichem Verhalten

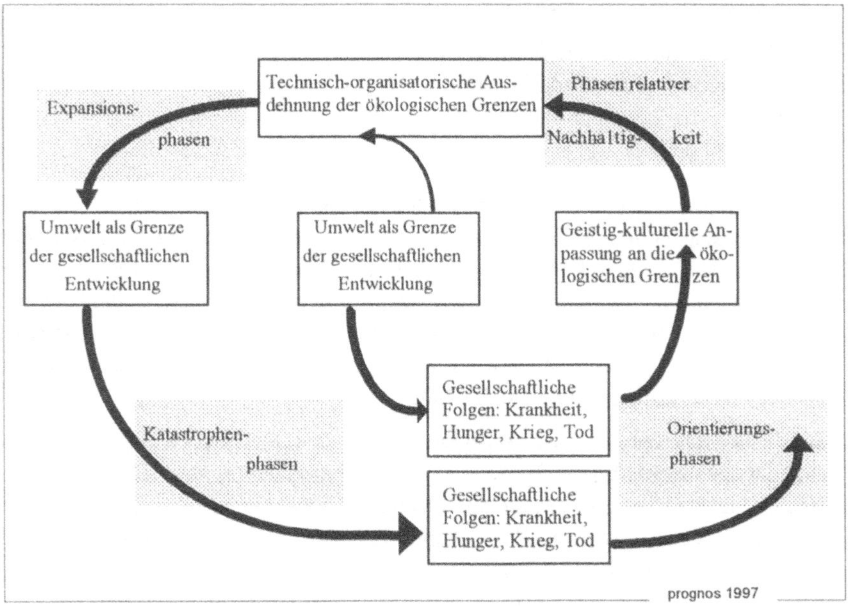

(17) Vor diesem Hintergrund gibt es zwar grundsätzlich **Chancen für eine dauerhaft durchhaltbare Entwicklung** der Gesellschaft. Ihre Realisierung hängt aber von **neuen Wertorientierungen, Ordnungsformen und Institutionen** ab. In dem Maße nämlich, in dem diese zu neuen Rahmenbedingungen für die täglichen wirtschaftlichen und politischen Entscheidungen werden, verlieren die bisher dominanten Anreizmechanismen ihre negative Wirkung. Sie werden durch neue, der ökologischen Tragfähigkeit besser angepasste Anreizstrukturen ersetzt. Die wirtschaftliche und soziale Entwicklung wird dauerhaft durchhaltbar, die „Ökonomie der Menschen" nähert sich den Bedingungen in der „Ökonomie der Natur" an.

(18) In dem Dilemma zwischen der kurzfristig wirtschaftlichen Optimierung und den langfristigen Anpassungsprozessen stehen alle bisherigen Bemühungen zur Definition von Nachhaltigkeitsregeln und -indikatoren. Sie versuchen in aller Regel, dieses **Dilemma mit Hilfe von zwei Annahmen zu umgehen**:

1. Alle Menschen und Nationen auf der Welt teilen die **gemeinsame Zielvorstellung**, nämlich die Überlebensfähigkeit der Menschheit und ein friedliches und gerechtes Zusammenleben unter allen Menschen zu sichern.

2. Die gegenwärtig Handelnden in Politik und Wirtschaft verfügen über **ausreichende Entscheidungs- und Handlungsspielräume** zur Verwirklichung dieser Ziele.

Die Realität zeigt, daß beide Bedingungen weder gegenwärtig erfüllt sind, noch innerhalb der bestehenden Wirtschafts- und Herrschaftsstrukturen erfüllbar erscheinen.

(19) Die Ableitung von Leitbildern, Nachhaltigkeitskriterien und quantitativen Reduktionszielen auf der Basis dieser Annahmen befruchtet zwar die Diskussion, hilft aber wenig, wenn konkrete wirtschaftliche, politische oder soziale Entscheidungen anstehen. Ihr Beitrag liegt vor allem in der Sensibilisierung der Verbraucher und der Verantwortlichen in Wirtschaft und Politik für langfristige Entwicklungsrisiken und - vielleicht auch - für die Suche nach neuen Anpassungsmechanismen im Sinne der „Ökonomie der Natur".

Die bisher abgeleiteten **Nachhaltigkeitsregeln** und Indikatoren für Deutschland sind dagegen **wenig hilfreich**, wenn es um die Formulierung politisch anwendbarer Bedingungen für eine dauerhaft durchhaltbare Entwicklung geht. Sie berücksichtigen zuwenig die wirtschaftlichen und politischen Entscheidungsprozesse, die spezifischen Interessen und Abhängigkeiten Deutschlands im internationalen Wettbewerb sowie die spezifischen energiewirtschaftlichen Bedingungen.

(20) Weiter führt der Ansatz des „**Wettbewerbs der Ordnungen als Entdeckungsverfahren**", wie er von Friedrich von Hayek u.a. entwickelt wurde: Im Prozeß der evolutionären Selektion von Wirtschafts- und Ordnungsstrukturen gelingt es den überlegenen Strukturen tendenziell besser, **drei Risiken** der ökonomischen und sozialen Entwicklung für die eigene Gesellschaft aufzufangen oder auszugleichen, nämlich

- die **Verknappung der Ressourcen** zur Erhaltung der gesellschaftlichen Ordnung,
- die **Bedrohung der eigenen Ordnung** durch andere Menschen und Gesellschaften sowie
- die **Entstehung interner Verteilungs- und Machtkonflikte**, die die Stabilität der eigenen Gesellschaft von innen heraus zu zerstören vermögen.

(21) Legt man die ordnungspolitischen Überlegungen Hayeks zugrunde, so lassen sich die **Bedingungen für eine dauerhaft durchhaltbare Entwicklung** formulieren, die auf mittlere und längere Sicht auch die Entwicklung im deutschen Energiesektor bestimmen können:

1. **Gewährleistung der Produktions- und Lebensmöglichkeiten**: Die Produktionsmöglichkeiten und Lebensbedingungen am Standort Deutschland können bei sich ändernden Knappheiten auf den Energiemärkten gesamtwirtschaftlich aufrechterhalten und Störungen aufgrund energiebedingter ökologischer Belastungen und Externalitäten vermieden bzw. ausgeglichen werden.
2. **Vermeidung negativer Folgen der internationalen Energienutzung auf Deutschland**: Die Folgen der internationalen Energienutzung sowie die wachstums- und energiebedingten Umweltveränderungen in anderen Ländern können so aufgefangen und ausgeglichen werden, daß sie die wirtschaftliche und soziale Entwicklung in Deutschland selbst nicht beeinträchtigen.
3. **Vermeidung interner Anpassungskrisen bei Veränderung der Energienutzung**: Die notwendigen Veränderungen in den Energiesektoren in Deutschland lassen sich so organisieren, daß wirtschaftliche und soziale Anpassungskrisen in Deutschland vermieden werden.

Alle drei Bedingungen müssen gleichzeitig und dauerhaft erfüllt sein, wenn sich die in Deutschland geltenden Ordnungsstrukturen als durchhaltbar erweisen sollen. Dabei ist es unerheblich, ob diese Bedingungen nur für Deutschland oder für einen größeren regionalen Verbund (wie z.B. für die EU) gelten.

5. Grenzen für den Energiesektor

(22) Das wichtigste Kriterium für den Umgang mit Energie in einem marktwirtschaftlichen System ist gegenwärtig der Preis. Grundlage hierfür sind Angebot und Nachfrage an Primärenergieträgern auf den Weltmärkten. Leitgröße ist bis heute der Rohölpreis. Die Weltmarktpreise wirken sich allerdings selten direkt aus, sie werden national durch Subventionen oder Abgaben, durch Monopolregelungen u.ä. vielfach verfälscht. Entsprechend **spiegeln die Energiepreise nicht** die mit weltweit steigendem Energieeinsatz einhergehenden **wirtschaftlichen, sozialen und politischen Belastungen** wieder. In wenigen Ländern wird dies mithilfe von Energiesteuern versucht, in sehr viel mehr anderen aber durch Subventionierung eher noch behindert.

(23) Angesichts der oben abgeleiteten Bedingungen für eine dauerhaft durchhaltbare Entwicklung in Deutschland stellt sich grundsätzlich die Frage, mit welchen **Konsequenzen** zu rechnen ist, wenn Energiebereitstellung und -einsatz auch in Zukunft so wie bisher vorrangig über die Preisbildung auf den Weltenergiemärkten geregelt wird. Drei Aspekte gilt es besonders zu beachten:

1. Die wirtschaftlichen Risiken einer Verknappung der Primärenergieträger.
2. Die ökologischen Konsequenzen des Energieeinsatzes in Deutschland.
3. Die sozialen und wirtschaftlichen Risiken eines weltweit anhaltenden Wachstums für Deutschland.

(24) Kennziffer für die Einschätzung der Knappheit der nicht erneuerbaren Primärenergieträger ist die **dynamische Reichweite der Weltenergiereserven**. Sie berücksichtigt neben den Energiereserven auch den voraussichtlichen Weltenergieverbrauch (vgl. Abbildung K-5):

- Die größte Reichweite hat die **Kohle**, ihre Reserven reichen unter den heute absehbaren Bedingungen noch für über 120 Jahre.
- Viel schneller könnte **Erdöl** auf den Weltmärkten knapp werden, seine dynamische Reichweite wird gegenwärtig auf etwa 34 Jahre geschätzt.
- Für **Erdgas und Natururan** liegt die dynamische Reichweite mit etwa 45 Jahren nur wenig höher.

Abbildung K-5: Dynamische Reichweite der Weltenergiereserven

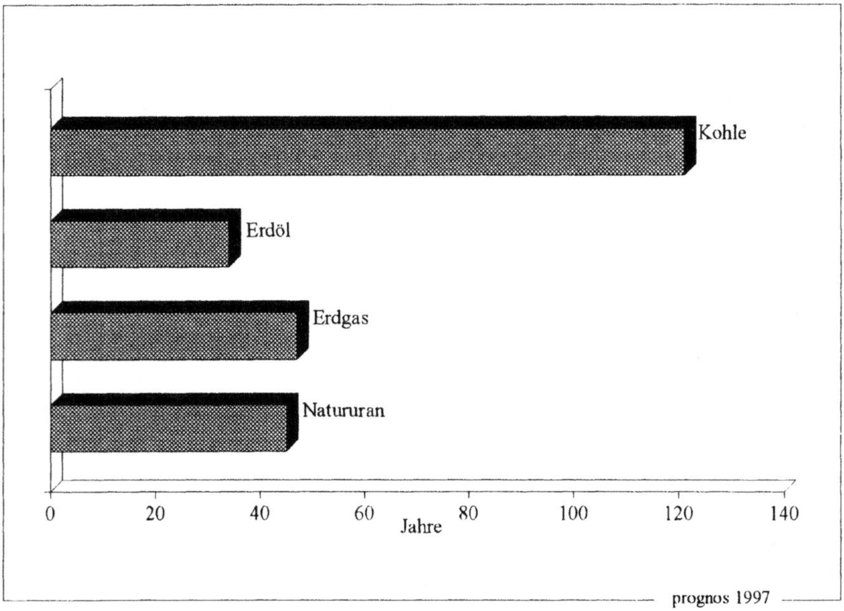

Quelle: Prognos (1996), S. 83

Daraus ergibt sich: Bei den gegenwärtig überwiegend eingesetzten nicht regenerativen Primärenergieträgern ist mit klaren Grenzen der Verfügbarkeit bereits innerhalb eines Zeitraumes zu rechnen, in dem etwa die Hälfte der heutigen Weltbevölkerung, d.h. die überwiegende Zahl der heute Jüngeren unter 40 Jahren noch lebt.

(25) Für die Entwicklung der Energiepreise ist neben der dynamischen Reichweite auch die **geografische Verteilung der Energiereserven** wichtig, wie die Preistur-

bulenzen auf den Weltenergiemärkten in den 70er und 80er Jahren zeigten: Lediglich die Kohle ist in nahezu allen Erdteilen zu finden. Die wichtigsten Reserven an Erdöl und Erdgas sind geografisch in den Ländern des Nahen Ostens (65 % der Erdölreserven, 20 % der Erdgasreserven) und der GUS (12 % der Erdölreserven, 40 % der Erdgasreserven) konzentriert.

(26) In Folge der komplexen wirtschaftlich-politisch-ökologischen Abhängigkeiten könnte die Situation auf den Weltmärkten für Öl und Gas in Zukunft wieder dramatischer werden und zwar mit all ihren Auswirkungen auf Produktion und Beschäftigung. Ein tendenzieller Preisanstieg in den nächsten Jahren ist sehr wahrscheinlich. Nach 2010 könnte er sich deutlich beschleunigen. Gleichzeitig steigt die Gefahr preispolitischer Turbulenzen. Auf mittlere und längere Sicht (über 30 Jahre hinweg) wachsen auch unabhängig von den Umweltproblemen damit **Risiken für Störungen in der deutschen Energieversorgung** und für Stabilität, Wachstum und Beschäftigung ähnlich wie in den 70er und 80er Jahren.

(27) Seit den 70er und 80er Jahren werden Energiepreise und Energieversorgung immer in Verbindung mit Problemen durch **energiebedingte Umweltbelastungen,** vor allem Gas- und Staubemissionen aller Art, diskutiert. Dasselbe gilt grundsätzlich auch für die ökologischen Konsequenzen von wachsenden Materialströmen.

Eine Reaktion der Politik auf diese Diskussion zeigt sich besonders bei der Entwicklung der energiebedingten Emissionen (vgl. Abbildung K-6): Mit Ausnahme von CO_2 wird bei ihnen mit deutlichen Rückgängen gerechnet. Die Bemühungen zur Reduktion der CO_2-Emissionen scheitern dagegen bisher immer wieder an aktuellen Wachstums- und Beschäftigungsfragen. Die Kontroversen um die Substitution des Kohleeinsatzes oder um Bemühungen zur Energieeinsparung mithilfe erhöhter Energiepreise zeigen dies deutlich.

(28) **Generelle Entwicklungsprobleme**, die eher als negative Folgen des bisherigen Wachstums anzusehen sind (z.B. die Abfallentsorgung, Gesundheitsstörungen, politische Instabilitäten), werden in Deutschland in der Regel nicht mit Fragen des Energieeinsatzes in Verbindung gebracht. Sie tangieren die Energiesektoren nur in Ausnahmefällen, etwa im Zusammenhang mit der Nutzung der Kernenergie und der Entsorgung strahlender Rückstände. Allerdings werden sich immer mehr Unternehmen etwa in der Automobilindustrie oder der chemischen Industrie der einzel- und gesamtwirtschaftlichen Risiken einer Produktion bewußt, die möglicherweise nicht „sustainable" ist.

Abbildung K-6: Entwicklung der energiebedingten Emissionen in Deutschland

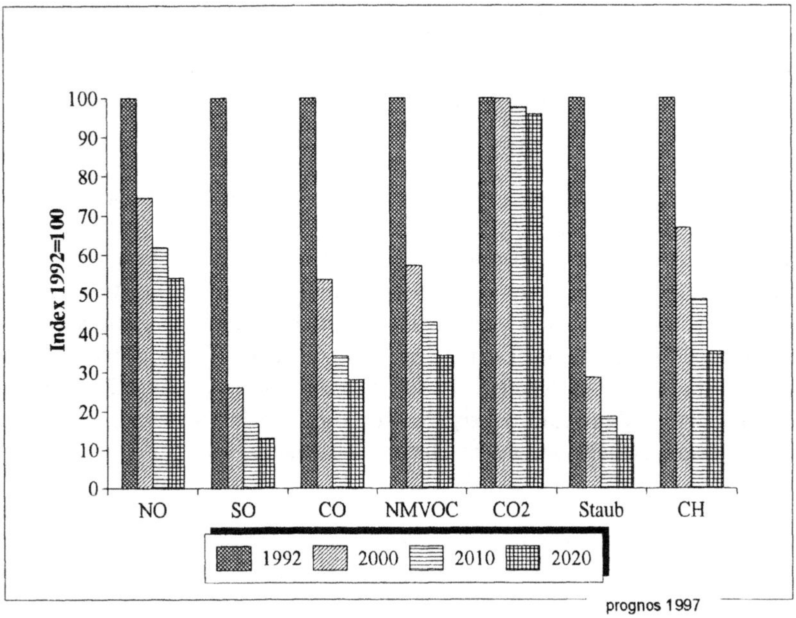

Quelle: Prognos AG: Energiereport II (1996), S. 611

(29) Größer als die Gefahr einer nationalen Fehlanpassung erscheint mittel- und langfristig die Gefahr, daß **steigender Energieverbrauch und extensives Wachstum im Ausland** zu Grenzen für die dauerhaft durchhaltbare Entwicklung des Energiesektors und der gesamten deutschen Volkswirtschaft führen.

Deutschland generell und der deutsche Energiesektor speziell sind stark eingebunden in die internationale Arbeitsteilung. Gleiches gilt für das politische Machtgefüge und die weltweiten Bevölkerungsbewegungen. Jede **Störung in der Funktionsfähigkeit des internationalen Handels**, ob aus politischen, ökologischen oder wirtschaftlichen Gründen, wirkt sich auf die wirtschaftliche und soziale Entwicklung in Deutschland ebenso aus, wie **Umweltbelastungen aus dem regionalen** (vgl. Tschernobyl) **oder globalen** (z.B. Klimaveränderung) **Umfeld**. Weltweit zunehmende **Wanderungen**, angestoßen durch Bevölkerungswachstum und Umweltveränderungen (Bodenerosion, Ausdehnung der Wüstengebiete, Verstädterung), bleiben wegen ihrer politischen Wirkungen innerhalb und außerhalb Deutschlands nicht ohne Wirkung auf die Stabilität, den Wohlstand und die Fähigkeit Deutschlands, auf daraus entstehende nationale Probleme auch national wirksam reagieren zu können.

(30) Bei Risiken, die ihren Ursprung im Ausland haben, existiert meist nur ein **indirekter energiewirtschaftlicher Bezug**. Gleichwohl binden krisenartige Zuspitzungen (wie z.B. im Golf-Krieg) nicht nur öffentliche Mittel in Deutschland, sie führen auch zu Unsicherheiten bei Umsatz und Beschäftigung. Insbesondere im Energiesektor können plötzliche Ertragseinbußen eintreten und damit die dauerhafte Durchhaltbarkeit der wirtschaftlichen und politischen Ordnung in Deutschland selbst in Frage stellen.

Viele Wachstumsfolgen und Umweltbelastungen im Ausland und insbesondere in den Entwicklungsländern haben ihren Ursprung in einem Industrialisierungs- und Wachstumsmodell, das sich eng an den Wert- und Wachstumsvorstellungen der westlichen Welt orientiert. Je weniger diese aber die Hoffnungen auf Wohlstand zu erfüllen vermögen, desto größer wird die Gefahr wachsender, vor allem auch ideologischer Konflikte. Die Entwicklung des Fundamentalismus in den arabischen Ländern ist dafür ein Beispiel. Zum Teil waren wirtschaftliche Störungen bis in die Energiemärkte hinein die Folge. Die Risiken derartiger Entwicklungen sind bereits in der Vergangenheit immer wieder erkennbar gewesen.

6. Reaktionsmöglichkeiten, Chancen

(31) Angesichts der ökonomischen und ökologischen Grenzen und Risiken gerät der deutsche Energiesektor in eine schwierige Situation: Seine Entwicklung hängt sowohl angebots- wie nachfrageseitig stark von internationalen Entwicklungen und politischen Entscheidungen ab, gleichzeitig erscheint der unmittelbare Einfluß von Energiewirtschaft und -politik zur Erfüllung der Bedingungen einer dauerhaft durchhaltbaren Entwicklung als begrenzt. Dies gilt umso mehr, als sich alle Akteure im Energiesektor in einer Art **Gefangenen-Dilemma** befinden: Trotz Kenntnis langfristig vielleicht viel sichererer und besserer Entwicklungschancen treffen sie unter dem täglichen Erfolgsdruck langfristig suboptimale Investitions- und Energieverbrauchsentscheidungen. Die schon bestehenden Risiken wachsen dadurch weiter und krisenhafte Zuspitzungen werden wahrscheinlicher.

Die optimale Nutzung des kurzfristigen Handlungsspielraums dominiert über die Bereitschaft zur Suche nach einem gemeinsam zu realisierenden langfristigen Optimum. Die Mechanismen der Geldwirtschaft fördern den Zwang zur kurzfristigen Ertragssteigerung.

(32) **Neue Orientierungen im Umgang mit Energie** setzen sich gegen die kurzfristige Wirtschaftlichkeit nur mühsam durch. Der „Wettbewerb der Ordnungen" in dem der deutsche Energiesektor steht, findet innerhalb des gegenwärtigen Wirtschaftssystems statt:

- Je mehr die langfristigen Folgen für das Verhalten der Energienutzer relevant werden, umso wichtiger ist nicht nur ihre analytische Beschreibung, sondern auch die Durchsetzung des Verursacherprinzips und die Verteuerung des Energieeinsatzes.

- Je stärker die Begrenzung oder Verminderung langfristiger Risiken bereits den aktuellen Energieeinsatz beeinflussen soll, umso schneller und wirksamer muß die Energiemarktordnung Wege finden, die kurzfristigen finanzwirtschaftlichen Anreizstrukturen zu relativieren.
- Je rascher dies in Deutschland gelingt und damit der Primärenergieverbrauch sinkt, umso eher wird es zu strukturellen Veränderungen im deutschen Energiesektor kommen.

(33) Die **internationale Dimension** muß dabei ständig im Blickfeld bleiben: Weltweite Regeln für den Umgang mit Energie, durch die die international anwachsenden Umwelt- und Wachstumsschäden begrenzt oder gar reduziert werden, erleichtern auch in Deutschland einen veränderten Umgang mit Energie.

Vor diesem Hintergrund gilt es zwei Ansätze zu verfolgen:

1. Die Entwicklung und Anwendung von Möglichkeiten zur Energieeinsparung und zur Substitution der nicht erneuerbaren Primärenergieträger **in Deutschland selbst**, wo immer dies wirtschaftlich zur Sicherung der langfristigen Entwicklung vertretbar ist.
2. Die gezielte Suche und Erprobung von technischen Möglichkeiten und Regelungsstrukturen, deren **Anwendung** und Einhaltung auch **in anderen Ländern** eine Anpassung ihres Umgangs mit Energie möglich und empfehlenswert macht.

(34) Die Chancen dafür sind größer als allgemein angenommen. Zu ihrer Nutzung reicht jedoch die Senkung des spezifischen Energieverbrauchs allein nicht aus. In der Vergangenheit ist es Deutschland wie einigen anderen Industrieländern gelungen, durch Energieeinsparungen die **wirtschaftliche Entwicklung** von dem in der Vergangenheit üblichen Zuwachs an eingesetzten Primärenergieträgern **abzukoppeln**. Für die künftige Einhaltung der Bedingungen einer dauerhaft durchhaltbaren Entwicklung wäre dieser Weg weiterzugehen:

- Deutschland muß dafür (möglichst in Zusammenarbeit mit anderen Ländern) verstärkt nach ordnungspolitischen Wegen suchen, um die **rationelle Energiewandlung** noch stärker nutzen zu können. Das technische Potential dafür ist vorhanden.
- Deutschland muß seine wissenschaftlichen Kapazitäten einsetzen und koordinieren, um seine verfügbaren **erneuerbaren Energiequellen** wirtschaftlich nutzbar zu machen.

(35) Eine solche Strategie hätte folgende **Vorteile**:

- Die **Zeitspanne** bis zu den absehbaren neuen Verknappungen auf den Weltenergiemärkten ließe sich gezielt zur Suche nach innovativen Lösungen **nutzen**.
- Deutschland könnte wieder zum **Vorbild für die Entwicklung** technisch und wirtschaftlich machbarer sowie ökologisch sinnvoller Lösungen zur Energienutzung werden. Damit würde sein internationaler politischer Einfluß gestärkt.
- Der Energiesektor könnte das gewonnene technische und organisatorische Know-how nutzen, um neue Technologien und Energiesysteme auf dem Weltmarkt anzubieten. Für Deutschland bedeutete dies **Arbeitsplätze** im gewerblichen wie im Dienstleistungsbereich (Nutzung des „first-mover-adavantage").

(36) Eine **friktionsarme Umstellung bzw. Neuorientierung** im Energiesektor **braucht Zeit.** Wegen der vielfältigen Interdependenzen zwischen den wirtschaftlichen, sozialen und politischen Faktoren müssen viele Schritte getan bzw. erprobt werden. Die Suche nach einer Ordnungsstruktur für Energienutzung und -versorgung, die in Deutschland eine dauerhaft durchhaltbare Entwicklung ermöglicht, ist eine nur langfristig zu bewältigende Aufgabe.

Vor allem die **Marktkräfte auf der Nachfragerseite** müssen hierfür aktiviert werden. Denn in einem marktwirtschaftlichen System hängt die Erfüllung der folgenden Ziele stark vom Verhalten der Nachfrager ab. Sie entscheiden entweder direkt über die Energienutzung oder können die Anbieter über den Markt zu deren Einhaltung zwingen. Dabei geht es vor allem um eine

1. Steigerung der Energieproduktivität,
2. Einbeziehung erneuerbarer Energien zur Deckung des Energiebedarfs oder zur Substitution nicht erneuerbarer Energieträger,
3. Berücksichtigung der externen Kosten der Energienutzung,
4. Vermarktung energieeffizienter Produkte und Systemlösungen.

(37) Die **internationalen Handlungsmöglichkeiten** Deutschlands und des deutschen Energiesektors sind im Vergleich zu den nationalen deutlich begrenzt. Die Vereinbarung internationaler Abkommen mit dem Ziel eines dauerhaft durchhaltbaren Energieeinsatzes weltweit ist aus heutiger Sicht schwierig und zeitaufwendig: Zwischen der wissenschaftlichen Erkenntnis der schädigenden Wirkungen des FCKW auf die Ozonschicht der Erde bis zu ersten supranationalen Erfolgen vergingen mehr als 20 Jahre. Dabei waren Abgrenzungsfragen und wirtschaftliche

Konsequenzen sehr viel leichter zu lösen, als dies bei dem sehr viel komplexeren Problem im Umgang mit Energie der Fall wäre.

Gleichwohl wäre im Sinne der Suche nach geeigneten Ordnungsformen schon viel getan, wenn Deutschland und möglichst viele andere Länder sich konsequent bemühten, die von ihnen selbst vorgeschlagenen oder zugesagten **Zielvorstellungen** zunächst einmal **im eigenen Lande zu realisieren**. Die langfristig unverzichtbaren Veränderungen im Umgang mit Energie weltweit lassen sich nämlich auch dann vorantreiben, wenn auch ohne bindende internationale Vereinbarungen immer mehr Länder nicht zuletzt aus eigenen Interessen heraus nach Möglichkeiten zur rationellen Energienutzung und zur Einbeziehung erneuerbarer Energien suchen. Je eher und in je mehr Ländern sich dabei neue Systemlösungen praktisch zu bewähren vermögen, desto größer ist auch die Wahrscheinlichkeit für tragfähige internationale Vereinbarungen.

7. Technische Spielräume

(38) Die **technischen Möglichkeiten** für eine rationellere Energiewandlung und den Einsatz erneuerbaren Energien sind größtenteils **bereits heute gegeben**. Ein nach wie vor **kritischer Faktor ist ihre Wirtschaftlichkeit**. Aber der technische Entwicklungsstand und die produktionstechnischen Erfahrungen ändern sich ständig. Zudem ist bei wachsender Nachfrage mit erheblichen Innovationen zu rechnen.

Mittel- und längerfristig verschieben sich, wie gezeigt, auch die Beschaffungsbedingungen für herkömmliche Energieträger (Preise und Verfügbarkeit). Entsprechend ändert sich die wirtschaftliche Kalkulationsbasis: Schon relativ kleine technische und wirtschaftliche Veränderungen können kurzfristig Potentiale schrumpfen (z.B. bei der großtechnischen Fernwärmeversorgung) oder ansteigen lassen (z.B. bei Wirkungsgradsprüngen oder Preisbewegungen auf den Energiemärkten). Das heißt: Weder die technischen noch die wirtschaftlichen Potentiale sind zeitstabil.

(39) Nach vorliegenden Untersuchungen sind die **unausgenutzten Potentiale** zur rationellen Energiewandlung und zum Einsatz erneuerbarer Energien aus Sicht der Technik schon heute **ausreichend**, um die Energieversorgung Deutschlands auf dem Weg zu einer dauerhaft durchhaltbaren Entwicklung sicherzustellen. Je erfolgreicher dabei die Bemühungen zur rationellen Energienutzung sind, umso größer kann der relative, vielleicht sogar der absolute Beitrag der erneuerbaren Energien für die Bedarfsdeckung werden.

(40) Allein die stärkere **Nutzung der rationellen Energiewandlung** im Endenergieverbrauch ließe den Energiebedarf um eine Größenordnung von 50 bis 60 % des gegenwärtigen Endenergieverbrauchs sinken und zwar

- bei der Raumwärme und der Nutzung der Energie für Licht und Kraft (gut 40 % des Endenergieverbrauchs) um Größenordnungen bis zu 80 %,
- bei der Nutzung von Warmwasser und Prozeßwärme (knapp 30 % des Endenergieverbrauchs) um eine Größenordnung von etwa 30 %,
- bei den Verkehrsleistungen (etwa 30 % des Endenergieverbrauchs) um Größenordnungen bis zu 60 und mehr %.

Hinzu kommen die Einsparmöglichkeiten an Primärenergieträgern, wenn sich die Wirkungsgrade bei der Energieumwandlung vor allem von Primärenergieträgern in Elektrizität weiter steigern lassen. Neue Kraftwerkskonzepte, Kraftwärmekopplung oder die Nutzung der Brennstoffzellentechnologie lassen noch erhebliche Effizienzgewinne in einer Größenordnung von 30 % und mehr bei der Elektrizitätserzeugung erwarten. Im internationalen Raum liegen diese Werte noch weit höher.

(41) Sehr viel schwieriger ist die Einschätzung der **technischen Potentiale bei erneuerbaren Energien.** Ihr Nutzungspotential hängt nicht nur vom Stand der Technik, sondern auch von klimatischen und organisatorischen Bedingungen ab (z.B. Siedlungsstruktur und Flächennutzung, Sonneneinstrahlung und Wind, Wassermengen und Anfall von Biomasse). Die Übersicht K-1 faßt die technischen Potentiale, die gegenwärtig genutzten Anteile und die Differenzkosten zu den derzeitigen Alternativen zusammen. Dabei dürfen die Potentiale nicht in jedem Fall addiert werden, da etwa die Nutzung der vorhandenen Flächen für Photovoltaik, Solarthermie oder Energieplantagen nur einmal möglich ist. Andere Potentiale wie diejenigen aus Wasserkraft, Wind und Geothermie lassen sich dagegen addieren.

(42) Die dargestellten Schätzungen basieren im wesentlichen auf einer veränderten technischen Energienutzung. Sie berücksichtigen noch nicht die Einsparmöglichkeiten an nicht erneuerbaren Primärenergieträgern, die sich aus **organisatorischen Veränderungen** und Umstellungen in den bisherigen Lebensformen ergeben können. Dies wird besonders deutlich im Verkehrsbereich, in dem der Energieeinsatz nach wie vor stark wächst und alle Bemühungen zur Senkung des spezifischen Energieverbrauchs kompensiert. Nachhaltige Veränderungen stehen hier schnell im Zusammenhang mit sich ändernden Raum- und Siedlungsstrukturen oder anderen Formen der Arbeitsteilung (z.B. Telearbeit).

(43) Die Bedeutung des organisatorischen Rahmens und der spezifischen Lebensformen geht jedoch weit über den Verkehrsbereich und die Möglichkeiten zur Verkehrsvermeidung und -verlagerung hinaus. Die Verantwortung für die rationelle Energienutzung liegt zum überwiegenden Teil (Ausnahme ist die Umwandlung von

Primär- in Sekundärenergie) bei den Energieverbrauchern, d.h. den vielen Haushalten, Kleinverbrauchern und Industriebetrieben. Gleichzeitig lassen sich erneuerbare Energieträger (Sonne, Wind, Wasser, Erdwärme oder Biomasse) überwiegend (wichtigste Ausnahme: große Wasserkraftwerke) dezentral nutzen, weil ihre Energiedichte schon wegen der geografischen Bedingungen vergleichsweise niedrig ist. Jede **Veränderung in den Lebens- und Arbeitsabläufen** führt entsprechend nicht nur zu unterschiedlichem Energiebedarf, sondern verändert auch die Möglichkeiten und Kosten der Nutzung erneuerbarer Energien.

Übersicht K-1: Potentiale, Nutzung und Differenzkosten von erneuerbaren Energien

Energiequellen	**Technisches Potential**		**Genutztes Potential**		**Differenzkosten**[a]
	TWh/a	**PJ/a**	**TWh/a %**	**PJ/a %**	**Pf/kWh**
Wasserkraft	25 bis 36		50 bis 75		-4 bis +20
Windkraft	169 bis 280				
onshore	14 bis 125		1,6 bis 14		-2 bis +20
offshore	155		-		
Photovoltaik	18 bis 628		< 0,05		140 bis 190 [6]
Solarthermie					
Dächer/Fassaden [1]		700 bis 834		0,2 bis 0,3	3 bis 30
Freiflächen [1]		3430 bis 4040		0	2 bis 20
Insgesamt [2]		288 bis 1970		0,1 bis 0,8	2 bis 30
Geothermie		505 bis >1500		< 0,5	
untiefe G.		120			5 bis 10 [3]
Aquifere		385			5 bis 10 [3]
Tiefengestein		>>1000		0	
Umgebungswärme		400 bis 500		ca. 2	3 bis 9
Biomasse					
Holz		218 bis 241		40 bis 45	-3 bis 10 [4]
Stroh		84 bis 108		ca. 2	5 bis 25 [4]
Biogas		81 bis 105		< 1	3 bis 25 [4]
Energiepflanzen feste Energieträger		400 bis >1000		0	3 bis 25 [4]
Energiepflanzen flüssige Energieträger		max. 750 [5]		0	10 bis 25

a) Abweichung der Kosten von den heute üblichen Anlagen/Systemen
1) ohne bedarfsseitige Restriktionen
2) mit bedarfsseitigen Restriktionen
3) über Wärmepumpen/Heizzentralen
4) Die Differenzkosten der Stromerzeugung sind i.allg. höher als die Differenzkosten der Wärmeerzeugung
5) dar: max. 230 PJ/a Pflanzenöl oder maximal 536 PJ/a Alkohol.
6) in Südeuropa und in den äquatornahen sonnenreichen Ländern liegt die Differenz heute bei ca. 40 bis 80 Pfg./kWh.
Quelle: Eigene Auswertung

(44) Verglichen mit den bereits bekannten technischen Potentialen zur Nutzung der rationellen Energiewandlung und zum Einsatz erneuerbaren Energien erscheinen **grundlegendere energietechnische Innovationen** eine sehr langfristige Option. Dies gilt etwa für die Kernfusion oder neuartige Reaktortechniken sowie

den Einsatz bisher noch unerforschter neuer Energieträger wie das abiogene Erdgas oder kristalline Gashydrate. Auch die vieldiskutierte Wasserstoffwirtschaft auf Basis solar erzeugten Wasserstoffs gehört aus heutiger Sicht dazu. Erst in der zweiten Hälfte des kommenden Jahrhunderts könnte dies wirtschaftlich wichtig werden.

Aus technischer Sicht liegt der Schwerpunkt für eine energiewirtschaftliche Weichenstellung in Richtung einer dauerhaft durchhaltbaren Entwicklung für die nähere Zukunft daher bei der Nutzung der technischen Potentiale zur rationellen Energiewandlung und zum Einsatz erneuerbarer Energien.

8. Umstellungsbedingungen

(45) Aufgrund der technischen Potentiale sowohl zur rationellen Energiewandlung wie zur Nutzung erneuerbarer Energien wird die **Verfügbarkeit von Energie** für die absehbare Zukunft **nicht zum Engpaß einer dauerhaft durchhaltbaren Entwicklung** des deutschen Energiesektors. Die eigentlichen Engpässe für eine Neuorientierung des Wirtschaftssystems in dieser Richtung liegen

1. in **Schäden** und **einzel- oder gesamtwirtschaftlichen Rückwirkungen** aus dem Energieeinsatz;
2. in der fehlenden **Wirtschaftlichkeit** der vorhandenen technischen Potentiale: ihre Nutzung ist infolge der fehlenden Anrechnung von externen Kosten bei den herrschenden Energiepreisen noch zu teuer;
3. in verschiedenen zusätzlichen **Hemmnissen**, die fast alle mit den bisher gewachsenen organisatorischen, rechtlichen und institutionellen Rahmenbedingungen zusammenhängen.

(46) Die Bedingungen für eine dauerhaft durchhaltbare Entwicklung in Deutschland verlangen jedoch nicht nur die langfristige Herstellung und Einhaltung der ökologischen Voraussetzungen. Sie verlangen auch, daß der Umstellungsprozeß die **internen wirtschaftlichen und sozialen Anpassungsmöglichkeiten nicht überfordert**. Insbesondere krisenartige Zuspitzungen müssen vermieden werden, da sie die Umsetzung der Strategie selbst zu gefährden vermögen und entsprechend eine dauerhaft durchhaltbare Entwicklung unmöglich machen.

Dies ist zu allererst eine Frage der **Umstellungszeiträume** und der Bereitschaft in Wirtschaft und Bevölkerung, sich an den Zielen einer dauerhaft durchhaltbaren Entwicklung für Deutschland zu orientieren. Von zentraler Bedeutung ist eine breiter werdende Akzeptanz veränderter Wertvorstellungen. Von ihr hängt letztendlich das Verhalten der Verbraucher und Investoren ab. Ihre Präferenzen im Hinblick auf alternative technische Möglichkeiten und neue energiewirtschaftliche Ordnungsstrukturen entscheiden über deren Wirtschaftlichkeit.

(47) Zur Realisierung einer dauerhaft durchhaltbaren Entwicklung in Deutschland in Zusammenhang mit der Energiewirtschaft erscheinen **vier strategische Ansatzpunkte** gleichermaßen wichtig:

1. Sensibilisierung der Bevölkerung für die Aufnahme von Informationen über die Folgen der bisherigen Entwicklung und die Möglichkeiten von Alternativen.
2. Erhöhung der Energieeffizienz (Einsparung und rationelle Energiewandlung) und Einbeziehung erneuerbarer Energiequellen.
3. Umgestaltung des Ordnungsrahmen für Energieversorgung und -nutzung in Deutschland und Europa zur Internalisierung energiebedingter externer Kosten und zur Ausschöpfung der vorhandenen technischen Potentiale.
4. Entwicklung und Erprobung veränderter Lebensformen im Umgang mit Energie.

(48) Abbildung K-7 zeigt, mit welchen **Zeiträumen bei einer solchen Umorientierung** zu rechnen ist:

Abbildung K-7: Nutzung der Anpassungspotentiale im Zeitverlauf

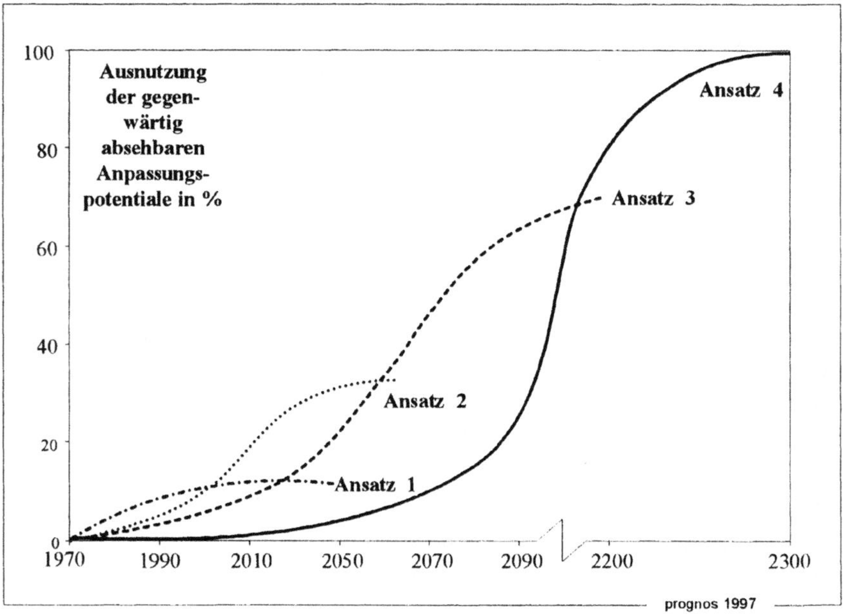

- Die **Sensibilisierung** (Ansatz 1) für Fragen und Probleme der Energienutzung hat, wie die Vergangenheit der 70er und 80er Jahre zeigte, zu Erfolgen geführt. Für eine dauerhaft durchhaltbare Entwicklung aber reicht dies nicht aus.
- Zusätzliche Anstrengungen zur **Steigerung der Energieeffizienz** im Rahmen der bisher bestehenden Ordnungs- und Wirtschaftsstrukturen (Ansatz 2) lassen dagegen die Erschließung weiterer Anpassungspotentiale erwarten, besonders wenn die schon heute wirtschaftlichen energieeffizienteren Lösungen nicht nur in Deutschland, sondern auch weltweit diffundieren.
- Für die Suche nach einem **neuen Ordnungsrahmen** im Umgang mit Energie (Ansatz 3) nicht nur in Deutschland, sondern weltweit, werden nach den historischen Erfahrungen die von heute aus überschaubaren Zeiträume überschritten: Selbst wenn eine Neuorientierung im Sinne eines Wertewandels in der Bevölkerung relativ rasch einsetzt, müssen alte Strukturen erst konkret überwunden werden, ehe neue wirksam werden können.
- **Neue Strukturen und Verhaltensweisen**, die auf einem veränderten Weltbild und einer veränderten Vorstellung von Wohlstand und Lebensqualität basieren (Ansatz 4), benötigen schließlich zu ihrer Diffusion Generationen.

(49) Angesichts dieser Zeiträume ist es schwer, schon konkrete Einzelaussagen über die langfristig durchhaltbaren Ordnungsstrukturen im Umgang mit Energie bzw. die Entwicklung der sie tragenden Wertvorstellungen zu machen. Gleichwohl ist es wichtig, die Notwendigkeit und Möglichkeit einer Veränderung heutiger Ordnungsstrukturen schon bei aktuellen Entscheidungen im Blick zu haben. Nur so lassen sich die **Risiken historischer Anpassungskrisen verringern** und im Idealfall sogar vermeiden.

Entscheidend dafür ist, daß bereits **gegenwärtig** alle sich bietenden und wirtschaftlich vertretbaren Anknüpfungspunkte zur Umstellung der bisherigen Energienutzung aufgegriffen und damit entsprechende **Weichenstellungen** so früh wie technisch und wirtschaftlich möglich gestellt werden. Dabei ist es für die gesamtwirtschaftliche Wettbewerbsposition der deutschen Wirtschaft auf dem Weltmarkt wichtig, den eigenen innovativen Vorsprung zu sichern und so wenig wie möglich zu nachträglichen Anpassungen gezwungen zu werden. Sie sind nach allen bisherigen Beobachtungen die eigentlichen Ursachen struktureller Wachstums- und Beschäftigungseinbrüche.

(50) Nach den absehbaren Entwicklungstendenzen ist es - selbst bei den gegenwärtigen Energiepreisen - nur **eine Frage der Zeit**, wann immer mehr Menschen, Unternehmen und Länder auch international nach alternativen Wegen der Energienutzung Ausschau halten. Zu stark sind die Kumulationen an Umweltbelastun-

gen in dicht besiedelten Regionen der Welt. Immer mehr Menschen machen die Erfahrung, daß Umweltbelastungen und Wachstumsschäden selbst zu einem Entwicklungshemmnis werden.

Unter diesen Bedingungen kann ein hochentwickeltes Industrieland wie Deutschland den innovativen Vorsprung nur entwickeln und halten, wenn es selbst mit entsprechenden Entwicklungen und praktischen Erfahrungen auch zeitlich im Rahmen des jeweils wirtschaftlich vertretbaren vorangeht.

(51) Bei einer solchen Umstellung ist gleichwohl der Zeitbedarf zu berücksichtigen, der nötig ist, um die Akzente neu zu setzen. Eine wirtschaftliche Untergrenze läßt sich dafür aufgrund der **technischen Lebensdauer** und dem **Durchschnittsalter** der wichtigsten Energie erzeugenden und Energie umwandelnden Anlagen, Maschinen und Geräte sowie des Gebäudebestandes festlegen (vgl. Übersicht K-2): Für die Mehrzahl der Anlagen ist eine relativ langfristige Kapitalbindung charakteristisch, am längsten ist sie im Gebäudebereich, erreicht aber auch bei Kraftwerken und im Schienenverkehr Zeiträume von 25 Jahren und mehr. Fehlinvestitionen lassen sich entsprechend nur vermeiden, wenn die Umstellung im Rahmen der technisch-wirtschaftlichen Erneuerung dieses Anlagenkapitals erfolgt.

(52) Viele Einspar- und Substitutionspotentiale lassen sich jedoch nicht nur im Austausch einzelner Geräte realisieren. Sie erfordern **Systeminnovationen**, an denen oft Energieanbieter und -nutzer gleichermaßen beteiligt sind. Deren Problematik und damit Zeitbedarf wird besonders deutlich an der langfristig notwendigen gegenseitigen Ergänzung von rationeller Energienutzung und dem Einsatz erneuerbarer Energien: Die Realisierung beider Ansätze wird erleichtert, wenn sich die Energiewandlungskette deutlich verkürzen läßt, wenn also die eher dezentral verfügbare erneuerbare Energie möglichst eng mit der ebenfalls dezentralen Energienutzung verknüpft und Energiewandlungsverluste vermieden werden können. Aufgrund der unterschiedlichen Zeiträume und Zeitspannen für Energieverfügbarkeit und -nutzung müssen auch andere Wege als bisher gefunden werden, um den jeweiligen Ausgleich über geeignete Netz- und Speicherstrukturen kontinuierlich sicherzustellen.

(53) Systeminnovationen dieser Art sind nicht nur mit vielfältigen, kurzfristig oft schwer lösbaren technischen Problemen (z.B. in der Speichertechnologie) verbunden, sie erfordern in aller Regel auch institutionelle, organisatorische und Verhaltensanpassungen, für die oftmals noch sehr viel längere Zeiträume zugrundegelegt werden müssen als in Technik und Kapitalerneuerung.

Legt man die Erfahrungen von zeitlichen **Diffusionsverläufen bei Systeminnovationen** in der Vergangenheit (z.B. Mobilfunk) zugrunde, so wächst der Zeitbedarf für die Umstellung schnell auf Größenordnungen von 60 bis 80 Jahren, beschleunigt eventuell durch die zu erwartenden Energiepreissteigerungen im Laufe der nächsten 20 bis 30 Jahre.

Übersicht K-2: Technische Lebensdauer und Durchschnittsalter

	Techn. Lebensdauer	**Durchschnittsalter**
Bereich Private Haushalte		
Raumwärmetechnik	etwa 15 - 20 Jahre	etwa 10 - 12 Jahre
Gebäude	etwa 50 - 80 Jahre	etwa 35 - 45 Jahre
Anlagen und Einrichtungen	etwa 10 - 15 Jahre	etwa 7 - 10 Jahre
Bereich Industrie		
Raumwärmetechnik	etwa 10 - 15 Jahre	etwa 10 - 12 Jahre
Gebäude	etwa 20 - 40 Jahre	etwa 10 - 30 Jahre
Anlagen und Einrichtungen	etwa 4 - 8 Jahre	etwa 3 - 7 Jahre
Bereich Gewerbe/Dienstleistungen		
Raumwärmetechnik	etwa 15 Jahre	etwa 10 - 12 Jahre
Gebäude	etwa 50 - 80 Jahre	etwa 35 - 45 Jahre
Anlagen und Einrichtungen	etwa 10 - 15 Jahre	etwa 10 - 12 Jahre
Bereich Kraftwerke		
Anlagen und Einrichtungen	etwa 20 - 40 Jahre	etwa 15 - 25 Jahre
Bereich Verkehr		
Gewerblicher Fahrzeugpark	etwa 5 - 10 Jahre	etwa 5 - 7 Jahre
Privater Fahrzeugpark	etwa 10 Jahre	etwa 5 - 7 Jahre
Schienenverkehr (Fahrzeuge, Infrastruktur)	etwa 30 bis 50 Jahre	etwa 20 - 30 Jahre

Quelle: Eigene Zusammenstellung

(54) Die Umstellung im Umgang mit Energie innerhalb dieser Zeiträume ist zwangsläufig nicht nur ein Thema der technischen Entwicklung und der Wirtschaftlichkeit einzelner Geräte oder Anlagen. Ähnlich wie bei anderen Systeminnovationen in der Telekommunikation oder im Verkehrsbereich erfordern sie eine entsprechende **Anpassung des wirtschaftlichen und politischen Rahmens**, d.h. im Einsatz der marktwirtschaftlichen Instrumente, der Technologieförderung, der ordnungsrechtlichen Regelungen und vor allem der Informations-, Schulungs- und Beratungsleistungen.

Derartige Schritte **tangieren** nahezu zwangsläufig **bestehende Interessen**. Dies gilt etwa dort, wo durch die Veränderung Wachstums- und Beschäftigungsmöglichkeiten entfallen und Sozialpläne notwendig werden oder wo in bisherige Besitzstände und Zuständigkeiten eingegriffen wird. Dabei sind soziale und politische Konflikte (einschließlich der damit verbundenen Bedrohung für eine dauerhaft durchhaltbare Entwicklung) unvermeidbar, wenn es nicht gelingt, die Lern- und Anpassungsbereitschaft der Betroffenen zu erhöhen und Umstellungszeiträume zu realisieren, in denen die sozialen und wirtschaftlichen Konsequenzen aufgefangen oder ausgeglichen werden können.

(55) Ein erster ordnungspolitischer Schritt ist die vorgesehene **Liberalisierung der Strom- und Gasmärkte**. Sie kann als Beitrag zur Erfüllung der Bedingungen einer dauerhaft durchhaltbaren Entwicklung angesehen werden.

Die Liberalisierung stärkt die Handlungsmöglichkeiten der Energieverbraucher. Sie zwingt zur Ausschöpfung der internen Rationalisierungspotentiale der Stromanbieter und unterstützt damit auch die Senkung des Gesamtenergieverbrauchs. Im Kampf um den Kunden können Dienstleistungen zu Wettbewerbsvorteilen führen, die den Kunden bei der Realisierung der rationellen Energiewandlung, bei der Nutzung von Kraftwärmekopplung und dem Einsatz regenerativer Energiequellen trotz sinkender Energielieferungen des Versorgungsunternehmens helfen.

Je mehr es gelingt, den Energieverbraucher dank einer stärkeren Anlastung der externen Kosten der Energienutzung kostenbewußter und nutzungskritischer zu machen, umso eher wird sich die Liberalisierung auch als ein wichtiger Schritt in die Richtung des „Systemwettbewerbs“ bewähren können.

(56) Der **Energiesektor** in Deutschland wird unter diesen Bedingungen in 10 bis 20 Jahren **eine andere Struktur** haben als heute. Die Energieversorgung wird auch dann noch zu erheblichen Teilen von den traditionellen Primärenergieträgern geprägt sein. Wie hoch ihr Anteil aber noch sein wird, hängt davon ab, in welchem Maße der Primärenergieverbrauch insgesamt zurückgeht bzw. in welchem Umfang die Weichenstellungen in Richtung einer dauerhaft durchhaltbaren Entwicklung wirksam werden. Diese Zusammenhänge verbieten es, für die einzelnen Bereiche des Energiesektors detaillierte Branchenentwicklungen oder gar Marktanalysen vorzulegen. Erste Tendenzen lassen sich gleichwohl skizzieren.

(57) Am schwierigsten ist die Einschätzung im Hinblick auf den **Anpassungsbedarf der privaten Haushalte** und der sonstigen nichtgewerblichen Endenergieverbraucher. Von ihrem Verhalten, ihren Präferenzen und ihren Einschätzungen wird es abhängen, in welchem Maße sich künftig neue Strukturen im deutschen Energiesektor durchsetzen werden. Sie besitzen nicht nur als Nachfrager nach Energie, energienutzenden Geräten, Anlagen und Gebäuden, einen entscheidenden Einfluß. Sie können ihre Präferenzen auch als Wähler zum Ausdruck bringen und so die Politiker zur Änderung der gegenwärtig geltenden Rahmenbedingungen zwingen. Dies hat bereits in der Vergangenheit auch dort zu Veränderungen ge-

führt, wo eine kurzfristig wirtschaftliche Kalkulation bei niedrigen Energiepreisen eher dagegen sprach (z.B. im Bau durch Auflagen zum Wärmeschutz, bei Geräten durch Werbung für Energieeinsparung oder durch Pilotprojekte zur Nutzung erneuerbarer Energie).

(58) Für die **gewerblichen Energienutzer**, die Industrie und vor allem die energieintensiven Wirtschaftszweige bestimmt das Verhältnis der Energiekosten zu den anderen Faktorkosten (Kapital und Arbeit) über den Energieeinsatz. Es begrenzt auch den Handlungsspielraum gegenüber Anforderungen an eine dauerhaft durchhaltbare Entwicklung im unternehmerischen Handeln. Dabei spielt die Bereitschaft der Kunden, ggf. höhere Preise für energieintensive Produkte hinzunehmen, eine zentrale Rolle; denn vielfach führt die Verringerung des Energieeinsatzes zur Erhöhung der Chancen für eine dauerhaft durchhaltbare Entwicklung zu einer Erhöhung der Produktionskosten, mindestens vorübergehend. Bei energieintensiven Produktionsbereichen können diese oft nur teilweise und langfristig durch Rationalisierungsgewinne und Innovationen ausgeglichen werden.

Gleichwohl werden gewerbliche Energienutzer ihre Wettbewerbsposition langfristig nur verteidigen und halten können, wenn sie sich früher als die internationale Konkurrenz an den Anforderungen einer dauerhaft durchhaltbaren Entwicklung orientieren und daher auch aus Eigeninteressen nach Rationalisierungsmöglichkeiten zur Senkung des Energieeinsatzes bzw. zur Nutzung erneuerbarer Energieträger im Rahmen des wirtschaftlich Vertretbaren suchen. Dies wird sowohl ein neues Produktionsspektrum als auch grundsätzlich veränderte und verbesserte Produktionsverfahren und -abläufe zur Folge haben.

(59) Für die Entwicklung der Unternehmen in der „klassischen" Energiewirtschaft wird es bei diesem Strukturwandel darauf ankommen, wie schnell und wie erfolgreich sie den bereits vielfach schon eingeschlagenen Weg zur **Erschliessung neuer Geschäftsfelder** durch Beratungs-, Wartungs- und Finanzierungsdienstleistungen in Zusammenhang mit dem Energieeinsatz, durch exportfähige energetische Systementwicklungen oder Angebote zur nutzerorientierten Optimierung von rationeller Energiewandlung, Gewinnung erneuerbarer Energiequellen und der Nutzung herkömmlicher Energieträger voranzutreiben vermögen.

Dabei verlagert sich das Geschäftsfeld zunehmend **in die Nähe des Kunden.** Die Zusammenarbeit mit regionalen Betrieben, die Optimierung der Strom- und Gasnetze unter veränderten Energienutzungs- und -produktionsbedingungen einschließlich der dezentralen Nutzung erneuerbarer Energieträger wird immer wichtiger. Organisations- und Kooperationsmodelle, wie sie bereits heute im Automobil-, Versicherungs- und Datenverarbeitungssektor typisch sind, werden sich auch in der Energiewirtschaft allmählich durchsetzen.

Den Umsatz- und Beschäftigungsverlusten im Bergbau und in der bisherigen Strom- und Wärmeproduktion stehen so **Ausgleichsmöglichkeiten** bei arbeitsintensiveren und kundenorientierten (Dienstleistungs-)Angeboten im In- und Ausland gegenüber.

(60) Die für eine dauerhaft durchhaltbare Entwicklung notwendige Verringerung der Nachfrage nach nicht erneuerbaren Primärenergieträgern, die Steigerung der Energieeffizienz und die langsame Substitution durch erneuerbare Energien setzt in der Energiewirtschaft und vor allem bei Energieverbrauchern **Investitionen und Umstellungen** voraus. Die hiermit verbundene Nachfrage schlägt sich zunächst bei Herstellern und Händlern von energieverbrauchenden Geräten, von Maschinen und Anlagen, aber auch bei Handwerkern und Dienstleistungsunternehmen als Steigerung oder Stabilisierung ihrer Absatzmöglichkeiten im Inland nieder. Gleichzeitig wächst für sie die Chance, für die in Deutschland entwickelten und erprobten zentralen und dezentralen Systemlösungen einen internationalen Markt zu finden.

(61) Die Schaffung der Voraussetzungen für eine dauerhaft durchhaltbare Entwicklung in Deutschland hängt insgesamt entscheidend davon ab, inwieweit der **Zeitraum der nächsten 30 Jahre für Weichenstellungen** genutzt wird: Gelingt es Deutschland - möglichst in enger internationaler Zusammenarbeit - ordnungspolitische und technische Systemlösungen zu entwickeln, die weltweit aufgegriffen werden können und dies auch in anderen Ländern zu einer dauerhaft durchhaltbaren Entwicklung beitragen, so steigen auch seine Chancen im neuen „Wettbewerb der Ordnungen".

Erteilte Unteraufträge

Im Rahmen der Untersuchung wurden drei **Unteraufträge** zu den folgenden Themen vergeben:

1. Technische und verhaltensbezogene Chancen und Grenzen einer dauerhaften und durchhaltbaren Entwicklung im Energiesektor; Prof. Dr. C.-J. Winter, Universität Stuttgart
2. Das Verhalten des Menschen in bezug auf die Umwelt sowie durch den Energiesektor hervorgerufene krisenhafte Entwicklungen in der Geschichte, Dr. G. Zirnstein, Universität Leipzig.
3. Wirkungen der in der Literatur vorgeschlagenen Instrumente, die dazu beitragen sollen, um zu einer dauerhaften und durchhaltbaren Entwicklung zu gelangen und aus ihrer Einführung möglicherweise resultierender ordnungspolitischer und institutioneller Anpassungsbedarf; Prof. Dr. H. Maier, Universität Stuttgart.

Workshop 1: „Sustainability - eine Illusion?“

Bad Honnef, 19./20.9.1996

Moderator: Dr. Heik Afheldt, Herausgeberrat des Handelsblattes

Teilnehmer:

Prof. Dr. Christoph Binswanger	Universität St. Gallen, Institut für Wirtschaft und Ökologie
Prof. Dr. Martin Claußen	Potsdam-Institut für Klimafolgenforschung
Prof. Dr. Bernd Guggenberger	Freie Universität Berlin
Prof. Dr. Jürg Helbling	Universität Zürich, Fachbereich Politische Wissenschaft
Prof. Dr. Wilhelm Korff	Sachverständigenrat für Umweltfragen, Redaktion Bioethik und Wirtschaftsethik
Dr. Eberhard Moths	Bundesministerium für Wirtschaft
Dr. Karl-Wilhelm Otto	Leiter des Bereichs Regenerative Stromerzeugung der RWE Energie AG
Prof. Dr. Marlene Posner-Landsch	Freie Universität Berlin, Institut für Publizistik und Kommunikationswissenschaft

Prof. Dr. Horst Eberhard Richter	Universität Gießen, Zentrum für psychosomatische Medizin
Dr. Janina D. Scheelhaase	Prognos AG
Prof. Dr. Carl-Jochen Winter	Energon, Carl-Jochen Winter AG
Dr. Heimfrid Wolff	Bertelsmann Stiftung
Dr. Gottfried Zirnstein	Universität Leipzig, Karl-Sudhoff-Institut für Geschichte der Medizin

Workshop 2: „Sustainability - Schicksal der Energiewirtschaft?"

Bad Honnef, 13./14.2.1997

Moderator:
Prof. Dr. Heinrich von Lersner, früherer Präsident des Umweltbundesamtes

Teilnehmer:

Dr. Thorsten Amelung	Ruhrkohle AG
Dr. Brück	Saarbrücken Stadtwerke AG
Arend Cobi	Preussen Elektra
Wolf-Dieter Glatzel	Umweltbundesamt
Christoph Huß	BMW AG
Dr. Klaus-R. Kabelitz	Ruhrgas AG
Prof. Dr. Helge Majer	Universität Stuttgart
Dr. Paul E. Metz	European Business Council for a Sustainable Energy Future
Dr. Knut Kübler	Bundesministerium für Wirtschaft
Dr. Herbert Mrotzek	Bosch-Siemens Hausgeräte GmbH
Dr. Henning Rentz	RWE Energie AG
Dr. Janina Scheelhaase	Prognos AG
Herbert Schilling	Vorsitzender des Haftpflichtausschusses des Verbandes der Schadensversicherer
Prof. Dr. Schluchter	Brandenburgische Technische Universität

Dr. Schlüter	Mineralölwirtschaftsverband e.V.
Dr. D. Schwirten	Vorstandsvorsitzender der Lausitzer Braunkohle AG
Prof. Dr. Eberhard Seidel	Universität und Gesamthochschule Siegen
Christina Ullrich	Prognos AG
Dr. Gerhard Voss	IW-Umweltservice
Prof. Dr. Joachim Weimann	Otto-von-Guerike-Universität Magdeburg
Dr. Heimfrid Wolff	Prognos AG

Publikationshinweise

Prognos AG (Hrsg.): Sustainability - eine Illusion? Pro Universitate Verlag, Sinzheim 1997

Majer, H.: Wirkungen der in der Literatur vorgeschlagenen Instrumente, die dazu beitragen sollen, um zu einer dauerhaften und durchhaltbaren Entwicklung zu gelangen und aus ihrer Einführung möglicherweise resultierender ordnungspolitischer und institutioneller Anpassungsbedarf. Unterauftrag im Rahmen dieses Projektes, Basel 1997, zu beziehen über die Prognos AG

Winter, C.-J.: Technische und verhaltensbezogene Chancen und Grenzen einer dauerhaften und durchhaltbaren Entwicklung im Energiesektor. Unterauftrag im Rahmen dieses Projektes, Überlingen 1997, zu beziehen über die Prognos AG

Zirnstein, G.: Das Verhalten des Menschen in Bezug auf die Umwelt sowie durch den Energiesektor hervorgerufene krisenhafte Entwicklung in der Geschichte. Unterauftrag im Rahmen dieses Projektes, Basel 1997, zu beziehen über die Prognos AG

GPSR Compliance

The European Union's (EU) General Product Safety Regulation (GPSR) is a set of rules that requires consumer products to be safe and our obligations to ensure this.

If you have any concerns about our products, you can contact us on ProductSafety@springernature.com

In case Publisher is established outside the EU, the EU authorized representative is:

Springer Nature Customer Service Center GmbH
Europaplatz 3
69115 Heidelberg, Germany

Batch number: 10815962

Printed by Printforce, the Netherlands